[改訂11版]
建築工事の積算
経済調査会積算研究会 編

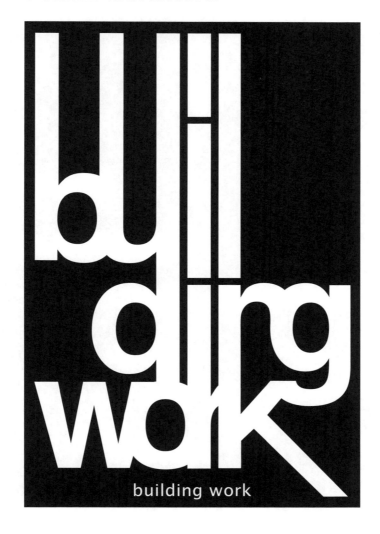

building work

一般財団法人　経済調査会

改訂11版の発刊に当たって

　本書は，公共建築工事の積算に必要な施工歩掛，施工単価をとりまとめた『工事歩掛要覧〈建築・設備編〉』の姉妹書として，建築工事の歩掛に基づく計算例を示し，解説を添えたもので，昭和61年2月に初版が発行されました。

　長引く国内の建設不況は，競争激化による低価格受注を増加させ，建設業界全体の疲弊を招くこととなり，これに起因した技能労働者の高齢化と若年層の減少は，中・長期的に建設業の担い手不足を生じさせ，工事の品質確保の面からも問題となることが懸念されていました。

　こうした課題に直面する中，建設工事の適正な施工および品質確保とその担い手確保を大きな目的として，「公共工事の品質確保の促進に関する法律（品確法）」「公共工事の入札及び契約の適正化に関する法律（入契法）」「建設業法」のいわゆる「担い手3法」が平成26年6月に改正されました。

　さらに，平成28年4月より国土交通省では，調査基準価格引上げのため「低入札価格調査基準の見直し」を行っており，合わせて営繕工事においては改正品確法の「公正な契約を適正な請負金額によって信義に従って誠実に履行する」との理念に基づいて「入札時積算数量書活用方式」の試行が始まっています。

　このような状況下，経済調査会積算研究会では，積算の初心者に分かりやすく，より理解を深められるよう内容を見直し，「改訂11版」として刊行する運びとなりました。

　ここ数年の国内建設投資は，東日本大震災の復興事業に関連する公共投資の後押しもあり，年間で51兆円前後と堅調に推移しています。今後も防災・減災，国土強靱化のために建設業界の果たす役割は益々大きなものとなっていくでしょう。

　本書が工事の発注者はもとより，設計・積算・施工管理・検査の実務に携わる多くの皆さまに有効に活用され，工事費の適正な積算に資することを願っております。

平成28年10月

経済調査会積算研究会

本書の利用に当たって

利用上の注意

【歩掛表】 各建築工事の積算において利用されている一般的，標準的な歩掛を取り上げています。

表示例

① 表番号，タイトルに特に注記のない歩掛は「公共建築工事標準単価積算基準 平成28年度版」の「標準歩掛り」に準拠しています。

表番号 → 表20-12　タイトル → 路床整正　　　　　　　　　　　　　　　　　　　　　　　（100m² 当たり）

名　称	規　格	単位	施工規模（m²）				摘要
			特に狭い場所	500未満	500以上 1,000未満	1,000以上 2,500未満	
モータグレーダ運転	油圧式3.1m級	日	—	0.078	0.066	0.052	
普通作業員		人	1.00	0.46	0.37	0.28	
その他			一式	一式	一式	一式	

（注）かき起こし，敷均し合成作業，補足材なしの場合。

② 表番号，タイトルが白抜き数字で表示された歩掛は経済調査会積算研究会で検討したもの，あるいは「公共建築工事標準単価積算基準 平成28年度版」の「公共建築工事積算研究会参考歩掛り」を表しています。

表番号 → 表15-8　タイトル → 床色モルタル塗り　白抜き表示　　　　　　　　　　　　　　（1m² 当たり）

名　称	規　格	セメント (kg)	砂 (m³)	白色セメント (kg)	みじん粉 (kg)	顔料 (kg)	左官 (人)	普通作業員 (人)	その他	摘要
床色モルタル塗り金ごて	厚さ30mm	10.5	0.027	9.3	17.8	0.186	0.057	0.03	一式	

③ 表番号，タイトルが白抜き数字で表示され，なおかつ「市場単価」の表示があるものは，市場単価方式に移行したことにより，「公共建築工事積算研究会参考歩掛り」に移行した歩掛を表しています。

表 15-4　床コンクリート直均し仕上げの内訳　□白抜き表示　　　（1m² 当たり）　■は市場単価

種別	こて仕上げ回数（回）		左官（人）				
	木ごて	金ごて	木ごて	金ごて下ずり	金ごて中ずり	金ごて仕上げずり	計
薄物仕上げ	1	3	0.01	0.005	0.005	0.015	0.035
厚物仕上げ	1	1	0.01	—	—	0.015	0.025

【算出例】　各建築工事の積算において利用されている一般的，標準的な歩掛表をもとに算出しています。

表示例
① 歩掛表をもとに算出例を作成しています。

〔算出例 19-3〕　厨房器具取付け (2)

コンロ台（$L=600$mm 程度）							1台当たり	25,200 円
名称	規格		単位	数量	単価	金額	単価根拠	備考
コンロ台	ステンレス製		台	1	21,100.00	21,100.00		
特殊作業員			人	0.15	22,700.00	3,405.00		
その他			一式			681.00	3,405.00×0.2	（労）×20%
計						25,186.00		

② 市場単価方式に移行した歩掛表をもとに算出例を作成しています。本来の積算では市場単価を採用しますが，参考のため掲載しています。

〔算出例 2-26〕　床付け　　　　　　　　　　　　　　　　　　　　　■は市場単価

							1m² 当たり	480 円
名称	規格		単位	数量	単価	金額	単価根拠	備考
普通作業員			人	0.02	19,800.00	396.00		表 2-14 より
その他			一式			79.20	396.00×0.2	（労）×20%
計						475.20		

算出例の単価
① 材料単価　『積算資料』2016 年 7 月号を採用しています。また『積算資料』等に掲載していない材料は見積り等の単価を採用しています。
② 労務単価　「平成 28 年度公共工事設計労務単価（基準額）」を採用しています。
③ 損料等　「平成 28 年度版 建設機械等損料表」を採用しています。

④市場単価　材料費，労務費，下請経費などによって構成される施工単位当たりの市場での取引価格になります。本書では『建築施工単価』2016年夏号を採用しています。
⑤そ の 他　下請業者の経費率を示します。工事別の経費率については「概論」**表28「その他」**の標準に掲載しています。

※単位当たりおよび合計金額について
　単位当たりおよび合計金額の端数処理は，有効上3桁としています（ただし，千円未満の場合は十円単位としています）。

注意事項
　市場単価方式への移行工種も歩掛表，算出例は掲載していますが，市場単価につきましては当会発行の季刊『建築施工単価』をご利用下さい。

　実際の積算の際にはその地域や時期に応じた実勢価格を適用する必要があります。また，本歩掛の適用においても施工条件によって著しく差の出ることが予想されます。概要・備考・注記に十分留意して下さい。

目　　次

概　　論

1　工事費の積算……………………… 1
2　工事費の構成……………………… 2
　2-1　共通費………………………… 2
　　❶　共通仮設費………………… 2
　　❷　現場管理費………………… 8
　　❸　一般管理費等……………… 12
　　❹　発注形態による算定方法，その他
　　　　………………………………… 14
　　❺　共通費の計算例…………… 17
　2-2　直接工事費…………………… 20
　　❶　材料費……………………… 21
　　❷　労務費……………………… 23
　　❸　施工費……………………… 25
　　❹　機械器具費………………… 26
　　❺　運搬費……………………… 28
　　❻　その他……………………… 32
　2-3　消費税等相当額……………… 32
　2-4　請負代金額の記載方法……… 32
3　数量の算出……………………… 33
　3-1　建築数量積算基準…………… 33
　3-2　数量積算のチェック………… 33
4　積算内訳書……………………… 35
5　積算基準類の統一と公表……… 37
6　付　　録………………………… 42

1　仮　　設

1-1　概　　説……………………… 45
1-2　内訳書の書式………………… 46
　❶　やり方……………………… 46
　❷　墨出し……………………… 46
　❸　養　　生…………………… 46

　❹　整理清掃後片付け………… 46
　❺　外部足場…………………… 46
　❻　内部足場…………………… 47
　❼　災害防止…………………… 47
　❽　仮設材運搬費……………… 48
1-3　仮設材の存置日数…………… 48
　❶　外部足場…………………… 48
　❷　内部足場…………………… 48
1-4　仮設材の価格………………… 49
　❶　賃料額……………………… 49
　❷　基本料……………………… 49
　❸　修理費……………………… 49
　❹　仮設材の賃料および基本料……… 49
1-5　算出例………………………… 54

2　土　　工

2-1　概　　説……………………… 61
2-2　内訳書の書式………………… 61
2-3　数量の算出…………………… 61
　❶　根切り……………………… 63
　❷　床付け……………………… 63
　❸　埋戻し……………………… 64
　❹　盛　　土…………………… 64
　❺　建設発生土処理（不用土処理）
　　　………………………………… 64
2-4　単価の算出…………………… 64
　❶　機械運転…………………… 66
　❷　根切り……………………… 68
　❸　すきとり…………………… 69
　❹　床付け……………………… 70
　❺　埋戻し，盛土……………… 70
　❻　締固め……………………… 70
　❼　積込み……………………… 71

❽　建設発生土処理（不用土処理）
　　　　……………………………………71
　　❾　建設発生土運搬………………71
　　❿　人　力　土　工………………77
　2-5　土工算出例………………………78
　2-6　山留め工法の選択………………93
　2-7　山留め算出例……………………100

3　地　　　業

　3-1　概　　　説……………………105
　3-2　内訳書の書式…………………105
　3-3　数量の算出……………………106
　　❶　既製コンクリート杭…………106
　　❷　場所打ちコンクリート杭……106
　　❸　砂利地業等……………………106
　3-4　杭地業の施工法の分類………106
　　❶　打込み工法……………………107
　　❷　プレボーリングによる埋込み工法
　　　　……………………………………107
　　❸　中掘りによる埋込み工法……107
　　❹　アースドリル工法……………107
　　❺　オールケーシング工法（揺動型の場
　　　　合）………………………………108
　　❻　リバース工法…………………108
　　❼　BH 工法（Boring Hole 工法）…108
　　❽　深礎工法………………………108
　3-5　場所打ちコンクリート杭地業（オー
　　　　ルケーシング工法―ベノト）…109
　　❶　設定条件………………………110
　　❷　掘削機の選定…………………112
　　❸　作業日数の算定………………112
　　❹　作業延日数の算定……………112
　　❺　材　料　費……………………112
　　❻　用　水　費……………………113
　　❼　施工費算出……………………114

　　❽　建設発生土処理運搬費………116
　　❾　運　搬　費……………………117
　3-6　既製コンクリート杭・杭頭処理算出
　　　　例…………………………………117
　3-7　砂利地業等算出例……………118
　　❶　砂利地業，割石地業，砂地業…118
　　❷　土間下防湿断熱………………120

4　鉄　　　筋

　4-1　概　　　説……………………121
　4-2　内訳書の書式…………………121
　4-3　数量の算出……………………122
　4-4　鉄筋加工組立…………………128
　4-5　ガ　ス　圧　接………………132
　4-6　鉄筋スクラップ控除…………132
　4-7　鉄　筋　運　搬………………132
　4-8　算　出　例……………………133

5　コンクリート

　5-1　概　　　説……………………139
　5-2　内訳書の書式…………………139
　　❶　コンクリート…………………139
　　❷　コンクリート打設手間………140
　　❸　ポンプ圧送……………………140
　　❹　コンクリート足場その他仮設…140
　5-3　数量の算出……………………140
　5-4　単価の決定……………………141
　　❶　生コンクリート………………141
　　❷　コンクリート打設手間………141
　　❸　コンクリートポンプ圧送……143
　5-5　算　出　例……………………144
　　❶　コンクリート単価の設定……145
　　❷　コンクリート打設手間の算定…148
　　❸　ポンプ圧送費の算定…………149

目　　次

- ❹　構造体強度補正の算定………… 150
- ❺　内訳書の作成………………… 151

6　型　　　枠

- 6-1　概　　説………………………… 153
- 6-2　内訳書の書式…………………… 153
  - ❶　普通合板型枠………………… 154
  - ❷　打放し合板型枠……………… 154
  - ❸　曲面型枠……………………… 154
  - ❹　基礎（簡易）型枠…………… 154
  - ❺　目　地　棒…………………… 154
  - ❻　型枠運搬……………………… 154
- 6-3　数量の算出……………………… 154
- 6-4　単価の決定……………………… 155
  - ❶　型枠用資材…………………… 155
  - ❷　型枠加工組立解体歩掛……… 161
- 6-5　算　出　例……………………… 166

7　鉄　　　骨

- 7-1　概　　説………………………… 173
- 7-2　内訳書の書式…………………… 173
- 7-3　数量の算出……………………… 174
- 7-4　材　料　費……………………… 175
- 7-5　工場加工組立費………………… 177
- 7-6　現場施工費……………………… 180
  - ❶　現場建方……………………… 180
  - ❷　高力ボルト締付け…………… 182
  - ❸　柱底均しモルタル…………… 182
  - ❹　鉄骨足場……………………… 183
  - ❺　その他………………………… 183
- 7-7　工場加工組立費の算出例……… 183
  - ❶　直接労務費の計算…………… 183
  - ❷　工場間接費…………………… 185
  - ❸　副資材費……………………… 185
  - ❹　溶接材料費…………………… 185
  - ❺　工場加工組立費の集計……… 186
- 7-8　現場施工費の算出例…………… 186
  - ❶　現場建方費…………………… 186
  - ❷　高力ボルト締付費…………… 187
  - ❸　軽量鉄骨（母屋，胴縁の類）… 187
  - ❹　柱底均しモルタル…………… 188
  - ❺　鉄骨足場……………………… 188

8　既製コンクリート

- 8-1　概　　説………………………… 189
- 8-2　内訳書の書式…………………… 189
  - ❶　躯体プレキャストコンクリート
    ………………………………… 189
  - ❷　仕上プレキャストコンクリート
    ………………………………… 189
  - ❸　ALCパネル………………… 190
  - ❹　コンクリートブロック積…… 190
  - ❺　取付金物……………………… 190
  - ❻　現場取付費…………………… 190
  - ❼　運　搬　費…………………… 190
- 8-3　数量の算出……………………… 190
- 8-4　単価の決定……………………… 192
  - ❶　PC板およびSPC板………… 192
  - ❷　ALCパネル取付け………… 192
  - ❸　補強コンクリートブロック積… 192
  - ❹　れんが積……………………… 193
- 8-5　算　出　例……………………… 195
  - ❶　内壁コンクリートブロック積… 195
  - ❷　外壁コンクリートブロック積… 195
  - ❸　れんが積……………………… 196

9　防　　　水

- 9-1　概　　説………………………… 197

vii

9-2　内訳書の書式 …………… 197	12　木　　工
❶　アスファルト防水………… 197	12-1　概　　説 …………… 249
❷　シート防水………………… 203	❶　木材の品質 ……………… 249
❸　セメント系防水…………… 205	❷　代用樹種 ………………… 249
❹　塗膜防水…………………… 207	❸　輸入木材の定義 ………… 250
❺　伸縮目地およびシーリング…… 210	❹　くぎ等および諸金物 …… 250
❻　防水層保護………………… 212	❺　防腐処理 ………………… 251
❼　止　水　板………………… 212	12-2　木工の範囲 ………… 251
9-3　数量の算出 …………… 212	12-3　算　出　例 ………… 252
9-4　単価の決定 …………… 212	
❶　アスファルト防水………… 212	13　屋根およびとい
❷　シート防水………………… 214	13-1　概　　説 …………… 257
❸　塗膜防水…………………… 216	13-2　内訳書の書式 …………… 257
❹　伸縮目地…………………… 217	❶　屋根下地 ………………… 257
❺　成形緩衝材………………… 217	❷　瓦葺き・合成樹脂板葺き……… 257
❻　シーリング………………… 217	❸　屋根金属板葺き ………… 258
9-5　算出例 ………………… 218	❹　役　　　物 ……………… 259
	❺　ルーフドレン …………… 259
10　石	❻　と　　　い ……………… 259
10-1　概　　説 …………… 229	❼　とい防露巻き …………… 260
10-2　材　　料 …………… 229	13-3　算　出　例 ………… 260
10-3　数量の算出 ………… 233	
10-4　単価の算出 ………… 234	14　金　　属
10-5　算　出　例 ………… 234	14-1　概　　説 …………… 267
	14-2　内訳書の書式 …………… 267
11　タ　イ　ル	14-3　鉄製下地 …………… 268
11-1　概　　説 …………… 237	❶　軽量鉄骨壁下地 ………… 268
11-2　内訳書の書式 …………… 238	❷　軽量鉄骨天井下地 ……… 268
11-3　張付けモルタル …… 238	❸　開口補強 ………………… 268
11-4　タイル張り工法 …… 240	❹　ラス張り等 ……………… 268
11-5　算　出　例 ………… 242	14-4　既製金物 …………… 268
	14-5　金属板張り ………… 269
	14-6　製作金物 …………… 269

14-7　板　金　物 …………… 269
14-8　算　出　例 …………… 270

15　左　　官

15-1　概　　説 ……………………… 299
15-2　数量の算出 …………………… 299
15-3　単価の決定 …………………… 300
❶　モルタル塗り ………………… 300
❷　人造石塗りとぎ出し ………… 304
❸　せっこうプラスタ塗り ……… 304
❹　ドロマイトプラスタ塗り …… 305
15-4　算　出　例 …………………… 305

16　建　　具

16-1　木製建具 ……………………… 315
❶　概　　説 ……………………… 315
❷　建具の工法 …………………… 315
❸　建具用金物 …………………… 317
❹　算　出　例 …………………… 319
16-2　金属製建具 …………………… 321
❶　概　　説 ……………………… 321
❷　数　　量 ……………………… 322
❸　製品価格 ……………………… 322
❹　歩　　掛 ……………………… 323
❺　取付け, 運搬 ………………… 323
❻　算　出　例 …………………… 323
16-3　ガ　ラ　ス …………………… 324
❶　概　　説 ……………………… 324
❷　内訳書の書式 ………………… 324
❸　数量の算出 …………………… 324
❹　材　　料 ……………………… 326
❺　労　　務 ……………………… 326
❻　施工単価 ……………………… 326
❼　歩　　掛 ……………………… 326

❽　算　出　例 …………………… 329

17　塗　　装

17-1　概　　説 ……………………… 335
17-2　算　出　例 …………………… 336

18　内　外　装

18-1　概　　説 ……………………… 343
18-2　内訳書の書式 ………………… 343
❶　外　装　材 …………………… 343
❷　床仕上げ ……………………… 344
❸　幅　　木 ……………………… 344
❹　内壁, 天井仕上げ …………… 344
18-3　数量の算出 …………………… 344
18-4　単価の算出 …………………… 344
18-5　算　出　例 …………………… 348

19　仕上ユニットほか

19-1　概　　説 ……………………… 355
19-2　内訳書の書式 ………………… 355
❶　各種ユニット ………………… 355
❷　アコーディオンドア ………… 355
❸　ブラインド …………………… 356
❹　カ ー テ ン …………………… 356
❺　家具, 備品 …………………… 356
❻　各種サイン類 ………………… 356
❼　フ ェ ン ス …………………… 356
❽　スリーブその他 ……………… 356
19-3　数量の算出 …………………… 356
19-4　単価の決定 …………………… 356
❶　室名札, ピクトグラフ等サイン類
　　……………………………… 357
19-5　算　出　例 …………………… 359

20 構内舗装

- 20-1 概　　　説 …………………… 363
- 20-2 内訳書の書式 …………………… 363
- 20-3 数量の算出 …………………… 363
- 20-4 単価の算出 …………………… 363
  - ❶ 舗装の構成と作業内容 ……… 364
  - ❷ 材　　　料 …………………… 364
  - ❸ 舗 装 機 械 …………………… 367
  - ❹ 歩　　　掛 …………………… 367
- 20-5 算 出 例 …………………… 370

21 植　　栽

- 21-1 概　　　説 …………………… 379
- 21-2 歩　　　掛 …………………… 380
- 21-3 算 出 例 …………………… 385

22 とりこわし

- 22-1 概　　　説 …………………… 389
- 22-2 数量の算出 …………………… 389
- 22-3 単価の決定 …………………… 390
  - ❶ 地上部分および地下部分のとりこわし …………………… 390
  - ❷ 基礎部のとりこわし ………… 390
  - ❸ モルタル類のとりこわし …… 390
  - ❹ 鉄 筋 切 断 …………………… 390
- 22-4 内訳書作成例 ………………… 393
- 22-5 算 出 例 …………………… 395
  - ❶ 算 出 例 …………………… 395
  - ❷ 合 成 単 価 …………………… 398

23 建 築 改 修

- 23-1 概　　　説 …………………… 399
- 23-2 改修工事の種類 ……………… 399
- 23-3 執務状態による積算上の分類 …………………… 400
- 23-4 歩掛の適用 …………………… 400
- 23-5 数量の算出 …………………… 401
- 23-6 算 出 例 …………………… 402

参 考 資 料

公共建築工事積算における単価の補正について

- 参-1 補正市場単価 ………………… 409
- 参-2 市場単価等の補正 …………… 409
- 参-3 改修工事での単価の補正 …… 410
  - ❶ 改修工事の積算に用いる単価の種類 …………………… 410
  - ❷ 改修工事の積算における単価の適用 …………………… 411
- 参-4 計算例 ………………………… 411

概　　論

1　工事費の積算

　設計図書である図面，仕様書（現場説明書および現場説明に対する質問回答書を含む）に基づいて建築物，建築設備等の工事費を求めることを積算という。積算には，発注者が新営工事や改修工事を発注するために必要な予定価格の算出と，建設会社が工事を応札するための入札価格とがある。

　工事費は，直接工事費，共通費および消費税等相当額によって構成される。

　積算にあたっては，設計図，仕様書によるほか，工事の種類，程度，規模，施工場所，環境，他工事との関連，工事期間，季節，契約上の諸条件，社会状況および物価の変動等の実状を考慮の上，算出する。また，寒冷地における除雪に関する費用や，寒中養生のための費用，山間へき地，離島などの積算についても実状に応じて積算する。

　国の発注の場合，「予算決算及び会計令」第80条第2項に「予定価格は，契約の目的となる物件又は役務について，取引の実例価格，需給の状況，履行の難易，数量の多寡，履行期間の長短等を考慮して適正に定めなければならない」とあり，価格は特殊な場合を除き，時価によって計上することとし，将来に対する不確実な賃金や物価の変動等を見込まない。

施工条件明示と適切な設計変更

　建築工事の契約は，設計図書に基づく総価契約が一般的であるが，これは発注側と受注側とが同一の考え方に従って積算し，工事を実施していくことが前提となっている。そのため，発注側と受注側の考え方に重大な開きの生じやすい項目について，設計図書において施工条件の明示を行い，発注側と受注側とで考え方を一致させる必要がある。また，工事の実施に当たって施工条件に予期しない変化があった場合等は，必要に応じて設計変更等の処置を取る必要がある。

① 　地下階を有する大規模工事および特殊工事においては，設計図書における施工条件の明示項目としては，建設発生土の処分方法・運搬距離・処分費，山留め・水替えに関する施工条件，地下掘削工事に関する構台施設，揚重機械器具の設置および建て方に関する工法等があるが，これらは，現場条件等を考慮の上行うこと。また，共通仮設費の積上げ部分として，仮囲い，仮設道路の整備，借地借家料，警備員，交通誘導員についても，当初の契約から設計図書において適切に条件を明示しておくこと。

② 　明示した施工条件が，現場における施工と著しい相違が生じた場合は，適切な設計変更を行うこと（営繕および公営住宅等の事業執行における積算等の留意事項および解説）。施工条件の明示については，**6　付録**を参照。

2 工事費の構成

工事費の構成は，通常図1のようになる。

図1 工事費の構成

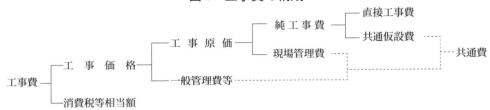

2-1 共通費

共通費は，「共通仮設費」，「現場管理費」および「一般管理費等」に区分して算定する。ただし，共通費を算定する場合の直接工事費には，本設のための電力，水道等の各種負担金は含まない。

❶ 共通仮設費
(1) 内容

共通仮設費は，各工事種目において，共通して使用する仮設に要する費用である。共通仮設費の内容は表1，2に示すとおりである。

共通仮設費は，「一般工事」（建築工事，電気設備工事および機械設備工事における「鉄骨工事」および「その他工事」を除いた通常の建物本体工事），「鉄骨工事」（鉄骨造および鉄骨鉄筋コンクリート造における補正対象鉄骨工事（表3））および「その他工事」（表4）に区分し，それぞれについて共通仮設費を算定する。

共通仮設費は，次の式のとおり直接工事費に共通仮設費率を乗じて算定し，率に含まれないものは積上げにより算定し加算する。

　　共通仮設費＝（直接工事費×共通仮設費率）＋積上げによる共通仮設費

表1 建築工事の共通仮設費の内容

項　目	内　容
準　備　費	敷地測量，敷地整理（新営の場合），道路占用料，仮設用借地料，既存施設内の家具，什器および機器等の移動・復旧に関する費用，その他の準備に要する費用
仮 設 建 物 費	監理事務所（敷地内），現場事務所（敷地内），倉庫，下小屋，宿舎，作業員施設等に要する費用。ただし，設計図書によるイメージアップ費用，当該工事固有の事情により指定された監理事務所の備品等の費用を除く。
工　事　施　設　費	仮囲い，工事用道路，歩道構台，場内通信設備等の工事用施設に要する費用。ただし，設計図書によるイメージアップ費用を除く。
環　境　安　全　費	安全標識，消火設備等の施設の設置，安全管理・合図等の要員，隣接物等の養生および補償復旧に要する費用
動力用水光熱費	工事用電気設備および工事用給排水設備に要する費用ならびに工事用電気・水道料金等
屋 外 整 理 清 掃 費	屋外および敷地周辺の跡片付けおよびこれに伴う屋外発生材処分等ならびに除雪に要する費用
機　械　器　具　費	共通的な工事用機械器具（測量機器，揚重機械器具，雑機械器具）に要する費用
そ　の　他	材料および製品の品質管理試験に要する費用，コンクリート圧縮試験費，鉄筋圧接試験費，その他上記のいずれの項目にも属さないもののうち軽微なものの費用

（注）アンダーラインのないものは共通仮設費率に含まれ，アンダーラインのあるものについては，必要に応じ積上げにより算定し加算する。

表2 共通仮設費率に含む内容

項　目	内　容
準　備　費	敷地整理（新営の場合），その他の準備に要する費用
仮 設 建 物 費	監理事務所（敷地内），現場事務所（敷地内），倉庫，下小屋，作業員施設等に要する費用。ただし，設計図書によるイメージアップ費用を除く
工　事　施　設　費	場内通信設備等の工事用施設に要する費用。ただし，設計図書によるイメージアップ費用を除く
環　境　安　全　費	安全標識，消火設備等の施設の設置，隣接物等の養生および補償復旧に要する費用
動力用水光熱費	工事用電気設備および工事用給排水設備に要する費用ならびに工事用電気・水道料金等
屋 外 整 理 清 掃 費	屋外および敷地周辺の後片付けおよびこれに伴う屋外発生材処分等に要する費用
機　械　器　具　費	測量機器および雑機械器具に要する費用
そ　の　他	コンクリートの圧縮試験費，鉄筋の圧接試験費，その他上記のいずれの項目にも属さないもののうち軽微なものの費用

（注）共通仮設費の内容で，地域的・季節的に偏る費用である除雪費や雪対策費および揚重機械器具費等は，現場条件に合わせて適切に積み上げる。

表3 鉄骨造および鉄骨鉄筋コンクリート造における補正対象鉄骨工事

鋼材費	○	工場加工費	○	鉄骨運搬費	○
工場塗装	○	溶融亜鉛めっき処理	○	現場錆止め塗装	○
建て方費	○	溶接試験	○	現場溶接	○
アンカーボルト	○	スタッド溶接	○	柱底均しモルタル	○
デッキプレート（合成スラブ用）	○	フラットデッキ（床型枠用）	△	耐火被覆	○
付帯鉄骨（母屋，胴縁）	○	鉄骨階段・鉄骨庇	△	専用仮設	○
鉄塔	○	C.W一次ファスナー	○	設備機器架台	○

（注） 1. ○は対象項目，△は鉄骨造のみ対象項目とする。
    2. 体育館，倉庫および格納庫などの鉄筋コンクリート造において，屋根部が鉄骨造の場合は補正の対象とする。
    3. 鉄塔は，設置場所（地盤面または鉄筋コンクリート造屋上面）にかかわらず補正の対象とする。
    4. 建方機械器具（定置式・移動式）は，共通仮設費の一般工事の区分とする。

表4 その他工事

・特殊な室内装備品（家具，書架および実験台の類）工事	・さく井設備工事	・機械式駐車設備
・造園工事	・特殊空調設備	・特殊ガス設備
・舗装工事	・循環ろ過設備	・実験機器設備
・とりこわし工事	・排水処理設備	・医療器具設備
・電波障害防除設備工事	・ごみ処理設備	
	・搬送設備	

(2) 補正，その他の算定

① 建設発生土などの発生材処分費が生じる場合は，発生材処分費を除いた直接工事費とこれに対応した共通仮設費率を算定に用いる。

② 建築工事において，監理事務所を設けない場合は，共通仮設費率の補正を行う。この場合，一般工事の共通仮設費率に 0.9 を乗じる。ただし，既存施設の利用により，監理事務所を設けない場合は，補正を行わない。

③ 仮設庁舎等をリースで発注する場合は，リース料を除いた直接工事費と，リース料を含む直接工事費の合計額に対応した共通仮設費率を算定に用いる。

④ 建築工事において，一般工事と鉄骨工事がある場合は，一般工事の共通仮設費の算定には，一般工事と鉄骨工事とを合算した直接工事費に対応した共通仮設費率を用い，鉄骨工事の共通仮設費の算定には，この共通仮設費率に 0.9 を乗じた値を用いる。なお，①による補正が行われる場合は，この補正した共通仮設費率に 0.9 を乗じる。

また，積上げによる共通仮設費がある場合は，一般工事の共通仮設費に加算し，純工事費は，一般工事と鉄骨工事とに区分する。

⑤ 一般工事とその他工事がある場合は，一般工事の共通仮設費の算定には，一般工事とその他工事とを合算した直接工事費の合計額に対応した共通仮設費率を用い，その他工事の共通仮設費は，共通仮設費率を 1% として算定する。なお，積上げによる共通仮設費がある場合は，一般工事の共通仮設費に加算し，純工事費は，一般工事とその他工事とに区分する。

⑥ その他工事を単独で発注する場合の共通費は，原則として専門工事業者などの見積りを参考に計上する。

⑦ 電気設備工事および機械設備工事の発注において，直接工事費に占める割合がおおむね10％以下の工事（労務費の比率が著しく少ない工事）の共通仮設費率は，その率に0.9を乗じる。
⑧ 設計変更がある場合，共通仮設費を積上げにより算定した場合は，設計変更においても積上げにより算定し，比率により算定した場合は，設計変更においても比率により算定する。
　この場合の共通仮設費は，設計変更の内容を当初発注工事内に含めた場合の共通仮設費から，当初の共通仮設費を控除した額とする。
⑨ 積上げにより算定して加算する「揚重機械器具費」について，新営工事においての機種と存置日数は表5～9を参考に選定する。なお，改修工事の場合の機種の選定および存置日数は施工内容，施工条件等より決定する。

表5　地上階の躯体用揚重機械存置日数（鉄筋コンクリート造）

階数（N）	適用機種	存置日数	備考
1	16t	$13 \times A + 1$	
2	16t	$21 \times A + 2$	
3	16t	$29 \times A + 3$	
4	20t	$37 \times A + 4$	
5	25t	$45 \times A + 5$	

表6　地下階の躯体用揚重機械存置日数（鉄筋コンクリート造）

階数（N）	適用機種	存置日数	備考
B1	25t	$12 \times A + 1$	
B2	25t	$20 \times A + 2$	
B3	25t	$28 \times A + 3$	

表7　塔屋階の躯体用揚重機械存置日数（鉄筋コンクリート造）

階数（N）	適用機種	存置日数			備考
		100m² 未満	300m² 未満	500m² 未満	1階当たりの面積
P1	躯体地上階による	3	4	5	
P2	躯体地上階による	6	8	10	
P3	躯体地上階による	9	12	15	

表8　地上階の仕上用揚重機械存置日数（鉄筋コンクリート造）

階数（N）	適用機種	存置日数	備考
1	16t	$4 \times A + 1$	
2	16t	$8 \times A + 2$	
3	16t	$12 \times A + 3$	
4	二本構（一本構）リフト	仕上期間	建築面積1,000m²ごとに1台
5	二本構（一本構）リフト	仕上期間	建築面積1,000m²ごとに1台

表9 地下階の仕上用揚重機械存置日数（鉄筋コンクリート造）

階数（N）	適用機種	存置日数	備考
B1	20t	4×A+1	
B2	20t	8×A+2	
B3	20t	12×A+3	

（注） 1. A＝建築面積/750m^2（計算過程においてAの値を端数処理する場合は，小数点以下第3位を四捨五入し第2位止めとする。建築面積は基準階面積とし，500m^{2}未満の場合は500m^{2}とする。）
2. 存置日数の端数処理は，小数点以下第1位を切り上げ整数止めとする。
3. 各階の面積が著しく異なる場合は，別途考慮する。

⑩ 積上げにより算定して加算する「材料および製品の品質管理試験に要する費用」は，以下のとおりとする。
・アスベスト粉じん濃度測定
・アスベスト含有量調査
・室内空気中の化学物質の濃度測定
・六価クロム溶出試験費
・レディーミクストコンクリート単位数量測定費
・PCB含有シーリング材の判定試験費
・上記に類する各種試験費

（3） 共通仮設費率の算出

共通仮設費率の算出には，表10～13までに示す工事種別ごとの表中の算定式を用いる。
共通仮設費率の算出に用いるT（工期）は，開札から契約までを考慮し7日を減じた日数を30日/月で除し，小数点以下第2位を四捨五入して1位止めとする。なお，工事一時中止があった場合は，その期間を除く。

表10 共通仮設費率（新営建築工事）

直接工事費		1,000万円以下	1,000万円を超える
共通仮設費率	上限	4.33%	$5.78 \times P^{-0.0313}$
		共通仮設費率算定式により算出された率	
	下限	3.25%	$4.34 \times P^{-0.0313}$

算定式　$K_r = 7.56 \times P^{-0.1105} \times T^{0.2389}$
ただし，K_r：共通仮設費率（％）
　　　　P：直接工事費（千円）とし，1,000万円以下の場合は，1,000万円として扱う
　　　　T：工期（か月）

（注） 1. 本表の共通仮設費率は，施工場所が一般的な市街地の比率である。
2. K_rの値は，小数点以下第3位を四捨五入して2位止めとする。

表 11　共通仮設費率算出例（新営建築工事）

直接工事費 （百万円）	共通仮設費率（%）		直接工事費 （百万円）	共通仮設費率（%）		直接工事費 （百万円）	共通仮設費率（%）	
	下限	上限		下限	上限		下限	上限
10 以下	3.25	4.33	140	3.00	3.99	700	2.85	3.79
20	3.18	4.24	160	2.98	3.97	800	2.84	3.78
30	3.14	4.19	180	2.97	3.96	900	2.83	3.76
40	3.11	4.15	200	2.96	3.94	1,000	2.82	3.75
60	3.08	4.10	300	2.92	3.89	2,000	2.76	3.67
80	3.05	4.06	400	2.90	3.86	3,000	2.72	3.62
100	3.03	4.03	500	2.88	3.83	4,000	2.70	3.59
120	3.01	4.01	600	2.86	3.81	5,000	2.68	3.57

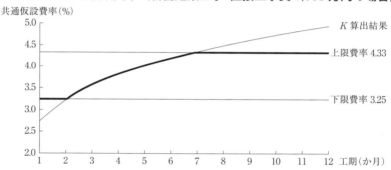

図 2　工期と共通仮設費率（新営建築工事　直接工事費 1,000 万円の場合）

工期の長短によって算出結果の共通仮設費率は変わるが，図中で設定された共通仮設費率の上限費率と下限費率の間の値を用いる。

表 12　共通仮設費率（改修建築工事）

直接工事費		500 万円以下	500 万円を超える
共通仮設費率	上　限	6.07%	$11.74 \times P^{-0.0774}$
		共通仮設費率算定式により算出された率	
	下　限	3.59%	$6.94 \times P^{-0.0774}$

算定式　$K_r = 18.03 \times P^{-0.2027} \times T^{0.4017}$
ただし，K_r：共通仮設費率（%）
　　　　P：直接工事費（千円）とし，500 万円以下の場合は，500 万円として扱う
　　　　T：工期（か月）

（注）　1．本表の共通仮設費率は，施工場所が一般的な市街地の比率である。
　　　　2．K_r の値は，小数点以下第 3 位を四捨五入して 2 位止めとする。

表 13　共通仮設費率算出例（改修建築工事）

直接工事費 （百万円）	共通仮設費率 （%）		直接工事費 （百万円）	共通仮設費率 （%）		直接工事費 （百万円）	共通仮設費率 （%）	
	下限	上限		下限	上限		下限	上限
5以下	3.59	6.07	30	3.12	5.29	150	2.76	4.67
6	3.54	5.99	40	3.06	5.17	200	2.70	4.56
7	3.50	5.92	50	3.00	5.08	250	2.65	4.49
8	3.46	5.86	60	2.96	5.01	300	2.61	4.42
9	3.43	5.80	70	2.93	4.95	350	2.58	4.37
10	3.40	5.76	80	2.90	4.90	400	2.56	4.33
15	3.30	5.58	90	2.87	4.86	450	2.53	4.29
20	3.22	5.45	100	2.85	4.82	500	2.51	4.25

❷　現 場 管 理 費
　(1)　現場管理費の内容
　　現場管理費は，工事現場の管理運営に必要な費用であり，共通仮設費で区分した項目ごとに算定する。その内容は表14に示すとおりである。
　　現場管理費は，次の式のとおり純工事費に現場管理費率を乗じて算定し，率に含まれないものは積上げにより算定し加算する。

　　　　現場管理費＝（純工事費×現場管理費率）＋積上げによる現場管理費

表 14 現場管理費の内容

科　　目	内　　容
労務管理費	現場雇用労働者（各現場で元請企業が臨時に直接雇用する労働者）および現場労働者（再下請を含む下請負契約に基づき現場労働に従事する労働者）の労務管理に要する費用 ・募集および解散に要する費用 ・慰安，娯楽および厚生に要する費用 ・純工事費に含まれない作業用具および作業用被服等の費用 ・賃金以外の食事，通勤費等に要する費用 ・安全，衛生に要する費用および研修訓練等に要する費用 ・労災保険法による給付以外に災害時に事業主が負担する費用
租税公課	工事契約書等の印紙代，申請書・謄抄本登記等の証紙代 固定資産税・自動車税等の租税公課，諸官公署手続き費用
保険料	火災保険，工事保険，自動車保険，組立保険，賠償責任保険および法定外の労災保険の保険料
従業員給料手当	現場従業員（元請企業の従業員）の給与，諸手当（交通費，住宅手当等）および賞与
施工図等作成費	施工図等を外注した場合の費用
退職金	現場従業員に対する退職給与引当金繰入額および現場雇用労働者の退職金
法定福利費	現場従業員，現場雇用労働者および現場労働者に関する次の費用 ・現場従業員および現場雇用労働者に関する労災保険料，雇用保険料，健康保険料および厚生年金保険料の事業主負担額 ・現場労働者に関する労災保険料の事業主負担額 ・建設業退職金共済制度に基づく証紙購入代金
福利厚生費	現場従業員に対する慰安，娯楽，厚生，貸与被服，健康診断，医療，慶弔見舞等に要する費用
事務用品費	事務用消耗品費，OA機器等の事務用備品費，新聞・図書・雑誌等の購入費，工事写真代等の費用
通信交通費	通信費，旅費および交通費
補償費	工事施工に伴って通常発生する騒音，振動，濁水，工事用車両の通行等に対して，近隣の第三者に支払われる補償費。ただし，電波障害等に関する補償費を除く
その他	会議費，式典費，工事実績の登録等に要する費用，その他上記のいずれの項目にも属さない費用

(2) 補正，その他の算定

① 建設発生土などの発生材処分費が生じる場合は，発生材処分費を除いた純工事費とこれに対応した現場管理費率を算定に用いる。

② 仮設庁舎等をリースで発注する場合は，リース料を除いた純工事費と，リース料を含む純工事費の合計額に対応した現場管理費率を算定に用いる。

③ 共通仮設費以外の条件明示された要員等の費用および連絡用要員等の現場雇用労働者の費用は，積上げにより算定して加算する。

④ 昇降機設備工事における工事費（消費税含む）が 500 万円以上 2,500 万円未満の場合は，工事実績情報（コリンズ）の登録等に要する費用を，積上げにより算定して加算する。
　なお，工事費が 2,500 万円以上の場合は，現場管理費率に含まれている。また，500 万円未満の工事費の場合は，コリンズへの登録を必要としない。

⑤ 建築工事において，一般工事と鉄骨工事がある場合は，鉄骨工事について現場管理費率の補正を行う。なお，積上げによる現場管理費がある場合は，一般工事の現場管理費に加算し，工事原価は，一般工事と鉄骨工事とに分ける。

⑥ 一般工事とその他工事がある場合，一般工事の現場管理費の算定には，一般工事とその他工事とを合算した純工事費に対応した現場管理費率を用い，その他工事の現場管理費は現場管理費率を 2% として算定する。なお，積上げによる現場管理費がある場合は，一般工事の

現場管理費に加算し，工事原価は，一般工事とその他工事とに区分する。
⑦　その他工事を単独で発注する場合の共通費は，原則として専門工事業者等の見積りを参考に計上する。
⑧　電気設備工事および機械設備工事の発注において，労務費の比率が著しく少ない工事の場合は，別途現場管理費を算定する。
　　なお，労務費の比率が著しく少ない工事とは，直接工事に占める割合がおおむね 10% 以下の工事をいい，この工事の現場管理費率は，その率に 0.8 を乗じる。
⑨　支給材を使用する場合は，支給材を購入すると仮定した評価額の 2% を現場管理費に加算する。ただし，再利用資機材については算定しない。
⑩　設計変更がある場合，現場管理費を積上げにより算定した場合は，設計変更においても積上げにより算定し，比率により算定した場合は，設計変更においても比率により算定する。この場合の現場管理費は，設計変更の内容を当初発注工事内に含めた場合の現場管理費から，当初の現場管理費を控除した額とする。

(3) 現場管理費率の算出

現場管理費率の算出には，表 15〜19 までに示す工事種別ごとの表中の算定式を用いる。
現場管理費率の算出に用いる T（工期）は，開札から契約までを考慮し 7 日を減じた日数を 30 日/月で除し，小数点以下第 2 位を四捨五入して 1 位止めとする。なお，工事一時中止があった場合は，その期間を除く。

表 15　現場管理費率（新営建築工事）

純工事費		1,000 万円以下	1,000 万円を超える
現場管理費率	上　限	20.13%	$75.97 \times N_p^{-0.1442}$
		現場管理費率算定式により算出された率	
	下　限	10.01%	$37.76 \times N_p^{-0.1442}$

算定式　$J_o = 151.08 \times N_p^{-0.3396} \times T^{0.5860}$
ただし，J_o：現場管理費率（%）
　　　　N_p：純工事費（千円）とし，1,000 万円以下の場合は，1,000 万円として扱う
　　　　T：工期（カ月）

（注）　1．本表の現場管理費率は，施工場所が一般的な市街地の比率である。
　　　　2．J_o の値は，小数点以下第 3 位を四捨五入して 2 位止めとする。

表16 現場管理費率算出例（新営建築工事）

純工事費 （百万円）	現場管理費率 （％）		純工事費 （百万円）	現場管理費率 （％）		純工事費 （百万円）	現場管理費率 （％）	
	下限	上限		下限	上限		下限	上限
10以下	10.01	20.13	140	6.84	13.76	700	5.42	10.91
20	9.05	18.22	160	6.71	13.50	800	5.32	10.70
30	8.54	17.18	180	6.60	13.27	900	5.23	10.52
40	8.19	16.48	200	6.50	13.07	1,000	5.15	10.36
60	7.73	15.55	300	6.13	12.33	2,000	4.66	9.38
80	7.41	14.91	400	5.88	11.83	3,000	4.40	8.84
100	7.18	14.44	500	5.69	11.45	4,000	4.22	8.48
120	6.99	14.07	600	5.54	11.15	5,000	4.08	8.22

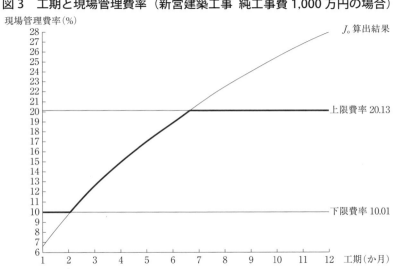

図3 工期と現場管理費率（新営建築工事 純工事費1,000万円の場合）

　工期の長短によって算出結果の現場管理費率は変わるが，図中で設定された現場管理費率の上限費率と下限費率の間の値を用いる。

表17 現場管理費率（改修建築工事）

純工事費		500万円以下	500万円を超える
現場管理費率	上限	26.86%	$184.58 \times N_p^{-0.2263}$
		現場管理費率算定式により算出された率	
	下限	12.70%	$87.29 \times N_p^{-0.2263}$

算定式　$J_o = 356.20 \times N_p^{-0.4085} \times T^{0.5766}$
ただし，J_o：現場管理費率（％）
　　　　N_p：純工事費（千円）とし，500万円以下の場合は，500万円として扱う
　　　　T：工期（か月）

(注) 1. 本表の現場管理費率は，施工場所が一般的な市街地の比率である。
　　 2. J_oの値は，小数点以下第3位を四捨五入して2位止めとする。

表18　現場管理費率算出例（改修建築工事）

純工事費 （百万円）	現場管理費率 （％）		純工事費 （百万円）	現場管理費率 （％）		純工事費 （百万円）	現場管理費率 （％）	
	下限	上限		下限	上限		下限	上限
5以下	12.70	26.86	30	8.47	17.91	150	5.88	12.44
6	12.19	25.77	40	7.93	16.78	200	5.51	11.66
7	11.77	24.89	50	7.54	15.95	250	5.24	11.08
8	11.42	24.15	60	7.24	15.31	300	5.03	10.63
9	11.12	23.51	70	6.99	14.78	350	4.86	10.27
10	10.86	22.96	80	6.78	14.34	400	4.71	9.96
15	9.91	20.95	90	6.60	13.96	450	4.59	9.70
20	9.28	19.63	100	6.45	13.64	500	4.48	9.47

❸　一般管理費等

(1)　一般管理費等の内容

一般管理費等は，企業の継続運営に必要な費用であり，一般管理費と付加利益からなる。一般管理費の内容は**表19**に示すとおりである。

一般管理費等は，次の式のとおり工事原価に一般管理費等率を乗じて算定する。なお，契約保証費については，必要に応じて別途加算する。

　　　　一般管理費等＝工事原価×一般管理費等率

表 19　一般管理費の内容

項　目	内　容
役　員　報　酬	取締役および監査役に対する報酬
従業員給与手当	本店および支店の従業員などに対する給料，諸手当および賞与（賞与引当金繰入額を含む）
退　職　金	本店および支店の役員ならびに従業員に対する退職金（退職給与引当金繰入額および退職年金掛金を含む）
法　定　福　利　費	本店および支店の従業員に関する労災保険料，雇用保険料，健康保険料および厚生年金保険料の事業主負担額
福　利　厚　生　費	本店および支店の従業員に関する慰安，娯楽，貸与被服，医療，慶弔見舞等の福利厚生等に要する費用
修　繕　維　持　費	建物，機械，装置等の修繕維持費，倉庫物品の管理費等
事　務　用　品　費	事務用消耗品費，固定資産に計上しない事務用備品費，新聞参考図書等の購入費
通　信　交　通　費	通信費，交通費および旅費
動力用水光熱費	電力，水道，ガス等の費用
調　査　研　究　費	技術研究，開発等の費用
広　告　宣　伝　費	広告，公告または宣伝に要する費用
交　際　費	得意先，来客等の接待費，慶弔見舞等に要する費用
寄　付　金	社会福祉団体等に対する寄付
地　代　家　賃	事務所，寮，社宅等の借地借家料
減　価　償　却　費	建物，車両，機械装置，事務用備品等の減価償却額
試　験　研　究　償　却　費	新製品または新技術の研究のため特別に支出した費用の償却額
開　発　償　却　費	新技術または新経営組織の採用，資源の開発ならびに市場の開拓のため特別に支出した費用の償却額
租　税　公　課	不動産取得税，固定資産税等の租税ならびに道路占用料その他の公課
保　険　料	火災保険その他の損害保険料
契　約　保　証　費	契約の保証に必要な費用
雑　費	社内打合せ等の費用，諸団体会費および他の一般管理費科目に属さない費用

(2)　補正，その他の算定

① 前払金の支出割合が 35% 以下の場合の一般管理費等の算出には，次の表の区分ごとの補正係数を一般管理費等率に乗じた値を用いる。
　なお，この前払金の支出割合による一般管理費等率の補正については，支払限度額の割合に対しては適用しない。

表 20　前払金の支出割合による補正係数

前払金支出割合区分（%）	補正係数
5 以下	1.05
5 を超え 15 以下	1.04
15 を超え 25 以下	1.03
25 を超え 35 以下	1.01

② 契約保証費については，発注者が金銭的保証を必要とする場合には 0.04%，発注者が役務的保証を必要とする場合には 0.09% を，契約保証費率として工事原価に乗じた金額を加算する。

③ 「特定住宅瑕疵担保責任の履行の確保等に関する法律」に該当する住宅の新築工事の一般管理費等の算定には，資力確保措置のための費用を見積り等により算出し，一般管理費等に

加算する。
④ その他工事を単独で発注する場合の共通費は，原則として専門工事業者などの見積りを参考に計上する。
⑤ 電気設備工事および機械設備工事の発注において，労務費の比率が著しく少ない工事の場合は，別途一般管理費等を算定する。
⑥ 設計変更がある場合，一般管理費等の算定は，変更前と同様の方法による。この場合の一般管理費等は，設計変更の内容を当初発注工事内に含めた場合の一般管理費等から，当初の一般管理費等を控除した額とする。ただし，契約保証費の補正は行わない。

(3) 一般管理費等率の算出
一般管理費等率の算出には，表21，22までに示す工事種別ごとの表中の算定式を用いる。

表21 一般管理費等率（建築工事）

工事原価	500万円以下	500万円を超え30億円以下	30億円を超える
一般管理費等率	11.26%	算定式による率	8.41%

算定式　$G_p = 15.065 - 1.028 \times \log(C_p)$
ただし，G_p：一般管理費等率（%）
　　　　C_p：工事原価（千円）

(注) G_pの値は，小数点以下第3位を四捨五入して2位止めとする。

表22 一般管理費等率算出例（建築工事）

工事原価（百万円）	一般管理費等率（%）	工事原価（百万円）	一般管理費等率（%）	工事原価（百万円）	一般管理費等率（%）
5以下	11.26	180	9.66	550	9.16
10	10.95	200	9.62	600	9.13
20	10.64	220	9.57	650	9.09
30	10.46	240	9.53	700	9.06
40	10.33	260	9.50	750	9.03
50	10.23	280	9.47	800	9.00
60	10.15	300	9.43	850	8.97
70	10.08	320	9.41	900	8.94
80	10.02	340	9.38	950	8.92
90	9.97	360	9.35	1,000	8.90
100	9.93	380	9.33	1,500	8.72
120	9.84	400	9.31	2,000	8.59
140	9.77	450	9.25	2,500	8.49
160	9.72	500	9.21	3,000を超える	8.41

❹ 発注形態による算定方法，その他
(1) 新営工事と改修工事を一括して発注する場合
① 共通仮設費および現場管理費は，新営工事と改修工事に区分して算定する。
② 共通仮設費率および現場管理費率は，新営工事と改修工事の直接工事費の合計額に対応する新営工事と改修工事それぞれの共通仮設費率，純工事費の合計額に対応する新営工事と改修工事それぞれの現場管理費率とする。

③ 積上げによる共通仮設費および現場管理費は，新営工事と改修工事のうち主となる工事の共通仮設費または現場管理費に計上する。
④ 一般管理費等は，新営工事と改修工事の工事原価の合計額に対応する一般管理費等率により算定する。

(2) 敷地が異なる複数の工事を一括して発注する場合
① 共通仮設費および現場管理費は，それぞれの敷地の工事ごとに算定する。
② 共通仮設費率および現場管理費率は，それぞれの敷地の工事ごとの直接工事費および工期に対応する共通仮設費率，純工事費および工期に対応する現場管理費率とする。
③ 積上げによる共通仮設費および現場管理費は，それぞれの敷地の工事ごとに計上する。
④ 一般管理費等は，それぞれの敷地の工事ごとの工事原価の合計額に対応する一般管理費等率により計上する。

(3) 建築工事，電気設備工事，機械設備工事および昇降機械設備工事のいずれかを一括して発注する場合
① 共通仮設費および現場管理費は，それぞれの工事種別ごとの共通仮設費および現場管理費に関する定めにより算定し，それらの合計による。
　ただし，主たる工事（発注時の工事種別）以外のいずれかの工事（昇降機械設備工事を除く）が，主たる工事と比較して軽微な工事であり，かつ，単独の工期設定がない場合は，当該工事を主たる工事に含め，主たる工事の定めにより共通仮設費および現場管理費を算定することができる。なお，軽微な工事とは，直接工事費が主たる工事の直接工事費の1/20以下または300万円以下の場合およびこれに準ずると見なせる場合の工事をいう。
② 積上げによる共通仮設費および現場管理費は，それぞれの工事種別ごとに区分して計上する。
③ 一般管理費等は，それぞれの工事種別の工事原価の合計額に対する主たる工事の一般管理費等率により算定する。
④ 共通費の積算手法は，設計図書の変更があった場合においても，原則として変更しない。

(4) 営繕工事のいずれかと営繕工事以外の工事を一括して発注する場合
　共通費は，営繕工事と営繕工事以外の工事に分け，それぞれの工事ごとの共通費に関する定めにより算定する。なお，営繕工事以外の工事とは，敷地内の大規模な造成，土木仕様の舗装などの土木工事が挙げられる。

(5) 後工事の取扱い
① 本来一体とすべき同一建築物または同一敷地内の工事を分割して発注し，新規に発注する工事（以下「後工事」という）を現に施工中の工事の受注者と随意契約しようとする場合の共通費は，契約済みの全ての工事（以下「前工事」という）と後工事を一括して発注したとして算定した額から，前工事の額を控除した額とする。
② 改修工事で現に施工中の工事の受注者と後工事を随意契約しようとする場合の共通費は，後工事のみを対象として算定する。ただし，後工事の工期の過半が前工事の工期と重なる場合は，①の規定による。

(6)　工事の一時中止に伴う増加費用

　工事を一時中止した場合の増加費用（工事現場の維持に要する費用，工事体制の縮小に要する費用および工事の再開準備に要する費用）の算定は，「工事の一時中止に伴う増加費用等の積算上の取扱いについて」（平成元年2月8日付建設省技調発第57号）および「営繕工事請負契約における設計変更ガイドライン（案）」（平成27年5月国土交通省官庁営繕部）によるほか，以下による。

① 工事の一時中止に伴う増加費用は，工事現場の維持に要する費用，工事体制の縮小に要する費用および工事の再開準備に要する費用（以下「工事現場の維持等に要する費用」という）に本支店における増加費用を加算した費用とする。

② 工事現場の維持等に要する費用は，中止期間中における工事現場の管理に関する計画（基本契約書）に基づき実施した内容について見積りを求め，それを参考に積上げ計上する。

③ 工事現場の維持等に要する費用として積み上げる内容に，仮囲い等の仮設，警備要員など当初予定価格の作成時に積上げで算定したものがある場合，当初の算定方法と同様に積上げ計上する。

④ 工事の一時中止に係る本支店における増加費用は，設計変更における一般管理費等の算定方法と同様に，工事の一時中止に伴う増加費用（積上げ分）を当初発注工事内に含めた場合の一般管理費等を求め，当初発注工事の一般管理費等を控除した額とする。

⑤ 一般管理費等率は，工事原価に工事の一時中止に伴う増加費用（積上げ分）を加算した額に対応する一般管理費等率とする。

⑥ 契約保証費は補正を行わない。

(7)　工事に伴う湧水の排出費用

　共通費を算定する場合の直接工事費には，工事に伴う湧水等を公共下水道等に排出する場合の費用（下水道料金のみ）は含まないものとする。

❺ 共通費の計算例

表23 某合同庁舎新営建築工事計算例

工事種別	工期(か月)	直接工事費	今回工事	共通仮設費率(%)	率の補正	今回共通仮設費
建築工事	18.0	一般工事（新営）	509,600,000	3.50	1.0	17,836,000
		一般工事（改修）	0			0
		鉄骨工事	32,000,000	3.50	0.9	1,008,000
		その他工事	7,100,000	1.00	1.0	71,000
		仮設庁舎リース料等	0			0
		積上げによる共通仮設費 （一般工事（新営），鉄骨工事）				6,832,000
		積上げによる共通仮設費 （一般工事（改修））				0
		小計	548,700,000			25,747,000
		発生材処分費	1,500,000			0
		計	550,200,000			25,747,000

工事種別	工期(か月)	純工事費	今回工事	現場管理費率(%)	率の補正	今回現場管理費
建築工事	18.0	一般工事（新営）	534,268,000	9.10	1.0	48,618,388
		一般工事（改修）	0			0
		鉄骨工事	33,008,000	9.10	1.0	3,003,728
		その他工事	7,171,000	2.00	1.0	143,420
		仮設庁舎リース料等	0			0
		積上げによる現場管理費 （一般工事（新営），鉄骨工事）				0
		積上げによる現場管理費 （一般工事（改修））				0
		小計	574,447,000			51,765,536
		発生材処分費	1,500,000			0
		計	575,947,000			51,765,536

工事種別	工事原価	今回工事	一般管理費等率(%)	率の補正	今回一般管理費等
建築工事	一般工事（新営）	582,886,388			
	一般工事（改修）	0			
	鉄骨工事	36,011,728			
	その他工事	7,314,420			
	仮設庁舎リース料等	0			
	小計	626,212,536			
	発生材処分費	1,500,000			
	計	627,712,536	9.10	1.0	57,121,840
	合計（工事価格）				684,834,376
		有効桁上位4桁（一般管理費等で調整）			684,800,000
	消費税相当額			8%	54,784,000
	総合計（工事価格）				739,584,000

(注) 1. 公共建築工事共通費積算基準（平成26年度版）を元に作成。
   2. 発注者が金銭的保証を必要とする場合は，工事原価に契約保証費率0.04％を乗じた金額を一般管理費等に加算する（契約保証費＝627,712,536×0.04％＝251,085円を加算）。
   3. 発生材処分費とは，建設発生土処分費およびとりこわし発生材処分費をいう。
   4. 算出された金額の範囲内で，原則として工事価格の有効桁が上位4桁（1千万円未満の場合は1万円単位）となるように一般管理費等で調整する。

共通仮設費率

工事種別	判定	上限	下限	値	採用値
新営建築工事	1千万円を超える	3.82	2.87	3.50	3.50
改修建築工事	—	—	—	—	—

[新営建築工事]
　　1千万円を超える場合　　上限：$5.78 \times P^{-0.0313}$　　下限：$4.34 \times P^{-0.0313}$
　　共通仮設費率算定式　　$K_r = 7.56 \times P^{-0.1105} \times T^{0.2389}$
　　1千万円以下　　　　　　上限：4.33%　　下限：3.25%
　　※K_r：共通仮設費率（%）　P：直接工事費（千円）とし1千万円以下の場合は1千万円として扱う。
　　　T：工期（か月）

現場管理費率

工事種別	判定	上限	下限	値	採用値
新営建築工事	1千万円を超える	11.22	5.58	9.10	9.10
改修建築工事	—	—	—	—	—

[新営建築工事]
　　1千万円を超える場合　　上限：$75.97 \times N_p^{-0.1442}$　　下限：$37.76 \times N_p^{-0.1442}$
　　現場管理費率算定式　　$J_o = 151.08 \times N_p^{-0.3396} \times T^{0.5860}$
　　1千万円以下　　　　　　上限：20.13%　　下限：10.01%
　　※J_o：現場管理費率（%）　N_p：純工事費（千円）とし1千万円以下の場合は1千万円として扱う。
　　　T：工期（か月）

一般管理費等率

工事種別	判定	5百万円以下	5百万円を超え30億円以下	30億円を超える	採用値
新営・改修建築工事	5百万円を超え30億円以下	11.26	9.10	8.41	9.10

[建築工事]
　　30億円を超える　　　　　　　8.41%
　　5百万円を超え30億円以下　　$G_p = 15.065 - 1.028 \times \log(C_p)$
　　5百万円以下　　　　　　　　11.26%
　　※G_p：一般管理費等率（%）　C_p：工事原価（千円）

共通費は，共通仮設費，現場管理費，一般管理費等の3つに分けて計算する。
① 計算例の設定条件
　・主たる工事は新営建築工事で，単独で発注する場合
　・工期：契約日の翌日から工期末までの期間　541日/30日＝18.03→18.0か月
　　　※小数点以下第2位を四捨五入して1位止めとする
　・主たる建物は鉄骨鉄筋コンクリート造4階建て＋PH，建築面積759m^2，延べ面積3,086m^2，屋上鉄塔設置
　・その他工事を含む（造園（4,400,000円）＋とりこわし（2,700,000円））
　・積上げによる共通仮設費（一般工事（新営），鉄骨工事）を含む。
　・発生材処分費を含む（運搬費は含まない。処分費1,500,000円）
② 直接工事費は，一般工事（新営），鉄骨工事，その他工事および発生材処分費に区分し，一般工事（新営）費の直接工事費は以下のとおりとなる。

一般工事（新営）費の直接工事費＝直接工事費計
　　　　　　　　　　　　　　　－（鉄骨工事＋その他工事（造園＋とりこわし））
　　　　　　　　　　　　　　　－発生材処分費
　　　　　　　　　　　　　＝550,200,000－(32,000,000＋(4,400,000＋2,700,000))
　　　　　　　　　　　　　　　－1,500,000
　　　　　　　　　　　　　＝509,600,000（円）

(1) 共通仮設費

共通仮設費率の対象は直接工事費の計から発生材処分費を差し引いた金額とし，発生材処分費は共通仮設費の対象としない。

直接工事費－発生材処分費より，
　550,200,000－1,500,000＝548,700,000（円）

従って，共通仮設費率および率の補正は，それぞれ

　一般工事（新営）の共通仮設費率の対象金額は 548,700,000 円 ➡ 3.50％×1.0
　鉄骨工事　　　　　　　　　　　　　　　　　　　　　　　　 ➡ 3.50％×0.9
　その他工事（造園，とりこわし）　　　　　　　　　　　　　 ➡ 1.00％×1.0

(2) 現場管理費

現場管理費率の対象は純工事費の計から発生材処分費を差し引いた金額とし，発生材処分費は現場管理費の対象としない。なお，純工事費は，直接工事費に共通仮設費を加えた金額となる。

① 一般工事（新営）の純工事費は一般工事（新営）の直接工事費に，一般工事（新営）の共通仮設費率を乗じて算出した共通仮設費，積上げによる共通仮設費（一般工事（新営），鉄骨工事）を加えた金額となるので，
　　一般工事（新営）の純工事費＝一般工事（新営）の（直接工事費＋率による共通仮設費）
　　　　　　　　　　　　　　　　＋積上げによる共通仮設費（一般工事（新営），鉄骨工事）
　　　　　　　　　　　　　　＝(509,600,000＋17,836,000)＋6,832,000
　　　　　　　　　　　　　　＝534,268,000（円）

② 鉄骨工事の純工事費は，鉄骨工事の直接工事費に鉄骨工事の共通仮設費を加えた金額となるので，
　　鉄骨工事の純工事費＝鉄骨工事の（直接工事費＋率による共通仮設費）
　　　　　　　　　　　＝32,000,000＋1,008,000
　　　　　　　　　　　＝33,008,000（円）

③ その他工事の純工事費は，その他工事の直接工事費にその他工事の共通仮設費を加えた金額となるので，
　　その他工事の純工事費＝その他工事の（直接工事費＋率による共通仮設費）
　　　　　　　　　　　　＝(4,400,000＋2,700,000)＋(44,000＋27,000)
　　　　　　　　　　　　＝7,100,000＋71,000
　　　　　　　　　　　　＝7,171,000（円）

上記①～③の純工事費の計が現場管理費率の対象金額となる。

　純工事費の計＝534,268,000＋33,008,000＋7,171,000
　　　　　　　＝574,447,000（円）

従って，現場管理費率および率の補正は，それぞれ

一般工事の現場管理費率の対象金額は 574,447,000 円 ➡ 9.10％×1.0
　　　鉄骨工事　　　　　　　　　　　　　　　　　　　➡ 9.10％×1.0
　　　その他工事（造園，とりこわし）　　　　　　　　➡ 2.00％×1.0

(3)　**一般管理費等**
　　一般管理費等率の対象は工事原価となる。なお，工事原価は純工事費に現場管理費と発生材処分費を加えた金額となる。
① 一般工事（新営）の工事原価は，一般工事（新営）の純工事費に，一般工事（新営）の現場管理費率を乗じて算出した現場管理費，積上げによる現場管理費（一般工事（新営），鉄骨工事）を加えた金額となるので，
　　　一般工事（新営）の工事原価＝一般工事（新営）の（純工事費＋率による現場管理費）
　　　　　　　　　　　　　　　　　＋積上げによる現場管理費（一般工事（新営），鉄骨工事）
　　　　　　　　　　　　　　　　＝（534,268,000＋48,618,388）＋0
　　　　　　　　　　　　　　　　＝582,886,388（円）
② 鉄骨工事の工事原価は，鉄骨工事の純工事費に鉄骨工事の現場管理費を加えた金額となるので，
　　　鉄骨工事の工事原価＝鉄骨工事の（純工事費＋現場管理費）
　　　　　　　　　　　　＝33,008,000＋3,003,728
　　　　　　　　　　　　＝36,011,728（円）
③ その他工事の工事原価はその他の純工事費にその他工事の現場管理費を加えた金額となるので，
　　　その他工事の工事原価＝その他の（純工事費＋現場管理費）
　　　　　　　　　　　　　＝（4,444,000＋2,727,000）＋（88,880＋54,540）
　　　　　　　　　　　　　＝7,171,000＋143,420
　　　　　　　　　　　　　＝7,314,420（円）
　　上記①〜③の工事原価と発生材処分費の計が一般管理費の対象金額となる。
　　　工事原価と発生材処分費の計＝（582,886,388＋36,011,728＋7,314,420）＋1,500,000
　　　　　　　　　　　　　　　　＝627,712,536（円）
　　従って，一般管理費率等および率の補正は，
　　　➡ 9.10％×1.0

(4)　**工事価格**
　　工事価格は工事原価の計に一般管理費等を加えた金額となる。
　　　一般管理費等＝627,712,536×0.0910
　　　　　　　　　＝57,121,841（円）
　　　工事価格＝工事原価＋一般管理費等
　　　　　　　＝627,712,536＋57,121,841
　　　　　　　＝684,834,377（円）

2-2　直接工事費
　　直接工事費は，工事目的物を造るために直接必要とされる費用で，各工事種目ごとに分けて計上する。工事種目は，設計図，仕様書等の表示に従い，庁舎，囲障，構内舗装，屋外排水，植栽等に区分する。工事科目は，工種別のほか，部分別，職種別，箇所別，機能別等によっても区分

することができる。
　細目は，各科目をさらに細分したもので，材料費，労務費，仮設費，機械器具費，運搬費等，またはそのいくつかを合わせたものについて示す。

❶　材　料　費

材料価格等は原則として積算時の現場渡し価格とする。
材料費は，材料数量と材料単価の積からなる。

（1）　材料数量

　材料数量には，
① 主体材料
② 仮設材料，消耗材料等

があるが，これらをそれぞれ直接計上するか，間接に複合費等の中に見込む方法がある。

　材料数量を計上する場合には，所要数量によるが，個数等で示す材料は，設計数量によることが多いので，作業上のロスに対する割増しは，単価で考慮する。割増しの数量は，材料の切り無駄や施工上やむを得ない損耗等を含み，実際の状況を考慮して定め，材料の切り落しくずやその他，施工後に残る材料に価値があると思われる場合には，その残材を評価して控除する。

・設計数量：設計図書に示されている個数や設計寸法から求めた正味の数量をいい，「建築数量積算基準」ではこの正味の数量を原則としている。杭，ルーフドレン，建具など個数で示す材料と床タイル張り，壁モルタル塗りなど仕上工事の大部分の施工が該当し，いずれも作業上のロス等に対する割増しは，それぞれ単価で考慮する。

［例］　タイル工事
　　　一般床タイル（1m² 当たり）
　　　タイル（150mm 角）　　45 枚
　　　セメント　　　　　　　2.6kg
　　　細骨材（砂）　　　　　0.004m³
　　　タイル工　　　　　　　0.19 人
　　　普通作業員　　　　　　0.09 人
　　　その他　　　　　　　　一式

・所要数量：鉄筋・鉄骨・木材等など定尺寸法による切り無駄や施工上やむを得ない損耗等を含んだ数量のことで，材料数量として直接計上する場合には，所要数量による。割増しの数量は，「建築数量積算基準」にそれぞれ標準が定められている。

［例］　棒　鋼（鉄筋工事）　　　　　　4%
　　　形鋼，鋼管および平鋼　　　　　5%
　　　広幅平鋼および鋼板（切板）　　3%
　　　ボルト類　　　　　　　　　　　4%
　　　アンカーボルト類　　　　　　　0%
　　　デッキプレート　　　　　　　　5%

　　　○鉄筋工事
　　　鉄　筋　　　　　設計数量×1.04×鋼材価格（t 当たり）
　　　鉄筋加工組立　　設計数量×加工組立費（t 当たり）
　　　スクラップ控除　（所要数量－設計数量）×0.7×鉄屑価格（t 当たり）

・計画数量：設計図書に示されていない施工計画に基づいた数量をいい，仮設や土工の数量等がこれに該当する。

［例］　仮設，土工

(2)　材料単価

材料単価は，数量の多寡，指定材料の有無，取引条件等を考慮して定める。なおそれぞれの単価は消費税抜きとするが，消費税込みで表示される単価については消費税等で割り戻した額を乗じた額を消費税抜き単価とする。

① 　刊行物等に掲載されている単価

『積算資料』建設資材価格（月刊），一般財団法人経済調査会（以下，「経済調査会」）

『積算資料』に掲載されている建設資材価格は，全て需要者を対象としたもので，建設業者や専門工事業者および加工業者がメーカー，商社，問屋，特約店等の流通業者から購入する価格を指している（図4の▼印の段階）。従って，メーカーと流通業者あるいはまた流通業者間で取引きされるいわゆる仕切り（卸）価格や仲間取引価格を対象としたものではない（図4のㇱ，㋺，㋩，㋥の段階）。

図4　流通段階例

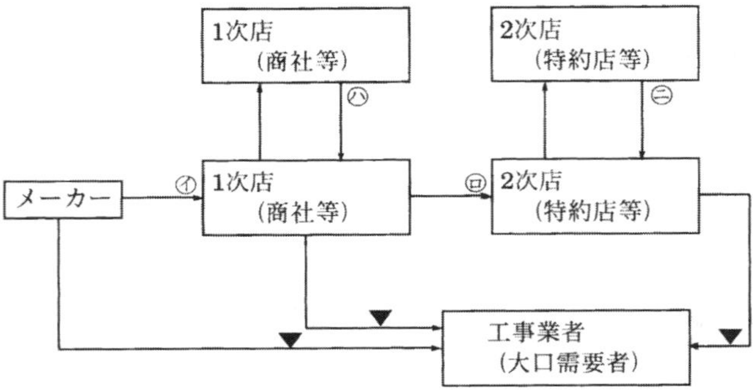

㋑　メーカー仕切り価格
㋺　仕切り（卸）価格　　}　いずれも調査対象外
㋩㋥　仲間取引価格

各品目ごとの流通経路と実際の取引価格の調査段階（図5）をみると，資材により1次店を対象とするもの，2次店を中心とするもの，メーカーと1次店の双方，あるいは協同組合，特約店のみを対象とするものなどがある。

図5 各品目ごとの流通経路と調査段階

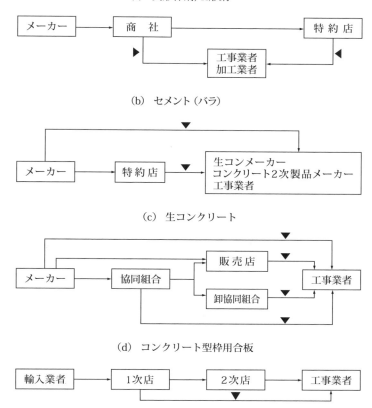

荷渡し場所については，業界の商慣習が都市内現場持込みを原則としているので，それによらない資材は問屋置場渡しか，工場渡しとなる。ただし前者についてのみ荷卸しを含む。

取引数量では，各品目ごとに取引段階で行われている，最も標準的な売買数量や基準数量を設けている。

支払いは，現金決済を原則としている。

② メーカーおよび材料業者の見積りを参考にする方法

❷ 労　務　費

労務費は，労務数量と労務単価の積で求められる。

(1) 労務数量

労務数量は，

① 主体施工の労務

② 仮設物，機械器具等の据付け，撤去およびその他に要する労務と運搬など間接的な作業に従事する労務とがあり，内訳書上直接計上する場合と間接にほかの材料数量とともに複合費の中に見込む方法とがある。

材料数量同様手待ちや1日の作業量が少ないために生ずる能率低下については，実際の状況を考慮して算出しなければならない。

(2) 労務単価

　労務単価は，労働者に支給される賃金で，直接作業に従事する建設労働者の所定労働時間内8時間当たりの基本給相当額および基準内手当と労働日数1日当たりの臨時の給与および実物給与を含む基準日額をいい，現在官公庁等においては，国土交通省および農林水産省の公共事業労務費調査連絡協議会が実施している公共工事労務費調査に基づく公共工事設計労務単価（基準額）を使用している。

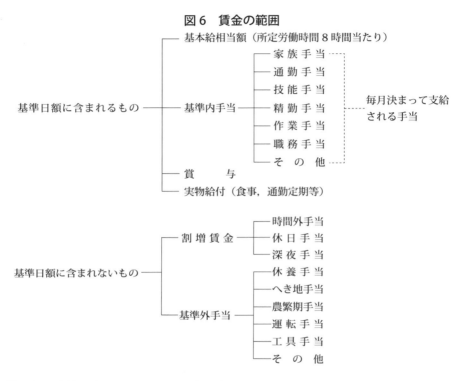

図6　賃金の範囲

　公共工事の発注に際し必要となる予定価格の決定に当たっては，「予算決算及び会計令」において，取引の実例価格等を考慮して適正に定めることとされている。これに基づき，国土交通省および農林水産省では，公共工事の予定価格の積算に必要な設計労務単価を決定するため，所管する公共事業等に従事した建設労働者等に対する賃金の支払い実態を，昭和45年より毎年定期的に調査している。調査職種は，特殊作業員以下51職種を数えている。

表24 主な建築関係職種

特 殊 作 業 員	運 転 手（特 殊）	サ ッ シ 工
普 通 作 業 員	運 転 手（一 般）	内 装 工
軽 作 業 員	土木一般世話役	ガ ラ ス 工
造 園 工	型 わ く 工	建 具 工
と び 工	大 工	ダ ク ト 工
石 工	左 官	保 温 工
電 工	配 管 工	設 備 機 械 工
鉄 筋 工	は つ り 工	交 通 誘 導 員 A
鉄 骨 工	防 水 工	交 通 誘 導 員 B
塗 装 工	板 金 工	建築ブロック工
溶 接 工	タ イ ル 工	

（3） 複合単価

複合単価とは，平均的な技能を有する作業員が1日（実働8時間）で行うことのできる施工数量をもとに割り出された単位数量当たりの労務数（例えば，作業員1人が1日に10m² 施工できれば 0.1 人/m²）と単位数量当たりに使用される資材の量を歩掛といい，これに資材単価や労務単価を乗じ，下請経費率等を加えた工費としたものである。

❸ 施 工 費

施工費は，通常，施工数量と施工単価からなる。

（1） 施工数量

施工数量を計上する細目については，労務費を主とするもの，または材料費を含むもの，そのいずれの場合にも設計数量によるものとし，作業上の無駄に対する割増しは単価で考慮する。

（2） 施工単価

施工単価は，以下のいずれかの事項を示す。

① 歩掛*をもとに材料価格，労務賃金，その他仮設的な費用，機械器具費，運搬費，下請経費等を計上して求めた推定の計算単価（表25）。

［例］
表25 推定の計算単価：左官

細　　　　目	単位	名　　　称	単位	数　量	単　価	金　額
内壁モルタル塗り	m²	セ メ ン ト	kg	10.3	21.60	222.48
金ごて		砂	m³	0.024	4550.00	109.20
コンクリート下地等		消 石 灰	kg	0.38	25.00	9.50
厚さ 20mm		左 官	人	0.115	25,800.00	2,451.00
		普 通 作 業 員	〃	0.03	19,800.00	594.00
		そ の 他	一式			609.51
		（材＋労）×18%				
		計				3,995.69

＊歩掛とは，単位工事量に対する所要材料の数量と労務数量のことをいい，標準作業量の逆

数である。建築工事は，一般に工事条件が一様でないので，単位工事量当たりの所要材料数量，所要労務数量もまちまちであるが，原価計算を算出するために標準を定めている。

公共建築工事の発注に当たって発注者が予定価格を決める場合，各工事費の積算に歩掛の考え方を導入している。

この歩掛は，公共建築工事における標準的な仕様による数値を示したもので，材料歩掛は，図面，仕様書に基づいて数量を計算し，これに切り無駄や損耗等を加えて所要数量を算出して求める。労務歩掛も仕様に基づいた，施工に必要な労務工数を実績等により定めている。

従って，仕様書が変われば材料の所要数量ならびに労務数量も変わるので別途補正する必要がある。

本書の算出例は，『改訂20版 工事歩掛要覧〈建築・設備編〉』（経済調査会発行）に掲載の歩掛表をもとに，「利用上の注意」にある材料単価，労務単価，機械器具損料，およびその他数値によって積み上げられた推定価格であるから，必ずしも市場価格を反映するものではない。従って需給の状況によっては，刊行物等に掲載されている単価，すなわち材工共の施工単価を採用する必要がある。

（参　考）
・標準歩掛：汎用的な各種の工法において標準的に用いられる機械，労働力，材料等の組合せ，当該組合せによる標準的な生産能力，当該工法の標準的な適用範囲等を定めたもの（『工事契約実務要覧』国土交通省）
・歩　　　：元金に対する利息の（百分）比
・歩　合：ある数量（金額）に対する，ほかの数量（金額）の割合
・歩　留：加工したときに，原料に対する製品の出来高

② 刊行物等に掲載されている市場実勢単価
『建築施工単価』経済調査会
『積算資料』経済調査会

工事費の調査は，各地区の総合建設業者ならびに専門工事業者の中から信頼度の高い事業所を対象とし，施工事例が多く，施工単価が割高にならないような標準的な施工規模，仕様を前提に行っている。

③ 専門工事業者の見積単価を参考にする方法。この場合参考見積り，価格等の照会は，妥当な値を求めるため，なるべく3社以上について，見積書の徴収を行う。

④ 類似工事の実例単価

⑤ 各種の調査報告

⑥ 建築工事市場単価

「市場単価方式」とは，歩掛を用いず，材料費・労務費・下請経費等を含む単位工事量当たりの市場取引価格を把握し，この単価を直接，積算価格の算出に使用する方式をいう。

「市場単価」とは，元請・下請間の取引きにより市場で形成された施工単位当たり単価であり，市場競争のもとに元請業者と下請業者の間に形成された単価で，材料費，労務費，機械経費，運搬費および下請経費等によって構成される単位当たりの取引価格である。

なお，補正市場単価については「参考資料」を参照。

❹ 機 械 器 具 費

① 機械器具損料は，機械器具の基礎価格，耐用年数，年間の標準的な運転時間，運転日数または供用日数，維持修理費率，年間管理費率等を基礎として算出した『建設機械等損料表』

（表27）によるほか，賃貸料を参考として算出する。
② 損料表に掲載されていないものについては，類似の機械の基礎価格を調査して類推する。
③ 損料以外の運転経費，組立解体費，転送費その他も併せて計上する。

機械器具損料の計算：機械器具損料は，次の算式（括弧内の数字は損料表の欄数を示す）により求められる。

　　機械器具損料＝運転1時間（または運転1日）当たり損料（(9)欄）
　　　　　　　　　×運転時間（または運転日数）＋供用1日当たり損料（(11)欄）
　　　　　　　　　×供用日数

機械器具損料を供用日単位で計算する機械の場合は，

　　機械器具損料＝供用1日当たり損料（(11)欄）×供用日数

となる。

　また，機械の稼働状態が標準的（運転時間（または運転日数）と供用日数の比が，損料表に掲げる年間標準運転時間（または年間標準運転日数）と年間標準供用日数の比に等しい時またはそれに近い値となる場合）工事の場合は，損料表に示す運転1時間当たり（または供用1日当たり）換算値を使用し，次の算式で求められる。

　　機械器具損料＝運転1時間（または運転1日）当たり換算値の損料（(13)欄）
　　　　　　　　　×運転時間（または運転日数）
　　機械器具損料＝供用1日当たり換算値の損料（(15)欄）×供用日数

運転1時間当たり換算値：（(13)欄）損料の算出
［バックホウ0.6m³山積（クローラ型，排出ガス対策型（第2次基準値）)］

　　機械器具損料＝運転1時間当たり損料（(9)欄）×運転時間
　　　　　　　　　＋供用1日当たり損料（(11)欄）×供用日数

設定条件
　　運転1時間当たり損料（(9)欄）　1,240円
　　供用1日当たり損料（(11)欄）　　8,090円
　　運転時間（(3)欄）690時間
　　供用日数（(5)欄）180日

　　　機械器具損料＝1,240×690＋8,090×180
　　　　　　　　　＝855,600＋1,456,200
　　　　　　　　　＝2,311,800（円）

運転1時間当たりでは，
　　2,311,800/690≒3,350（円）

　また**供用1日当たり換算値**：（(15)欄）損料の算出［クラムシェル0.6m³（油圧ロープ式・クローラ型）］

　　機械器具損料＝供用1日当たり換算値の損料（(15)欄）×供用日数

設定条件
　　運転1時間当たり損料（(9)欄）　2,170円
　　供用1日当たり損料（(11)欄）　　29,900円
　　運転時間（(3)欄）630時間　｝年間標準による。
　　供用日数（(5)欄）150日

　　　機械器具損料＝2,170×630＋29,900×150
　　　　　　　　　＝1,367,100＋4,485,000

$$=5{,}852{,}100 \text{ 円}$$

供用1日当たりでは，

$$5{,}852{,}100/150 \fallingdotseq 39{,}000 \text{ （円）}$$

機械運転1時間当たり労務歩掛は　$1/T$（人/h）

（注）T は運転日当たり運転時間。なお T は 4～7 時間について適用するものとし，T が 4 時間未満の場合は 4 時間を，7 時間を超える場合は 7 時間を使用する。

表26　運転労務適用職種

職　　種	適用建設機械
運転手（特殊）	特殊免許，資格等を必要とする建設機械
運転手（一般）	上記以外で，公道を走行する建設機械

❺　運　搬　費

　積算に用いられる材料価格は，一般に現場渡し価格となっており運搬費を含んでいるので，特別な材料を除いて各々の細目単価に含ませ別に計上することはしない。

　必要な場合の算出方法としては，

① 　運搬の方法，距離，道路の状況，積卸し作業の負担関係等を考慮して算出し，必要に応じ荷造費，養生費を加算する。

② 　棒鋼，鋼材は，月積み契約鉄鋼販売価格の場合，JR 最寄駅貨車乗せ渡しかまたは指定河岸着はしけ乗せ渡しが取引条件になるので，それぞれ積卸し作業または船からの荷上げ作業と現場までの運搬費が必要になる。それ以外の市中価格は，荷渡し場所が都市内現場持込みとなっているので運搬費は不要。

③ 　工場その他現場外で加工するものに対しては，状況により，加工場からの運搬費を加算する。

④ 　仮設材料，機械器具の運搬費は，往復の分を計上する。積載量は空げき等を考慮して積載効率 70% を標準とする。

⑤ 　場内小運搬費には搬入した資材を倉庫へ，さらに倉庫から作業所までの運搬費を含むが，垂直運搬は全て総合仮設の運搬費に計上する。

⑥ 　水平の小運搬費は，敷地の状況を考慮して特別に計上する以外，各細目の労務歩掛に含める。

⑦ 　運搬費の積算は，「請負工事機械経費積算要領」の『建設機械等損料表』を用いて算出する。

⑧ 　運搬費の算出方法は，実状に応じて標準歩掛または物価資料の掲載価格や専門工事業者の見積価格等を参考として計上する。

表 27 建設機械等損料表（平成 28 年度版 抄）

分類コード 機械名称	諸元	機関出力 (kW)	機械質量 (t)	(1) 基礎価格 (千円)	(2) 標準使用年数 (年)	(3) 年間標準運転時間 (時間)	(4) 年間標準運転日数 (日)	(5) 供用日数 (日)	(6) 維持修理費率 (%)	(7) 年間管理費率 (%)	残存率 (%)	(8) 運転1時間当たり 損料率 (×10^{-6})	(9) 運転1時間当たり 損料 (円)	(10) 供用1日当たり 損料率 (×10^{-6})	(11) 供用1日当たり 損料 (円)	(12) 運転1時間当たり 損料率 (×10^{-6})	(13) 運転1時間当たり 損料 (円)	(14) 供用1日当たり 損料率 (×10^{-6})	(15) 供用1日当たり 損料 (円)	摘要	(16) 燃料消費率 (ℓ/kW·h)	(17) 燃料の種類と燃料消費率 (ℓ/h)

0202 バックホウ（クローラ型）
112 [標準型・排出ガス対策型（第 1 次基準値）]
標準バケット容量 山積 m³ [平積]m³

分類コード	諸元	(kW)	(t)	(千円)	(年)	(時間)	(日)	(日)	(%)	(%)	(%)		(円)		(円)		(円)		(円)			
020-001	0.28 [0.2]	41	7.0	5,370	9.0	690	110	180	35	10	13	126	677	824	4,420	341	1,830	1,309	7,030		0.153	6.3
035-001	0.45 [0.35]	60	11.8	7,670	9.0	690	110	180	35	10	13	126	966	824	6,320	341	2,620	1,309	10,000		0.153	9.2
040-001	0.5 [0.4]	64	12.1	8,310	9.0	690	110	180	35	10	13	126	1,050	824	6,850	341	2,830	1,309	10,900		0.153	9.8
050-001	0.6 [0.5]	74	14.8	9,070	9.0	690	110	180	35	10	13	126	1,140	824	7,470	341	3,090	1,309	11,900		0.153	11
060-001	0.8 [0.6]	104	19.8	13,300	9.0	690	110	180	35	10	13	126	1,680	824	11,000	341	4,540	1,309	17,400		0.153	16
070-001	1.0 [0.7]	116	22.1	14,000	9.0	690	110	180	35	10	13	126	1,760	824	11,500	341	4,770	1,309	18,300		0.153	18
080-001	1.1 [0.8]	124	24.4	15,800	9.0	690	110	180	35	10	13	126	1,990	824	13,000	341	5,390	1,309	20,700		0.153	19
100-001	1.4 [1.0]	164	30.7	20,400	9.0	690	110	180	35	10	13	126	2,570	824	16,800	341	6,960	1,309	26,700		0.153	25
120-001	1.6 [1.2]	165	33.8	23,100	9.0	690	110	180	35	10	13	126	2,910	824	19,000	341	7,880	1,309	30,200		0.153	25
150-001	1.9 [1.4]	223	44.1	30,800	9.0	690	110	180	35	10	13	126	3,880	824	25,400	341	10,500	1,309	40,300		0.153	34

113 [標準型・排出ガス対策型（第 2 次基準値）]
標準バケット容量 山積 m³ [平積]m³

分類コード	諸元	(kW)	(t)	(千円)	(年)	(時間)	(日)	(日)	(%)	(%)	(%)		(円)		(円)		(円)		(円)			
020-001	0.28 [0.2]	41	7.0	6,090	9.0	690	110	180	35	10	13	126	767	824	5,020	341	2,080	1,309	7,970		0.153	6.3
035-001	0.45 [0.35]	60	11.8	8,270	9.0	690	110	180	35	10	13	126	1,040	824	6,810	341	2,820	1,309	10,800		0.153	9.2
040-001	0.5 [0.4]	64	12.1	9,440	9.0	690	110	180	35	10	13	126	1,190	824	7,780	341	3,220	1,309	12,400		0.153	9.8
050-001	0.6 [0.5]	74	14.8	9,820	9.0	690	110	180	35	10	13	126	1,240	824	8,090	341	3,350	1,309	12,900		0.153	11
060-001	0.8 [0.6]	104	19.8	14,100	9.0	690	110	180	35	10	13	126	1,780	824	11,600	341	4,810	1,309	18,500		0.153	16
070-001	1.0 [0.7]	116	22.1	15,300	9.0	690	110	180	35	10	13	126	1,930	824	12,600	341	5,220	1,309	20,000		0.153	18
080-001	1.1 [0.8]	124	24.4	16,800	9.0	690	110	180	35	10	13	126	2,120	824	13,800	341	5,730	1,309	22,000		0.153	19
100-001	1.4 [1.0]	164	30.7	21,600	9.0	690	110	180	35	10	13	126	2,720	824	17,800	341	7,370	1,309	28,300		0.153	25
150-001	1.9 [1.4]	223	44.1	32,500	9.0	690	110	180	35	10	13	126	4,100	824	26,800	341	11,100	1,309	42,500		0.153	34
210-001	2.7 [2.1]	298	61.0	42,800	9.0	690	110	180	35	10	13	126	5,390	824	35,300	341	14,600	1,309	56,000		0.153	46
240-001	3.1 [2.4]	325	74.8	58,700	9.0	690	110	180	35	10	13	126	7,400	824	48,400	341	20,000	1,309	76,800		0.153	50
260-001	3.5 [2.6]	382	83.2	66,400	9.0	690	110	180	35	10	13	126	8,370	824	54,700	341	22,600	1,309	86,900		0.153	58
380-001	5.0 [3.8]	466	103	75,300	9.0	690	110	180	35	10	13	126	9,490	824	62,000	341	25,700	1,309	98,600		0.153	71

0204 ドラグライン及びクラムシェル

021 [油圧ロープ式・クローラ型] 標準バケット平積容量

分類コード	諸元	機関出力 (kW)	機械質量 (t)	(1) 基礎価格 (千円)	(2) 標準使用年数 (年)	(3) 年間運転時間 (時間)	(4) 年間標準運転日数 (日)	(5) 年間標準供用日数 (日)	(6) 維持修理費率 (%)	(7) 年間管理費率 (%)	残存率 (%)	(8) 運転1時間当たり損料率 (×10⁻⁶)	(9) 運転1時間当たり損料 (円)	(10) 供用1日当たり損料率 (×10⁻⁶)	(11) 供用1日当たり損料 (円)	(12) 運転1時間当たり換算損料率 (×10⁻⁶)	(13) 運転1時間当たり換算損料 (円)	(14) 供用1日当たり換算損料率 (×10⁻⁶)	(15) 供用1日当たり換算損料 (円)	(16) 燃料消費率 (ℓ/kW·h)	(17) 燃料消費率 (ℓ/h)
060-001	0.6m³	109	33.7	23,900	14.5	630	100	150	40	10	13	91	2,170	867	20,700	298	7,120	1,251	29,900	0.153	17
080-001	0.8	110	40.6	27,300	14.5	630	100	150	40	10	13	91	2,480	867	23,700	298	8,140	1,251	34,200	0.153	17
100-001	1.0	113	43.4	30,100	14.5	630	100	150	40	10	13	91	2,740	867	26,100	298	8,970	1,251	37,700	0.153	17

031 [油圧クラムシェル・クローラ型]

分類コード	諸元	機関出力 (kW)	機械質量 (t)	(1)	(2)	(3)	(4)	(5)	(6)	(7)	残存率	(8)	(9)	(10)	(11)	(12)	(13)	(14)	(15)	(16)	(17)
030-001	0.3m³	40	10.7	6,960	9.0	680	110	170	40	10	13	136	947	873	6,080	355	2,470	1,418	9,870	0.153	6.1
061-001	0.6	85	19.1	12,600	9.0	680	110	170	40	10	13	136	1,710	873	11,000	355	4,470	1,418	17,900	0.153	13
062-001 深堀用	0.6	85	20.0	14,400	9.0	680	110	170	40	10	13	136	1,960	873	12,600	355	5,110	1,418	20,400	0.153	13

051 [油圧クラムシェル・ホイール型]

分類コード	諸元	機関出力 (kW)	機械質量 (t)	(1)	(2)	(3)	(4)	(5)	(6)	(7)	残存率	(8)	(9)	(10)	(11)	(12)	(13)	(14)	(15)	(16)	(17)
030-001	0.3m³	61	10.6	9,280	9.0	680	110	170	40	10	13	136	1,260	873	8,100	355	3,290	1,418	13,200	0.153	9.3

061 [油圧クラムシェル・テレスコピック式・クローラ型] 標準バケット平積容量

分類コード	諸元	機関出力 (kW)	機械質量 (t)	(1)	(2)	(3)	(4)	(5)	(6)	(7)	残存率	(8)	(9)	(10)	(11)	(12)	(13)	(14)	(15)	(16)	(17)
020-001	0.15〜0.25m³	41	9.2	13,100	9.0	680	110	170	40	10	13	136	1,780	873	11,400	355	4,650	1,418	18,600	0.153	6.3
025-001	0.25	60	11.8	17,600	9.0	680	110	170	40	10	13	136	2,390	873	15,400	355	6,250	1,418	25,000	0.153	9.2
030-001	0.26〜0.3	64	15.7	18,900	9.0	680	110	170	40	10	13	136	2,570	873	16,500	355	6,710	1,418	26,800	0.153	9.8
040-001	0.4	104	21.4	22,900	9.0	680	110	170	40	10	13	136	3,110	873	20,000	355	8,130	1,418	32,500	0.153	16
060-001	0.6	113	23.8	25,000	9.0	680	110	170	40	10	13	136	3,400	873	21,800	355	8,880	1,418	35,500	0.153	17
130-001	1.0〜1.3	173	38.9	39,600	9.0	680	110	170	40	10	13	136	5,390	873	34,600	355	14,100	1,418	56,200	0.153	26

概　論

0302 トラック
011 [普通型]

分類コード 機械名称	諸元 積載質量	機関出力 (kW)	機械質量 (t)	(1) 基礎価格 (千円)	(2) 標準使用年数 (年)	(3) 年間運転時間 (時間)	(4) 年間運転日数 (日)	(5) 供用日数 (日)	(6) 維持修理費率 (%)	(7) 年間管理費率 (%)	残存率 (%)	(8) 運転1時間当たり 損料率 (×10⁻⁶)	(9) 損料 (円)	(10) 供用1日当たり 損料率 (×10⁻⁶)	(11) 損料 (円)	(12) 運転1時間当たり換算 損料率 (×10⁻⁶)	(13) 損料 (円)	(14) 供用1日当たり換算 損料率 (×10⁻⁶)	(15) 損料 (円)	摘要	(16) 燃料の種類と燃料消費率 (ℓ/kW·h)	(17) (ℓ/h)
015-001	1.5t積	62	1.7	1,410	12.0	710	150	170	40	13	7	102	144	993	1,400	339	478	1,417	2,000		0.043	2.7
020-001	2	98	2.5	2,430	12.0	710	150	170	40	13	7	102	248	993	2,410	339	824	1,417	3,440		0.043	4.2
035-001	3～3.5	106	2.7	3,080	12.0	710	150	170	40	13	7	102	314	993	3,060	339	1,040	1,417	4,360		0.043	4.6
045-001	4～4.5	137	3.6	4,070	12.0	710	150	170	40	13	7	102	415	993	4,040	339	1,380	1,417	5,770		0.043	5.9
055-001	5～5.5	149	4.8	4,440	12.0	710	150	170	40	13	7	102	453	993	4,410	339	1,510	1,417	6,290		0.043	6.4
065-001	6～6.5	154	5.7	4,530	12.0	710	150	170	40	13	7	102	462	993	4,500	339	1,540	1,417	6,420		0.043	6.6
080-001	8	186	7.0	6,610	12.0	710	150	170	40	13	7	102	674	993	6,560	339	2,240	1,417	9,370		0.043	8.0
110-001	11	257	8.1	10,000	12.0	710	150	170	40	13	7	102	1,020	993	9,930	339	3,390	1,417	14,200		0.043	11
150-001	15	272	9.0	12,100	12.0	710	150	170	40	13	7	102	1,230	993	12,000	339	4,100	1,417	17,100		0.043	12

021 [クレーン装置付]

分類コード 機械名称	諸元 ベーストラック2t級 吊能力2.0t 積載質量	吊能力	機関出力 (kW)	機械質量 (t)	(1) 基礎価格 (千円)	(2) 標準使用年数 (年)	(3) 年間運転時間 (時間)	(4) 年間運転日数 (日)	(5) 供用日数 (日)	(6) 維持修理費率 (%)	(7) 年間管理費率 (%)	残存率 (%)	(8) 運転1時間当たり 損料率 (×10⁻⁶)	(9) 損料 (円)	(10) 供用1日当たり 損料率 (×10⁻⁶)	(11) 損料 (円)	(12) 運転1時間当たり換算 損料率 (×10⁻⁶)	(13) 損料 (円)	(14) 供用1日当たり換算 損料率 (×10⁻⁶)	(15) 損料 (円)	摘要	(16) (ℓ/kW·h)	(17) (ℓ/h)
022-001	2	2.9	98	2.7	3,970	12.0	760	130	160	40	13	7	95	377	1,055	4,190	317	1,260	1,505	5,970		0.043	4.2
023-001	2	2.9	98	3.1	4,710	12.0	760	130	160	40	13	7	95	447	1,055	4,970	317	1,490	1,505	7,090		0.043	4.2
033-001	3	2.9	132	3.9	5,510	12.0	760	130	160	40	13	7	95	523	1,055	5,810	317	1,750	1,505	8,290		0.043	5.7
042-001	4	2.0	132	4.3	5,750	12.0	760	130	160	40	13	7	95	546	1,055	6,070	317	1,820	1,505	8,650		0.043	5.7
043-001	4	2.9	132	4.6	6,250	12.0	760	130	160	40	13	7	95	594	1,055	6,590	317	1,980	1,505	9,410		0.043	5.7
053-001	5	2.9	148	5.4	7,020	12.0	760	130	160	40	13	7	95	667	1,055	7,410	317	2,230	1,505	10,600		0.043	6.4
063-001	6	2.9	163	6.2	7,980	12.0	760	130	160	40	13	7	95	758	1,055	8,420	317	2,530	1,505	12,000		0.043	7.0
073-001	7	2.9	180	6.9	8,590	12.0	760	130	160	40	13	7	95	816	1,055	9,060	317	2,720	1,505	12,900		0.043	7.7
083-001	8	2.9	198	7.7	10,200	12.0	760	130	160	40	13	7	95	969	1,055	10,800	317	3,230	1,505	15,400		0.043	8.5
103-001	10	2.9	242	8.0	13,200	12.0	760	130	160	40	13	7	95	1,250	1,055	13,900	317	4,180	1,505	19,900		0.043	10

❻ そ の 他

建築工事の積算においては，元請業者が施工の一部を専門工事業者に下請させる場合の経費を下請経費として純工事費に含ませて計上する。専門工事の施工単価を歩掛によって求める場合，材料費，労務費，仮設費，機械器具費，運搬費，下請経費等を計算して集計するが，材料費，労務費を除く費用については，項目として計上するもの以外の関係費用一切を「その他」※として計上する。「その他」の標準は，表28による。

表中の（材）は材料費，（労）は労務費，（雑）は運搬費および消耗材料費等を示す。

※「その他」とは，下請経費および小器材損料等。

表28 「その他」の標準

工　　　種	「その他」の率	備　　考
仮　　　　　　　設	（労）×（12～20%）	
土　　　　　　　工	（労＋雑）×（12～20%）	
地　　　　　　　業	（労＋雑）×（12～20%）	
鉄　　　　　　　筋	（労＋雑）×（12～20%）	（雑）に工場管理費を含む
コ ン ク リ ー ト	（労＋雑）×（12～20%）	
型　　　　　　　枠	（材＋労＋雑）×（12～20%）	
鉄　　　　　　　骨	（労＋雑）×（12～20%）	
既 製 コ ン ク リ ー ト	（材＋労）×（10～15%）	
防　　　　　　　水	（材＋労＋雑）×（10～15%）	
石	（材＋労）×（10～15%）	（材）に石材は含めない
タ　　イ　　ル	（材＋労）×（10～15%）	
木　　　　　　　工	（労）×（12～20%）	
屋 根 お よ び と い	（材＋労）×（10～15%）	
金　　　　　　　属	（材＋労）×（10～15%）	
左　　　　　　　官	（材＋労）×（13～18%）	
建具（建具取付け）	（労）×（10～15%）	
建 具 （ ガ ラ ス ）	（材＋労）×（10～15%）	
塗　　　　　　　装	（材＋労＋雑）×（13～18%）	
内　　外　　装	（材＋労）×（10～15%）	
仕 上 ユ ニ ッ ト	（労）×（12～20%）	
構　内　舗　装	（材＋労＋雑）×（10～20%）	
植栽（樹木費以外）	（材＋労＋雑）×（10～20%）	（材）に芝を含む
植 栽 （ 樹 木 費 ）	（材）×（上記決定率×0.7）	（材）に地被類を含む
撤　　　　　　　去	（労）×（12～20%）	
外　壁　改　修	（労）×（12～20%）	
と り こ わ し	（労）×（12～20%）	

(注) 1. 表中（材）は「材料費」，（労）は「労務費」，（雑）は「運搬費および消耗材料費等」を示す。
　　 2. 植栽の「その他」の率には枯補償，枯損処理を含むものとする。
　　 3. 取外しの場合は，取外しを行う製品等に対応する工種の「その他」の率を適用する。

2-3　消費税等相当額

消費税等相当額は，工事価格に消費税法および地方税法で定める税率を乗じて算出する。

2-4　請負代金額の記載方法

平成元年度からの消費税導入に伴う工事請負契約書の請負代金額の記載方法として，工事請負

契約書に「請負代金額」と併せて「取引に係る消費税等相当額」を次のように記載する。
[例1]　請負代金額　　○○○円
　　　　うち取引に係る消費税等相当額　　○○円
　　　　　（注）「取引に係る消費税等相当額」は消費税法第 28 条第 1 項および第 29 条ならびに地方税法第 72 条の 82 および第 72 条の 83 の規定により算出したもので，請負代金額に 8/108 を乗じて得た額とする。
[例2]　請負代金額　　○○○円
　　　　うち工事価格（取引に係る消費税等相当額を除く額）　　○○○円
　　　　取引に係る消費税等相当額　　○○円
　　　　　（注）「取引に係る消費税等相当額」は消費税法第 28 条第 1 項および第 29 条ならびに地方税法第 72 条の 82 および第 72 条の 83 の規定により算出したもので，請負代金額に 8/108 を乗じて得た額とする。

3　数量の算出

3-1　建築数量積算基準

　「建築数量積算基準」は，建築価格を積算するための数量の計測・計算方法を示したものである。積算価格は，一般に数量とその単価との積の和として求められる。単価については，発注者，受注者それぞれの立場や取引の時期，量の多寡，取引条件等によって異なるが，数量については，同一の図面，仕様書（現場説明書および質疑応答を含む）に基づいて計算される以上，誰が計算しても同じ結果が得られるはずである。しかしながら，以前は発注者，受注者がそれぞれ多様な数量積算の考え方のもとで計測・計算を行っていたため，その算出結果に相違が生じていた。
　こうした背景から，数量積算に関する官民合同の研究が進められ，段階的に整備されていくこととなった。現在の建築数量積算基準は，官民からなる「建築工事建築数量積算研究会」において平成 12 年 3 月に検討・制定され，以降改訂を重ねたものである。発注者の基準としても，当時の建設省が同基準の内容を変えずに「建築数量積算基準」として制定，採用（平成 12 年 3 月）して以降，各府省庁における積算基準類の統一の動き（後述）に伴い，現在は「公共建築数量積算基準」として決定，公表されている。
　制定された数量積算基準の大きな意義は，広く官民の総意を集めて作成されたものである点で，この結果官公庁の発注工事はもとより，民間工事においても広く採用されるようになったことである。

3-2　数量積算のチェック

　数量の計測・計算は，図面，仕様書に基づいて正確に行わなければならないが，計算された数量が正確か否かは各資材相互間の比率，バランスによって効率的に確認する方法がある。この確認を怠ったために契約額が割高であったり，逆に相手方に多大の損害を与えるということがしばしば見受けられる。以下，直接仮設，躯体および仕上工事についてのチェック方法と積算内訳書作成に当たっての注意事項を取り上げることにする。
　チェックの方法として次の①〜⑤が考えられる。
　①　特記仕様書および共通仕様書による細目の脱漏防止のチェック
　　　数量の計測・計算に当たっては，特記仕様書および共通仕様書の内容を確認してから作業にかからなければならないが，内訳書作成の時点で，仕様書に沿って各細目をチェックすれば，

細目の拾い落しや数量の違算を発見できるものである。

②　各階集計による数値のバランスによるチェック

実際にあった話だが，躯体工事の集計で床版一層分を脱漏した例や，鉄筋，型枠の集計の違いをおかした例等がある。そこで躯体工事の集計を，階層別，部位別に行って数量のバランスからチェックを行う。また表29，30に示す実績調査等を参考にして，単位当たりのコンクリート，型枠，鉄筋の数量をチェックする。

このようなチェックにより，計測・計算および集計の違いを発見することができる。

なお，表29，30の資料は，4種類の事務所庁舎を対象としているが，このようなチェックを行うために，より多くの実績調査を行っておく必要がある。

表29　規模別躯体数量

細目名称	建物	庁舎Ⅰ	庁舎Ⅱ	庁舎Ⅲ	庁舎Ⅳ	平　均
	延面積	410m²	760m²	1,520m²	3,440m²	
	構造・階数	RC-2	RC-2	RC-3	RC-4	
コンクリート	(m³/延m²)	0.85	0.78	0.68	0.65	0.74
型　枠	(m²/延m²)	5.98	5.01	4.26	4.11	4.84
型　枠	(m²/コンクリートm³)	7.11	6.47	6.35	8.60	7.13
鉄　筋	(t/延m²)	0.094	0.084	0.075	0.075	0.082
鉄　筋	(t/コンクリートm³)	0.113	0.106	0.110	0.120	0.112
圧　接	(か所/t)	16.53	15.04	15.30	12.60	14.87

③　チェックリスト・シートによる数値のチェック

数量調書の作成時にチェックリストでチェック項目を確認し，作成後にチェックシートを用いて数量のチェックを行う。

その結果，チェック項目を確認し，著しく異なった数値の場合には，内容を検討するとともに，その理由を確かめる。

表30 部位別躯体数量

細目名称	建物 延面積 構造・階数		庁舎Ⅰ 410m² RC-2	庁舎Ⅱ 760m² RC-2	庁舎Ⅲ 1,520m² RC-3	庁舎Ⅳ 3,440m² RC-4	平均
コンクリートm³当たり鉄筋重量 (t/m³)		基　　礎	0.037	0.047	0.05	0.034	0.042
		土間床版	0.116	0.120	0.116	0.114	0.117
		地 中 梁	0.100	0.107	0.129	0.125	0.115
		柱	0.131	0.137	0.135	0.180	0.146
		梁	0.134	0.124	0.125	0.141	0.131
		床　　版	0.123	0.120	0.112	0.115	0.118
		壁	0.094	0.092	0.099	0.109	0.099
		階　　段	0.140	0.137	0.105	0.120	0.126
		雑	0.137	0.097	0.087	0.087	0.102
コンクリートm³当たり型枠面積 (m²/m³)		基　　礎	2.00	1.73	1.44	1.55	1.68
		土間床版	0.90	0.77	0.80	0.46	0.73
		地 中 梁	4.97	4.98	4.60	4.29	4.71
		柱	7.28	6.69	6.18	5.79	6.48
		梁	6.32	6.06	5.48	5.58	5.86
		床　　版	6.80	6.81	6.56	6.69	6.72
		壁	13.70	14.66	13.97	12.63	13.74
		階　　段	10.30	9.41	8.58	9.68	9.49
		雑	9.17	6.59	8.68	8.18	8.16

④ 専門工事業者（鉄骨，建具，外壁パネル等）の見積数量を参考に数値のチェック

見積調書の作成に当たり，専門工事業者から，杭地業，鉄骨製作，金属製建具，外壁パネル等の価格見積を徴集するが，それぞれ3社以上の見積数量を参考にして，数量のチェックを行うことが大切である。

なお，見積内容をよく検討し，材料数量の重複を避ける。

⑤ 科目ごとの金額，構成比実績調査結果を用いてのチェック

数量については，種々の方法でチェックを行ってきたが，最後に金額のチェックが必要である。

4　積 算 内 訳 書

発注者は，予定価格の算出に当たって，あらかじめ定められた内訳書に従い，工事費を詳細に積み上げていく。この場合の内訳書（**表31**）を積算内訳書と称している。あるいは設計書ともいっている。

表31 内訳書式

○○工事工事費積算内訳書　　　　　　　　　　　　　平成○年○月○日作成
金　○　○　円
（工事価格金○○円）

名　　称	摘　　要	数量	単位	単価	金　額	備　考
種　目　別　内　訳						
直　接　工　事　費	構造，規模，新築					
Ⅰ　庁　　　　舎	新設	1	式		○○	
Ⅱ　囲　　　　障	〃	1	式		○○	
Ⅲ　構　内　舗　装	新設	1	式		○○	
Ⅳ　屋　外　排　水	〃	1	式		○○	
Ⅴ　植　　　　栽	新植	1	式		○○	
計					○○○	
共　　通　　費						
Ⅰ　共　通　仮　設　費		1	式		○○	
Ⅱ　現　場　管　理　費		1	式		○○	
Ⅲ　一　般　管　理　費　等		1	式		○○	
計					○○○	
合　　　　　　計	（工事価格）				○○○○	
消　費　税　等　相　当　額		1	式		○○	
総　　合　　計	（工事費）				○○○○○	

◎工種別書式

名　　称	摘　　要	数量	単位	単価	金　額	備　考
科　目　別　内　訳						
Ⅰ　庁　　　　舎						
(1)　直　接　仮　設		1	式		○○	
(2)　土　　　　工		1	式		○○	
(3)　地　　　　業		1	式		○○	
(4)　鉄　　　　筋		1	式		○○	
(5)　コ　ン　ク　リ　ー　ト		1	式		○○	
(6)　型　　　　枠		1	式		○○	
(7)　鉄　　　　骨		1	式		○○	
(8)　既製コンクリート		1	式		○○	
(9)　防　　　　水		1	式		○○	
(10)　　　石		1	式		○○	
(11)　タ　イ　ル		1	式		○○	
(12)　木　　　　工		1	式		○○	
(13)　屋根およびとい		1	式		○○	
(14)　金　　　　属		1	式		○○	
(15)　左　　　　官		1	式		○○	
(16)　建　　　　具		1	式		○○	
(17)　カーテンウォール		1	式		○○	
(18)　塗　　　　装		1	式		○○	
(19)　内　　外　　装		1	式		○○	
(20)　ユニットおよびその他		1	式		○○	
(21)　発　生　材　処　分		1	式		○○	
計		1	式		○○○	

名　　　称	摘　　　要	数量	単位	単価	金　額	備　考
細　目　別　内　訳						
Ⅰ　庁　　　舎						
1.　直　接　仮　設		1	式		○	
や　　り　　方		1	式		○	
墨　　出　　し		1	式		○	
養　　　　生		1	式		○	
整理清掃後片付け		1	式		○	
地　　足　　場		1	式		○	
外　部　足　場		1	式		○	
内　部　躯　体　足　場		1	式		○	
内　部　仕　上　足　場		1	式		○	
災　　害　　防　　止		1	式		○	
仮　設　材　運　搬		1	式		○	
小　　　　　　　　　計					○○	

5　積算基準類の統一と公表

　公共工事の積算基準等については，従来から，個々の工事の予定価格に直結しないものに限って公表すべきであるとの意見もあったが，予定価格の積算に用いる資料であるとの理由から，公表されていなかった。

　昭和56年，公共工事の入札を巡っての問題が口火となり，国等の情報を求める社会的要請が高まり，昭和58年1月の第二次臨時行政調査会第二部会報告の中で「標準的な積算資料の公表などの情報の公開を促進する」ことが提起され，同年3月には，中央建設業審議会が，「建設工事の入札制度の合理化について」の建議の中で，積算基準の公表について次のように提言した。「受注に際しての適正な競争を確保するためには，予定価格が的確に設定されるとともに，受注者が的確な見積りを行うことが基本である。このため，積算の基本的な考え方や標準歩掛等の積算基準をできるだけ公表し，積算基準そのものの妥当性を世に問うとともに，受注者による的確な見積りに資し，併せて，開かれた行政への要請に応えることが必要である。」この提言の趣旨に沿い，当時の建設省においては，標準的な工事費の積算基準の公表を実施することとして，事務次官通達（昭和58年3月31日付）が出され下記基準類が公表された。

　① 　積算要領等
　② 　標準歩掛
　③ 　建設機械経費算定の標準的な基準
　④ 　間接工事費算定のための乗率の標準的な基準

　この公表図書のうち，建築工事に関わる積算基準類については『建設省建築工事積算基準　昭和60年版』として取りまとめられ公開された。

　この基準の取りまとめに当たり調整の場となった公共建築工事積算研究会は，昭和53年に当時の建設省が中心となり，発注者にとっての積算上の共通の問題点を研究するために設立されたもので，工事歩掛の調査分析，共通費・仮設費等の実態調査と分析等を行っている。

　このような中，平成5年に公共工事を巡る一連の問題の中で，公共工事の費用は高すぎるのではないかとの指摘が起こり，積算体系，単価の決定方法，共通費の考え方等，評価を行うとともに，発注における透明性，客観性，競争性の一層の確保を行うことが必要とされた。これらを踏

まえ，総務庁（現，総務省）は，平成8年3月に国の機関および特殊法人に対して入札・契約制度に関する勧告を行い，建築工事の共通費率についても公表に向けて積極的に検討するよう指摘している。このような動きの中で，総務庁の勧告に基づき，建築工事の一般管理費等率は平成9年10月に，共通仮設費率および現場管理費率は平成11年4月に各省庁間での整合が図られ同時に公表となった。さらに平成14年になると，副大臣会議に「官庁営繕に関するプロジェクトチーム」が設置され，官庁営繕事務の一層の合理化・効率化が図られることとなった。同年7月プロジェクトチームにおいて，営繕工事の技術基準類および工事書式類を早期に統一基準化すること，および，具体的作業を進めるため「関係省庁連絡会議」を設置すること等が決定された。積算に関わる統一基準の具体的な作業は公共建築工事積算研究会の場で行われ，平成15年3月，関連省庁連絡会議において積算に関しては7つの基準類が「統一基準」として決定された。以下が現在公表されている統一基準である。

① 公共建築工事積算基準
② 公共建築工事標準単価積算基準
③ 公共建築数量積算基準
④ 公共建築設備数量積算基準
⑤ 公共建築工事共通費積算基準
⑥ 公共建築工事内訳書標準書式
⑦ 公共建築工事見積標準書式

概　論

図7　建築積算研究会研究系統図

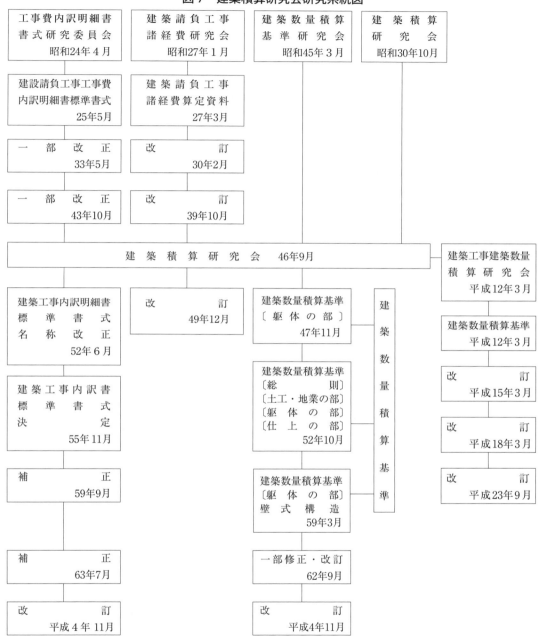

図 8　公共建築工事積算研究会の構成と構成員（平成 27 年 4 月現在）

(総会構成員)
最高裁判所事務総局経理局営繕課首席技官
法務省大臣官房施設課技術企画室長
財務省理財局国有財産調整課長
文部科学省大臣官房文教施設企画部参事官
厚生労働省大臣官房会計課上席営繕専門官
農林水産省大臣官房経理課長
国土交通省大臣官房官庁営繕部計画課長
環境省自然環境局自然環境整備担当参事官
防衛省整備施設本部技術調査官
独立行政法人都市再生機構技術・コスト管理部長
独立行政法人鉄道建設・運輸施設整備支援機構
　鉄道建設本部設備部長
東京都財務局建築保全部技術管理担当部長
神奈川県県土整備局建築住宅部長

(顧問)
学識経験者（若干名）

(オブザーバー)
国土交通省住宅局
国土交通省航空局
地方共同法人日本下水道事業団技術戦略部
独立行政法人労働者健康福祉機構医療企画部
東京都都市整備局

概　　論

工種別内訳書標準書式

図9　工種別書式による工事価格の構成（建築工事）

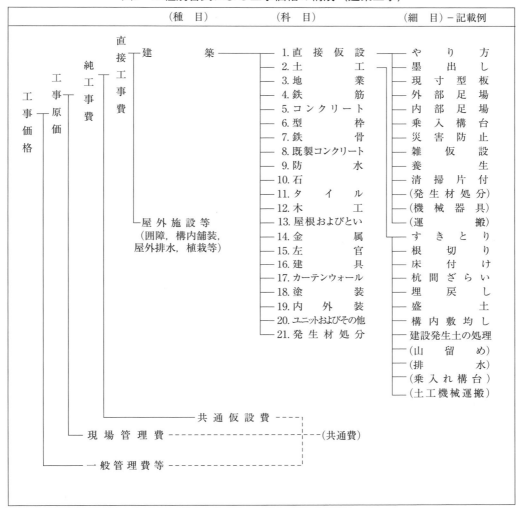

6 付　録

施工条件明示について（通知）

> 平成14年5月30日　国営計第24号
> 営繕計画課長から
> 　　　　地方整備局等営繕部長あて

　国土交通省直轄の営繕工事を請負施工に付する場合における工事の設計図書に明示すべき施工条件について，「建設省営計発第22号」（平成3年3月27日付）に補足追加し，明示項目及び明示事項（案）をとりまとめたので参考にされたく通知する。
　なお，「施工条件明示について」（平成3年3月27日）建設省営計発第22号は廃止する。

記

1. 目　的
　　「対象工事」を施工するにあたって，制約を受ける当該工事に関する施工条件を設計図書に明示することによって，工事の円滑な執行に資することを目的とする。
2. 対象工事
　　平成14年5月30日以降に入札する国土交通省直轄の営繕工事とする。
3. 明示項目及び明示事項（案）
　　別紙
4. 明示方法
　　施工条件は，契約条件となるものであることから，設計図書の中で明示するものとする。また，明示された条件に変更が生じた場合は，契約書の関連する条項に基づき，適切に対応するものとする。
5. その他
   (1) 明示されない施工条件，明示事項が不明確な施工条件についても，契約書の関連する条項に基づき甲・乙協議できるものであること。
   (2) 現場説明時の質問回答のうち，施工条件に関するものは，質問回答書により，文書化すること。
   (3) 施工条件の明示は，工事規模，内容に応じて適切に対応すること。なお，施工方法，機械施設等の仮設については，施工者の創意工夫を損なわないよう表現上留意すること。

明示項目及び明示事項（案）

明示項目	明 示 事 項
工程関係	1. 他の工事の開始又は完了の時期により，当該工事の施工時期，全体工期等に影響がある場合は，影響を受ける部分及び内容並びに他の工事の内容及び開始又は完了の時期 2. 施工時期，施工時間及び施工方法が制限される場合は，制限される施工内容，施工時期，施工時間及び施工方法 3. 当該工事の関係機関等との協議に未成立のものがある場合は，制約を受ける内容及びその協議内容並びに成立見込み時期 4. 関係機関，自治体等との協議の結果，特定の条件が付され当該工事の工程に影響がある場合は，影響を受ける部分及び内容 5. 工事着手前に地下埋設物及び埋蔵文化財等の事前調査を必要とする場合は，その項目及び調査期間。又，地下埋設物等の移設が予定されている場合は，その移設期間 6. 設計工程上見込んでいる休日日数以外の作業不能日数等
用地関係	1. 施工のための仮用地等として施工者に，官有地等を使用させる場合は，その場所，範囲，時期，期間，使用条件，復旧方法等
公害関係	1. 工事に伴う公害防止（騒音，振動，粉塵，排出ガス等防止）のため，施工方法，建設機械・設備，作業時間等の指定が必要な場合は，その内容 2. 工事の施工に伴って発生する騒音，振動，地盤沈下，地下水の枯渇等が予測される場合，又は電波障害等に起因する事業損失が懸念される場合は，事前・事後等調査の区分とその調査時期，未然に防止するために必要な調査方法，範囲等
安全対策関係	1. 交通安全施設等を指定する場合は，その内容，期間 2. 鉄道，ガス，電気，電話，水道等の施設と近接する工事において施工方法，作業時間等に制限がある場合は，その内容 3. 落石，雪崩，土砂崩落等に対する防護施設が必要な場合は，その内容 4. 交通誘導員の配置を指定する場合は，その内容 5. 有毒ガス及び酸素欠乏等の対策として，換気設備等が必要な場合は，その内容
工事用道路関係	1. 一般道路を搬入，搬出路として使用する場合 　（1）工事用資機材等の搬入経路，使用期間，使用時間帯等に制限がある場合は，その経路，期間，時間帯等 　（2）搬入，搬出路の使用中及び使用後の処置が必要である場合は，その処理内容 2. 仮道路を設置する場合 　（1）仮道路の仕様と設置期間及び工事終了後の処置
仮設備関係	1. 仮土留，仮橋，足場等の仮設物を他の工事に引き渡す場合及び引き継いで使用する場合は，その内容，期間，条件等 2. 仮設備の構造，工法及びその施工範囲を指定する場合はその構造，工法及びその施工範囲 3. 仮設備の設計条件を指定する場合は，その内容
建設副産物関係	1. 建設発生土が発生する場合は，その受入場所及び仮置き場所までの距離等及び処分又は保管条件 2. 建設副産物の現場内での再利用又は減量化が必要な場合は，その内容 3. 建設副産物及び建設廃棄物が発生する場合は，その処理方法，処理場所等の処理条件なお，再資源化処理施設又は最終処分場を指定する場合は，その受入場所，距離等の処分条件
工事支障物件等	1. 地上，地下等における占用物件の有無及び占用物件等で工事支障物が存在する場合は，支障物件名，管理者，位置，移設時期，工事方法，防護等 2. 地上，地下等の占用物件に係る工事期間と重複して施工する場合は，その工事内容，期間等
排水関係	1. 排水の工法，排水処理の方法及び排水の放流先等を指定する場合は，その工法，処理の方法，放流先，予定される排水量，水質基準及び放流費用 2. 水替・流入防止施設が必要な場合は，その内容，期間

明示項目	明示事項
薬液注入関係	1. 薬液注入を行う場合は，設計条件，工法区分，材料種類，施工範囲，削孔数量，削孔延長及び注入量，注入圧等 2. 周辺環境に与える影響の調査が必要な場合は，その内容
その他	1. 工事現場発生品がある場合は，その品名，数量，現場内での再使用の有無，引き渡し場所等 2. 支給材料及び貸与品がある場合は，その品名，数量，品質，規格又は性能，引渡場所，引渡期間等 3. 関係機関・自治体等との近接協議に係る条件及びその内容等 4. 架設工法を指定する場合は，その施工方法及び施工条件 5. 工事用水及び工事用電力等を指定する場合は，その内容 6. 新技術・新工法・特許工法を指定する場合は，その内容 7. 部分使用を行う必要がある場合は，その箇所及び使用時期

1 仮　　　　設

1-1 概　　説

　建築工事における仮設は，共通仮設と直接仮設に区分され建築物を完成するために必要な仮設であり，いずれも建物が完成するまでに全てが撤去されるものである。

　共通仮設は，工事現場を運営する上で必要な仮設であり，監理事務所，現場事務所，下小屋等の仮設建物，動力用水光熱費，安全対策費，屋外の整理清掃費および揚重機械器具などの項目である。

　次に使用上共通の注意事項を列記する。
① 　仮設材の費用は損料またはリースによる。建設用仮設材のうち賃貸仮設材の利用に関わる費用は，『積算資料』等による仮設資材賃料（基本料＋日額賃料×設計供用日）または基礎価格に１現場当たり損料率を乗じて算定する。なお，リース材の返還時に必要な軽微な補修費用を修理費として計上する。
② 　労務数量は，工事の種類，規模，施工場所等によってもかなり変化するので，実状に応じて増減する必要がある。
③ 　移動式揚重機は，トラッククレーン（油圧伸縮ジブ型）を標準とし，賃料により，設置日数を別途算定し計上する。ただし，49t 吊以上 100t 吊未満については，ラフテレーンクレーンとする。また，100t 吊以上の場合は，分解組立費を別途加算する。
④ 　修理費は，仮設資材賃料の 5% を標準とする。
⑤ 　仮設材の運搬費は往復とし，トラック 4t 積で，片道 30km 程度を標準とする。
⑥ 　歩掛の摘要のうち，小規模とはおおむね建築面積においては 150m^2 未満，延べ面積においては 300m^2 未満の建物をいい，複雑とは小部屋が多い建物等をいう。

　直接仮設は，その工事の目的物（建築物，工作物等）を施工するために必要な仮設であり，それぞれの目的物の位置出し，墨出し，養生，整理清掃後片付け，および内外に関わる作業用の足場などの項目である。

　建築工事では通常，共通仮設および直接仮設とも仮設の内容については一部を除き設計図書に明示されないのが一般的であるため，発注者，施工者双方の独自の考え方による任意仮設であるのが特徴といえる。

　仮設の積算をする上で重要なことは，適切な仮設計画の立案を作成することにある。仮設計画の事前の検討として建物の概要（規模・構造等），敷地周辺の状況などを把握して施工性，経済性，第三者および現場労働者の安全性などを考慮し，発注者，施工者の仮設計画に著しい相違が生じないような現状に即した仮設計画の立案とすることが望ましい。

　本章では，直接仮設の細目，数量，単価の構成などについて述べることにする。

　仮設は，前述したように最終的に撤去されるものであるため，ほかの科目のように材料，労務等から構成される単価と異なり，足場のように建物の規模などにより足場材の種別，存置日数が重要な要素となる。

　仮設材の調達方法は，建設会社が自ら保有している場合とリース業者からのリース契約の場合があるが，最近の傾向としてリース契約が多くなっている。

また，最近の足場の傾向として，足場からの墜落防止，作業の安全性を考慮した手すり先行方式による枠組本足場が指定されるようになり，広く建築工事において採用されている。

1-2　内訳書の書式

「直接仮設」の主な細目は，次のようになる。
　　　やり方　　　　　　　一式
　　　墨出し　　　　　　　〃
　　　養　生　　　　　　　〃
　　　整理清掃後片付け　　〃
　　　外部足場　　　　　　〃
　　　内部足場　　　　　　〃
　　　災害防止　　　　　　〃
　　　仮設材運搬費　　　　〃
　　　　計

　直接仮設の各細目は，設計図書からは読み取れないため，全ての細目について一式計上としている。ただし，仮設の内容，数量等が分かるように細目ごとに別紙明細を作成しておくのが一般的である。

❶　や　り　方

　やり方は，建物の位置，根切り深さなど建物の基本となるべきものを，配置図に基づき敷地内に設置する仮設物である。やり方は，コーナーに設ける隅やり方と通り心に設ける平やり方との組合せであり，一般的には，平均的な建物を想定した必要なやり方数から材料および労務工数を建築面積 $1m^2$ 当たりに置き換えた歩掛としている。

❷　墨　出　し

　墨出しは，躯体，仕上工事に必要な芯墨，逃げ墨など印すもので建築物の精度を確保するための作業であり，労務工数を延べ面積 $1m^2$ 当たりに置き換えた歩掛としている。
　なお，墨出しの中には，各部の納まりのチェックに必要な原寸図（原寸型板）も含まれている。

❸　養　　　生

　養生は，施工中のコンクリート打設後の躯体の養生，仕上面の防護，保護などの作業のほか，現場内の危険防止（床開口養生等）なども含まれる作業であり，労務工数を延べ面積 $1m^2$ 当たりに置き換えた歩掛としている。

❹　整理清掃後片付け

　整理清掃後片付けは，現場内の安全衛生に関わる作業で施工中および完成引渡し前の整理清掃のほか，材料の端材等の集積整理等，広範に及ぶ費用であり，労務工数を延べ面積 $1m^2$ 当たりに置き換えた歩掛としている。

❺　外　部　足　場

　外部足場には，枠組本足場，単管足場などがあり，次のように分類される。

図1-1 外部足場

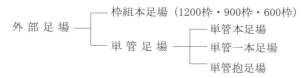

(1) 枠組本足場

外部足場は，施工性，安全性，経済性等から枠組本足場の採用が大勢を占めている。

枠組本足場は，建枠の幅により1200枠，900枠，600枠の3種類があり，建物の構造・規模（高さ），外壁仕上げの種別などにより選定する。

なお，外部足場の面積は，数量基準に基づき外壁面から1mの余幅を加えた周長とパラペットまでの高さによる面積とする。

(2) 単管足場

単管足場は，枠組本足場の架設スペースがない場合や，枠組本足場の補助的に用いられている。また，足場の最上部には落下防止用の安全手すりの設置を別計上する。

(3) 安全手すり

足場の最上部に墜落防止のため安全手すりを設置する。

❻ 内 部 足 場

内部足場は，内部躯体足場および内部仕上足場に区分する。

(1) 内部躯体足場

内部躯体足場は，鉄筋，型枠の組立に必要な足場であり，階高により鋼製脚立，枠組足場，枠組足場による躯体支保工など設置方法が異なる。標準的な階高（4m程度）では鋼製脚立を標準とし，階高が4～5m程度では枠組足場，階高が5mを超える場合では躯体支保工による。

なお，内部躯体足場の面積は，階高ごとの床面積の合計となる延べ床面積となる。

(2) 内部仕上足場

内部仕上足場は，壁，天井などの仕上げに必要な足場であり，階高により鋼製脚立，簡易型移動式足場（ローリングタワー），枠組棚足場など設置方法が異なる。標準的な階高（4m程度）では鋼製脚立を標準とし，階高が4mを超える場合では高さごとにローリングタワーまたは枠組棚足場による。内部仕上足場には，このほかに階段，シャフトなどの専用足場が必要である。

なお，内部仕上足場の面積は，これらの足場の床面積の合計となる延べ床面積となる。

❼ 災 害 防 止

災害防止は，墜落防止，飛散物の対策，防音，工具等の落下による第三者への危険防止などのため設置するもので，足場の養生シートまたは金網張り類，養生防護棚（朝顔）などがある。特に災害防止は，敷地周辺や外部仕上げ，関連法規などを考慮して現場に即した適切な措置を講ずることが重要である。

❸ 仮設材運搬費

仮設材の運搬数量は，仮設種類ごとの総量とする。ただし，鋼製脚立については，繰り返して上階へ転用できるため掛面積の数量に階数に応じて単価を低減する。また，鋼製脚立は，躯体および内部足場に兼用できるため個々には計上しない。

なお，運搬費は往復とし，トラック 4t 積，運搬距離は 30km 程度（片道）を標準としている。

1-3 仮設材の存置日数

❶ 外部足場

一般的な建物（階高 4m 程度）の外部足場の平均存置日数を**表 1-1** に示す。

なお，建築面積の大小により存置日数が異なるので**表 1-2** により補正する必要がある。

表 1-1 足場平均存置日数

階　数（N）	1	2	3	4	5	6	7	8	9	10	11
足場平均存置日数（日）	98	124	150	176	202	228	254	280	353	384	415

（注）　1．建築面積 750m² 程度。躯体，仕上げの一括発注の場合。
　　　2．算定例は RC 造の場合，26N+72，SRC 造の場合，31N+74 とする。
　　　3．足場平均存置日数（日）は，建築面積が 750m² 程度の場合による。なお，建築面積の大小による平均存置日数の補正は次表による。

表 1-2 建築面積の大小による補正

建築面積（m²）	300	450	750	1,000	1,500	2,000	3,000
対象範囲（m²）	～375 未満	375～575 未満	575～925 未満	925～1,250 未満	1,250～1,875 未満	1,875～2,500 未満	2,500～3,750 程度
補正係数	0.9	0.95	1.00	1.05	1.10	1.20	1.30

❷ 内部足場

（1）鋼製脚立足場

内部の躯体足場，仕上足場に用いる鋼製脚立足場の存置日数は 20 日を標準とする。ただし，平屋建ての場合は 30 日とする。

（2）躯体支保工

躯体支保工の存置日数は，**表 1-3** に示す階高ごとによる日数とする。

表 1-3 躯体支保工の存置日数

階高（m）	4.0 を超え 5.0 未満	5.0 以上 5.7 未満	5.7 以上 7.4 未満	7.4 以上 9.1 未満	9.1 以上 10.8 未満	10.8 以上 12.5 未満
存置日数（日）	20	38	43	43	47	47

（注）　平屋建ての場合は 30 日とする。

（3）簡易型移動式足場（ローリングタワー）

ローリングタワーの存置日数は，階高に関係なく 25 日を標準とする。ただし，平屋建ての場合は 30 日とする。

(4) 枠組棚足場

枠組棚足場の存置日数は，表1-4に示す階高ごとによる日数とする。ただし，平屋建ての場合は30日とする。

表1-4 枠組棚足場の存置日数

階高（m）	4.0を超え 5.0未満	5.0以上 5.7未満	5.7以上 7.4未満	7.4以上 9.1未満	9.1以上 10.8未満	10.8以上 12.5未満
存置日数（日）	25	25	25	26	26	27

（注） 平屋建ての場合は30日とする。

1-4 仮設材の価格

仮設は，前述したように建物の完成時には全てが撤去される仮設備であるため，仮設材が使用される期間の賃料額と基本料および修理費からなる。

❶ 賃料額

仮設種別ごとの存置日数に賃貸料金（日額賃料）を乗じて算出する。

なお，賃貸料金は，30日以上のリース料金としているため30日に満たない場合であっても30日分の料金とする。

❷ 基本料

基本料は，仮設材の入・出庫検収作業や簡単な整備に関わる費用であり，リース期間の長短に関わらない一定の金額である。

なお，鋼製脚立については，繰り返して上階へ転用できるため掛面積の数量に階数に応じて**表1-5**により単価を低減する。

表1-5 脚立足場転用率

転用階数	1	2	3	4	5	6	7	8	9	10
転用率	1.0	0.8	0.64	0.5	0.4	0.33	0.29	0.25	0.22	0.2

❸ 修理費

仮設材の修理に関わる費用であり，「賃料額＋基本料」の5％を標準とする。

❹ 仮設材の賃料および基本料

『積算資料』に基づく足場等の仮設材の賃貸料金，基本料を**表1-6**に示す。

表1-6 仮設材の賃貸料金

軽仮設材賃貸料金 １ 枠組足場

【掲載価格の条件】
1. 対　　象：軽仮設材賃貸料金
2. 荷渡し場所：賃貸業者置場渡し・戻し

調査頻度：B

枠組足場賃貸料金

品名	規格 幅	規格 高mm	全国Ⅰ① 枚・日	北海道① 枚・日	沖縄① 枚・日	全国① 基本料 枚	品名	規格	全国Ⅰ① 枚・日	北海道① 枚・日	沖縄① 枚・日	全国① 基本料 枚
鳥居型建枠	1219 ×	1700	2.50	2.62	2.70	105	階段枠	幅650×高1725	9.70	10.18	10.47	240
	1219	1524	2.50	2.62	2.70	105		φ450　φ1725	9.00	9.45	9.72	240
	914	1700	2.30	2.41	2.48	105	階段手摺	長2500	本・日	本・日	本・日	本
	914	1524	2.70	2.83	2.91	105			2.60	2.73	2.80	80
はしご型建枠	1219	1524	2.70	2.83	2.91	105	階段手摺枠	幅1800×高950 ステップガード	7.30	7.66	7.88	180
	1219	1219	2.60	2.73	2.80	105	梁枠	長6707×高406（3スパン用）	10.50	11.02	11.34	300
	1219	914	2.40	2.52	2.59	105		φ4877　φ406（2スパン用）	9.00	9.45	9.72	270
調節枠	1219	490	2.50	2.62	2.70	105	梁渡し	枠幅1219用	1.60	1.68	1.72	55
	610	1219	2.50	2.62	2.70	105		914用	1.60	1.68	1.72	55
	610	914	2.50	2.62	2.70	105		610用	1.60	1.68	1.72	55
簡易建枠	762	1700	2.30	2.41	2.48	105			個・日	個・日	個・日	個
	610	1700	2.30	2.41	2.48	105	隅梁受	幅132×高145	1.60	1.68	1.72	45
	610	1524	2.90	3.04	3.13	105	方杖	長2134	1.60	1.68	1.72	50
	610	1219	2.90	3.04	3.13	105		φ1524	1.60	1.68	1.72	50
	610	914	2.90	3.04	3.13	105	連結ピン	φ36.4×長225	0.20	0.21	0.21	6
ブラケット枠	1219/ 914	1700	3.70	3.88	3.99	120			枚・日	枚・日	枚・日	枚
	1219/ 762	1700	3.10	3.25	3.34	120	アームロック	長739	0.20	0.21	0.21	6
	914/ 610	1700	3.10	3.25	3.34	110		φ507.5	0.20	0.21	0.21	6
支保工ブラケット枠	1219 ×	914（3点支持）	…	…	…	…		φ331.5	0.20	0.21	0.21	6
〃	914	1219	3.60	3.78	3.88	130			本・日	本・日	本・日	本
〃	914	914	3.30	3.46	3.56	130	手すり柱	φ36.4×高1219	1.20	1.26	1.29	40
〃	914	490	3.30	3.46	3.56	130	手すり	φ27.2×長1829	0.80	0.84	0.86	28
〃	1829/1219× 914（5点支持）		4.30	4.51	4.64	140		21.7　φ1524	0.80	0.84	0.86	28
	枠間隔　ロック間隔mm		本・日	本・日	本・日	本		21.7　φ1219	0.80	0.84	0.86	28
筋違	1829 ×	1219	0.80	0.84	0.86	35	ジャッキベース	調節長250	1.00	1.05	1.08	50
〃	1524	1219	0.80	0.84	0.86	35	ロングジャッキベース	φ450	1.40	1.47	1.51	55
〃	1219	1219	0.80	0.84	0.86	35	棒ジャッキ	φ460	1.40	1.47	1.51	50
〃	1219	914	0.80	0.84	0.86	35			個・日	個・日	個・日	個
〃	1829	610	0.80	0.84	0.86	35	固定ベース	幅140×140×高111	0.40	0.42	0.43	15
〃	1219	610	0.80	0.84	0.86	35			本・日	本・日	本・日	本
〃	914	610	0.80	0.84	0.86	35	大引受	幅150×高231	1.00	1.05	1.08	40
〃	610	610	0.80	0.84	0.86	35	大引受ジャッキ	調節長250	2.00	2.10	2.16	70
〃	1829	280	0.80	0.84	0.86	35	ロング大引受ジャッキ	φ450	2.40	2.52	2.59	80
〃	1524	280	0.80	0.84	0.86	35	ピボットジャッキ	φ240	3.10	3.25	3.34	90
〃	914	280	0.80	0.84	0.86	35	壁つなぎ	調節範囲240～320	1.60	1.68	1.72	80
〃	610	280	0.80	0.84	0.86	35		320～480	1.80	1.89	1.94	80
	幅	長mm	枚・日	枚・日	枚・日	枚		480～670	1.90	1.99	2.05	90
鋼製布板	500 ×	1829	2.60	2.73	2.80	120		670～860	2.00	2.10	2.16	90
	500	1524	2.60	2.73	2.80	120	伸縮ブラケット	調節範囲300～ 500	3.00	3.15	3.24	135
	500	1219	2.60	2.73	2.80	120		500～ 750	3.50	3.67	3.78	135
	500	914	2.60	2.73	2.80	120		750～1000	4.20	4.41	4.53	135
	240	1829	2.30	2.41	2.48	110	外足場ブラケット	長1500×高750	30.00	31.50	32.40	360
	240	1524	2.30	2.41	2.48	110	◆手すり先行足場		枚・日	枚・日	枚・日	枚
	240	1219	2.30	2.41	2.48	110	先行手すり枠	長1829（据置方式）	5.70	5.98	6.15	190
	240	914	2.30	2.41	2.48	110	つま先板	φ1829（幅木）	4.20	4.41	4.53	220
布枠	1050	1829	2.60	2.73	2.80	110						

◀価格の適用▶
1. 全国Ⅰは、北海道・沖縄を除く。
2. 掲載価格は、30日以上の契約期間を対象とした場合の1日当たりの賃貸料金で、30日未満の場合は30日分の料金。
3. 返還時の修理費（塗料および外装吹付材が付着している場合は再塗装料）は別途。
4. 修理不能品または紛失品については、通常時価（滅失価格）を弁償する。
5. 枠組足場の賃貸料金は塗装品、めっき品共通とする。また、上記掲載規格に近似の規格品は、同一価格とする。
6. 基本料は、機材の入・出庫検収作業や簡単な整備作業を含んだもので、機材使用の有無や期間の長短にかかわらず、全部材について初回時に支払う。
7. 賃貸料金の算定方法は以下のとおり。
　（例）東京地区で鳥居型建枠1219×1700を3カ月（90日）賃貸する場合。
　全国Ⅰ単価　×　賃貸日数　＋　基本料　＝　合計
　（@2.5円）　　（90日）　　（105円）　　（330円）となる。

【参考図】

枠組足場の基本構成部材

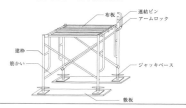

1 仮設

単管足場, 鉄骨用吊り足場, 脚立, はしご 軽仮設材賃貸料金 ②

【調査段階】 軽仮設材賃貸料金
賃貸業者 → 特約店 → 工事業者
①

単管足場賃貸料金

調査頻度：B

品名	規格	全国Ⅰ①	北海道①	沖縄①	全国①基本料	品名	規格		全国Ⅰ①	北海道①	沖縄①	全国①基本料
（単管類）	外径mm 肉厚mm 長m	本・日	本・日	本・日	本	（緊結金具類）	mm		個・日	個・日	個・日	個
丸パイプ（ドブめっき）	φ48.6×2.4×1.0	0.30	0.31	0.32	9	クランプ	φ48.6用	直交	0.35	0.36	0.37	13
〃	〃48.6 2.4 1.5	0.45	0.47	0.48	13			自在	0.35	0.36	0.37	13
〃	〃48.6 2.4 2.0	0.60	0.63	0.64	18	兼用クランプ	φ42.7×φ48.6用	直交	0.35	0.36	0.37	13
〃	〃48.6 2.4 2.5	0.75	0.78	0.81	22			自在	0.35	0.36	0.37	13
〃	〃48.6 2.4 3.0	0.90	0.94	0.97	27	三連クランプ	φ48.6用	直交	0.90	0.94	0.97	19
〃	〃48.6 2.4 3.5	1.05	1.10	1.13	31			自在	0.90	0.94	0.97	19
〃	〃48.6 2.4 4.0	1.20	1.26	1.29	36	直線ジョイント			0.35	0.36	0.37	13
〃	〃48.6 2.4 4.5	1.35	1.41	1.45	40	単管ベース			0.35	0.36	0.37	13
〃	〃48.6 2.4 5.0	1.50	1.57	1.62	45	根がらみクランプ	φ48.6×φ60.5用		0.80	0.84	0.86	26
〃	〃48.6 2.4 5.5	1.65	1.73	1.78	49	H鋼用クランプ	φ48.6用	垂直固定	1.30	1.36	1.40	32
								水平固定	1.30	1.36	1.40	32
角パイプ（ドブめっき）	mm 肉厚mm 長m	本・日	本・日	本・日	本	角丸クランプ	60角×φ48.6	直交	0.80	0.84	0.86	18
	60角×2.3×1.0	0.40	0.42	0.43	15			自在	0.80	0.84	0.86	18
〃	60 〃 2.3 1.5	0.60	0.63	0.64	22	角角クランプ	60角×60角	直交	0.80	0.84	0.86	18
〃	60 〃 2.3 2.0	0.80	0.84	0.86	30			自在	0.80	0.84	0.86	18
〃	60 〃 2.3 2.5	1.00	1.05	1.08	37	強力サポート用クランプ	上柱用 φ82.6×φ48.6	直交	4.00	4.20	4.32	60
〃	60 〃 2.3 3.0	1.20	1.26	1.29	45			自在	4.00	4.20	4.32	60
〃	60 〃 2.3 3.5	1.40	1.47	1.51	52		下柱用 φ114.3×φ48.6	直交	4.00	4.20	4.32	60
〃	60 〃 2.3 4.0	1.60	1.68	1.72	60			自在	4.00	4.20	4.32	60
〃	60 〃 2.3 5.0	2.00	2.10	2.16	75							
〃	60 〃 2.3 6.0	2.40	2.52	2.59	90							
〃	100 〃 3.2 1.5	2.40	2.52	2.59	50							
〃	100 〃 3.2 2.0	4.80	5.04	5.18	100							
〃	100 〃 3.2 3.0	7.20	7.56	7.77	150							
〃	100 〃 3.2 4.0	9.60	10.08	10.36	200							
〃	100 〃 3.2 5.0	12.00	12.60	12.96	250							

鉄骨用吊り足場賃貸料金

調査頻度：B

品名	規格	全国Ⅰ①	北海道①	沖縄①	全国①基本料	品名	規格	全国Ⅰ①	北海道①	沖縄①	全国①基本料
	外径mm 長m	本・日	本・日	本・日	本		幅×高mm	枚・日	枚・日	枚・日	枚
足場チェーン	φ6.0×2.0 両フック付	0.90	0.94	0.97	40	ハイステージ	1730×950	5.50	5.77	5.94	130
〃	〃6.0 3.0 〃	1.20	1.26	1.29	50	バイハンガー	1500 980	4.50	—	—	120
〃	〃6.0 4.0 〃	1.50	1.57	1.62	60	ビームステージ	1500 900 フランジ幅150～300厚32以下	6.50	—	—	170
〃	〃6.0 5.0 〃	1.80	1.89	1.94	65	クロスハンガー	1543 927.5 〃 300～500 φ42以下	4.00	—	—	150
		個・日	個・日	個・日	個			台・日	台・日	台・日	台
チェーン吊り金具		1.00	1.05	1.08	20	NSトビック	幅615×高1430×奥行763	200.0	210.0	216.0	2,000

脚立・はしご賃貸料金

調査頻度：B

品名	規格	全国Ⅰ①	北海道①	沖縄①	全国①基本料	品名	規格	全国Ⅰ①	北海道①	沖縄①	全国①基本料
	高mm	台・日	台・日	台・日	台		長m	台・日	台・日	台・日	台
鋼製脚立	900 踏板付	4.00	4.20	4.32	120	アルミ一連はしご	3000	22.00	23.10	23.76	400
〃	1160 〃	5.00	5.25	5.40	120	〃	4000	22.00	23.10	23.76	400
〃	1330 〃	5.00	5.25	5.40	120	〃	5000	22.00	23.10	23.76	400
〃	1735 〃	6.00	6.30	6.48	120	垂直はしご	2400	6.00	6.30	6.48	150
〃	2160 〃	7.00	7.35	7.56	120			個・日	個・日	個・日	個
アルミ製脚立	900	6.00	6.30	6.48	100	自在ステップ	900×踏込250×3.2	3.50	3.67	3.78	160
〃	1200	7.00	7.35	7.56	120	〃	600 φ250 2.8	3.20	3.36	3.45	136
〃	1800	8.00	8.40	8.64	120			台・日	台・日	台・日	台
〃	2700	10.00	10.50	10.80	120	カート馬		3.00	3.15	3.24	120

◀価格の適用▶
1. 全国Ⅰは、北海道・沖縄を除く。
2. 掲載価格は、30日以上の契約期間を対象とした場合の1日当たりの賃貸料金で、30日未満の場合は30日分の料金。
3. 返還時の修理費（塗料および外装吹付材等が付着している場合は再塗装料）は別途。
4. 修理不能品または紛失品については、通常価（減失価格）を弁償する。
5. 基本料は、機材の入・出庫検収作業や簡単な整備作業を含むもので、機材使用の有無や期間の長短にかかわらず、全部材について初回時に支払う。

積算資料 '16.07

軽仮設材賃貸料金 ③ ローリングタワー，足場板，支柱，支保梁

【掲載価格の条件】
1. 対　　　象：軽仮設材賃貸料金
2. 荷渡し場所：賃貸業者置場渡し・戻し

調査頻度：B

ローリングタワー（移動式足場）賃貸料金

品名	規格	全国Ⅰ① 台・日	北海道① 台・日	沖縄① 台・日	全国① 基本料 台
ローリングタワー（移動式足場）	作業床高1800 1段 車輪付 mm	120.0	126.0	129.0	2,000
〃	〃 3300 2段	140.0	147.0	151.0	2,500
〃	〃 4900 3段	160.0	168.0	172.0	3,000
〃	〃 6400 4段	180.0	189.0	194.0	3,500
〃	〃 8000 5段	220.0	231.0	237.0	4,500

調査頻度：B

足場板賃貸料金

品名	規格 幅 長 厚mm	全国Ⅰ① 枚・日	北海道① 枚・日	沖縄① 枚・日	全国① 基本料 枚	品名	規格 幅 長 厚mm	全国Ⅰ① 枚・日	北海道① 枚・日	沖縄① 枚・日	全国① 基本料 枚
鋼製軽量足場板	240×4000×40	5.00	5.25	5.40	135	アルミ合金製足場板	240×4000×29	7.20	7.56	7.77	150
〃	240 3000 40	4.00	4.20	4.32	135	〃	240 3000 29	5.60	5.88	6.04	140
〃	240 2000 40	3.50	3.67	3.78	109	〃	240 2000 29	5.20	5.46	5.61	120
						合板足場板	240 4000 28	6.10	6.40	…	120
						〃	240 2000 28	4.40	4.62	…	90

調査頻度：B

支柱賃貸料金

品名	規格 mm	全国Ⅰ① 本・日	北海道① 本・日	沖縄① 本・日	全国① 基本料 本	品名	規格 mm	全国Ⅰ① 本・日	北海道① 本・日	沖縄① 本・日	全国① 基本料 本
パイプサポート	本体　調節範囲 900～1486	2.20	2.31	2.37	75	四角支柱	ユニット柱 幅300×300 長650	9.00	9.45	9.72	310
〃	1212～2026	2.30	2.41	2.48	78	〃	〃 300 300 1250	14.00	14.70	15.12	360
〃	1702～3006	2.40	2.52	2.59	85	〃	〃 300 300 1875	17.00	17.85	18.36	370
〃	2152～3456	2.60	2.73	2.80	88	〃	〃 300 300 2250	20.00	21.00	21.60	370
〃	2652～3956	3.00	3.15	3.24	95	〃	〃 300 300 3000	21.00	22.05	22.68	450
〃	補助サポート 有効長 900	1.20	1.26	1.29	40	〃	頭部ジャッキ 調節長280～580	23.00	24.15	24.84	440
〃	1200	1.30	1.36	1.40	43	〃	脚部ジャッキ 280～580	21.00	22.05	22.68	450
〃	1500	1.50	1.57	1.62	50			個・日	個・日	個・日	個
強力サポート	本体　調節範囲1815～2470	27.00	28.35	29.16	本320	〃	自在ベース 300×300×75	7.00	7.35	7.56	150
〃	1865～3270	31.00	32.55	33.48	350						
〃	2665～4070	34.00	35.70	36.72	380						
〃	3665～5070	37.00	38.85	39.96	420						
〃	補助サポート 使用長 1018	11.00	11.55	11.88	100						
〃	1818	16.00	16.80	17.28							

調査頻度：B

支保梁賃貸料金

品名	規格 高 長mm	全国Ⅰ① 本・日	北海道① 本・日	沖縄① 本・日	全国① 基本料 台	品名	規格 mm	全国Ⅰ① 台・日	北海道① 台・日	沖縄① 台・日	全国① 基本料 台
ビティビーム	外ビーム 220×1600	6.80	—	—	140	ホリービーム	SX型 調節長1400～2200	17.00	17.85	18.36	280
〃	220 2700	7.20	—	—	160	〃	2200～3800	18.00	18.90	19.44	310
〃	内ビーム 194 1600	6.80	—	—	140	〃	2900～4500	20.00	21.00	21.60	350
〃	194 2200	7.20	—	—	160	〃	AX型 1100～1400	9.00	—	—	210
		個・日	個・日	個・日	個	〃	1400～1800	10.00	—	—	220
〃	ハンガー RC, SRC 造用	1.80			60	〃	1800～2500	10.00	—	—	220
	高 長mm	台・日	台・日	台・日	台	〃	2500～3200	11.00	—	—	240
ペコビーム	外ビーム 高263×長1859	7.00	7.35	7.56	170	〃	3200～3900	11.00	—	—	250
〃	〃263 〃2351	8.00	8.40	8.64	170	〃	3900～4600	11.00	—	—	250
〃	〃263 〃2991	9.00	9.45	9.72	170			個・日	個・日	個・日	個
〃	内ビーム 〃235 〃1444	8.00	8.40	8.64	170	〃	受金具 W-0 長110	1.50	1.57	1.62	60
〃	〃235 〃2874	9.00	9.45	9.72	170	〃	W-50 〃160	1.50	1.57	1.62	60
〃	外ビームハンガー調節範囲0～250	2.90	3.04	3.13	120						
〃	内ビームハンガー 〃 0～250	2.90	3.04	3.13	120						

◆価格の適用◆
1. 全国Ⅰは，北海道・沖縄を除く。
2. 掲載価格は，30日以上の契約期間を対象とした場合の1日当たりの賃貸料金で，30日未満の場合は30日分の料金。
3. 返還時の修理費（塗料および外装吹付材等が付着している場合は再塗装料）は別途。
4. 修理不能品または紛失品については，通常時価（滅失価格）を弁償する。
5. 基本料は，機材の入・出庫検収作業や簡単な整備作業を含んだもので，機材使用の有無や期間の長短にかかわらず，全部材について初回時に支払う。

積算資料 '16.07

1 仮 設

仮囲い，朝顔，防護部材，ネット・シート，パネル 軽仮設材賃貸料金 ④

【調査段階】 軽仮設材賃貸料金
賃貸業者 → 特約店 → 工事業者
①

仮 囲 い 賃 貸 料 金

調査頻度：B

品名	規格	全国Ⅰ①	北海道①	沖縄①	全国①基本料
	幅　長　厚mm	枚・日	枚・日	枚・日	枚
仮囲い安全鋼板	540×3000×1.2	3.00	3.15	3.24	130
〃	500　3000　1.2	3.00	3.15	3.24	130
〃	500　2000　1.2	2.70	2.83	2.91	100
〃	300　3000　1.2	2.50	2.62	2.70	100

朝 顔 賃 貸 料 金

調査頻度：B

品名	規格	全国Ⅰ①	北海道①	沖縄①	全国①基本料	品名	規格	全国Ⅰ①	北海道①	沖縄①	全国①基本料
	mm	セット・日	セット・日	セット・日	セット		mm	セット・日	セット・日	セット・日	セット
朝　　顔	折リタタミ式　スパン1829	55.00	57.75	59.40	1,900	コーナー朝顔	折リタタミ式　スパン1829	160.0	168.0	172.8	2,710
〃	従来式　　　　1829	35.00	36.75	37.80	1,130	〃	従来式　　　　1829	130.0	136.5	140.4	1,940

防 護 部 材 賃 貸 料 金

調査頻度：B

品名	規格	全国Ⅰ①	北海道①	沖縄①	全国①基本料	品名	規格	全国Ⅰ①	北海道①	沖縄①	全国①基本料
	長m	本・日	本・日	本・日	本			本・日	本・日	本・日	本
親　　綱	10　緊張器付	19.00	19.90	20.50	210	親綱支柱	枠組足場用	22.00	23.10	23.70	250
〃	15　〃	26.00	27.30	28.00	280						
〃	10　片フック	10.00	10.50	10.80	130						
〃	15　〃	14.00	14.70	15.10	200						

ネ ッ ト ・ シ ー ト 賃 貸 料 金

調査頻度：B

品名	規格	全国Ⅰ①	北海道①	沖縄①	全国①基本料	品名	規格	全国Ⅰ①	北海道①	沖縄①	全国①基本料
◆安全ネット賃貸料金	網目mm	m²・日	m²・日	m²・日	m²	◆メッシュシート賃貸料金	幅　長m	枚・日	枚・日	枚・日	枚
水平ネット (ラッセルネット)	100　仮設工業会認定品	0.50	0.52	0.54	10	メッシュシート	1.8×5.1　仮設工業会認定品	9.00	9.45	9.72	290
〃	15　〃	0.60	0.63	0.64	12	〃	1.8　5.1　防炎2類	7.20	7.56	7.77	280
垂直ネット (グリーンネット)	27　〃	0.50	0.52	0.54	8	◆防音シート賃貸料金	幅　長m	枚・日	枚・日	枚・日	枚
〃	15　〃	0.60	0.63	0.64	9	防音シート	1.8×3.4　建築工事用	52.00	…	…	500
◆建築工事用シート賃貸料金	幅　長m	枚・日	枚・日	枚・日	枚						
防炎養生シート	1.8×5.1　JIS A 8952 1類	8.90	9.34	9.61	310						
〃	1.8　5.1　JIS A 8952 2類	7.20	7.56	7.77	290						

パ ネ ル 賃 貸 料 金

調査頻度：B

品名	規格	全国Ⅰ①	北海道①	沖縄①	全国①基本料	品名	規格	全国Ⅰ①	北海道①	沖縄①	全国①基本料
	幅　高　厚mm	枚・日	枚・日	枚・日	枚			個・日	個・日	個・日	個
養　生　枠	1820×860×25	2.20	2.31	2.37	130	養生枠用クランプ	枠組用φ42.7用　防音パネル兼用	0.30	0.31	0.32	14
アルミ製防音パネル	1820　860　70	20.00	21.00	21.60	220		単管用φ48.6用	0.30	0.31	0.32	14

【参考図】

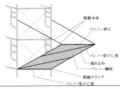

従来式朝顔
朝顔本体／パンノー押え／パンノー受けL型／振れ止め／パンノー鋼板／朝顔クランプ／パンノー受けC型

◆ 価格の適用 ◆
1. 全国Ⅰは，北海道・沖縄を除く。
2. 掲載価格は，30日以上の契約期間を対象とした場合の1日当たりの賃貸料金で，30日未満の場合は30日分の料金。
3. 返還時の修理費（塗料および外装吹付材等が付着している場合は再塗装料）は別途。
4. 修理不能品または紛失品については，通常時価（減失価格）を弁償する。
5. 基本料は，機材の入・出庫検収作業や簡単な整備作業を含んだもので，機材使用の有無や期間の長短にかかわらず，全部材について初回時に支払う。

積算資料 '16.07

1-5 算　出　例

〔算出例 1-1〕　仮囲い

高さ 3.0m　供用日数 210 日						1m 当たり		8,470 円
名　　称	規　　格	単位	数量	単　価	金　額	単価根拠	備　考	
仮 囲 鉄 板	t＝1.2mm W＝500mm	枚	2.1	760.00	1,596.00	130.00＋3.00 ×210	仮設資材賃料	
丸 パ イ プ	φ48.6	m	9.36	72.00	673.92	9.00＋0.30 ×210	〃	
修　理　費		一式			113.50	2,269.92×0.05	仮設資材賃料×5%	
普 通 作 業 員		人	0.24	19,800.00	4,752.00			
雑　　　費		一式			380.16	4,752.00×0.08	（労）×8%	
そ の 他		一式			950.40	4,752.00×0.2	（労）×20%	
計					8,465.98			

〔算出例 1-2〕　仮囲運搬

高さ 3.0m						1m 当たり	69,500 円
名　　称	規　　格	単位	数量	単　価	金　額	単価根拠	備　考
トラック運転	4t積	日	2.13	32,632.10	69,506.37		〔算出例 1-15 より〕
計					69,506.37		

〔算出例 1-3〕　やり方

一般						建築面積 1m² 当たり		380 円
名　　称	規　　格	単位	数量	単　価	金　額	単価根拠	備　考	
切 り 丸 太	径75mm L＝1,800	本	0.15	297.00	44.55	330.00 円/本 ×0.9	損料率　90%	
小 幅 板	15×90mm	m³	0.0004	39,600.00	15.84	44,000.00 円/m³ ×0.9	〃　90%	
く　　ぎ		kg	0.001	153.00	0.15		〃　100%	
大　工		人	0.006	23,900.00	143.40			
普 通 作 業 員		〃	0.006	19,800.00	118.80			
そ の 他		一式			52.44	262.20×0.2	（労）×20%	
計					375.18			

（注）　備考欄の損料は，1現場当たりの損料率を示す。

〔算出例 1-4〕　墨出し

一般						延面積 1m² 当たり	740 円
名　　称	規　　格	単位	数量	単　価	金　額	単価根拠	備　考
大　工		人	0.015	23,900.00	358.50		
普 通 作 業 員		〃	0.013	19,800.00	257.40		
そ の 他		一式			123.18	615.90×0.2	（労）×20%
計					739.08		

〔算出例1-5〕 養生

一般								延面積1m²当たり	430円
名　称	規　格	単位	数量	単　価	金　額	単価根拠	備　考
普通作業員		人	0.018	19,800.00	356.40		
その他		一式			71.28	356.40×0.2	(労)×20%
計					427.68		

〔算出例1-6〕 整理清掃後片付け

							延面積1m²当たり	1,530円
名　称	規　格	単位	数量	単　価	金　額	単価根拠	備　考
軽作業員		人	0.09	14,200.00	1,278.00		
その他		一式			255.60	1,278.00×0.2	(労)×20%
計					1,533.60		

(注)　1. 通常の建物の新増築工事である。
　　　2. 工事の内容によって労務歩掛を10〜70%とする。
　　　　　　全面模様替え　　　　　　　　　　　70%
　　　　　　仕上工事で4〜5職種程度　　　　　 50%
　　　　　　仕上工事で1職種程度または外構工事　10%

〔算出例 1-7〕 枠組本足場（1）

足場高さ 22m 未満　手すり先行方式　900 枠（500＋240 布枠）						掛面積 1m^2 当たり	3,400 円
名　　　　称	規　　格	単位	数量	単　価	金　額	単 価 根 拠	備　　考
建　　　　枠	900×1,700mm	枚	0.38	509.80	193.72	2.30 円/枚×176 日＋105.00 円	仮設資材賃料
板 付 布 枠	500×1,800mm	〃	0.32	577.60	184.83	2.60 円/枚×176 日＋120.00 円	
板 付 布 枠	240×1,800mm	〃	0.32	514.80	164.74	2.30 円/枚×176 日＋110.00 円	
筋　　　　違	1,200×1,800mm	本	0.32	175.80	56.26	0.80 円/本×176 日＋35.00 円	
合 板 足 場 板	240×4,000 ×28mm	枚	0.03	1,193.60	35.81	6.10 円/枚×176 日＋120.00 円	
ジャッキベース	ストローク 250mm	本	0.08	226.00	18.08	1.00 円/本×176 日＋50.00 円	
壁 つ な ぎ	L＝600 程度	個	0.03	424.40	12.73	1.90 円/本×176 日＋90.00 円	
先 行 手 す り 枠		枚	0.36	1,193.20	429.55	5.70 円/枚×176 日＋190.00 円	
つま先板（幅木）		〃	0.68	959.20	652.26	4.20 円/枚×176 日＋220.00 円	
手　す　り	枠組本足場用	本	0.36	168.80	60.77	0.80 円/本×176 日＋28.00 円	
修　理　費		一式			90.44	1,808.75×0.05	仮設資材賃料×5％
と　び　工		人	0.049	25,500.00	1,249.50		
そ　の　他		一式			249.90	1,249.50×0.2	（労）×20％
計					3,398.59		

（注）　1.　建築面積 750m^2 程度の場合。表 1-1 より，足場存置日数を 176 日とする。
　　　2.　枠組足場用専用階段を含む。

〔算出例 1-8〕 枠組本足場（2）

足場高さ 22m 未満　900 枠（500＋240 布枠）						掛面積1m² 当たり		1,770 円
名　　称	規　格	単位	数量	単価	金額	単価根拠	備　考	
建　　枠	900×1,700mm	枚	0.38	509.80	193.72	2.30 円/枚×176日＋105.00 円	仮設資材賃料	
板付布枠	500×1,800mm	〃	0.32	577.60	184.83	2.60 円/枚×176日＋120.00 円		
板付布枠	240×1,800mm	〃	0.32	514.80	164.74	2.30 円/枚×176日＋110.00 円		
筋　　違	1,200×1,800mm	本	0.65	175.80	114.27	0.80 円/本×176日＋35.00 円		
合板足場板	240×4,000×28mm	枚	0.03	1,193.60	35.81	6.10 円/枚×176日＋120.00 円		
ジャッキベース	ストローク 250mm	本	0.08	226.00	18.08	1.00 円/本×176日＋50.00 円		
壁つなぎ	L＝600 程度	個	0.03	424.40	12.73	1.90 円/本×176日＋90.00 円		
修理費		一式			36.21	724.18×0.05	仮設資材賃料×5%	
とび工		人	0.033	25,500.00	841.50			
その他		一式			168.30	841.50×0.2	（労）×20%	
計					1,770.19			

（注）1. 建築面積 750m² 程度の場合。表 1-1 より，足場存置日数を 176 日とする。
　　　2. 枠組足場用専用階段を含む。

〔算出例 1-9〕 単管本足場

足場高さ 20m 未満						掛面積1m² 当たり		4,770 円
名　　称	規　格	単位	数量	単価	金額	単価根拠	備　考	
丸パイプ	φ48.6	m	5.5	61.80	339.90	0.30 円/m×176日＋9.00 円	仮設資材賃料	
合板足場板	240×4,000×28mm	枚	0.32	1,193.60	381.95	6.10 円/枚×176日＋120.00 円		
クランプ	自在直交親子	個	3.66	74.60	273.04	0.35 円/個×176日＋13.00 円		
ジョイント		〃	0.71	74.60	52.97	0.35 円/個×176日＋13.00 円		
固定ベース		〃	0.06	85.40	5.12	0.40 円/個×176日＋15.00 円		
壁つなぎ	L＝600 程度	〃	0.04	424.40	16.98	1.90 円/本×176日＋90.00 円		
つま先板（幅木）	合板足場板	枚	0.28	959.20	268.58	4.20 円/枚×176日＋220.00 円		
修理費		一式			66.93	1,338.54×0.05	仮設資材賃料×5%	
とび工		人	0.11	25,500.00	2,805.00			
その他		一式			561.00	2,805.00×0.2	（労）×20%	
計					4,771.47			

（注）1. 建築面積 750m² 程度の場合。表 1-1 より，足場存置日数を 176 日とする。
　　　2. 登り桟橋は，別計上する。

〔算出例 1-10〕 内部躯体足場

鉄筋・型枠足場　階高 4.0m 以下							床面積 1m² 当たり	270 円
名　称	規　格	単位	数量	単価	金額	単価根拠	備　考	
鋼 製 脚 立	240×4,000 ×25mm	脚	0.1	120.00	12.00	6.00 円/脚×20 日	仮設資材賃料	
合 板 足 場 板		枚	0.1	182.00	18.20	6.10 円/枚×20 日		
修 理 費		一式			1.51	30.20×0.05	仮設資材賃料×5%	
普 通 作 業 員		人	0.01	19,800.00	198.00			
そ の 他		一式			39.60	198.00×0.2	（労）×20%	
計					269.31			

（注）1. 標準の存置日数は 20 日とする。ただし，平屋建ての場合は 30 日とする。
　　　2. 内部仕上足場への転用を考慮し，仮設資材賃料の基本料は計上しない。

〔算出例 1-11〕 内部仕上足場

脚立足場　階高 4.0m 以下							床面積 1m² 当たり	550 円
名　称	規　格	単位	数量	単価	金額	単価根拠	備　考	
鋼 製 脚 立	240×4,000 ×25mm	脚	0.2	180.00	36.00	6.00 円/脚×20 日 ＋120.00 円×0.5	仮設資材賃料	
合 板 足 場 板		枚	0.2	182.00	36.40	6.10 円/枚×20 日 ＋120.00 円×0.5		
修 理 費		一式			3.62	72.40×0.05	仮設資材賃料×5%	
普 通 作 業 員		人	0.02	19,800.00	396.00			
そ の 他		一式			79.20	396.00×0.2	（労）×20%	
計					551.22			

（注）1. 標準の存置日数は 20 日とする。ただし，平屋建ての場合は 30 日とする。
　　　2. 複数階への転用がある場合，基本料に転用率を乗じて算出する。

〔算出例 1-12〕 養生シート張り

						掛面積 1m² 当たり	900 円
名　称	規　格	単位	数量	単価	金額	単価根拠	備　考
養 生 シ ー ト		m²	1.1	194.71	214.18	（8.9 円/枚×166 日 ＋310 円）/（1.8× 5.1）m²	仮設資材賃料
修 理 費		一式			10.71	214.18×0.05	仮設資材賃料×5%
と び 工		人	0.022	25,500.00	561.00		
そ の 他		一式			112.20	561.00×0.2	（労）×20%
計					898.09		

（注）標準の存置日数は，（足場の存置日数－10 日）とする。

〔算出例 1-13〕 枠組本足場（手すり先行方式）

900 枠（2 枚布）							100m² 当たり往復	26,400 円
名　称	規　格	単位	数量	単価	金額	単価根拠	備　考	
ト ラ ッ ク	4t 積	日	0.81	32,632.10	26,432.00		〔算出例 1-15 より〕	
計					26,432.00			

〔算出例 1-14〕 仮設材運搬

内部仕上足場（脚立足場　階高 4.0m 以下　4 階建て）						100m² 当たり往復		4,080 円
名　称	規　格	単位	数量	単価	金額	単価根拠	備　考	
トラック	4t 積	日	0.125	32,632.10	4,079.01		〔算出例 1-15 より〕	
計					4,079.01			

〔算出例 1-15〕 トラック運転

トラック 4t 積						1 日当たり		32,600 円
名　称	規　格	単位	数量	単価	金額	単価根拠	備　考	
運転手（一般）		人	1.0	18,500.00	18,500.00			
燃　料	軽油	ℓ	32.6	100.00	3,260.00			
機械損料		供用日	1.13	5,770.00	6,520.10			
その他		一式			4,352.00	21,760.00×0.2	（労＋雑）×20%	
計					32,632.10			

2 土　　工

2-1 概　　説

建築工事における土工は，建築物の基礎や地階等を構築するための土の処理が大部分である。従ってここでは，整地，根切り，埋戻し，盛土，建設発生土処理（不用土処理），およびこれらに伴う山留め，排水等が対象となる。

なお，公共建築工事の積算では，土工のうち機械土工については，市場単価（『建築施工単価』等に掲載）を採用している。

2-2 内訳書の書式

「土工」の主な細目は，次のようになる。

すきとり	機械，人力の別	〇 m³
根切り	〃　　　〃	〃
	つぼ・布掘，総掘の別	
床付け		〇 m²
杭間ざらい		〇本
埋戻し	構内堆積土，構外土の別	〇 m³
盛土	〃　　　　　〃	〃
構内敷均し	機械，人力の別	〃
建設発生土運搬	構外搬出	一式
土工機械運搬	（組立解体共）	〃
（山留め）	工法・支保工・材工共	〃
（乗入れ構台）	安全手すり共	〃
計		

（　　）は必要に応じて計上する。

2-3 数量の算出

土工で扱う土の処理，山留め，排水等は，設計図書に土工計画が示されていないのが一般的なので，積算担当者が設計図書に基づいて，根切りの形状，山留め方法等を想定して数量を求めることになる。この場合の数量は，計画数量と呼ばれる。

「建築数量積算基準」では，「土工の計測・計算は，原則として設計地盤から行うが，設計地盤が現状地盤（敷地の平均高さ）と異なるときは，現状地盤から行う」とある。すなわち，設計地盤と現状地盤とは必ずしも一致していないので，根切り，埋戻しの基準線を現状地盤とする場合が多い。現状地盤が設計地盤より高いときは，計算上すきとりまたは切土を行って設計地盤を形成し，この設計地盤を根切基準線として掘削する。すきとり，切土の数量は，敷地面積に現状地盤と設計地盤の差の平均高さを乗じて得る体積とする（図 2-1）。

土の掘削による土砂量の増加や埋戻しによる土砂量の減少は考えず，全て地山(注)の土量で表示する。
（注）　表土層の下のある程度硬い自然地盤
　なお，参考までに土量の変化と変化率は，次の状態が考えられる。
① 土量の変化
　　　地山の土量……掘削土量
　　　ほぐした土量……運搬土量
　　　締固め後の土量……盛土量

図 2-1　地盤と基準線の関係
(a)　現状地盤が設計地盤より高い場合

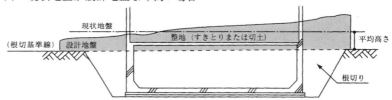

地盤の関係	根切基準線	備　　考
現状地盤高さ＞設計地盤高さ	設計地盤	すきとりまたは切土を行って設計地盤を形成
現状地盤高さ＝設計地盤高さ	設計地盤	
現状地盤高さ＜設計地盤高さ	現状地盤	

(b)　現状地盤と設計地盤が同じ高さの場合　　(c)　現状地盤が設計地盤より低い場合

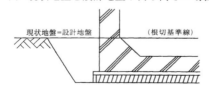
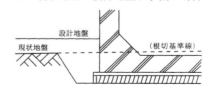

② 土量の変化率

$$L=\frac{\text{ほぐした土量 (m}^3\text{)}}{\text{地山の土量 (m}^3\text{)}} \quad C=\frac{\text{締固め後の土量 (m}^3\text{)}}{\text{地山の土量 (m}^3\text{)}}$$

［例］　土量の変化率は土質によって変わるが，砂および砂質土の場合の標準値を$L=1.2$，$C=0.9$とすると，次のことが分かる。

　　100m³ の地山土量をほぐすとほぐした土量は，
　　　　$100 \times 1.2 = 120$ （m³）
　　100m³ の地山土量をほぐして締め固めると，締固め後の土量は，
　　　　$100 \times 0.9 = 90$ （m³）
　　100m³ の盛土に必要な地山土量は，
　　　　$\frac{100}{0.9} \fallingdotseq 111$ （m³）
　　100m³ の盛土に必要なほぐした土量は，
　　　　$100 \times \frac{1.2}{0.9} \fallingdotseq 133$ （m³）

❶ 根切り

根切りの数量は，根切深さに根切面積を乗じて算出する。根切深さは，根切基準線から根切底までをいい，根切面積は，原則として基礎または地下構築物等の底面の設計寸法による各辺の左右に余幅を加えて計算した面積をいう。

(1) 法付工法の場合

図 2-2 法付工法の場合

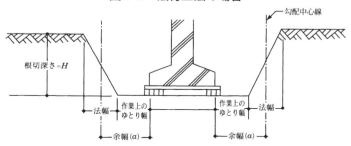

根切深さ H (m)	法幅 (m)	作業上のゆとり幅 (m)	余幅 a (m)
$H<1.5$	0	0.5	0.5
$1.5 \leqq H < 5$	$0.3H$	0.5	$\dfrac{0.3H}{2}+0.5$
$5 \leqq H$	$0.6H$	0.5	$\dfrac{0.6H}{2}+0.5$

(2) 山留め工法の場合

山留めのある場合の余幅は，地下構築物の側面から山留めの側面まで 1.0m を標準とする（図 2-3）。

図 2-3 山留め工法の場合

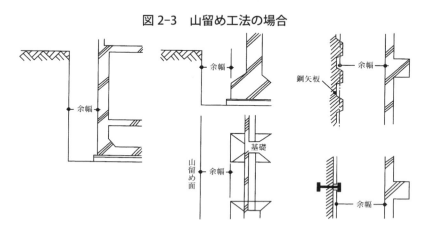

❷ 床付け

床付けの数量は，施工上の根切底面を対象とするが，計測・計算の煩雑を避けるため基礎，基礎梁下，耐圧盤下等の砂利地業の面積とする。

❸ 埋　戻　し

　埋戻しの数量は，根切土量－(根切基準線以下のコンクリート量または基準線以下の構築物の外面までの容積＋捨コンクリート量＋砂利地業量等）により算出する。

❹ 盛　　土

　盛土の数量は，盛土面積に根切基準線からの平均厚さを乗じて算出する（図2-4）。

図2-4　埋戻しと盛土

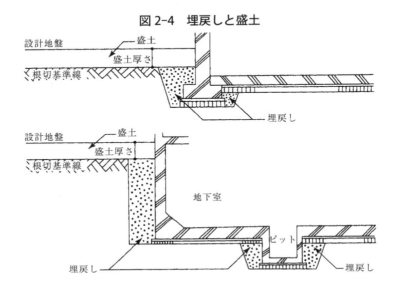

❺ 建設発生土処理（不用土処理）
　(1) 根切土（すきとり土を含む）が埋戻しおよび盛土に適さない場合
　　根切りおよびすきとりの全量を建設発生土処理の数量とする。

　(2) 土の仮置ができない場合
　　根切りおよびすきとりの全量を建設発生土処理の数量とする。

　(3) 根切土（すきとり土を含む）を埋戻しおよび盛土に使用する場合
　　根切りおよびすきとりの数量から埋戻しおよび盛土の数量を減じた数量を建設発生土処理の数量とする。

2-4　単価の算出

　根切りでは，根切量によって機械施工か，人力施工かを選択する。機械施工の場合，土工量，根切深さに最も適した土工用機械を選定して組み合わせ，深さを考慮し，1m³当たりの単価を算出する。図2-5は土工の作業フローを表したものである。

図2-5 土工の作業フロー

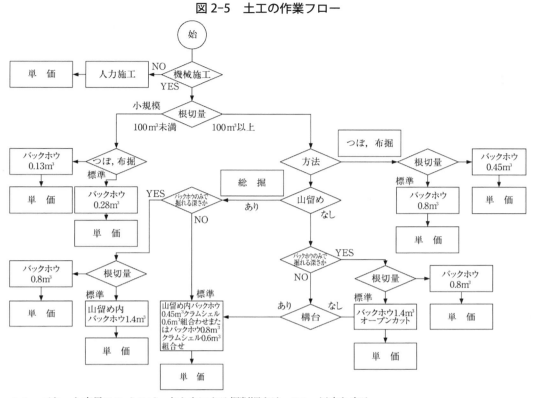

*1 バケット容量 0.8m³ のバックホウによる掘削深さは，5.0m 以内とする。
*2 構台なしとは，乗入スロープが設置できる場合とする。

❶ 機 械 運 転

　土工機械運転の適用は，表2-1を標準とする。ただし，現場状況等によりその使用が困難な場合は別途考慮する。

表 2-1　機械運転

土 工 名 称	土 工 区 分	適 用 機 械	摘　要
根 切 り	つぼ掘，布掘	バックホウ 0.8 m³	
	総掘，山留め付き　自立式	〃　1.4　〃	バックホウ積込み
	〃　　　　　切梁・腹起し方式	〃　1.4　〃	〃
	〃　　　　　〃	〃　0.45 〃	クラムシェル積込み
	〃　　　　　グランドアンカー方式	〃　1.4　〃	バックホウ積込み
	〃　　　　　〃	〃　0.8　〃	クラムシェル積込み
	総掘，法付き	〃　1.4　〃	
	小規模土工	〃　0.28 〃	
す き と り		ブルドーザ 3t 級	
埋 戻 し	つぼ掘，布掘	バックホウ 0.8 m³	
	総掘，山留め付き	〃　0.8　〃	
	総掘，法付き	〃　0.8　〃	
	小規模土工	〃　0.28 〃	
盛　　　土		バックホウ 0.8m³ 級	
敷 均 し		ブルドーザ 3t 級	
締 固 め		振動ローラ 2.4～2.8t	
積 込 み	一般	バックホウ 0.8 m³	
	小規模土工	〃　0.28 〃	
建設発生土運搬	一般	ダンプトラック 10t 積級	
	小規模土工	〃　　4　〃	
	人力土工	〃　　2　〃	

（注）1．小規模土工は，1か所当たりの掘削土量が100m³程度までとする。
　　　2．掘削および積込みはバックホウを標準とするが，バックホウで直接積み込めない場合は，クラムシェルを使用する。
　　　3．バックホウの標準バケット容量は山積容量を示し，クラムシェルの標準バケット容量は平積容量を示す。

表 2-2 土工機械運転

名　　称	規　　　格		労務 (人)	燃料 (ℓ)	機械損料 (供用日)	摘　要
バックホウ	排出ガス対策型 油圧式クローラ型	0.13m³	1.0	27.4	1.78	
	〃	0.28 〃	1.0	45.1	1.64	
	〃	0.45 〃	1.0	69.0	1.64	
	〃	0.8　〃	1.0	113.0	1.64	
	〃	1.4　〃	1.0	182.0	1.64	
クラムシェル	油圧ロープ式クローラ型	0.6m³	1.0	80.1	1.50	
ブルドーザ	排出ガス対策型　普通	3 t級	1.0	25.5	1.75	
	〃	15 〃	1.0	90.0	1.75	
タイヤローラ	排出ガス対策型	8〜20t	1.0	38.6	1.86	
振動ローラ	ハンドガイド式	0.8〜1.1t	1.0	4.9	1.38	
	排出ガス対策型 搭乗式・タンデム型	2.4〜2.8 〃	1.0	12.4	1.57	
タ ン パ		60〜80kg	1.0	5.0 （ガソリン）	1.38	

（注）バックホウ，クラムシェル，ブルドーザ，タイヤローラの労務は運転手（特殊），振動ローラ，タンパの労務は特殊作業員とする。

表 2-3 ダンプトラック運転

名　　称	規　　　格	運転労務 (人)	燃料 (ℓ)	機械損料 (供用日)
ダンプトラック	2t積級	1.0	26.1	1.29
	4 〃	1.0	40.3	1.29
	10 〃	1.0	71.2	1.29

（注）ダンプトラックの運転労務は，運転手（一般）とする。

表 2-4 バックホウ運転経費

（1日当たり）

名　　称	規　　格	単　位	数　量	摘　　要
運転手（特殊）		人	1.0	
燃　　料	軽油	ℓ		
バックホウ損料	排出ガス対策型 油圧式クローラ型	供用日		
そ　の　他			一式	

表 2-5 クラムシェル運転経費

（1日当たり）

名　　称	規　　格	単　位	数　量	摘　　要
運転手（特殊）		人	1.0	
燃　　料	軽油	ℓ		
クラムシェル損料	油圧ロープ式クローラ型	供用日		
そ　の　他			一式	

表 2-6　ブルドーザ運転経費　　　　　　　　　　　　　　　　　　　　　　（1 日当たり）

名　称	規　格	単　位	数　量	摘　要
運転手（特殊）		人	1.0	
燃　料	軽油	ℓ		
ブルドーザ損料	排出ガス対策型	供用日		
そ の 他			一式	

表 2-7　タイヤローラ運転経費　　　　　　　　　　　　　　　　　　　　　（1 日当たり）

名　称	規　格	単　位	数　量	摘　要
運転手（特殊）		人	1.0	
燃　料	軽油	ℓ		
タイヤローラ損料	排出ガス対策型	供用日		
そ の 他			一式	

表 2-8　振動ローラ運転経費　　　　　　　　　　　　　　　　　　　　　　（1 日当たり）

名　称	規　格	単　位	数　量	摘　要
特殊作業員		人	1.0	
燃　料	軽油	ℓ		
振動ローラ損料		供用日		搭乗式・タンデム型は排出ガス対策型
そ の 他			一式	

表 2-9　タンパ運転経費　　　　　　　　　　　　　　　　　　　　　　　　（1 日当たり）

名　称	規　格	単　位	数　量	摘　要
特殊作業員		人	1.0	
燃　料	ガソリン	ℓ		
タンパ損料	60〜80kg	供用日		
そ の 他			一式	

表 2-10　ダンプトラック運転経費　　　　　　　　　　　　　　　　　　　（1 日当たり）

名　称	規　格	単　位	数　量	摘　要
ダンプトラック損料		供用日		
運転手（一般）		人	1.0	
燃　料	軽油	ℓ		
タイヤ損耗費		供用日		
そ の 他			一式	

❷　根切り

機種の選定

根切りに用いる機械は，表 2-1 を標準とする。

バックホウの最大掘削深さは，次表を標準とする。

表 2-11 バックホウ最大掘削深さ

名　　称	規　　格	最大掘削深さ（m）	摘　　要
バックホウ	0.13m³	2	
〃	0.28 〃	3	
〃	0.45 〃	4	
〃	0.8 　〃	5	
〃	1.4 　〃	6	

表 2-12 根切り

（1m³ 当たり）■は市場単価

名　　称		普通作業員（人）	バックホウ（日）					クラムシェル（日）	その他
			0.13m³	0.28m³	0.45m³	0.8m³	1.4m³	0.6m³	
小規模土工	深さ 2m 以内	0.03	0.05						一式
〃	深さ 3m 以内	0.03		0.025					〃
つぼ掘，布掘	深さ 4m 以内	0.015			0.017				〃
〃	深さ 5m 以内	0.015				0.01			〃
総掘，法付き						0.0063			
〃							0.0039		
総掘，山留め付き	自立式	0.003				0.0063			一式
〃	〃	0.003					0.0039		〃
〃	切梁腹起こし方式	0.009				0.0071			〃
〃	〃	0.009					0.0044		〃
〃	〃	0.009			0.013			0.0063	〃
〃	グランドアンカー方式	0.007				0.0063			〃
〃	〃	0.007					0.0039		〃
〃	〃	0.007			0.011			0.0056	〃
〃	〃	0.007				0.0063		0.0067	〃

（注）
1. 適用土質は，土砂（レキ質土，砂，砂質土，粘性土）とする。
2. 根切りには掘削，根切り付近に堆積または運搬機械への積込みまでの作業を含む。
3. 床付けは含まない。ただし，小規模土工による根切りには床付けが含まれている。
4. 杭間ざらいは杭 1 本当たり普通作業員を 0.08 人加算する。なお，杭間ざらいは，既製コンクリート杭の場合に適用し，場所打ちコンクリート杭の場合を除く。
5. クラムシェル 1 台に対しバックホウ 2 台（グランドアンカー方式のバックホウ 0.8m³ は 1 台）の編成とする。
6. 市場単価のつぼ掘，布掘は深 2.5m 程度。

❸ すきとり

機種の選定

すきとり機械は，ブルドーザ（3t 級）を標準とする。

表 2-13 すきとり

（1m³ 当たり）■は市場単価

名　　称	規　　格	機械損料（日）	その他	摘　　要
すきとり	ブルドーザ3t級	0.017	―	
	〃　　15 〃	0.0029		

（注）
1. 積込費は別途計上する。
2. 市場単価は H＝300mm 程度。

❹ 床　付　け

表 2-14　床付け　　　　　　　　　　　　　　　　　　　　　　　　　（1m² 当たり）　■は市場単価

名　　称	規　　格	普通作業員（人）	その他	摘　　要
床　付　け		0.02	一式	

(注)　1．小規模土工および人力土工には適用しない。
　　　2．根切底の地業の面積数量で計上する。

❺ 埋戻し，盛土
機種の選定
　埋戻し，盛土に用いる機械は，小規模土工ではバックホウ（0.13m³，0.28m³）とタンパを，その他はバックホウ（0.45m³，0.8m³）と振動ローラ（0.8～1.1t）およびタンパの組み合わせを標準とする。

表 2-15　埋戻し，盛土　　　　　　　　　　　　　　　　　　　　　　（1m³ 当たり）　■は市場単価

名　称	規　格	普通作業員（人）	バックホウ（日）				振動ローラ（日）	タンパ（m³）	その他
			0.13m³	0.28m³	0.45m³	0.8m³	0.8～1.1t	60～80kg	
埋戻し 小規模土工		0.04	0.033					1.0	一式
〃		0.04		0.02				1.0	〃
〃　つぼ掘・布掘部		0.016			0.011		0.016	0.1	〃
〃		0.016				0.0067	0.016	0.1	〃
〃　総掘 法付き部		0.016				0.0067	0.016	0.1	〃
〃　山留め付き部		0.016				0.0067	0.016	0.1	〃
盛土 建物内部・建物周囲		0.016			0.011		0.016	0.1	〃
〃		0.016				0.0067	0.016	0.1	〃

(注)　1．市場単価は，発生土とし，各根切りに共通の単価として適用する。
　　　2．埋戻しおよび盛土等に購入土を使用する場合は，該当する単価に購入土の材料費を加える。また，購入土の所要量は 20% を標準として割増しを見込む。

❻ 締　固　め
機種の選定
　締固めに用いる機械は，振動ローラ（2.4～2.8t）を標準とする。

表 2-16　締固め　　　　　　　　　　　　　　　　　　　　　　　　　　　　　　　　（1m³ 当たり）

名　　称	規　　格	普通作業員（人）	機械損料（日）	その他	摘　要
締　固　め	タイヤローラ　8～20t		0.0027		
	振動ローラ　2.4～2.8t		0.013		
	タンパ　60～80kg	0.03	0.031	一式	

❼ 積込み

機種の選定

積込みに用いる機械は，小規模土工ではバックホウ 0.13m³ および 0.28m³，その他はバックホウ 0.8m³ を標準とする。

表 2-17 積込み　　　　　　　　　　　　　　　　　　　　　　　　　　　　（1m³ 当たり）

名　称	規　格	機械損料（日）	摘　要
積込み	バックホウ 0.13m³	0.025	小規模土工
〃	〃　　0.28 〃	0.013	〃
〃	〃　　0.45 〃	0.0071	
〃	〃　　0.8 〃	0.0044	

（注）　積込みは，仮置き場に堆積した土をダンプトラックに積み込む場合に適用する。

❽ 建設発生土処理（不用土処理）

機種の選定，構内敷均しの場合

構内敷均しに用いる機械は，ブルドーザ 3t 級を標準とする。

表 2-18 敷均し　　　　　　　　　　　　　　　　　　　　　　　　　　　　（1m³ 当たり）

名　称	規　格	普通作業員（人）	機械損料（日）	その他	摘要
敷均し，構内	ブルドーザ 3t 級	0.003	0.0077	一式	
	〃　　15 〃	0.003	0.0035	〃	

（注）　締固めが必要な場合は，別途加算する。

❾ 建設発生土運搬

（1）構外処理

機械積込みの場合

構外処理において機械積込みの場合は，ショベル系掘削機で積み込み，運搬に用いる機械は，ダンプトラック（10t 積級）を標準とする。

表 2-19 ダンプトラック積載量 (q)　　　　　　　　　　　　　　　　　　（1 台当たり）

名　称	単位	2t 積級	4t 積級	6t 積級	8t 積級	10t 積級	摘　要
積載量	m³	1.1	2.2	3.3	4.4	5.2	土砂　1.8t/m³
	〃	0.9	1.8	2.7	3.6	4.5	コンクリート塊 2.2t/m³

（注）　摘要欄の土砂は，地山単位体積質量を示す。

表 2-20　建設発生土運搬（1）　　　　　　　　　　　　　　　　　　　　　（1m³ 当たり）

名　称	規　格			単位	運　搬　日　数
					ダンプトラック 10t 積級
ダンプトラック運搬	積込み　バックホウ 排出ガス対策型 油圧式クローラ型 0.45m³ DID 区間あり	運搬距離 〃 〃 〃 〃 〃 〃 〃 〃 〃 〃 〃	0.5km 以下 1.0km 以下 1.5km 以下 2.0km 以下 3.0km 以下 4.0km 以下 5.5km 以下 7.0km 以下 9.0km 以下 12.0km 以下 17.5km 以下 28.5km 以下 60.0km 以下	日 〃 〃 〃 〃 〃 〃 〃 〃 〃 〃 〃 〃	0.011 0.012 0.014 0.016 0.018 0.021 0.024 0.027 0.031 0.038 0.047 0.063 0.094
	積込み　バックホウ 排出ガス対策型 油圧式クローラ型 0.45m³ DID 区間なし	運搬距離 〃 〃 〃 〃 〃 〃 〃 〃 〃 〃 〃	0.5km 以下 1.0km 以下 2.0km 以下 2.5km 以下 3.5km 以下 4.5km 以下 6.0km 以下 7.5km 以下 10.0km 以下 13.5km 以下 19.5km 以下 39.0km 以下 60.0km 以下	日 〃 〃 〃 〃 〃 〃 〃 〃 〃 〃 〃 〃	0.011 0.012 0.014 0.016 0.018 0.021 0.024 0.027 0.031 0.038 0.047 0.063 0.094
	積込み　バックホウ 排出ガス対策型 油圧式クローラ型 0.8m³ DID 区間あり	運搬距離 〃 〃 〃 〃 〃 〃 〃 〃 〃 〃 〃 〃	0.3km 以下 0.5km 以下 1.0km 以下 1.5km 以下 2.0km 以下 3.0km 以下 3.5km 以下 5.0km 以下 6.0km 以下 7.0km 以下 8.5km 以下 11.0km 以下 14.0km 以下 19.5km 以下 31.5km 以下 60.0km 以下	日 〃 〃 〃 〃 〃 〃 〃 〃 〃 〃 〃 〃 〃 〃 〃	0.0065 0.0075 0.0085 0.0095 0.011 0.013 0.015 0.018 0.021 0.024 0.027 0.031 0.038 0.047 0.063 0.094

2 土 工

名　　称	規　　格			単位	運　搬　日　数
					ダンプトラック 10t 積級
ダンプトラック運搬	積込み　バックホウ 排出ガス対策型 油圧式クローラ型 0.8m³ DID 区間なし	運搬距離	0.3km 以下	日	0.0065
		〃	0.5km 以下	〃	0.0075
		〃	1.0km 以下	〃	0.0085
		〃	1.5km 以下	〃	0.0095
		〃	2.0km 以下	〃	0.011
		〃	3.0km 以下	〃	0.013
		〃	4.0km 以下	〃	0.015
		〃	5.5km 以下	〃	0.018
		〃	6.5km 以下	〃	0.021
		〃	7.5km 以下	〃	0.024
		〃	9.5km 以下	〃	0.027
		〃	11.5km 以下	〃	0.031
		〃	15.5km 以下	〃	0.038
		〃	22.5km 以下	〃	0.047
		〃	49.5km 以下	〃	0.063
		〃	60.0km 以下	〃	0.094
	積込み　バックホウ 排出ガス対策型 油圧式クローラ型 1.4m³ DID 区間あり	運搬距離	0.3km 以下	日	0.005
		〃	0.5km 以下	〃	0.006
		〃	1.0km 以下	〃	0.007
		〃	1.5km 以下	〃	0.008
		〃	2.0km 以下	〃	0.009
		〃	2.5km 以下	〃	0.01
		〃	3.0km 以下	〃	0.012
		〃	3.5km 以下	〃	0.013
		〃	4.5km 以下	〃	0.015
		〃	5.5km 以下	〃	0.018
		〃	6.5km 以下	〃	0.021
		〃	8.0km 以下	〃	0.024
		〃	9.5km 以下	〃	0.027
		〃	11.5km 以下	〃	0.031
		〃	15.0km 以下	〃	0.038
		〃	20.5km 以下	〃	0.047
		〃	33.0km 以下	〃	0.063
		〃	60.0km 以下	〃	0.094
	積込み　バックホウ 排出ガス対策型 油圧式クローラ型 1.4m³ DID 区間なし	運搬距離	0.3km 以下	日	0.005
		〃	0.5km 以下	〃	0.006
		〃	1.0km 以下	〃	0.007
		〃	1.5km 以下	〃	0.008
		〃	2.0km 以下	〃	0.009
		〃	2.5km 以下	〃	0.01
		〃	3.0km 以下	〃	0.012
		〃	3.5km 以下	〃	0.013
		〃	4.5km 以下	〃	0.015

名　称	規　格			単位	運　搬　日　数
					ダンプトラック 10t 積級
ダンプトラック運搬	積込み　バックホウ	運搬距離	6.0km 以下	日	0.018
	排出ガス対策型	〃	7.0km 以下	〃	0.021
	油圧式クローラ型	〃	8.5km 以下	〃	0.024
	1.4m³	〃	10.0km 以下	〃	0.027
	DID 区間なし	〃	12.5km 以下	〃	0.031
		〃	16.5km 以下	〃	0.038
		〃	23.5km 以下	〃	0.047
		〃	51.5km 以下	〃	0.063
		〃	60.0km 以下	〃	0.094
	積込み　クラムシェル	運搬距離	0.5km 以下	日	0.012
	油圧ロープ式	〃	1.0km 以下	〃	0.013
	クローラ型	〃	2.0km 以下	〃	0.015
	0.6m³（平積）	〃	3.5km 以下	〃	0.018
	DID 区間あり	〃	4.0km 以下	〃	0.021
		〃	5.0km 以下	〃	0.024
		〃	6.5km 以下	〃	0.027
		〃	8.5km 以下	〃	0.031
		〃	12.0km 以下	〃	0.038
		〃	17.0km 以下	〃	0.047
		〃	28.0km 以下	〃	0.063
		〃	60.0km 以下	〃	0.094
	積込み　クラムシェル	運搬距離	0.5km 以下	日	0.012
	油圧ロープ式	〃	1.0km 以下	〃	0.013
	クローラ型	〃	2.0km 以下	〃	0.015
	0.6m³	〃	3.5km 以下	〃	0.018
	DID 区間なし	〃	4.5km 以下	〃	0.021
		〃	5.5km 以下	〃	0.024
		〃	7.0km 以下	〃	0.027
		〃	9.5km 以下	〃	0.031
		〃	13.0km 以下	〃	0.038
		〃	19.5km 以下	〃	0.047
		〃	37.5km 以下	〃	0.063
		〃	60.0km 以下	〃	0.094

（注）1. 運搬距離は片道距離を表す。往路と復路が異なるときは平均値とする。60km を超える場合は別途積上げとする。
　　　2. 自動車専用道路を利用する場合は別途考慮する。
　　　3. DID（人口集中地区）は，総務省統計局の国勢調査報告資料添付の人口集中地区境界図によるものとする。
　　　4. バックホウの標準バケット容量は山積容量を示し，クラムシェルの標準バケット容量は平積容量を示す。

(2) 構外処理（小規模土工，人力土工）
① 機械積込みの場合
　構外処理（小規模土工）において機械積込みの場合は，ショベル系掘削機で積み込み，運搬に用いる機械は，ダンプトラック（4t 積級）を標準とする。

表 2-21 建設発生土運搬 (2)

(1m³ 当たり)

名称	規格			単位	運搬日数 ダンプトラック	
					4t 積級	2t 積級
ダンプトラック運搬	積込み バックホウ 排出ガス対策型 油圧式クローラ型 0.28m³ DID 区間あり	運搬距離 〃 〃 〃 〃 〃 〃 〃 〃 〃 〃 〃 〃	0.2km 以下 1.0km 以下 1.5km 以下 2.0km 以下 3.0km 以下 3.5km 以下 4.5km 以下 5.5km 以下 7.0km 以下 9.0km 以下 12.0km 以下 17.0km 以下 27.0km 以下 60.0km 以下	日 〃 〃 〃 〃 〃 〃 〃 〃 〃 〃 〃 〃 〃	0.02 0.025 0.03 0.035 0.04 0.045 0.05 0.055 0.06 0.08 0.09 0.11 0.15 0.23	
	積込み バックホウ 排出ガス対策型 油圧式クローラ型 0.28m³ DID 区間なし	運搬距離 〃 〃 〃 〃 〃 〃 〃 〃 〃 〃 〃 〃	0.2km 以下 1.0km 以下 1.5km 以下 2.5km 以下 3.5km 以下 4.0km 以下 5.0km 以下 6.0km 以下 7.5km 以下 10.0km 以下 13.0km 以下 19.0km 以下 35.0km 以下 60.0km 以下	日 〃 〃 〃 〃 〃 〃 〃 〃 〃 〃 〃 〃 〃	0.02 0.025 0.03 0.035 0.04 0.045 0.05 0.055 0.06 0.08 0.09 0.11 0.15 0.23	
	積込み バックホウ 排出ガス対策型 油圧式クローラ型 0.13m³ DID 区間あり	運搬距離 〃 〃 〃 〃 〃 〃 〃 〃 〃 〃 〃 〃 〃	0.3km 以下 1.0km 以下 1.5km 以下 2.5km 以下 3.0km 以下 3.5km 以下 4.5km 以下 5.0km 以下 6.5km 以下 8.0km 以下 11.0km 以下 15.0km 以下 24.0km 以下 60.0km 以下	日 〃 〃 〃 〃 〃 〃 〃 〃 〃 〃 〃 〃 〃		0.045 0.05 0.06 0.07 0.08 0.09 0.1 0.11 0.13 0.15 0.18 0.23 0.3 0.45

名称	規格			単位	運搬日数 ダンプトラック	
					4t 積級	2t 積級
ダンプトラック運搬	積込み バックホウ 排出ガス対策型 油圧式クローラ型 0.13m³ DID 区間なし	運搬距離 〃 〃 〃 〃 〃 〃 〃 〃 〃 〃 〃 〃 〃	0.3km 以下 1.0km 以下 1.5km 以下 2.5km 以下 3.0km 以下 3.5km 以下 4.5km 以下 5.5km 以下 7.0km 以下 9.0km 以下 12.0km 以下 17.0km 以下 28.5km 以下 60.0km 以下	日 〃 〃 〃 〃 〃 〃 〃 〃 〃 〃 〃 〃 〃		0.045 0.05 0.06 0.07 0.08 0.09 0.1 0.11 0.13 0.15 0.18 0.23 0.3 0.45

(注) 1. 運搬距離は片道距離を表す。往路と復路が異なるときは平均値とする。60kmを超える場合は，別途積上げとする。
2. 自動車専用道路を利用する場合は別途考慮する。
3. DID（人口集中地区）は，総務省統計局の国勢調査報告資料添付の人口集中地区境界図によるものとする。
4. バックホウの標準バケット容量は山積容量を示す。

② 人力積込みの場合

構外処理において人力積込みの場合，運搬に用いる場合は，ダンプトラック（2t積級）を標準とする。

表 2-22　建設発生土運搬（人力積込み）　　　　　　　　　　　　　　　　　（1m³ 当たり）

名　　称	規　　　　格			単位	運　搬　日　数
					ダンプトラック 2t 積級
ダンプトラック運搬	DID 区間あり	運搬距離	0.3km 以下	日	0.05
		〃	0.5km 以下	〃	0.055
		〃	1.0km 以下	〃	0.06
		〃	1.5km 以下	〃	0.07
		〃	2.0km 以下	〃	0.08
		〃	2.5km 以下	〃	0.09
		〃	3.5km 以下	〃	0.1
		〃	4.5km 以下	〃	0.11
		〃	6.0km 以下	〃	0.13
		〃	8.0km 以下	〃	0.15
		〃	10.5km 以下	〃	0.18
		〃	14.5km 以下	〃	0.23
		〃	23.0km 以下	〃	0.3
		〃	60.0km 以下	〃	0.45
	DID 区間なし	運搬距離	0.3km 以下	日	0.05
		〃	0.5km 以下	〃	0.055
		〃	1.5km 以下	〃	0.06
		〃	2.0km 以下	〃	0.07
		〃	2.5km 以下	〃	0.08
		〃	3.0km 以下	〃	0.09
		〃	4.0km 以下	〃	0.1
		〃	5.0km 以下	〃	0.11
		〃	6.5km 以下	〃	0.13
		〃	8.5km 以下	〃	0.15
		〃	11.0km 以下	〃	0.18
		〃	16.0km 以下	〃	0.23
		〃	27.5km 以下	〃	0.3
		〃	60.0km 以下	〃	0.45

（注）　1．運搬距離は片道距離を表す。往路と復路が異なるときは平均値とする。60kmを超える場合は，別途積上げとする。
　　　2．自動車専用道路を利用する場合は別途考慮する。
　　　3．DID（人口集中地区）は，総務省統計局の国勢調査報告資料添付の人口集中地区境界図によるものとする。

❿　人　力　土　工

人力土工は，機械施工が不可能な場合，または小規模工事（土量 10m³ 程度）で機械施工の方が割高になる場合に適用する。

表 2-23　人力土工　　　　　　　　　　　　　　　　　　　　　　　　　　　　（1m³ 当たり）

名　　称	規　　格	普通作業員（人）	その他	摘　要
根切り		0.39	一式	
埋戻し		0.23	〃	
盛土		0.23	〃	
積込み		0.13	〃	

（注）1. 根切りは，根切り付近に堆積またはベルトコンベア等の運搬機械への積込みまでを含む。
　　　2. 根切り土を運搬機械により仮置きする場合は，仮置き場所までの運搬費を別途計上する。
　　　3. 埋戻しに締固めが必要な場合は，タンパによる締固めを別途計上する。
　　　4. その他にはベルトコンベア等の損料も含む。
　　　5. 埋戻し，盛土に他現場の建設発生土を使用する場合は，実状に応じて運搬費等を別途計上する。

2-5　土工算出例

〔算出例 2-1〕　根切り（1）

小規模土工　深さ 2m 以内　　　　　　　　　　　　　　　　　1m³ 当たり　　2,720 円

名　称	規　格	単位	数量	単価	金額	単価根拠	備　考
普通作業員		人	0.03	19,800.00	594.00		表 2-12 より
バックホウ損料	排出ガス対策型 油圧式クローラ型 0.13m³	日	0.05	40,170.95	2,008.55		表 2-12，〔算出例 2-16〕より
その他		一式			118.80	594.00×0.2	（労）×20%
計					2,721.35		

〔算出例 2-2〕　根切り（2）

小規模土工　深さ 3m 以内　　　　　　　　　　　　　　　　　1m³ 当たり　　1,800 円

名　称	規　格	単位	数量	単価	金額	単価根拠	備　考
普通作業員		人	0.03	19,800.00	594.00		表 2-12 より
バックホウ損料	排出ガス対策型 油圧式クローラ型 0.28m³	日	0.025	43,505.55	1,087.64		表 2-12，〔算出例 2-17〕より
その他		一式			118.80	594.00×0.2	（労）×20%
計					1,800.44		

〔算出例 2-3〕　根切り（3）　　　　　　　　　　　　　　　　　　　　　　■は市場単価

つぼ掘，布掘　深さ 4m 以内　　　　　　　　　　　　　　　　1m³ 当たり　　1,210 円

名　称	規　格	単位	数量	単価	金額	単価根拠	備　考
普通作業員		人	0.015	19,800.00	297.00		表 2-12 より
バックホウ損料	排出ガス対策型 油圧式クローラ型 0.45m³	日	0.017	50,094.12	851.60		表 2-12，〔算出例 2-18〕より
その他		一式			59.40	297.00×0.2	（労）×20%
計					1,208.00		

2 土工

〔算出例 2-4〕 根切り（4）

■は市場単価

つぼ掘, 布掘　深さ 5m 以内						1m³ 当たり		1,020 円
名　　称	規　　格	単位	数量	単価	金額	単価根拠	備　考	
普通作業員		人	0.015	19,800.00	297.00		表2-12より	
バックホウ損料	排出ガス対策型 油圧式クローラ型 0.8m³	日	0.01	66,307.24	663.07		表2-12,〔算出例2-19〕より	
そ の 他		一式			59.40	297.00×0.2	（労）×20%	
計					1,019.47			

〔算出例 2-5〕 根切り（5）

■は市場単価

総掘, 法付き						1m³ 当たり		420 円
名　　称	規　　格	単位	数量	単価	金額	単価根拠	備　考	
バックホウ損料	排出ガス対策型 油圧式クローラ型 0.8m³	日	0.0063	66,307.24	417.74		表2-12,〔算出例2-19〕より	
計					417.74			

〔算出例 2-6〕 根切り（6）

■は市場単価

総掘, 法付き						1m³ 当たり		340 円
名　　称	規　　格	単位	数量	単価	金額	単価根拠	備　考	
バックホウ損料	排出ガス対策型 油圧式クローラ型 1.4m³	日	0.0039	88,001.36	343.21		表2-12,〔算出例2-20〕より	
計					343.21			

〔算出例 2-7〕 根切り（7）

■は市場単価

総掘, 山留め付き　自立式						1m³ 当たり		490 円
名　　称	規　　格	単位	数量	単価	金額	単価根拠	備　考	
普通作業員		人	0.003	19,800.00	59.40		表2-12より	
バックホウ損料	排出ガス対策型 油圧式クローラ型 0.8m³	日	0.0063	66,307.24	417.74		表2-12,〔算出例2-19〕より	
そ の 他		一式			11.88	59.40×0.2	（労）×20%	
計					489.02			

〔算出例 2-8〕 根切り（8）　　　　　　　　　　　　　　　　　　　　■は市場単価

総掘，山留め付き　自立式						1m³ 当たり		410 円
名　称	規　格	単位	数量	単　価	金　額	単価根拠	備　考	
普通作業員		人	0.003	19,800.00	59.40		表 2-12 より	
バックホウ損料	排出ガス対策型 油圧式クローラ型 1.4m³	日	0.0039	88,001.36	343.21		表 2-12，〔算出例 2-20〕より	
そ の 他		一式			11.88	59.40×0.2	（労）×20%	
計					414.49			

〔算出例 2-9〕 根切り（9）

総掘，山留め付き　切梁腹起こし方式						1m³ 当たり		680 円
名　称	規　格	単位	数量	単　価	金　額	単価根拠	備　考	
普通作業員		人	0.009	19,800.00	178.20		表 2-12 より	
バックホウ損料	排出ガス対策型 油圧式クローラ型 0.8m³	日	0.0071	66,307.24	470.78		表 2-12，〔算出例 2-19〕より	
そ の 他		一式			35.64	178.20×0.2	（労）×20%	
計					684.62			

〔算出例 2-10〕 根切り（10）

総掘，山留め付き　切梁腹起こし方式						1m³ 当たり		600 円
名　称	規　格	単位	数量	単　価	金　額	単価根拠	備　考	
普通作業員		人	0.009	19,800.00	178.20		表 2-12 より	
バックホウ損料	排出ガス対策型 油圧式クローラ型 1.4m³	日	0.0044	88,001.36	387.21		表 2-12，〔算出例 2-20〕より	
そ の 他		一式			35.64	178.20×0.2	（労）×20%	
計					601.05			

〔算出例 2-11〕 根切り（11）

総掘，山留め付き　切梁腹起こし方式						1m³ 当たり		1,360 円
名　称	規　格	単位	数量	単　価	金　額	単価根拠	備　考	
普通作業員		人	0.009	19,800.00	178.20		表 2-12 より	
バックホウ損料	排出ガス対策型 油圧式クローラ型 0.45m³	日	0.013	50,094.12	651.22		表 2-12，〔算出例 2-18〕より	
クラムシェル損料	油圧ロープ式 0.6m³	〃	0.0063	78,136.55	492.26		表 2-12，〔算出例 2-21〕より	
そ の 他		一式			35.64	178.20×0.2	（労）×20%	
計					1,357.32			

〔算出例 2-12〕 根切り（12）

総掘，山留め付き　グランドアンカー方式							1m³ 当たり		580 円
名　　称	規　　格	単位	数量	単　価	金　額	単価根拠	備　考	
普通作業員		人	0.007	19,800.00	138.60		表 2-12 より	
バックホウ損料	排出ガス対策型 油圧式クローラ型 0.8m³	日	0.0063	66,307.24	417.74		表 2-12，〔算出例 2-19〕より	
そ　の　他		一式			27.72	138.60×0.2	（労）×20%	
計					584.06			

〔算出例 2-13〕 根切り（13）

総掘，山留め付き　グランドアンカー方式							1m³ 当たり		510 円
名　　称	規　　格	単位	数量	単　価	金　額	単価根拠	備　考	
普通作業員		人	0.007	19,800.00	138.60		表 2-12 より	
バックホウ損料	排出ガス対策型 油圧式クローラ型 1.4m³	日	0.0039	88,001.36	343.21		表 2-12，〔算出例 2-20〕より	
そ　の　他		一式			27.72	138.60×0.2	（労）×20%	
計					509.53			

〔算出例 2-14〕 根切り（14）

総掘，山留め付き　グランドアンカー方式							1m³ 当たり		1,150 円
名　　称	規　　格	単位	数量	単　価	金　額	単価根拠	備　考	
普通作業員		人	0.007	19,800.00	138.60		表 2-12 より	
バックホウ損料	排出ガス対策型 油圧式クローラ型 0.45m³	日	0.011	50,094.12	551.04		表 2-12，〔算出例 2-18〕より	
クラムシェル損料	油圧ロープ式 0.6m³	〃	0.0056	78,136.55	437.56		表 2-12，〔算出例 2-21〕より	
そ　の　他		一式			27.72	138.60×0.2	（労）×20%	
計					1,154.92			

〔算出例 2-15〕 根切り（15）

総掘，山留め付き　グランドアンカー方式							1m³ 当たり		1,110 円
名　　称	規　　格	単位	数量	単　価	金　額	単価根拠	備　考	
普通作業員		人	0.007	19,800.00	138.60		表 2-12 より	
バックホウ損料	排出ガス対策型 油圧式クローラ型 0.8m³	日	0.0063	66,307.24	417.74		表 2-12，〔算出例 2-19〕より	
クラムシェル損料	油圧ロープ式 0.6m³	〃	0.0067	78,136.55	523.51		表 2-12，〔算出例 2-21〕より	
そ　の　他		一式			27.72	138.60×0.2	（労）×20%	
計					1,107.57			

〔算出例 2-16〕 バックホウの運転経費 (1)

排出ガス対策型　油圧式クローラ型 0.13m³						1日当たり	40,200 円
名　称	規　格	単位	数量	単価	金額	単価根拠	備　考
運転手（特殊）		人	1.0	22,300.00	22,300.00		表2-2より
燃　料	軽油	ℓ	27.4	67.90	1,860.46		〃
バックホウ損料	排出ガス対策型 油圧式クローラ型 0.13m³	供用日	1.78	6,280.00	11,178.40		〃
そ　の　他		一式			4,832.09	24,160.46×0.2	（労＋雑）×20%
計					40,170.95		

〔算出例 2-17〕 バックホウの運転経費 (2)

排出ガス対策型　油圧式クローラ型 0.28m³						1日当たり	43,500 円
名　称	規　格	単位	数量	単価	金額	単価根拠	備　考
運転手（特殊）		人	1.0	22,300.00	22,300.00		表2-2より
燃　料	軽油	ℓ	45.1	67.90	3,062.29		〃
バックホウ損料	排出ガス対策型 油圧式クローラ型 0.28m³	供用日	1.64	7,970.00	13,070.80		〃
そ　の　他		一式			5,072.46	25,362.29×0.2	（労＋雑）×20%
計					43,505.55		

〔算出例 2-18〕 バックホウの運転経費 (3)

排出ガス対策型　油圧式クローラ型 0.45m³						1日当たり	50,100 円
名　称	規　格	単位	数量	単価	金額	単価根拠	備　考
運転手（特殊）		人	1.0	22,300.00	22,300.00		表2-2より
燃　料	軽油	ℓ	69.0	67.90	4,685.10		〃
バックホウ損料	排出ガス対策型 油圧式クローラ型 0.45m³	供用日	1.64	10,800.00	17,712.00		〃
そ　の　他		一式			5,397.02	26,985.10×0.2	（労＋雑）×20%
計					50,094.12		

〔算出例 2-19〕 バックホウの運転経費 (4)

排出ガス対策型　油圧式クローラ型 0.8m³						1日当たり	66,300 円
名　称	規　格	単位	数量	単価	金額	単価根拠	備　考
運転手（特殊）		人	1.0	22,300.00	22,300.00		表2-2より
燃　料	軽油	ℓ	113.0	67.90	7,672.70		〃
バックホウ損料	排出ガス対策型 油圧式クローラ型 0.8m³	供用日	1.64	18,500.00	30,340.00		〃
そ　の　他		一式			5,994.54	29,972.70×0.2	（労＋雑）×20%
計					66,307.24		

2 土 工

〔算出例 2-20〕 バックホウの運転経費 (5)

排出ガス対策型　油圧式クローラ型 1.4m³					1日当たり		88,000 円
名　　称	規　　格	単位	数量	単　価	金　額	単価根拠	備　考
運転手（特殊）		人	1.0	22,300.00	22,300.00		表 2-2 より
燃　　料	軽油	ℓ	182.0	67.90	12,357.80		〃
バックホウ損料	排出ガス対策型 油圧式クローラ型 1.4m³	供用日	1.64	28,300.00	46,412.00		〃
そ の 他		一式			6,931.56	34,657.80×0.2	（労＋雑）×20%
計					88,001.36		

〔算出例 2-21〕 クラムシェルの運転経費

油圧ロープ式クローラ型 0.6m³					1日当たり		78,100 円
名　　称	規　　格	単位	数量	単　価	金　額	単価根拠	備　考
運転手（特殊）		人	1.0	22,300.00	22,300.00		表 2-2 より
燃　　料	軽油	ℓ	80.1	67.90	5,438.79		〃
クラムシェル損料	油圧ロープ式 クローラ型 0.6m³	供用日	1.50	29,900.00	44,850.00		〃
そ の 他		一式			5,547.76	27,738.79×0.2	（労＋雑）×20%
計					78,136.55		

〔算出例 2-22〕 すきとり (1) ■は市場単価

ブルドーザ 3t 級					1m³ 当たり		670 円
名　　称	規　　格	単位	数量	単　価	金　額	単価根拠	備　考
ブルドーザ損料	排出ガス対策型 普通 3t 級	日	0.017	39,687.74	674.69		表 2-13,〔算出例 2-24〕より
そ の 他		一式			―		
計					674.69		

〔算出例 2-23〕 すきとり (2) ■は市場単価

ブルドーザ 15t 級					1m³ 当たり		210 円
名　　称	規　　格	単位	数量	単　価	金　額	単価根拠	備　考
ブルドーザ損料	排出ガス対策型 普通 15t 級	日	0.0029	73,293.20	212.55		表 2-13,〔算出例 2-25〕より
そ の 他		一式			―		
計					212.55		

〔算出例 2-24〕 ブルドーザの運転経費（1）

排出ガス対策型　普通 3t 級　　　　　　　　　　　　　　　　　　　　1 日当たり　　39,700 円

名　称	規　格	単位	数量	単価	金額	単価根拠	備考
運転手（特殊）		人	1.0	22,300.00	22,300.00		表 2-2 より
燃　料	軽油	ℓ	25.5	67.90	1,731.45		〃
ブルドーザ損料	排出ガス対策型 普通 3t 級	供用日	1.75	6,200.00	10,850.00		〃
そ の 他		一式			4,806.29	24,031.45×0.2	（労＋雑）×20%
計					39,687.74		

〔算出例 2-25〕 ブルドーザの運転経費（2）

排出ガス対策型　普通 15t 級　　　　　　　　　　　　　　　　　　　　1 日当たり　　73,300 円

名　称	規　格	単位	数量	単価	金額	単価根拠	備考
運転手（特殊）		人	1.0	22,300.00	22,300.00		表 2-2 より
燃　料	軽油	ℓ	90.0	67.90	6,111.00		〃
ブルドーザ損料	排出ガス対策型 普通 15t 級	供用日	1.75	22,400.00	39,200.00		〃
そ の 他		一式			5,682.20	28,411.00×0.2	（労＋雑）×20%
計					73,293.20		

〔算出例 2-26〕 床付け　　　　　　　　　　　　　　　　　　　　　　■は市場単価

1m² 当たり　　480 円

名　称	規　格	単位	数量	単価	金額	単価根拠	備考
普通作業員		人	0.02	19,800.00	396.00		表 2-14 より
そ の 他		一式			79.20	396.00×0.2	（労）×20%
計					475.20		

〔算出例 2-27〕 杭間ざらい　　　　　　　　　　　　　　　　　　　■は市場単価

杭 1 本当たり　　1,900 円

名　称	規　格	単位	数量	単価	金額	単価根拠	備考
普通作業員		人	0.08	19,800.00	1,584.00		表 2-12(注)4 より
そ の 他		一式			316.80	1,584.00×0.2	（労）×20%
計					1,900.80		

〔算出例 2-28〕 埋戻し（1）

小規模土工　バックホウ 0.13m³							1m³ 当たり		3,880 円
名　　称	規　　格	単位	数量	単　価	金　額	単価根拠	備　考
普通作業員		人	0.04	19,800.00	792.00		表 2-15 より
バックホウ損料	排出ガス対策型 油圧式クローラ型 0.13m³	日	0.033	40,170.95	1,325.64		表 2-15,〔算出例 2-16〕より
締　固　め	タンパ 60～80kg	m³	1.0	1,599.27	1,599.27		表 2-15,〔算出例 2-38〕より
そ　の　他		一式			158.40	792.00×0.2	（労）×20%
計					3,875.31		

〔算出例 2-29〕 埋戻し（2）

小規模土工　バックホウ 0.28m³							1m³ 当たり		3,420 円
名　　称	規　　格	単位	数量	単　価	金　額	単価根拠	備　考
普通作業員		人	0.04	19,800.00	792.00		表 2-15 より
バックホウ損料	排出ガス対策型 油圧式クローラ型 0.28m³	日	0.02	43,505.55	870.11		表 2-15,〔算出例 2-17〕より
締　固　め	タンパ 60～80kg	m³	1.0	1,599.27	1,599.27		表 2-15,〔算出例 2-38〕より
そ　の　他		一式			158.40	792.00×0.2	（労）×20%
計					3,419.78		

〔算出例 2-30〕 埋戻し（3） ■は市場単価

つぼ掘，布掘部　バックホウ 0.45m³							1m³ 当たり		1,580 円
名　　称	規　　格	単位	数量	単　価	金　額	単価根拠	備　考
普通作業員		人	0.016	19,800.00	316.80		表 2-15 より
バックホウ損料	排出ガス対策型 油圧式クローラ型 0.45m³	日	0.011	50,094.12	551.04		表 2-15,〔算出例 2-18〕より
振動ローラ損料	ハンドガイド式 0.8～1.1t	〃	0.016	30,739.80	491.84		表 2-15,〔算出例 2-40〕より
締　固　め	タンパ 60～80kg	m³	0.1	1,599.27	159.93		表 2-15,〔算出例 2-38〕より
そ　の　他		一式			63.36	316.80×0.2	（労）×20%
計					1,582.97		

〔算出例 2-31〕 埋戻し（4）　　　　　　　　　　　　　　　　　　　　　■は市場単価

つぼ掘，布掘部　バックホウ 0.8m³							1m³ 当たり		1,480 円
名　称	規　格	単位	数量	単　価	金　額	単価根拠	備　考	
普通作業員		m³人	0.016	19,800.00	316.80		表 2-15 より	
バックホウ損料	排出ガス対策型 油圧式クローラ型 0.8m³	日	0.0067	66,307.24	444.26		表 2-15，〔算出例 2-19〕より	
振動ローラ損料	ハンドガイド式 0.8～1.1t	〃	0.016	30,739.80	491.84		表 2-15，〔算出例 2-40〕より	
締固め	タンパ 60～80kg	m³	0.1	1,599.27	159.93		表 2-15，〔算出例 2-38〕より	
その他		一式			63.36	316.80×0.2	（労）×20%	
計					1,476.19			

〔算出例 2-32〕 埋戻し（5）　　　　　　　　　　　　　　　　　　　　　■は市場単価

総掘　法付き部							1m³ 当たり		1,480 円
名　称	規　格	単位	数量	単　価	金　額	単価根拠	備　考	
普通作業員		人	0.016	19,800.00	316.80		表 2-15 より	
バックホウ損料	排出ガス対策型 油圧式クローラ型 0.8m³	日	0.0067	66,307.24	444.26		表 2-15，〔算出例 2-19〕より	
振動ローラ損料	ハンドガイド式 0.8～1.1t	〃	0.016	30,739.80	491.84		表 2-15，〔算出例 2-40〕より	
締固め	タンパ 60～80kg	m³	0.1	1,599.27	159.93		表 2-15，〔算出例 2-38〕より	
その他		一式			63.36	316.80×0.2	（労）×20%	
計					1,476.19			

〔算出例 2-33〕 埋戻し（6）　　　　　　　　　　　　　　　　　　　　　■は市場単価

総掘　山留め付き部							1m³ 当たり		1,480 円
名　称	規　格	単位	数量	単　価	金　額	単価根拠	備　考	
普通作業員		人	0.016	19,800.00	316.80		表 2-15 より	
バックホウ損料	排出ガス対策型 油圧式クローラ型 0.8m³	日	0.0067	66,307.24	444.26		表 2-15，〔算出例 2-19〕より	
振動ローラ損料	ハンドガイド式 0.8～1.1t	〃	0.016	30,739.80	491.84		表 2-15，〔算出例 2-40〕より	
締固め	タンパ 60～80kg	m³	0.1	1,599.27	159.93		表 2-15，〔算出例 2-38〕より	
その他		一式			63.36	316.80×0.2	（労）×20%	
計					1,476.19			

〔算出例 2-34〕 盛土（1）

建物内部・建物周囲　バックホウ 0.45m³						1m³ 当たり		1,580 円
名　　称	規　格	単位	数量	単価	金額	単価根拠	備　考	
普通作業員		人	0.016	19,800.00	316.80		表 2-15 より	
バックホウ損料	排出ガス対策型 油圧式クローラ型 0.45m³	日	0.011	50,094.12	551.04		表 2-15,〔算出例 2-18〕より	
振動ローラ損料	ハンドガイド式 0.8～1.1t	〃	0.016	30,739.80	491.84		表 2-15,〔算出例 2-40〕より	
締　固　め	タンパ 60～80kg	m³	0.1	1,599.27	159.93		表 2-15,〔算出例 2-38〕より	
そ　の　他		一式			63.36	316.80×0.2	（労）×20%	
計					1,582.97			

〔算出例 2-35〕 盛土（2）

建物内部・建物周囲　バックホウ 0.8m³						1m³ 当たり		1,480 円
名　　称	規　格	単位	数量	単価	金額	単価根拠	備　考	
普通作業員		人	0.016	19,800.00	316.80		表 2-15 より	
バックホウ損料	排出ガス対策型 油圧式クローラ型 0.8m³	日	0.0067	66,307.24	444.26		表 2-15,〔算出例 2-19〕より	
振動ローラ損料	ハンドガイド式 0.8～1.1t	〃	0.016	30,739.80	491.84		表 2-15,〔算出例 2-40〕より	
締　固　め	タンパ 60～80kg	m³	0.1	1,599.27	159.93		表 2-15,〔算出例 2-38〕より	
そ　の　他		一式			63.36	316.80×0.2	（労）×20%	
計					1,476.19			

〔算出例 2-36〕 締固め（1）

タイヤローラ 8～20t						1m³ 当たり		150 円
名　　称	規　格	単位	数量	単価	金額	単価根拠	備　考	
タイヤローラ損料	排出ガス対策型 8～20t	日	0.0027	56,316.00	152.05		表 2-16,〔算出例 2-39〕より	
そ　の　他		一式			―			
計					152.05			

〔算出例 2-37〕 締固め（2）

振動ローラ 2.4～2.8t						1m³ 当たり		530 円
名　　称	規　格	単位	数量	単価	金額	単価根拠	備　考	
振動ローラ損料	排出ガス対策型 搭乗式・タンデム型 2.4～2.8t	日	0.013	40,612.90	527.97		表 2-16,〔算出例 2-41〕より	
そ　の　他		一式			―			
計					527.97			

〔算出例 2-38〕 締固め（3）

タンパ60～80kg						1m³ 当たり	1,600 円
名　称	規　格	単位	数量	単価	金額	単価根拠	備　考
普通作業員		人	0.03	19,800.00	594.00		表 2-16 より
タンパ損料	60～80kg	日	0.031	28,595.70	886.47		表 2-16,〔算出例 2-42〕より
そ の 他		一式			118.80	594.00×0.2	（労）×20％
計					1,599.27		

〔算出例 2-39〕 タイヤローラの運転経費

排出ガス対策型　8～20t						1日当たり	56,300 円
名　称	規　格	単位	数量	単価	金額	単価根拠	備　考
運転手（特殊）		人	1.0	22,300.00	22,300.00		表 2-2 より
燃　料	軽油	ℓ	38.6	100.00	3,860.00		〃
タイヤローラ損料	排出ガス対策型 8～20t	供用日	1.86	13,400.00	24,924.00		〃
そ の 他		一式			5,232.00	26,160.00×0.2	（労＋雑）×20％
計					56,316.00		

〔算出例 2-40〕 振動ローラの運転経費（1）

ハンドガイド式　0.8～1.1t						1日当たり	30,700 円
名　称	規　格	単位	数量	単価	金額	単価根拠	備　考
特殊作業員		人	1.0	22,700.00	22,700.00		表 2-2 より
燃　料	軽油	ℓ	4.9	100.00	490.00		〃
振動ローラ損料	ハンドガイド式 0.8～1.1t	供用日	1.38	2,110.00	2,911.80		〃
そ の 他		一式			4,638.00	23,190.00×0.2	（労＋雑）×20％
計					30,739.80		

〔算出例 2-41〕 振動ローラの運転経費（2）

排出ガス対策型　搭乗式・タンデム型　2.4～2.8t						1日当たり	40,600 円
名　称	規　格	単位	数量	単価	金額	単価根拠	備　考
特殊作業員		人	1.0	22,700.00	22,700.00		表 2-2 より
燃　料	軽油	ℓ	12.4	100.00	1,240.00		〃
振動ローラ損料	排出ガス対策型 搭乗式・タンデム型 2.4～2.8t	供用日	1.57	7,570.00	11,884.90		〃
そ の 他		一式			4,788.00	23,940.00×0.2	（労＋雑）×20％
計					40,612.90		

〔算出例 2-42〕 タンパの運転経費

60〜80kg						1日当たり		28,600 円
名　　称	規　　格	単位	数量	単価	金額	単価根拠	備　考	
特殊作業員		人	1.0	22,700.00	22,700.00		表 2-2 より	
燃　　料	ガソリン	ℓ	5.0	107.50	537.50		〃	
タンパ損料	60〜80kg	供用日	1.38	515.00	710.70		〃	
そ の 他		一式			4,647.50	23,237.50×0.2	(労+雑)×20%	
計					28,595.70			

〔算出例 2-43〕 積込み（1）

小規模土工　バックホウ 0.13m³						1m³ 当たり		1,000 円
名　　称	規　　格	単位	数量	単価	金額	単価根拠	備　考	
バックホウ損料	排出ガス対策型 油圧式クローラ型 0.13m³	日	0.025	40,170.95	1,004.27		表 2-17,〔算出例 2-16〕より	
計					1,004.27			

〔算出例 2-44〕 積込み（2）

小規模土工　バックホウ 0.28m³						1m³ 当たり		570 円
名　　称	規　　格	単位	数量	単価	金額	単価根拠	備　考	
バックホウ損料	排出ガス対策型 油圧式クローラ型 0.28m³	日	0.013	43,505.55	565.57		表 2-17,〔算出例 2-17〕より	
計					565.57			

〔算出例 2-45〕 積込み（3）

バックホウ 0.45m³						1m³ 当たり		360 円
名　　称	規　　格	単位	数量	単価	金額	単価根拠	備　考	
バックホウ損料	排出ガス対策型 油圧式クローラ型 0.45m³	日	0.0071	50,094.12	355.67		表 2-17,〔算出例 2-18〕より	
計					355.67			

〔算出例 2-46〕 積込み（4）

バックホウ 0.8m³						1m³ 当たり		290 円
名　　称	規　　格	単位	数量	単価	金額	単価根拠	備　考	
バックホウ損料	排出ガス対策型 油圧式クローラ型 0.8m³	日	0.0044	66,307.24	291.75		表 2-17,〔算出例 2-19〕より	
計					291.75			

〔算出例 2-47〕 敷均し（1）

構内　ブルドーザ 3t 級						1m³ 当たり		380 円
名　　称	規　　格	単位	数量	単価	金額	単価根拠	備　　考	
普通作業員	排出ガス対策型普通 3t 級	人	0.003	19,800.00	59.40		表 2-18 より	
ブルドーザ損料		日	0.0077	39,687.74	305.60		表 2-18,〔算出例 2-24〕より	
そ の 他		一式			11.88	59.40×0.2	（労）×20%	
計					376.88			

〔算出例 2-48〕 敷均し（2）

構内　ブルドーザ 15t 級						1m³ 当たり		330 円
名　　称	規　　格	単位	数量	単価	金額	単価根拠	備　　考	
普通作業員	排出ガス対策型普通 15t 級	人	0.003	19,800.00	59.40		表 2-18 より	
ブルドーザ損料		日	0.0035	73,293.20	256.53		表 2-18,〔算出例 2-25〕より	
そ の 他		一式			11.88	59.40×0.2	（労）×20%	
計					327.81			

〔算出例 2-49〕 建設発生土運搬費（1）

運搬距離 12km　10t 積級使用　バックホウ 0.45m³　DID 区間あり						1m³ 当たり		2,130 円
名　　称	規　　格	単位	数量	単価	金額	単価根拠	備　　考	
ダンプトラック	10t 積級	日	0.038	56,067.99	2,130.58		表 2-20,〔算出例 2-52〕より	
計					2,130.58			

〔算出例 2-50〕 建設発生土運搬費（2）

運搬距離 12km　4t 積級使用　バックホウ 0.28m³　DID 区間あり						1m³ 当たり		3,240 円
名　　称	規　　格	単位	数量	単価	金額	単価根拠	備　　考	
ダンプトラック	4t 積級	日	0.09	36,009.24	3,240.83		表 2-21,〔算出例 2-53〕より	
計					3,240.83			

〔算出例 2-51〕 建設発生土運搬費（3）

運搬距離 4.5km　2t 積級使用　バックホウ 0.13m³　DID 区間なし						1m³ 当たり		3,130 円
名　　称	規　　格	単位	数量	単価	金額	単価根拠	備　　考	
ダンプトラック	2t 積級	日	0.1	31,289.22	3,128.92		表 2-21,〔算出例 2-54〕より	
計					3,128.92			

2 土工

〔算出例 2-52〕　ダンプトラックの運転経費 (1)

10t 積級								1日当たり	56,100 円
名　称	規　格	単位	数量	単価	金額	単価根拠	備　考		
運転手（一般）		人	1.0	18,500.00	18,500.00		表 2-3 より		
燃　料	軽油	ℓ	71.2	100.00	7,120.00		〃		
ダンプトラック損料	10t 積級	供用日	1.29	19,631.00	25,323.99		表 2-3 より，タイヤ損耗費 731 円含む		
その他		一式			5,124.00	25,620.00×0.2	（労＋雑）×20％		
計					56,067.99				

〔算出例 2-53〕　ダンプトラックの運転経費 (2)

4t 積級								1日当たり	36,000 円
名　称	規　格	単位	数量	単価	金額	単価根拠	備　考		
運転手（一般）		人	1.0	18,500.00	18,500.00		表 2-3 より		
燃　料	軽油	ℓ	40.3	100.00	4,030.00		〃		
ダンプトラック損料	4t 積級	供用日	1.29	6,956.00	8,973.24		表 2-3 より，タイヤ損耗費 256 円含む		
その他		一式			4,506.00	22,530.00×0.2	（労＋雑）×20％		
計					36,009.24				

〔算出例 2-54〕　ダンプトラックの運転経費 (3)

2t 積級								1日当たり	31,300 円
名　称	規　格	単位	数量	単価	金額	単価根拠	備　考		
運転手（一般）		人	1.0	18,500.00	18,500.00		表 2-3 より		
燃　料	軽油	ℓ	26.1	100.00	2,610.00		〃		
ダンプトラック損料	2t 積級	供用日	1.29	4,618.00	5,957.22		タイヤ損耗費 178 円含む		
その他		一式			4,222.00	21,110.00×0.2	（労＋雑）×20％		
計					31,289.22				

〔算出例 2-55〕　根切り（人力土工）

							1m³ 当たり	9,270 円
名　称	規　格	単位	数量	単価	金額	単価根拠	備　考	
普通作業員		人	0.39	19,800.00	7,722.00		表 2-23 より	
その他		一式			1,544.40	7,722.00×0.2	（労）×20％	
計					9,266.40			

〔算出例 2-56〕 埋戻し（人力土工）

					1m³ 当たり		5,460 円
名　　称	規　格	単位	数量	単価	金額	単価根拠	備　考
普 通 作 業 員		人	0.23	19,800.00	4,554.00		表 2-23 より
そ　の　他		一式			910.80	4,554.00×0.2	（労）×20%
計					5,464.80		

〔算出例 2-57〕 盛土（人力土工）

					1m³ 当たり		5,460 円
名　　称	規　格	単位	数量	単価	金額	単価根拠	備　考
普 通 作 業 員		人	0.23	19,800.00	4,554.00		表 2-23 より
そ　の　他		一式			910.80	4,554.00×0.2	（労）×20%
計					5,464.80		

〔算出例 2-58〕 積込み（人力土工）

					1m³ 当たり		3,090 円
名　　称	規　格	単位	数量	単価	金額	単価根拠	備　考
普 通 作 業 員		人	0.13	19,800.00	2,574.00		表 2-23 より
そ　の　他		一式			514.80	2,574.00×0.2	（労）×20%
計					3,088.80		

〔算出例 2-59〕 土工機械運搬　　　　　　　　　　　　　　　　　　　　　　　■は市場単価

バックホウ（排出ガス対策型　油圧式クローラ型　1.4m³）片道30km以内					1 往復当たり		132,000 円
名　　称	規　格	単位	数量	単価	金額	単価根拠	備　考
トラック運転	11t積	日	2.9	45,626.00	132,315.40		〔算出例 2-60〕より
計					132,315.40		

〔算出例 2-60〕 トラック運転

普通用 11t 積					1 日当たり		45,600 円
名　　称	規　格	単位	数量	単価	金額	単価根拠	備　考
運転手（一般）		人	1.0	18,500.00	18,500.00		
燃　　料	軽油	ℓ	61.5	100.00	6,150.00		
ト ラ ッ ク	普通用 11t 積	供用日	1.13	14,200.00	16,046.00		
そ　の　他		一式			4,930.00	24,650.00×0.2	（労＋雑）×20%
計					45,626.00		

〔算出例 2-61〕 土工機械分解・組立費

バックホウ（排出ガス対策型　油圧式クローラ型　1.4m³）						1台1回当たり		131,000 円
名　称	規　格	単位	数量	単価	金額	単価根拠	備　考
特殊作業員		人	1.9	22,700.00	43,130.00		
ラフテレーンクレーン	排出ガス対策型 油圧伸縮ジブ型 25t 吊	日	1.5	52,000.00	78,000.00		賃料による
雑　費		一式			1,293.90	43,130.00×0.03	（労）×3％
その他		〃			8,884.78	44,423.90×0.2	（労＋雑）×20％
計					131,308.68		

2-6　山留め工法の選択

　山留めは，地下構造物，埋設物等の施工中に掘削の側面を保護して周囲の地盤崩壊や土砂の流出を防止するために行うもので，その工法は，敷地状況や止水性を要するか否かにより選択する。反力と形状の種別を図 2-6 に，山留め壁の種類・工法を図 2-7 にそれぞれ示す。

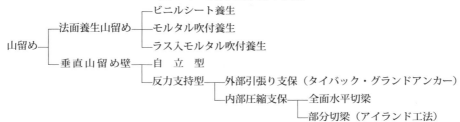

図 2-6　反力と形状の種別

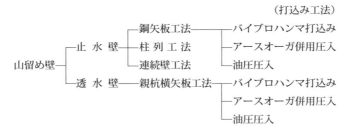

図 2-7　山留め壁の種類・工法

　法面養生山留めは，敷地が広く，水位が低い場合の法付根切りに適し，根切深さ，作業日数に適した養生方法を選択する。
　垂直山留め壁の要，不要は，下記のような場合に土工計画を作成のうえ検討し，必要な場合は工法の種類，構造等を計画する。
　① 敷地が狭く法付根切りの余幅が取れず，近隣に障害を及ぼす場合
　② 敷地は広いが水位が根切底より浅い場合
　③ 垂直山留め壁工法の方が，根切量が少なく，工期，安全性，コスト面等で有利となる場合
　なお，工法の種類，構造等の計画は，構造計算を必要とするので専門分野に委ねることとしたい。

鋼矢板工法は，鋼矢板を連続して地中に打ち込んで山留壁とする工法で，止水性があり，施工費が安い。施工費については専門工事業者の見積りによることが多い。

柱列工法は，連続的に杭を並べて施工し，山留め壁とする工法で埋込み杭，ソイルパイル等があるが，施工費については専門工事業者の見積りによることが多い。

連続壁工法は，地中に鉄筋コンクリートの壁を1エレメント（壁厚400～1,000mm，幅約5.0m）ずつ施工する工法で，剛性が高く止水性もよいが，施工費が高い。

なお，施工費については専門工事業者の見積りによることが多い。

ここでは，通常コストが安価で使用頻度の高い鋼矢板工法について計算実例を示す。

(1) 鋼矢板工法

鋼矢板には，普通鋼矢板と軽量鋼矢板があり，普通鋼矢板には，Ⅱ～Ⅴ型の種類があるが建築工事では，地下部分の階高，切梁の間隔等からⅡ型，Ⅲ型の使用が一般的なようである。

打込み工法には，バイブロハンマによる打込みとアースオーガ併用圧入および油圧圧入などがあるが，**2-7（1）山留め（鋼矢板）工事費算出例**では，油圧圧入によるものとし，鋼矢板の質量算出，鋼矢板使用日数の計算，鋼材使用料について説明する。

① 鋼矢板の質量算出

建築面積540m²（18m×30m），根切深さ6m，鋼矢板Ⅲ型，根入長さ4mの使用量を算出する。根切りの余幅については，「建築数量積算基準」第3編第1章第2節2土の処理の計測・計算に「山留め壁と躯体間の余幅は1.0mを標準とする」とある。

壁厚を0.2mとすると矢板枚数は，矢板幅（0.4m）から

(18.0(m)+1.0(m)×2+0.2(m))/0.4＝50.5→51（枚）

(30.0(m)+1.0(m)×2+0.2(m))/0.4＝80.5→81（枚）

(51（枚）+81（枚））×2＝264（枚）

従って，鋼矢板Ⅲ型の単位質量60kg/mで計算すると，矢板枚数264枚で鋼矢板の使用質量は158.4tとなる。

また，この場合の山留め長さは，

(51（枚）×0.4(m)×2)+(81（枚）×0.4(m)×2)＝105.6(m)

② 鋼矢板使用日数の算出

鋼矢板使用日数は，根切り，埋戻し等の作業日数から**表2-24**の損料日数（D）を算出する。

なお，根切りは，20.2(m)×32.2(m)×6.0(m)≒3,903(m³)，建設発生土処理は，18.2(m)×30.2(m)×6.0(m)≒3,298(m³)，埋戻しは，605(m³)となる。

根切掘削機械の台数は，根切量が5,000m³未満であるので1台で計算する。また，基礎は耐圧版とすると，型枠，鉄筋，コンクリートの作業工程は1.8となり，日数の算出で休日等を30%と仮定した結果，使用日D＝122（日）となる。

表 2-24 鋼矢板損料日数の算出

作業内容	損料日数の算定式（日）	損料日数の計算（日）	摘　要
根切り	根切量÷(170m³×機械台数)	3,903m³÷(170m³×1台)≒23	根切量 5,000m³ に 1 台
埋戻し	埋戻し量÷(240m³×機械台数)	605m³÷240m³≒3	
砂利地業，捨コンクリート	地業面積÷500m²×5日	559m²÷500m²×5日≒5	
型枠，鉄筋，コンクリート	作業工程×{25+0.01×(M−500)}	1.8工程×(25+0.01×40)≒46	M：地階面積 耐圧版は 0.8 工程
矢板打込み，引抜き日数	圧入，引抜き日数×0.5÷機械台数	(12.0+6.6)×0.5≒9	
切梁，腹起こし，支柱	架，払日数	3+3+2=8	
鉄骨建方	地階を含む節の鉄骨量÷15t		
計		94	
休日等	30%	28	
		D=122 日	

③　鋼材使用料

鋼材使用料は**表 2-25**（『建築施工単価』）に示すリース料金で，下記の計算を行う。

鋼矢板Ⅲ型の場合の使用料は，使用期間 122 日のため 1 日当たりの使用料 80 円に整備費 3,000 円を加算するが，掲載価格の条件によると現場使用において起こる大曲り，切損，穴埋め等に対して修理費が別途請求されることもある。

修理費を鋼矢板の購入価格の 2% と推定すると，127,000（円）×0.02＝2,540（円）となり，整備費 3,000 円に加算し修理，損耗費として 5,540 円を 1 現場に対して計上する。

なお，土質および打込みまたは引抜きの作業条件が軽作業の場合，修理費 2,540 円は，必要ないと考えられ加算しない。また，作業条件が重作業の場合，修理費は鋼矢板の購入価格の 4% と推定し，127,000（円）×0.04＝5,080（円）を整備費 3,000 円に加算する。

④　親杭横矢板工法

親杭（H 形鋼等）を適当な間隔（1.0～1.2m）に設置し，掘削を進めながら親杭の間に横矢板（松板，厚さ 45～60mm）を挿入し，山留め壁とするもので，最も経済的な工法といわれ，水位の低い場合に多用される。

⑤　反力支持の工法について

一般に山留め工法は架構方法により，**図 2-6** のように外部引張り支保と内部圧縮支保に分かれる。

外部引張り支保は，グランドアンカーを掘削の進捗に並行して，建物の外部地中に施工し周辺地盤を支える工法である。

各グランドアンカーは独立して山留め壁を支えるので，不整形な平面や高低差の大きい敷地に適している。また，支保が内部に存在しないので，施工性は良いが，幅の狭い場合はコストの面で不利である。

全面水平切梁は，山留め壁を水平に架けた支保で支持し，周辺地盤を支える工法で，切梁を 2 方向に直交させ，交点に支柱を設けるものである。

また，バランスが取りにくい不整形な平面や高低差の大きい敷地では，逆に採用しにくい。
　大規模な施工として内部圧縮支保とする逆打ち工法がある。逆打ち工法とは，構真柱を柱の位置に先行させ，構真柱を支えにして建物本体の1階の梁，床版等を施工し，これを支保として下部の根切りを行い，順次下階の躯体を施工していく方法で，周辺地盤の緩みを防ぐために用いられる。ここでは水平切梁工法について説明する。
　なお，山留めの変形が大きく，周囲の構造体に悪影響を及ぼすと考えられる場合は，プレロード工法※とすることもある。

※プレロード工法：山留め工事における山留めの変形や周辺の地盤沈下などを防止するため，掘削によって発生することが見込まれる軸力を，油圧機器によりあらかじめ切梁に導入する工法のこと。

⑥　切梁，腹起こしの質量算出について
　切梁は，2方向に建物の柱および梁の位置を避けて配置し，その長さを計測・計算する。
　また，切梁の間隔が狭すぎると，掘削作業やほかの作業の運搬等に支障をきたすので，切梁の断面を大きくして，スパンの中間に配置する。
　切梁の補足材として，火打梁，火打受金物，継ぎジョイントプレート，ガセットプレート，押えアングル，ブラケット等の質量を算出するが，概算値として，切梁，腹起こしの質量に対し15%程度の補足材を計上する。
　なお，切梁，腹起こしの使用日数は，山留めの0.8掛けとする。

⑦　切梁，腹起こしの延長および質量は，18m×30mの建物に対し，
　　　腹起こし　（20.2(m)＋32.2(m)）×2＝104.8(m)　　　　　　　　　｜
　　　切梁　　　19.6(m)×5(本)＋31.6(m)×3(本)＝192.8(m)　　｝297.6m
　　　　　　　　　　　　　　　　　　　　　　　　　　　　　　　　　　　　　　　｜
　従って，H形鋼の切梁，腹起こしの単位質量100kg/mで計算すると，使用量は29.76tとなる。

⑧ 乗入構台の質量算出
　乗入構台の覆工板面積が 250m², 構台杭（H-350×350×12×19）の長さは埋め殺し部分 6m を含め 15m, 14 本の場合の質量算出を示す。

　　・覆工板（2,000×1,000×208）　　　　　　　　124（枚）×368（kg/枚）＝45,632（kg）
　　　コーナー付き覆工板（2,000×1,000×208）　　　1（枚）×368（kg/枚）＝　　368（kg）
　　　　　小計　　　　　　　　　　　　　　　　　　　　　　　　　　　　　46,000（kg）
　上部構台
　　・根太（H-350×350×12×19）　　　　　　　167.8（m）×135（kg/m）＝22,653（kg）
　　・大引（H-400×400×13×21）　　　　　　　 46.0（m）×172（kg/m）＝ 7,912（kg）
　　・敷桁（H-400×400×13×21）　　　　　　　 16.0（m）×172（kg/m）＝ 2,752（kg）
　　　　　小計　　　　　　　　　　　　　　　　　　　　　　　　　　　　　33,317（kg）
　（買取り材）
　　・覆工板調製材（H-200×200×8×12）　　　 167.8（m）×49.9（kg/m）≒ 8,373（kg）
　　・水平ブレース（L-65×65×6）　　　　　　　 78.0（m）×5.91（kg/m）≒　 461（kg）
　　・覆工板ズレ止め（L-65×65×6）　　　　　　 26.4（m）×5.91（kg/枚）≒　 156（kg）
　　・ジョイントプレート　PL-12×150×150　　　　18（枚）×2.1（kg/枚）≒　　38（kg）
　　・スチフナプレート　　PL-12×193×358　　　　18（枚）×6.6（kg/枚）≒　 119（kg）
　　・ライナプレート　　　PL-12×100×100　　　　36（枚）×0.94（kg/枚）≒　 34（kg）
　　・ボルト　M22（75mm）　　　　　　　　　　　 92（本）×0.49（kg/本）≒　 45（kg）
　　　　　小計　　　　　　　　　　　　　　　　　　　　　　　　　　　　　 9,226（kg）
　下部構台（買取り材）
　　・水平繋ぎ（C-200×90×8×13.5）　　　　　109.0（m）×30.3（kg/m）≒ 3,303（kg）
　　・垂直ブレース（L-65×65×6）　　　　　　　282.0（m）×5.91（kg/m）≒ 1,667（kg）
　　・取合いピース（L-65×65×6）L＝200　　　114（個）×1.18kg/（個）≒　 135（kg）
　　　　　小計　　　　　　　　　　　　　　　　　　　　　　　　　　　　　 5,105（kg）
　　・構台杭（H-350×350×12×19）　回収材　　9（m）×14（本）×135（kg）＝17,010（kg）
　　・構台杭（H-350×350×12×19）　埋め殺し　6（m）×14（本）×135（kg）＝11,340（kg）
　　　　　小計　　　　　　　　　　　　　　　　　　　　　　　　　　　　　28,350（kg）
　　　　　　計　　　　　　　　　　　　　　　　　　　　　　　　　　　　　121,998（kg）
　　構台杭継手（JPL97.5kg, JBLT29.6kg, トップPL23.8kg）150.9（kg）×14（か所）

⑨ 単価表について
　山留め工事に関する鋼材運搬, 油圧式杭圧入引抜機運転の単価算出および機械組立, 解体は下記による。
　通常, 山留め工事費は, 専門工事業者の見積りによっている。工事費算出例は, その際の検討用として, 『建築施工単価』に掲載（土工事）の施工費とともに活用されたい。

　ⓐ 鋼材運搬
　　鋼材運搬は, トラック 11t 積による往復とし歩掛により計算する（〔**算出例 2-63**〕参照）。
　　なお, トラックの損料は, 『建設機械等損料表』による。
　ⓑ 油圧式杭圧入引抜機運転の単価算出
　　軽油価格には, スタンド渡し, ローリー渡しおよびパトロール給油等があるが, 油圧式杭圧入引抜機にはパトロール給油価格を用いる。なお, 軽油価格には, 引取税を含まない。

表 2-25 リース料金

仮設用鋼材

品 名	規 格	質量 (kg/m)	単位	90日（3か月）以内 関東	北海道	沖縄	180日（6か 関東	北海道
普通鋼矢板	SPⅡ型	48	t・日	80	—	—	80	—
〃	Ⅲ型	60	〃	80	110	140	80	110
〃	Ⅳ型	76.1	〃	80	110	140	80	110
〃	ⅤL型	105	〃	120	—	—	105	—
軽量鋼矢板	LSP1, 2, 3型	—	〃	110	180	260	105	170
H 形 鋼	H-200	49.9	〃	80	105	135	80	105
〃	250	71.8	〃	80	105	135	80	105
〃	300	93	〃	80	105	135	80	105
〃	350	135	〃	80	105	135	80	105
〃	400	172	〃	80	105	135	80	105
〃	594	170	〃	95	…	…	95	…
鋼製山留材	H-250	80	〃	110	150	—	110	125
〃	300	100	〃	110	150	220	110	125
〃	350	150	〃	110	150	220	110	125
〃	400	200	〃	110	150	220	110	125
〃	部 品	—	〃	220	300	440	220	250
覆 工 板	鋼製　　　（従来型）	—	m²・月	750	810	1,350	750	810
〃	〃　　　　（補強型）	—	〃	960	1,020	—	960	1,020
〃	鋼製滑り止め（従来型）	—	〃	1,110	—	—	1,110	—
〃	〃　　　　（補強型）	—	〃	1,320	—	—	1,320	—
〃	コンクリート製（従来型）	—	〃	…	—	—	…	—
〃	〃　　　（補強型 2m²）	—	〃	990	—	—	960	—
〃	〃　　　（〃 3m²）	—	〃	990	—	—	960	—

仮設用鋼材整備費・不足弁償金・修理費

品 名	規 格	単位	整備費 関東	北海道	沖縄	不足弁償金（新品） 関東	北海道	沖縄
普通鋼矢板	SPⅡ型	t	3,000	—	—	127,000	—	—
〃	Ⅲ型	〃	3,000	3,800	4,000	127,000	127,000	129,000
〃	Ⅳ型	〃	3,000	3,800	4,000	127,000	127,000	129,000
〃	ⅤL型	〃	3,500	—	—	135,000	—	—
軽量鋼矢板	LSP1, 2, 3型	〃	5,000	10,000	9,000	149,000	151,000	154,000
H 形 鋼	H-200	〃	3,000	5,000	4,000	70,000	79,000	82,000
〃	250	〃	3,000	5,000	4,000	70,000	79,000	82,000
〃	300	〃	3000	5,000	4,000	70,000	79,000	82,000
〃	350	〃	3,000	5,000	4,000	72,000	81,000	84,000
〃	400	〃	3,000	5,000	4,000	75,000	84,000	87,000
〃	594	〃	3,000	…	…	80,000	…	…
鋼製山留材	H-250	〃	4,000	5,500	—	120,000	122,000	—
〃	300	〃	4,000	5,500	5,500	120,000	122,000	122,000
〃	350	〃	4,000	5,500	5,500	120,000	122,000	122,000
〃	400	〃	4,000	5,500	5,500	120,000	122,000	122,000
〃	部 品	〃	8,000	11,000	10,000	240,000	244,000	244,000
覆 工 板	鋼製　　　（従来型）	m²	850	1,300	1,400	—	—	—
〃	〃　　　　（補強型）	〃	850	1,300	—	49,500	49,500	—
〃	鋼製滑り止め（従来型）	〃	900	—	—	—	—	—
〃	〃　　　　（補強型）	〃	900	—	—	56,500	—	—
〃	コンクリート製（従来型）	〃	…	—	—	—	—	—
〃	〃　　　（補強型 2m²）	〃	900	—	—	—	—	—
〃	〃　　　（〃 3m²）	〃	900	—	—	—	—	—

2　土　工

（単位：円）

月）以内			360日（12か月）以内			720日（24か月）以内			1080日（36か月）以内		
		沖縄	関東	北海道	沖縄	関東	北海道	沖縄	関東	北海道	沖縄
		—	70	—	—	60	—	—	55	—	—
		120	70	100	115	60	90	100	55	…	…
		120	70	100	115	60	90	100	55	…	…
		—	95	—	—	85	—	—	80	—	—
		210	100	160	170	95	150	—	90	—	—
		110	70	100	105	60	90	90	…	—	—
		110	70	100	105	60	90	90	…	—	—
		110	70	100	105	60	90	90	…	—	—
		110	70	100	105	60	90	90	…	—	—
		110	70	100	105	60	90	90	…	—	—
		…	90	…	…	80	…	…	…	—	—
		—	95	110	—	85	100	—	75	—	—
		180	95	110	135	85	100	130	75	—	—
		180	95	110	135	85	100	130	75	—	—
		180	95	110	135	85	100	130	75	—	—
		360	190	220	270	170	200	260	150	…	—
		1,250	570	690	1,050	510	630	870	450	560	…
		—	750	990	—	660	930	—	600	840	—
		—	900	—	—	750	—	—	630	—	—
		—	1,080	—	—	930	—	—	810	—	—
		—	…	—	—	…	—	—	…	—	—
		—	870	—	—	720	—	—	660	—	—
		—	870	—	—	720	—	—	660	—	—

（単位：円）

不足弁償金（中古）			修理費（全国）			摘　要	
関東	北海道	沖縄	大曲	穴埋	短尺補償	標準長	スクラップ長
			（個）	（個）	(t)		
114,000	—	—	3,000	500	12,000	4〜8m	4m未満
114,000	114,000	116,000	3,500	500	12,000	6〜15	5　〃
114,000	114,000	116,000	4,000	500	12,000	13〜20	8　〃
122,000	—	—	5,000	1,200	12,000	15〜20	9　〃
134,000	136,000	139,000	2,000	500	…	2.5〜5	2.5 〃
63,000	71,000	74,000	3,000	500	12,000	4〜8	4　〃
63,000	71,000	74,000	3,500	500	12,000	6〜12	4　〃
63,000	71,000	74,000	4,000	500	12,000	8〜16	5　〃
65,000	73,000	76,000	4,500	500	12,000	10〜18	6　〃
68,000	76,000	79,000	5,000	500	12,000	10〜18	6　〃
73,000	…	…	6,000	500	12,000	8〜12	7　〃
111,000	113,000	—	4,000	500	24,000	3〜6	3　〃
111,000	113,000	113,000	4,500	500	24,000	3〜6	3　〃
111,000	113,000	113,000	5,000	500	24,000	3〜6	3　〃
111,000	113,000	113,000	5,500	500	24,000	3〜6	3　〃
222,000	226,000	226,000	—	—	—	—	—
26,000	26,000	28,000	—	—	—	—	—
40,000	43,000	—	—	—	—	—	—
35,000	—	—	—	—	—	—	—
47,000	—	—	—	—	—	—	—
…	—	—	—	—	—	—	—
34,800	—	—	—	—	—	—	—
34,800	—	—	—	—	—	—	—

労務賃金については,「公共工事設計労務単価」を採用している。
機械器具損料は,損料表による。
ⓒ 機械組立,解体
油圧式杭圧入引抜機の組立,解体に必要なラフテレーンクレーンは,損料表による。

2-7 山留め算出例

(1) 山留め(鋼矢板)工事費算出例:油圧式杭圧入,引抜き

仕　様
- 鋼矢板形式(Ⅲ)型　矢板長 $l=10$(m)
  山留め周囲　$L=105.6$(m)/0.4=264(枚)
- 損料日数　$D=122$(日)
- 土質(粘性土)　最大N値　$N=20$
- 機種の選定(『工事歩掛要覧〈建築・設備編〉』表・建・2-23の使用機械と規格による)
  打込み:油圧式杭圧入引抜機(圧入力 980.7~1,471.0kN)
  引抜き:油圧式杭圧入引抜機(引抜力 1,078.7~1,569.1kN)
- 1枚当たり打込み日数の計算
  最大N値　$N_{max}≦25$,圧入長　12m以下→22(枚/日)
- 打込み日数　264(枚)/22(枚/日)=12.0(日)
- 1枚当たり引抜き日数の計算
  引抜き長さ　12m以下→40(枚/日)
- 引抜き日数　264(枚)/40(枚/日)=6.6(日)

〔算出例2-62〕 山留め(鋼矢板)工事費

油圧式杭圧入引抜機圧入,圧入長10m						山留め周囲105.6m 当たり 10,300,000 円	
名　称	規　格	単位	数量	単価	金　額	単価根拠	備　考
鋼材使用量	SPⅢ型	t	158.4	15,300.00	2,423,520.00	122日×80円 +修理・損耗 費5,540円	
同上運搬費	往復11t積	〃	158.4	4,151.97	657,672.05		〔算出例2-63〕より
圧　入　費		日	12.0	372,701.74	4,472,420.88		〔算出例2-64〕より
引抜き費		〃	6.6	370,004.64	2,442,030.62		〔算出例2-64〕付記より
手すり		m	105.6	1,655.00	174,768.00		〔算出例2-67〕より
組立,解体	圧入用	回	1.0	101,172.69	101,172.69		〔算出例2-68〕より
〃	引抜き用	〃	1.0	60,319.55	60,319.55		〔算出例2-69〕より
計					10,331,903.79		

2 土工

〔算出例2-63〕 鋼材運搬費（往復）

L≦11m（L：鋼材長）						1t 当たり	4,150 円
名　　称	規　　格	単位	数量	単　価	金　額	単価根拠	備　考
トラック運転	11t積	日	0.091	45,626.00	4,151.97		〔算出例2-60〕より
計					4,151.97		

〔算出例2-64〕 圧入費（油圧式杭圧入引抜機）

						1日当たり	373,000 円
名　　称	規　　格	単位	数量	単　価	金　額	単価根拠	備　考
油圧式杭圧入引抜機運転	100～150t	日	1.0	169,320.36	169,320.36		〔算出例2-65〕より
ラフテレーンクレーン賃料	排出ガス対策型油圧式伸縮ジブ型25t吊	〃	1.0	83,970.00	83,970.00		〔算出例2-66〕より
世　話　役		人	1.0	23,000.00	23,000.00		
と　び　工		〃	2.0	25,500.00	51,000.00		
特殊作業員		〃	1.0	22,700.00	22,700.00		
諸　雑　費		一式			3,371.38	337,137.80×0.01	（労＋機）×1%（注）
そ　の　他		〃			19,340.00	96,700.00×0.2	（労）×20%
計					372,701.74		

付記：引抜き費（油圧式杭圧入引抜機）：370,004.64（円/日）
（注）諸雑費の対象となる機械運転経費については，その他を除いた金額とする。

〔算出例2-65〕 油圧式杭圧入引抜機運転経費（圧入）

						1日当たり	169,000 円
名　　称	規　　格	単位	数量	単　価	金　額	単価根拠	備　考
運転手（特殊）		人	1.0	22,300.00	22,300.00		
燃　　料	軽油	ℓ	132.0	67.90	8,962.80		
油圧式杭圧入引抜機損料	100～150t	供用日	1.45	90,900.00	131,805.00		
そ　の　他		一式			6,252.56	31,262.80×0.2	（労＋雑）×20%
計					169,320.36		

付記：油圧式杭圧入引抜機運転（引抜き）：169,320.36（円/日）

〔算出例 2-66〕 ラフテレーンクレーン運転経費（圧入）

						1日当たり		84,000 円
名 称	規 格	単位	数量	単 価	金 額	単価根拠	備 考	
運転手（特殊）		人	1.0	22,300.00	22,300.00			
燃 料	軽油	ℓ	107.0	100.00	10,700.00			
ラフテレーンクレーン運転	排出ガス対策型油圧式伸縮ジブ25t吊	供用日	1.45	30,600.00	44,370.00			
そ の 他		一式			6,600.00	33,000.00×0.2	（労＋雑）×20%	
計					83,970.00			

付記：ラフテレーンクレーン運転経費（引抜き）：83,970.00（円/日）

〔算出例 2-67〕 手すり

						1m 当たり	1,660 円
名 称	規 格	単位	数量	単 価	金 額	単価根拠	備 考
パイプ賃料	φ48.6	m	2.0	45.60	91.20	122日×0.3円/m＋9円/m	
クランプその他	0.5個	一式			27.85	0.5個×(122日×0.35円/個＋13円/個)	
修 理 費		〃			5.95	119.05×0.05	
架払手間	とび工	人	0.05	25,500.00	1,275.00		
そ の 他		一式			255.00	1,275.00×0.2	（労）×20%
計					1,655.00		

〔算出例 2-68〕 油圧式杭圧入引抜機組立，解体

油圧式杭圧入引抜機（圧入の場合）						1回当たり	101,000 円
名 称	規 格	単位	数量	単 価	金 額	単価根拠	備 考
特殊作業員		人	0.29	22,700.00	6,583.00		
と び 工		〃	0.58	25,500.00	14,790.00		
世 話 役		〃	0.29	23,000.00	6,670.00		
油圧式杭圧入引抜機運転	100～150t	日	0.25	169,320.36	42,330.09		〔算出例2-65〕より
ラフテレーンクレーン運転	排出ガス対策型油圧伸縮ジブ型25t吊	〃	0.30	83,970.00	25,191.00		〔算出例2-66〕より
そ の 他		一式			5,608.60	28,043.00×0.2	（労）×20%
計					101,172.69		

（注） 運搬費は，別途計上する。

〔算出例 2-69〕 油圧式杭圧入引抜機組立，解体

油圧式杭圧入引抜機（引抜きの場合）						1回当たり		60,300 円
名　　称	規　　格	単位	数量	単　価	金　額	単価根拠	備　考	
特 殊 作 業 員		人	0.19	22,700.00	4,313.00			
と　び　工		〃	0.39	25,500.00	9,945.00			
世　話　役		〃	0.19	23,000.00	4,370.00			
油圧式杭圧入引抜機運転	100～150t	日	0.13	169,320.36	22,011.65		〔算出例 2-65〕付記より	
ラフテレーンクレーン運転	排出ガス対策型油圧伸縮ジブ型25t 吊	〃	0.19	83,970.00	15,954.30		〔算出例 2-66〕より	
そ　の　他		一式			3,725.60	18,628.00×0.2	（労）×20％	
計					60,319.55			

（注）運搬費は，別途計上する。

3 地　　業

3-1 概　　説

　地業は，建物等の基礎や基礎スラブ等を支えるために，それらの下部の地盤に設けた各種の杭，砂利，砂，割石および捨コンクリート地業などをいう。
　なお，杭地業は，工場等で製造された既製コンクリート杭（または鋼杭）を現場で施工（打込み工法または埋込み工法）する既製杭地業と現場で掘削後，かご状に組み立てた鉄筋かごを挿入し，コンクリートを打ち込む場所打ちコンクリート杭地業に大別できる。
　通常，杭地業の施工費は，専門工事業者の見積りによっている。工事費算出例は，その際の検討用として，『建築施工単価』に掲載（地業工事）の施工費とともに活用されたい。
　また，ここでは，床下防湿層敷きについても扱う。

3-2 内訳書の書式

「地業」の主な細目は，次のようになる。
① 地業
　　砂利地業　　　　　　　種別，粒度　　　　　　○ m^3
　　捨コンクリート地業　　強度，スランプ　　　　〃
　　　　　　　　　　　　　材工共
　　床下防湿層敷き　　　　材種，厚さ　　　　　　○ m^2
　　　計
② 既製コンクリート杭
　　既製コンクリート杭　　試験・一般杭の別　　　○本
　　　　　　　　　　　　　種別，径，長さ
　　施工費　　　　　　　　工法　　　　　　　　　一式
　　（杭頭処理）　　　　　　　　　　　　　　　　○本（一式）
　　（杭頭補強）　　　　　　　　　　　　　　　　〃
　　（建設発生土運搬）　　構外搬出　　　　　　　一式
　　（発生材運搬）　　　　〃（積込み共）　　　　〃
　　　計
③ 場所打ちコンクリート杭
　　普通コンクリート　　　強度，スランプ　　　　○ m^3
　　構造体強度補正　　　　　　　　　　　　　　　一式
　　異形鉄筋　　　　　　　規格，径　　　　　　　○ t
　　鋼板　　　　　　　　　規格，形状，寸法　　　〃
　　鋼材類スクラップ控除　　　　　　　　　　　　△一式
　　施工費　　　　　　　　工法　　　　　　　　　一式
　　杭頭処理　　　　　　　　　　　　　　　　　　○ m^3（一式）

（建設発生土運搬）　　　構外搬出　　　　　　一式
　　　（発生材運搬）　　　　　　〃　　（積込み共）　　〃
　　　　計
　（　）は必要に応じて計上する。

3-3　数量の算出

　地業の数量は，「建築数量積算基準」の定めに従って計測・計算する。
　地業の計測・計算の通則を以下に示す。
　① 杭地業の計測・計算は，設計図書による。
　② 杭頭の処理等の数量を求める場合は，既製コンクリート杭は寸法等ごとの本数，場所打ちコンクリート杭はその体積および鉄筋等の質量とする。

❶　既製コンクリート杭

　既製コンクリート杭の数量は，材種，形状，寸法，工法等により区別し，継手を考慮したセット本数とする。

❷　場所打ちコンクリート杭

　場所打ちコンクリート杭の数量は，「建築数量積算基準」の定めに従って計測・計算する。数量は，材種，形状，寸法，工法等により区別し，原則として杭の箇所数（本数）による。コンクリート体積については杭工法，杭径による適切な割増をした数量とする。また，必要に応じて杭頭部にコンクリートの余盛を加算する。
　杭に用いる鉄筋の所要量を求める場合は設計数量に対し，3％増しを標準とする。

❸　砂利地業等

　砂利地業等の数量は，設計図書による面積とその厚さとの積による体積とし，その種類により区別する。なお，設計図書に記載のない場合は躯体側面より0.1m出幅を加えた寸法とする。

3-4　杭地業の施工法の分類

　杭地業は，既製杭と場所打ち杭とに大別できる。
　既製杭を施工方法，掘削方法により分類すると**表3-1**に示す各種の工法があり，また，場所打ち杭を掘削方法により分類すると**表3-1**に示す工法がある。
　既製杭および場所打ち杭の主な施工法の概要は，以下のとおりである。

表 3-1　工法分類

杭の種類	施工方法による分類	掘削方法による分類	工法名
既製杭	打込み工法	—	打撃（直打ち）工法
	埋込み工法	プレボーリング	プレボーリング最終打撃工法（特定埋込杭工法）(注) プレボーリング根固め工法（セメントミルク工法） プレボーリング拡大根固め工法（特定埋込杭工法）
		中掘り	中掘打撃工法 中掘根固め工法 中掘拡大根固め工法（特定埋込杭工法）
		回転	回転根固め工法（特定埋込杭工法）
場所打ち杭	—	機械掘削	アースドリル工法 オールケーシング工法 リバース工法 BH 工法
		人力掘削	深礎工法

（注）　特定埋込杭工法：国土交通省告示第1113号（平成13年7月2日付）第6項の規定に基づいて許容支持力が定められた埋込杭工法。

❶　打込み工法

　杭頭をパイルハンマ（ドロップハンマ，ディーゼルハンマ，油圧ハンマなど）で打撃し，既製杭を打ち込む工法であり，地盤を緩めることがなく耐力が期待できるため，信頼性が高く施工費も安く経済的である。しかし，打込みによる騒音・振動が大きく，市街地での工事には問題が多い。適用杭径は，300～800mm 程度である。

❷　プレボーリングによる埋込み工法

　あらかじめアースオーガーで一定深度まで掘削した後，既製杭を掘削孔に建て込む工法であり，根固め液を用いて杭を設置するセメントミルク工法，最終的に打撃を行う工法および杭先端を拡大根固めする特定埋込杭工法がある。
　騒音・振動を低減する目的で用いる場合が多い。適用杭径は，300～800mm 程度である。

❸　中掘りによる埋込み工法

　杭中空部にアースオーガー等を挿入し，杭先端の地盤を掘削しながら，杭中空部から排土し，既製杭を設置する工法であり，比較的杭径の大きな施工に適している。
　中掘工法には，所定の深度に達した後，杭に打撃を加える工法，オーガー先端から根固め液を注入し杭先端部を根固めする工法，および杭先端部を拡大根固めする工法がある。低騒音・低振動で施工ができる。適用杭径は，400～1000mm 程度である。

❹　アースドリル工法

　ドリリングバケットを回転させて孔を掘削し，ドリリングバケット内の土砂を排出後，この孔にコンクリート杭を築造する工法である。掘削の際，掘削孔地表面の崩壊防止のため，表層ケーシングを建て込み安定液を注入しながら孔を掘削する。所定の支持地盤を確認の後は，底ざらいバケットでスライム処理を行い，かご状鉄筋を挿入し，建て込んだトレミー管によりコンクリートを打込み杭を築造する。

仮設が簡単で施工速度が速く，施工費も安く経済的である。しかし，礫（約10cm以上）層の掘削が困難であり，廃泥土の処理がやや大変である。低騒音，低振動で施工ができる。適用杭径は，0.7～3.0m程度である（杭径が3.0m以上の施工が可能な掘削機もある）。

❺ オールケーシング工法（揺動型の場合）
　ケーシングチューブを掘削孔全長にわたり揺動（回転）・圧入しながら，ハンマグラブで掘削し，この孔にコンクリート杭を築造する工法である。掘削の際，掘削孔地表面の崩壊防止のため，ケーシングチューブを揺動・圧入しながら孔を掘削する。所定の支持地盤を確認の後は，ケーシングジョイントでスライム処理を行い，かご状鉄筋を挿入し，建て込んだトレミー管によりコンクリートを打ち込み，杭を築造する。
　杭全長にケーシングを用いるので孔壁の崩壊がなく，残土処理が比較的容易である。しかし，地下水位以下の細砂層が厚い場合，ケーシングチューブの引抜きが困難であり，杭径に制約がある。低騒音，低振動で施工できる。適用杭径は，1.1～1.5mおよび1.8・2.0m程度である。

❻ リバース工法
　スタンドパイプを建て込み，満水し回転ビットで孔を掘削し，この孔にコンクリート杭を築造する工法である。なお，スタンドパイプは，静水圧により孔壁の崩壊を防止するために用いる。表層地盤の崩壊防止および掘削完了後にかご状鉄筋を挿入し，建て込んだトレミー管によりスライム処理・コンクリートを打ち込み，杭を築造する。
　通常，自然泥水で孔壁保護が可能であり，特殊ビットにより岩の掘削ができる。しかし，ドリルパイプ径より大きい玉石（15cm以上）層の掘削が困難であり，水頭圧および比重の泥水管理が不十分である場合，孔壁崩壊を起こすことがある。低騒音，低振動で施工できる。適用杭径は，0.8～4.0m程度である。

❼ BH工法（Boring Hole工法）
　強力な動力を持つボーリングマシーンを用いて，ボーリングロッドの先端に取り付けたビットを回転させ，ノーケーシングで掘削し，この孔にコンクリート杭を築造する工法である。掘削の際，グラウトポンプでビット先端に安定液を送り込み，掘削した土砂を上昇水流により孔口に運び，サンドポンプで排出する。掘削後は，スライム処理を行い，かご状鉄筋を挿入し，コンクリートを打ち込み，杭を築造あるいは既製杭の建込みを行う。
　機械の組立・解体に重機が不要であり，施工機械が小型のため，狭小な敷地での施工が可能である。しかし，鉛直精度が低く，通常，直径3cm以上の礫は回収が困難である。低騒音，低振動で施工ができる。適用杭径は，0.2～1.5m程度である。

❽ 深　礎　工　法
　建物質量または構築物質量を地中の支持層まで伝達するコンクリート杭を人力掘削または機械掘削によって築造する工法である。掘削を行いつつ，鋼製波板とリング枠（主にライナープレート）で土留めを行い，孔内で鉄筋を組み立て，土留め材を取り外しながらコンクリートを打設し，杭を築造する。
　狭い場所，傾斜地または建設機械が進入困難な場所での施工が可能であり，大口径で大深度の杭施工が可能である。しかし，湧水が多い場合や崩れやすい地盤には適さない。無騒音，無振動で施工ができる。適用杭径は，1.2m以上が可能である。

3-5　場所打ちコンクリート杭地業（オールケーシング工法—ベノト）

　この工法は，機械掘削により杭を築造するもので，掘削機械の選定，土質の状態，敷地の形状および隣地との関係について十分調査することが重要である。また，掘削機械の据付けに当たっては，機械質量（90tを超えるものもある）を考慮し，作業中に機械が傾いたりすることのないよう注意するとともに，ケーシングが，垂直に建て込まれているかどうかをトランシットまたは下げ振りで絶えず確認する。

　掘削に当たっては，ケーシングを先に揺動圧入し，土砂の崩壊を防ぎながらハンマグラブにより掘削するが，砂質土層のようなボイリングを起こしやすい地層の場合には，孔内に水を張り防止する。掘削深さが所定の深さに達し，排出される土により予定の支持地盤に達したことが確認されたら，孔底部のスライムを除去し，検尺テープで掘削深度を測定する。

　杭本体の築造は，まず鉄筋をかご状に組み立て，鉄筋かごを変形させないよう自由落下を避け，静かに建て込む。この際かぶり厚さを確保するため，あらかじめスペーサを取り付けておく。次にコンクリートの打設であるが，下部から泥水など不純物を押し上げるようにトレミー管をコンクリートの中に常に2m以上入っている状態で引き抜きながら行う。

　頂部に低品質のコンクリートができるので，余分に打設し余盛をつくり，後でその部分をはつり取る（杭頭処理）。

　また，杭上部に空掘部分が残る場合には，穴への落下防止と穴周辺の崩壊防止のため良質土で埋戻しを行う。なお，埋戻しは杭に悪影響を及ぼさないよう静かに良質土を投入して行うことが必要である。

　施工フローは次図を標準とする。

図 3-1 施工フロー

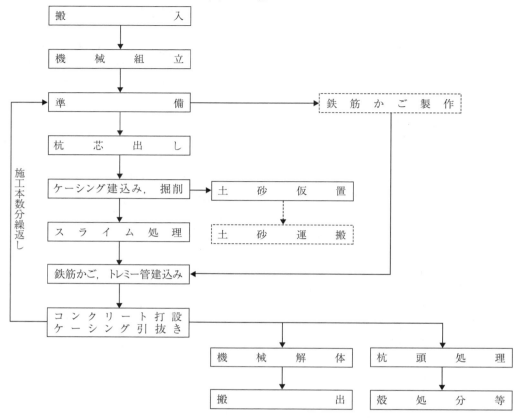

（注） 本書で対応しているのは，実線部分のみである。

❶ 設定条件
　表 3-2 に示す。

3 地業

表 3-2 工事規模内容設定条件

名　　　　称	規　模　内　容
施　工　場　所	東京都内
着　工　時　期	4月1日　予想平均気温 15.0（℃）
杭　　杭　径	$D=1,500$mm
杭　長	$l=28$m
掘　削　長	$L_0=30$m
本　数	$N=30$ 本
掘　削　地　盤	図 3-2 に示す。ドライ掘削可能な地盤
作　業　敷　地　面　積	1,000m²
使　用　機　械　台　数	1セット
コ　ン　ク　リ　ー　ト	$F_c=24$N/mm²　余盛長 $l_1=0.5$m　スランプ18cm
鉄筋　主筋　鉄筋径	D25　SD345，3.98kg/m
組立本数	$N_s=24$ 本
継手箇所数	$n=4$
継手長	$l_d=1.0$m　アンカー長 $l_c=1.5$m
フープ筋　鉄筋径	D13　SD295A，0.995kg/m
ピッチ	$p=0.3$m
重ね長	$l_m=0.4$m
補強材　鋼板（幅×厚）	50×6mm　2.36kg/m
ピッチ	$p=3.0$m
重ね長	$l_m=0.4$m
スペーサ　鉄筋径	D13　SD295A，0.995kg/m
1か所当たり長さ	$L_b=0.5$m
ピッチ	$p=3.0$m
1断面個数	$m=5$
かぶり厚	$d'=0.1$m
そ　の　他	1. 現場における泥水処理の必要なし 2. 鉄筋の現場加工は可能とする

図 3-2 掘削地盤柱状図

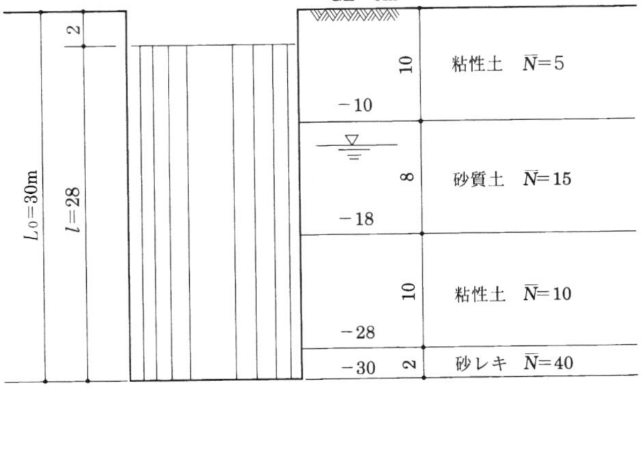

GL=0m
- 0〜−10：粘性土　$\bar{N}=5$（厚さ10）
- −10〜−18：砂質土　$\bar{N}=15$（厚さ8）
- −18〜−28：粘性土　$\bar{N}=10$（厚さ10）
- −28〜−30：砂レキ　$\bar{N}=40$（厚さ2）

$L_0=30$m、$l=28$m

❷ 掘削機の選定

『工事歩掛要覧〈建築・設備編〉』p. 106（3）②により杭径 D ＝1,500mm，掘削長 30m であるので，当該機種は ϕ1,500mm 級とし，揺動型オールケーシング掘削機とする。

❸ 作業日数の算定

『工事歩掛要覧〈建築・設備編〉』p. 107（5）①より杭 1 本当たりの施工日数は次式による。

杭 1 本当たりの施工日数

算定式

$D_c = \alpha \cdot D_{c1}$

　D_c：杭 1 本当たりの施工日数（日/本）

　α：土質係数

　　『工事歩掛要覧〈建築・設備編〉』表・建・3-3 により土質係数 1.00

　D_{c1}：掘削長別　杭 1 本当たりの施工日数（日/本）

　　D_{c1}：$25 < l \leqq 30$

　　　掘削長別　杭 1 本当たりの施工日数（日/本）より

　　　掘削長　30m　　施工日数　1.41（日/本）

❹ 作業延日数の算定

$\sum D_{c1} = (D_1 + D_2 + D_{c1})$

　D_1：機械搬入，搬出日数＝2（日）

　D_2：機械組立，解体日数＝4（日）

　D_{c1}：杭施工日数＝42.3（日）

　杭全本数施工日数：$D_{c1} \times$ 本数＝1.41×30＝42.3（日）

$\sum D_{c1} = (2 + 4 + 42.3) = 48.3$（日）

❺ 材　料　費

（1）コンクリート

コンクリートの使用量の算定は『工事歩掛要覧〈建築・設備編〉』p. 109 ④および**表 3-2** の設定条件による。

　$Q = \dfrac{\pi}{4} \times D^2 \times L \times (1+K) = 0.785 \times D^2 \times L \times 1.08$

　　$D = 1.5$（m）

　　$L = l + 0.5 = 28.0 + 0.5 = 28.5$（m）

　　$K : 0.08$

　$Q = 0.785 \times 1.5^2 \times 28.5 \times 1.08 = 54.37$（m³/本）

　$\sum Q = Q \times N = 54.37 \times 30 \fallingdotseq 1,631$（m³）（小数点以下第 1 位を四捨五入し整数止め）

　1,631（m³）×13,650（円/m³）＝22,263,150（円）

（2）構造体強度補正

コンクリート単価とは別に，構造体強度補正による加算額を計上する。補正の対象となるコンクリート数量に，次式で求めた差額を乗じて算出した価格を計上する（「5 コンクリート」5-4 ❶生コンクリート参照）。

　差額＝「調合管理強度」による材料単価－「設計基準強度（F_c）」による材料単価

構造体強度補正の算定は，表3-2の設定条件による。
$F_c=24N/mm^2$，スランプ18cm，予想平均気温15℃→構造体強度補正値(S)＝$3N/mm^2$
1,631(m^3)×1,150(円/m^3)＝1,875,650(円)

(3) 鉄　　筋

鉄筋の使用量の算定は，表3-2の設定条件により次のようになる。

(主　　筋) L_M＝(28.0＋1.0×4＋1.5)×24＝804.0 (m/本)
　　　　　　$\Sigma L_M = L_M × N$＝804.0×30＝24,120 (m)
　　　　　　質量　W_M＝24,120 (m)×3.98 (kg/m)×1.04≒99.84 (t)

(フープ筋) $L_a = D×\pi + l_m$＝1.5×3.14＋0.4＝5.11 (m)
　　　　　　本数　28÷0.3＝93.3→94　　94＋1＝95 (本)
　　　　　　$\Sigma L_F = L_F × N$＝5.11×95×30≒14,564 (m)
　　　　　　質量　W_F＝14,564 (m)×0.995 (kg/m)×1.04≒15.07 (t)

(補強材) $L_p = L_a ×$本数＝5.11×11＝56.21 (m)
　　　　　本数　28÷3.0＝9.3→10　　10＋1＝11 (本)
　　　　　$\Sigma L_p = L_p × N$＝56.21×30≒1,686 (m)
　　　　　質量　W_p＝1,686 (m)×2.36 (kg/m)×1.03≒4.10 (t)

(スペーサ) $L_s = L_b ×$本数×個数＝0.5×11×6＝33 (m)
　　　　　　$\Sigma L_s = L_s × N$＝33×30＝990 (m)
　　　　　　質量　W_s＝990 (m)×0.995 (kg/m)×1.04≒1.02 (t)

主　　　　筋　99.84 (t)×51,000 (円/t)＝5,091,840 (円)
フ ー プ 筋　15.07 (t)×51,000 (円/t)＝　768,570 (円)
補　強　材　 4.10 (t)×90,000 (円/t)＝　369,000 (円)
ス ペ ー サ　 1.02 (t)×51,000 (円/t)＝　 52,020 (円)
スクラップ控除 △3.20 (t)×10,500 (円/t)＝△ 33,600 (円)
　　計　　　　　　　　　　　　　　　6,247,830 (円)

❻ 用　水　費

用水　410 (円/m^3)×5.0 (m^3/日)×48.3 (日)＝99,015 (円)
供用日当たり，水道使用量：5.0m^3/日，料金410円/m^3と仮定する。

❼ 施 工 費 算 出

〔算出例 3-1〕 場所打ち杭地業（オールケーシング工法）単価表

杭径 1,500mm　杭長 28m　掘削長 30m							30 本当たり	51,700,000 円
名　　称	規　　格	単位	数量	単　価	金　額	単価根拠	備　考	
世　話　役		人	42.3	23,000.00	972,900.00	※	1×1.41×30	
と　び　工		〃	42.3	25,500.00	1,078,650.00	※	1×1.41×30	
特殊作業員		〃	42.3	22,700.00	960,210.00	※	1×1.41×30	
普通作業員		〃	42.3	19,800.00	837,540.00	※	1×1.41×30	
掘削機運転	揺動型オールケーシング掘削機	一式			7,154,278.32	※	〔算出例 3-2〕	
クローラクレーン運転	油圧駆動式ウインチ・ラチスジブ型 50～55t 吊	〃			4,239,528.00	※	〔算出例 3-3〕	
バックホウ運転	排出ガス対策型クローラ型 0.45m³	〃			1,533,060.32	※	〔算出例 3-4〕	
杭 頭 処 理		〃			740,880.00		〔算出例 3-5〕	
コンクリート		〃			22,263,150.00		1,631m³, 材料費のみ	
構造体強度補正		〃			1,875,650.00			
鉄　　筋		〃			6,247,830.00		材料費のみ	
諸　雑　費		〃			3,060,003.62	16,105,282.20×0.19	※(機+労)×19%	
そ　の　他		〃			769,860.00	3,849,300.00×0.2	(労)×20%	
計					51,733,540.26			

（注）1. 機械運転の諸雑費は，労務費と〔算出例 3-2～3-4〕のそれぞれの合計金額から「その他」を除いた金額を対象とする。
　　　2. 掘削機およびクローラクレーンの組立，解体ならびにバックホウの運搬費は，別途計上する。

〔算出例 3-2〕 掘削機運転経費

						一式当たり	7,150,000 円
名　　称	規　　格	単位	数量	単　価	金　額	単価根拠	備　考
運転手(特殊)		人	42.3	22,300.00	943,290.00		1.00×1.41×30
燃　　料	軽油	ℓ	5,034	67.90	341,808.60		119×1.41×30
機 械 損 料	揺動型オールケーシング掘削機	供用日	59.2	94,800.00	5,612,160.00		1.40×1.41×30
そ　の　他		一式			257,019.72	1,285,098.60×0.2	(労+雑)×20%
計					7,154,278.32		

3 地業

〔算出例 3-3〕 クローラクレーン運転経費

						一式当たり	4,240,000 円
名　　称	規　　格	単位	数量	単　価	金　額	単価根拠	備　考
運転手(特殊)		人	42.3	22,300.00	943,290.00		1.00×1.41×30
燃　　料	軽油	ℓ	2,919	100.00	291,900.00		69×1.41×30
機械損料	油圧駆動式ウインチ・ラチスジブ型 50～55t 吊	供用日	54.6	50,500.00	2,757,300.00		1.29×1.41×30
そ の 他		一式			247,038.00	1,235,190.00×0.2	(労+雑)×20%
計					4,239,528.00		

〔算出例 3-4〕 バックホウ運転経費

						一式当たり	1,530,000 円
名　　称	規　　格	単位	数量	単　価	金　額	単価根拠	備　考
運転手(特殊)		人	33.8	22,300.00	753,740.00		0.80×1.41×30
燃　　料	軽油	ℓ	1,184	67.90	80,393.60		28×1.41×30
機械損料	排出ガス対策型 クローラ型 0.45m³	供用日	62.6	8,500.00	532,100.00	賃料による	1.48×1.41×30
そ の 他		一式			166,826.72	834,133.60×0.2	(労)×20%
計					1,533,060.32		

〔算出例 3-5〕 杭頭処理

						30 本当たり	741,000 円
名　　称	規　　格	単位	数量	単　価	金　額	単価根拠	備　考
世 話 役		人	6.0	23,000.00	138,000.00		0.2×30
特殊作業員		〃	12.0	22,700.00	272,400.00		0.4×30
普通作業員		〃	6.0	19,800.00	118,800.00		0.2×30
諸 雑 費		一式			105,840.00	529,200.00×0.2	(労)×20%
そ の 他		〃			105,840.00	529,200.00×0.2	(労)×20%
計					740,880.00		

〔算出例 3-6〕 掘削機組立，解体

オールケーシング掘削機						1台1回当たり	1,530,000 円
名　　称	規　　格	単位	数量	単　価	金　額	単価根拠	備　考
ラフテレーンクレーン	排出ガス対策型 油圧伸縮ジブ型 25t 吊	供用日	3.4	52,000.00	176,800.00	賃料による	
特殊作業員		人	3.9	22,700.00	88,530.00		
運搬費等		一式			1,236,437.80	265,330.00×4.66	(労+機)×466%
諸 雑 費		〃			13,266.50	265,330.00×0.05	(労+機)×5%
そ の 他		〃			17,706.00	88,530.00×0.2	(労)×20%
計					1,532,740.30		

（注）掘削機の運搬費を含む。

〔算出例3-7〕 クローラクレーン組立，解体

名　　称	規　格	単位	数量	単　価	金　額	単価根拠	備　考
				1台1回当たり			949,000 円
ラフテレーン クレーン	排出ガス対策型 油圧伸縮ジブ型 25t 吊	日	1.7	52,000.00	88,400.00		賃料による
特殊作業員		人	5	22,700.00	113,500.00		
運搬費等		一式			714,726.00	201,900.00×3.54	(労+機)×354%
諸雑費		〃			10,095.00	201,900.00×0.05	(労+機)×5%
その他		〃			22,700.00	113,500.00×0.2	(労)×20%
計					949,421.00		

（注）クローラクレーンの運搬費を含む。

❽ 建設発生土処理運搬費

全搬出量　$V' = \dfrac{\pi}{4} \times D^2 \times (l+0.5)N$

$\qquad\qquad = 0.785 \times 1.5^2 \times (28+0.5) \times 30 \fallingdotseq 1,510$ （m³）

ダンプトラック 1m³ 当たり運搬供用日数算出

運搬距離　20km　DID 区間あり

運搬機種　バックホウ　排出ガス対策型　油圧式クローラ型 0.45m³

ダンプトラック 10t 積級　0.063（日/m³）

〔算出例3-8〕 建設発生土処理運搬費

名　　称	規　格	単位	数量	単　価	金　額	単価根拠	備　考
運搬距離 20km（ダンプトラック 10t 積級　バックホウ 0.45m³ DID 区間あり）				1m³ 当たり			3,530 円
ダンプトラック	10t 積級	日	0.063	56,067.99	3,532.28		〔算出例3-9〕より
その他		一式		—	—		
計					3,532.28		

〔算出例3-9〕 ダンプトラック運転経費

名　　称	規　格	単位	数量	単　価	金　額	単価根拠	備　考
10t 積級				1日当たり			56,100 円
運転手（一般）		人	1.0	18,500.00	18,500.00		
燃料	軽油	ℓ	71.2	100.00	7,120.00		
機械損料	10t 積級	供用日	1.29	19,631.00	25,323.99		タイヤ損耗費を含む
その他		一式			5,124.00	25,620.00×0.2	(労+雑)×20%
計					56,067.99		

運搬費　1,510（m³）×3,530（円）＝5,330,300（円）
捨場費　1,510（m³）×2,700（円）＝4,077,000（円）
建設発生土処理運搬費合計　　9,407,300（円）

3 地業

❾ 運 搬 費
モータープール・現場間運搬費（往復分）

〔算出例 3-10〕 運搬費

					1 往復当たり		206,000 円
運搬材	質量(t)	運搬車種	日数	単価	金額	備考	
敷鉄板	16.0	トラック 11t 積	0.93	45,626.00	42,432.18	〔算出例 2-60〕より	
工事中小運搬		トラック 4t 積	5	32,632.10	163,160.50	〔算出例 3-11〕より	
計					205,592.68		

〔算出例 3-11〕 トラック運転

4t 積						1 日当たり		32,600 円
名称	規格	単位	数量	単価	金額	単価根拠	備考	
運転手(一般)		人	1.0	18,500.00	18,500.00			
燃料	軽油	ℓ	32.6	100.00	3,260.00			
トラック	普通用 4t 積	供用日	1.13	5,770.00	6,520.10			
その他		一式			4,352.00	21,760.00×0.2	(労+雑)×20%	
計					32,632.10			

3-6 既製コンクリート杭・杭頭処理算出例

表 3-3 杭頭処理 （1 か所当たり）

名称	単位	杭径（mm）						摘要
		300	350	400	450	500	600	
はつり工	人	0.12	0.16	0.20	0.25	0.30	0.41	
その他		一式	一式	一式	一式	一式	一式	

（注） 切断後の建設発生材の積込みを含む。

〔算出例 3-12〕 杭頭処理

杭径 450mm　既製コンクリート杭					1 か所当たり		7,020 円
名称	規格	単位	数量	単価	金額	単価根拠	備考
はつり工		人	0.25	23,400.00	5,850.00		
その他		一式			1,170.00	5,850.00×0.2	(労)×20%
計					7,020.00		

表 3-4　杭頭補強 (1か所当たり)

名　称	規　格	単位	A形 杭径（mm）						B形 杭径（mm）
			300	350	400	450	500	600	300〜600
コンクリート		m³	0.012	0.02	0.03	0.05	0.06	0.12	—
杭頭補強用底板		個	1.0	1.0	1.0	1.0	1.0	1.0	1.0
異　形　鉄　筋	SD295A D10	kg	1.6	2.1	3.0	4.0	5.0	6.9	—
〃	〃　　D13	〃	4.0	6.5	7.0	9.9	10.5	11.8	—
鉄　筋　工		人	0.05	0.05	0.06	0.09	0.10	0.12	—
特　殊　作　業　員		〃	0.02	0.03	0.05	0.08	0.09	0.19	0.02
普　通　作　業　員		〃	0.02	0.02	0.02	0.02	0.02	0.02	—
そ　の　他			一式	一式	一式	一式	一式	一式	一式

〔算出例 3-13〕　杭頭補強

A形　杭径450mm　既製コンクリート杭　　　　　　　　　　1か所当たり　　7,090 円

名　称	規　格	単位	数量	単　価	金　額	単価根拠	備　考
コンクリート		m³	0.05	13,300.00	665.00		
杭頭補強用底板	鋼製	個	1.0	280.00	280.00		
異　形　鉄　筋	SD295A D10	kg	4.0	53.00	212.00		
〃	〃　D13	〃	9.9	51.00	504.90		
鉄　筋　工		人	0.09	25,700.00	2,313.00		
特　殊　作　業　員		〃	0.08	22,700.00	1,816.00		
普　通　作　業　員		〃	0.02	19,800.00	396.00		
そ　の　他			一式		905.00	4,525.00×0.2	(労)×20%
計					7,091.90		

3-7　砂利地業等算出例

❶　砂利地業，割石地業，砂地業

図示による面積に厚さを乗じた数量とする。

表 3-5　砂利地業 (1m³ 当たり)

名　称	規　格	再生クラッシャラン，切込砂利または切込砕石（m³）	普通作業員（人）	その他	摘要
砂　利　地　業		1.1	0.2	一式	

（注）砂利の粒度は，C-40程度とする。

〔算出例 3-14〕 砂利地業

						1m³ 当たり		6,070 円
名　　称	規　　格	単位	数量	単　価	金　額	単 価 根 拠	備　　考
砂　　利	再生クラッシャラン 40-0	m³	1.1	1,200.00	1,320.00		
普 通 作 業 員		人	0.2	19,800.00	3,960.00		
そ の 他		一式			792.00	3,960.00×0.2	（労）×20％
計					6,072.00		

表 3-6　割石地業

（1m³ 当たり）

名　　称	規　　格	割石 (m³)	目つぶし砂利 $\begin{pmatrix}切込砂利\\切込砕石\end{pmatrix}$ (m³)	普通作業員 (人)	その他	摘　要
割 石 地 業		1.0	0.3	0.3	一式	

〔算出例 3-15〕 割石地業

						1m³ 当たり		13,300 円
名　　称	規　　格	単位	数量	単　価	金　額	単 価 根 拠	備　　考
割　　石		m³	1.0	5,750.00	5,750.00		
目つぶし砂利	再生クラッシャラン 30-0	〃	0.3	1,300.00	390.00		
普 通 作 業 員		人	0.3	19,800.00	5,940.00		
そ の 他		一式			1,188.00	5,940.00×0.2	（労）×20％
計					13,268.00		

表 3-7　砂地業

（1m² 当たり）

名　　称	規　　格	砂 (m³)	普通作業員 (人)	その他	摘　要
砂　地　業	厚さ 100mm	0.13	0.026	一式	

〔算出例 3-16〕 砂地業

						1m³ 当たり		1,210 円
名　　称	規　　格	単位	数量	単　価	金　額	単 価 根 拠	備　　考
砂	厚さ 100mm	m³	0.13	4,550.00	591.50		
普 通 作 業 員		人	0.026	19,800.00	514.80		
そ の 他		一式			102.96	514.80×0.2	（労）×20％
計					1,209.26		

❷　土間下防湿断熱

　土間コンクリートの下に，防湿用としてポリエチレンフィルムおよびポリスチレン板を敷く場合は，仕様別，用途別に分類して計上する。

表3-8　床下防湿層敷き（ポリエチレンフィルム敷き）　　　　　　　　　　（1m² 当たり）

名　称	規　格	ポリエチレンフィルム (m²)	普通作業員 (人)	その他	摘　要
ポリエチレンフィルム	厚さ0.15mm	1.1	0.005	一式	

〔算出例3-17〕　床下防湿層敷き（ポリエチレンフィルム敷き）

　　　　　　　　　　　　　　　　　　　　　　　　　　1m² 当たり　　210 円

名　称	規　格	単位	数量	単　価	金　額	単価根拠	備　考
ポリエチレンフィルム	厚さ0.15mm	m²	1.1	80.00	88.00		
普通作業員		人	0.005	19,800.00	99.00		
その他		一式			19.80	99.00×0.2	（労）×20%
計					206.80		

表3-9　土間防湿層敷き（ポリスチレン板敷き）　　　　　　　　　　（1m² 当たり）

名　称	規　格	ポリスチレン板 (m²)	普通作業員 (人)	その他	摘　要
ポリスチレン板	厚さ20mm	1.05	0.023	一式	
〃	25mm	1.05	0.023	〃	
〃	50mm	1.05	0.024	〃	

〔算出例3-18〕　土間防湿層敷き（ポリスチレン板敷き）

　　　　　　　　　　　　　　　　　　　　　　　　　　1m² 当たり　　930 円

名　称	規　格	単位	数量	単　価	金　額	単価根拠	備　考
ポリスチレン板	厚さ20mm	m²	1.05	362.28	380.39	600円/(1.82×0.91)	
普通作業員		人	0.023	19,800.00	455.40		
その他		一式			91.08	455.40×0.2	（労）×20%
計					926.87		

4 鉄　　筋

4-1　概　　説

　鉄筋の数量は，「建築数量積算基準」に基づき，基礎，柱，床板，壁，階段およびその他の部分について，規格，形状，寸法等ごとに計測・計算した長さを設計長さとし，その設計長さと日本工業規格（JIS）に定める単位質量を乗じた質量とする。所要数量は，設計数量に4%の割増率を乗じて求める。

　加工組立は，RCラーメン構造，RC壁式構造，SRCラーメン構造に区分する。

　加工組立は，加工組立に関わる労務費，結束線，機械工具損料，小運搬，その他を含めた鉄筋1t当たりの単価とする。また，加工組立の労務工数は，構造ごとに鉄筋の太物と細物の鉄筋の**表4-6**に示す標準的な割合に基づいているため，この割合が大幅に変わる特殊な建物やある部位（柱，梁，床板，壁等）のみを求める場合にはこれに準じて別途求める必要がある。

　また，鉄筋の加工は，現場での加工と工場での加工に区分できるが，最近では大都市圏はもとより，地方都市においても敷地の狭あい化が進みそれに伴って現場もしくは隣接地に加工場を設け，加工することがほとんど困難な状況である。従って，鉄筋加工業者は現場から離れた工場で鉄筋を加工し，現場に搬入するのが一般的になっている。そのため工場加工とする場合は，歩掛に工場間接費の項目を設けるとともに，加工場から現場までの運搬費を別途計上する必要がある。

　鉄筋のガス圧接は，19mm以上の鉄筋であり，径ごとの継手箇所数にそれぞれの箇所当たりの単価を乗じる。

　なお，公共建築工事の積算では，鉄筋加工組立，スパイラルフープの取付け，鉄筋運搬費およびガス圧接については，市場単価（『建築施工単価』等に掲載）を採用している。

4-2　内訳書の書式

「鉄筋」の主な細目は，次のようになる。

異形鉄筋	規格・径	○t
鉄筋スクラップ控除		△一式
鉄筋加工組立	構造別	○t
鉄筋ガス圧接	径	○か所（一式）
鉄筋運搬	加工場～現場	○t
計		

異形鉄筋は，4%の割増しを含んだ所要数量とする。
鉄筋の加工・組立および鉄筋運搬は設計数量とする。
（　）は必要に応じて計上する。

4-3 数量の算出

　鉄筋の数量は，「建築数量積算基準」の定めに従って計測・計算し，規格および径ごとに分類して計上する。鉄筋コンクリート造，鉄骨鉄筋コンクリート造，鉄骨造，壁式鉄筋コンクリート造等の標準的な建築物の鉄筋の計測・計算の通則を以下に示す。

　鉄筋の数量は，各部分について規格，形状，寸法等ごとに，原則としてコンクリートの設計寸法に基づき，次の各項に定めるところに従い計測・計算した長さを設計長さとし，その設計長さと日本工業規格（JIS）に定める単位質量を乗じた質量とする。

1) 基礎ベース，柱，梁，床板，壁等の先端で止まる鉄筋は，コンクリートの設計寸法をその部分の鉄筋の長さとし，これに設計図書等で指定された場合はフックの長さを加える。斜筋もこれに準ずる。ただし，径 13mm 以下の鉄筋についてのフックはないものとする。
2) フープ，スタラップの長さは，それぞれ柱，基礎梁，梁，壁梁のコンクリートの断面の設計寸法による周長を鉄筋の長さとし，フックはないものとする。
3) 幅止筋の長さは，基礎梁，梁，壁梁または壁のコンクリートの設計幅または厚さとし，フックはないものとする。
4) 重ね継手または圧接継手について，本基準で別に定める場合を除き，計測・計算した鉄筋の長さについて，径 13mm 以下の鉄筋は 6.0m ごとに，径 16mm 以上の鉄筋は 7.0m ごとに継手があるものとして継手箇所数を求める。径の異なる鉄筋の重ね継手は小径による継手とする。
5) 圧接継手の加工のための鉄筋の長さの変化はないものとする。
6) フック，定着，余長および重ね継手の長さについて設計図書に記載のないときは，日本建築学会，建築工事標準仕様書 JASS 5 鉄筋コンクリート工事の規定を準用し，小数点以下第 3 位を四捨五入し，小数点以下第 2 位とする。
　　なお，径の異なる鉄筋の継手は小径による継手とする。
7) 鉄筋の割付本数が設計図書に記載されていない場合は，その部分の長さを鉄筋の間隔で除し，小数点以下第 1 位を切り上げた整数（同一の部分で間隔の異なる場合はその整数の和）に 1 を加える。
8) 窓，出入口等の開口部による鉄筋の欠除は，原則として建具類等開口部の内法寸法による。ただし，1 か所当たり内法面積 $0.5m^2$ 以下の開口部による鉄筋の欠除は原則としてないものとする。
　　なお，開口補強筋は設計図書により計測・計算する。
9) 鉄筋についてその所要数量を求めるときは，その設計数量の 4% の割増しを標準とする。

各部分の計測・計算は次による。
(1) 基　　礎
　① 独立基礎
　　ベース筋，斜筋の長さは，1) による。はかま筋等は，設計図書により計測・計算する。
　② 布基礎
　　ベース筋の長さは，1) により，接続部の長手方向のベース筋は相互に交差したものとし

て計測・計算する。布基礎の梁に該当するものは③基礎梁に準ずる。
③　基礎梁
  a. 基礎梁の全長にわたる主筋の長さは，基礎梁の長さにその定着長さを加える。トップ筋，ハンチ部分の主筋，補強筋等は設計図書による。ただし，同一の径の主筋が柱または基礎梁を通して連続する場合は，定着長さに替えて接続する柱または梁の幅の1/2を加え，異なる径の主筋が連続する場合は，それぞれ定着するものとする。
  b. 連続する基礎梁の全長にわたる主筋の継手については，4）の規定にかかわらず，基礎梁の長さが，5.0m 未満は 0.5 か所，5.0m 以上 10.0m 未満は 1 か所，10.0m 以上は 2 か所あるものとする。径の異なる主筋が連続する場合も継手についてはこの規定を準用する。
　　ただし，単独基礎梁および片持基礎梁および壁式構造の基礎梁の主筋の継手は，4）により，基礎梁の全長にわたる主筋の径が異なる場合の継手の位置は設計図書による。
　　重ね継手の長さは，6）による。
  c. 壁式構造で布基礎の基礎梁に該当する部分の縦筋が設計図書に記載のあるときは，コンクリートの高さに余長を加えた長さとする。
  d. スタラップおよび幅止筋の長さ，本数は各基礎梁ごとに 2），3）および 7）による。また，腹筋の余長は 6）によるが，壁式構造では（5）壁②-4 横筋による。
④　底盤（基礎スラブ）
  a. 主筋の長さは，定着の場合は底盤の内法長さに定着長さを加え，ほかの部分を通して連続する場合は底盤の内法長さに基礎梁等接続する部分の幅の1/2を加えるものとする。ハンチ部分もこれに準ずる。
  b. 主筋の継手箇所数は，基礎梁の主筋の継手に準ずる。ただし，壁式構造については，床板の主筋の継手に準ずる。
  c. 補強筋は設計図書による。

(2) 柱
  a. 主筋の長さは，柱の長さに定着長さおよび余長を加えたものとする。階の途中で終わりまたは始まる主筋の長さは，設計図書により柱断面図に示された階に属するものとする。
　　最上階柱の主筋については，1）による。
  b. 主筋の継手は，4）の規定による。ただし，基礎柱については基礎柱部分の主筋の長さが 3.0m 以上の場合は 1 か所，その他の階の各階柱の全長にわたる主筋については各階ごとに 1 か所の継手があるものとする。
　　柱の途中で終わりまたは始まる主筋の継手については，4）による。径の異なる主筋の継手は，各階 1 か所とし，その位置は床板上面から 1.0m とする。
　　重ね継手の長さは，6）による。
  c. フープは各階ごとに 2）および 7）による。
  d. 柱頭および柱脚等の補強筋は設計図書による。

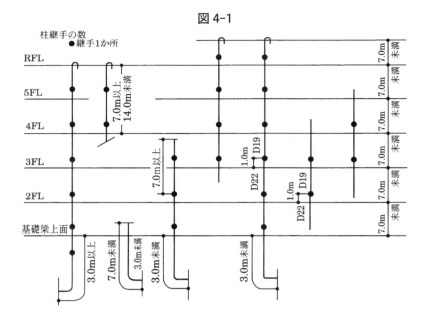

図 4-1

(3) 梁

    a. 梁の全長にわたる主筋の長さは，(1)③基礎梁a.の規定に同じ（ただし，基礎梁は梁とする。以下，b.およびc.についても同じ）。

    b. 連続する梁の全長にわたる主筋の継手については，(1)③基礎梁b.の規定に同じ。

    c. スタラップおよび幅止筋の長さ，本数は(1)③基礎梁d.の規定に同じ。

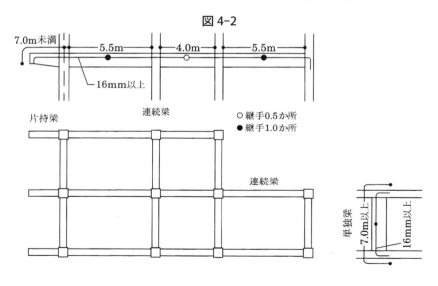

図 4-2

(4) 床板（スラブ）

    a. 床板の全長にわたる主筋の長さは，(1)③基礎梁a.の規定に同じ（ただし，基礎梁は床板，柱または基礎梁は，梁，壁等とする）。

    b. 連続する床板の全長にわたる主筋の継手については，4)の規定にかかわらず，床板

の長さ 4.5m 未満は 0.5 か所，4.5m 以上 9.0m 未満は 1 か所，9.0m 以上 13.5m 未満は 1.5 か所あるものとする。ただし，単独床板および片持床板の主筋の継手は，4）による。
　　重ね継手の長さは，6）による。
　c．同一配筋の床板がある場合には，適切な計算法による計数値とすることができる。

(5) 壁

① 壁（壁式構造以外）
　a．縦筋，横筋の長さは，接続するほかの部分に定着するものとし，壁の高さまたは長さに定着長さを加えたものとする。補強筋は設計図書による。
　b．縦筋の継手は原則として各階に 1 か所あるものとし，開口部腰壁，手すり壁等の継手はないものとする。また，横筋の継手は，4）による。
　c．同一配筋の壁がある場合には，適切な計算法による計数値とすることができる。

② 壁（壁式構造）
　壁式構造の壁筋は，端部筋，縦筋，壁梁筋，横筋および補強筋に区別して計測・計算する。

②-1 端部筋
　a．壁の端部および壁と壁の接続する箇所のコーナー部配筋は，一般の縦筋と異なる配筋で設計されることが多い。この部分の縦筋を端部筋といい，その長さは各階の壁高さに設計図書による定着長さおよび余長を加えた長さとする。階高全体にわたる開口部縦補強筋は，端部筋として扱う。
　b．各階の階高全体にわたる端部筋は，各階ごとに 1 か所の継手があるものとする。径の異なる鉄筋の継手は原則として 1 か所とし，その位置は床板上面から 1.0m とする。
　　なお，重ね継手の長さは，6）による。

②-2 縦　筋
　a．一般階の縦筋の長さは，各階の壁高さによる。
　b．最下階の縦筋の長さは，接続する布基礎がスタラップ状配筋の場合は，最下階の壁高さに定着長さを加えるものとする。
　c．最上階の縦筋の長さは，屋上床に定着する。その階で止まり上階に壁がない場合もこれに準ずる。
　d．開口部の上下の壁部分の縦筋がスタラップ状配筋の場合は設計図書による。
　　床上からの開口部で上の壁部分のみの場合は，原則としてスタラップ状配筋として計測・計算する。
　e．縦筋の継手は，原則として各階ごとに 1 か所の継手があるものとする。ただし，直上階の縦筋の配筋が異なる場合は，その階の縦筋にさらに 1 か所の継手があるものとし，直上階の縦筋の継手がないものとする。
　f．縦筋の割付本数は，壁の内法長さをもとに 7）により割付け本数を求め，壁の内法に含まれる壁の接続部および縦補強筋の箇所数を差し引いた本数とする。
　g．同一配筋の壁がある場合には，適切な計算法による計数値とすることができる。

②-3 壁梁筋
　a．主筋の長さは，壁の内法長さに定着長さを加えた長さとする。主筋の定着については設計図書による。壁全長にわたる開口部横補強筋は壁梁主筋と同様とする。原則として設計図書に記載のない場合は，上下主筋とも接続する他の壁に定着する。
　b．壁の内法全長にわたる主筋の継手箇所数は，4）による。

c. 腹筋は，②-4 横筋による。
　　d. スタラップ状配筋および幅止筋の長さ，本数は，2），3）および 7）により計測・計算する。
②-4　横　筋
　　a. 横筋の長さは，壁の内法長さに定着長さを加えた長さとする。
　　b. 袖壁または開口部等の側壁でフープ状配筋が設計図書に記載のある場合は，2）および 7）により計測・計算する。
　　c. 横筋の割付本数は，7）にかかわらず，壁高さを鉄筋間隔で除し，小数点以下第 1 位を切り上げた整数から 1 を差し引いた本数とする。
　　d. 同一配筋の壁がある場合には，適切な計算法による計数値とすることができる。
②-5　補強筋
　　補強筋は設計図書による。

表 4-1　鉄筋の重ね継手および定着の長さ

コンクリートの設計基準強度 F_c (N/mm²)	鉄筋の種類	重ね継手		定着				
		フックなし	フックあり	一般		下端筋		―
				フックなし	フックあり	フックなし	フックあり	床・屋根スラブ
		L_1	L_{1h}	L_2	L_{2h}	L_3（小梁）	L_{3h}（小梁）	
18	SD295A, SD295B	45d	35d	40d	30d	20d	10d	10d かつ 150mm 以上
	SD345	50d	35d	40d	30d			
21	SD295A, SD295B	40d	30d	35d	25d			
	SD345	45d	30d	35d	25d			
	SD390	50d	35d	40d	30d			
24, 27	SD295A, SD295B	35d	25d	30d	20d			
	SD345	40d	30d	35d	25d			
	SD390	45d	35d	40d	30d			
30, 33, 36	SD295A, SD295B	35d	25d	30d	20d			
	SD345	35d	25d	30d	20d			
	SD390	40d	30d	35d	25d			

（注）　1. 普通コンクリートを使用する場合の鉄筋の重ね継手および定着長さは特記による。
　　　　　特記がない場合は，表中の数値とする。
　　　　　軽量コンクリートを使用する場合の鉄筋の重ね継手および定着長さは特記による。
　　　　　特記がない場合は，$F_c \leq 36$N/mm² の軽量コンクリートを対象として，表中の数値に 5d 以上加算した重ね継手長さおよび定着長さとする。
　　　2. d は，異形鉄筋の呼び名の数値を表し，丸鋼には適用しない。
　　　3. 鉄筋の径が異なる重ね継手の長さは，小径の鉄筋による。
　　　4. フックあり定着の長さは，定着起点から折曲げ開始点までの距離とし，折曲げ開始点からフック末端部までは定着長さに含まない。
　　　5. 重ね継手のフックあり長さは，折曲げ開始点間の距離とし，折曲げ開始点からフック末端部までは継手長さに含まない（右図参照）。
　　　6. 耐圧スラブの下端筋の定着長さは，一般定着による。

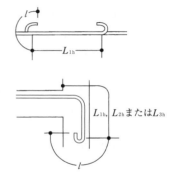

表 4-2　鉄筋径と鉄筋の重ね継手および定着の長さ　　　　　　　　　　　　　　　　　　　(m)

継手および定着 \ 鉄筋	重ね継手 フックなし L_1			重ね継手 フックあり L_{1h}			定着 一般 フックなし L_2			定着 一般 フックあり L_{2h}		
	SD295A SD295B	SD345	SD390	SD295A SD295B	SD345	SD390	SD295A SD295B	SD345	SD390	SD295A SD295B	SD345	SD390
	40d	45d	50d	30d	30d	35d	35d	35d	40d	25d	25d	30d
D10	0.40	0.45	0.50	0.30	0.30	0.35	0.35	0.35	0.40	0.25	0.25	0.30
D13	0.52	0.59	0.65	0.39	0.39	0.46	0.46	0.46	0.52	0.33	0.33	0.39
D16	0.64	0.72	0.80	0.48	0.48	0.56	0.56	0.56	0.64	0.40	0.40	0.48
D19	0.76	0.86	0.95	0.57	0.57	0.67	0.67	0.67	0.76	0.48	0.48	0.57
D22	0.88	0.99	1.10	0.66	0.66	0.77	0.77	0.77	0.88	0.55	0.55	0.66
D25	1.00	1.13	1.25	0.75	0.75	0.88	0.88	0.88	1.00	0.63	0.63	0.75
D29	1.16	1.31	1.45	0.87	0.87	1.02	1.02	1.02	1.16	0.73	0.73	0.87
D32	1.28	1.44	1.60	0.96	0.96	1.12	1.12	1.12	1.28	0.80	0.80	0.96

(注)　1.　表中の値は，普通コンクリート 21（N/mm²）を使用する場合とする。
　　　2.　表 4-1 の定着の下端筋は省略している。

表 4-3　鉄筋径の倍数長さ　　　　　　　　　　　　　　　　　　　　　　　　　　　　　(m)

倍数 \ 鉄筋 呼び径	D10	D13	D16	D19	D22	D25	D29	D32
10d	0.10	0.13	0.16	0.19	0.22	0.25	0.29	0.32
15d	0.15	0.20	0.24	0.29	0.33	0.38	0.44	0.48
20d	0.20	0.26	0.32	0.38	0.44	0.50	0.58	0.64
25d	0.25	0.33	0.40	0.48	0.55	0.63	0.73	0.80
30d	0.30	0.39	0.48	0.57	0.66	0.75	0.87	0.96
35d	0.35	0.46	0.56	0.67	0.77	0.88	1.02	1.12
40d	0.40	0.52	0.64	0.76	0.88	1.00	1.16	1.28
45d	0.45	0.59	0.72	0.86	0.99	1.13	1.31	1.44
50d	0.50	0.65	0.80	0.95	1.10	1.25	1.45	1.60

(6)　階　段

段型の鉄筋の長さは，コンクリートの踏面，蹴上げの長さに継手および定着長さを加えたものとし，その他は梁，床板，壁に準ずる。補強筋は設計図書による。

(7)　その他

庇，パラペット，ドライエリア等の鉄筋は，(1) 基礎～(6) 階段に準ずる。

4-4 鉄筋加工組立

表 4-4 鉄筋現場加工・組立　　　　　　　　　　　　　　　　　　　　　　　　　　　（1t 当たり）

名　称	規　格	結束線 (kg)	鉄筋工 (人)	普通作業員 (人)	その他
現場加工・組立	RC 壁式構造等，全て異形，D13 以下の鉄筋が全量の半分以上の細物構造，重ね継ぎ，結束線共	4.8	2.6	0.5	一式
	RC ラーメン構造等，全て異形の一般構造，圧接費別途，細物は重ね継ぎ，太物は圧接継ぎ，結束線共	3.8	2.3	0.4	一式
	SRC ラーメン構造等，全て異形，圧接費別途，細物は重ね継ぎ，太物は圧接継ぎ，結束線共	3.8	2.4	0.5	一式

（注）1. 結束線は #21 とする。
　　　2. SRC ラーメン構造等のフープ筋は，スパイラル筋とする。
　　　3. コンクリート打設時の鉄筋点検および保守を含む。

表 4-5 鉄筋工場加工・組立　　　　　　　　　　　　　　　　　　　　（1t 当たり）■は市場単価

名　称	規　格	結束線 (kg)	鉄筋工 (人)	普通作業員 (人)	工場管理費	その他
工場加工・組立	RC 壁式構造等，全て異形，D13 以下の鉄筋が全量の半分以上の細物構造，重ね継ぎ，結束線共	4.8	2.4	0.5	一式	一式
	RC ラーメン構造等，全て異形の一般構造，圧接費別途，細物は重ね継ぎ，太物は圧接継ぎ，結束線共	3.8	2.1	0.4	一式	一式
	SRC ラーメン構造等，全て異形，圧接費別途，細物は重ね継ぎ，太物は圧接継ぎ，結束線共	3.8	2.4	0.5	一式	一式

（注）1. 結束線は #21 とする。
　　　2. SRC ラーメン構造等において，フープ筋をスパイラル筋としない場合とする。
　　　3. コンクリート打設時の鉄筋点検および保守を含む。

表 4-6 構造別による鉄筋の標準的な割合

名　称	太物 D16 以上（%）	細物 D13 以下（%）
RC 壁式構造	25	75
RC ラーメン構造	40	60
SRC ラーメン構造	40	60

（注）鉄筋割合が大幅に異なる場合は，補正する。

4 鉄 筋

表 4-7 鉄筋工場加工
(1t 当たり)

名 称	規 格	単 位	太物	細物	摘 要
鉄 筋 工		人	0.26	0.73	
普 通 作 業 員		〃	0.06	0.18	
工 場 管 理 費		一式	一式		労務費の 30～60%
そ の 他		〃	〃		

(注) 運搬費は，別途計上する。

表 4-8 鉄筋現場加工
(1t 当たり)

名 称	規 格	単 位	太物	細物	摘 要
鉄 筋 工		人	0.32	0.92	
普 通 作 業 員		〃	0.06	0.18	
そ の 他		一式	一式		

表 4-9 鉄筋組立
(1t 当たり)

名 称	規 格	単 位	RC造 太物(圧接)	RC造 太物(重ね)	RC造 細物	SRC造 太物(圧接)	SRC造 細物	スパイラルフープ
結 束 線	#21	kg	0.5	1.0	6.0	0.5	6.0	5.0
鉄 筋 工		人	0.79	0.93	2.13	1.0	2.25	1.73
普 通 作 業 員		〃	0.13	0.15	0.41	0.17	0.43	0.32
そ の 他		一式	一式	一式	一式	一式	一式	

(注) 1. SRC造において，フープ筋をスパイラル筋としない場合は，細物の労務数量（鉄筋工）2.25 を 2.35 とする。
2. コンクリート打設時の鉄筋点検および保守を含む。

表 4-10 スリーブ補強（梁貫通孔補強）工場加工・組立
(1t 当たり)

名 称	結束線(kg) 太物	結束線(kg) 細物	鉄筋工(人) 太物	鉄筋工(人) 細物	普通作業員(人) 太物	普通作業員(人) 細物	その他 太物	その他 細物	摘 要
工 場 加 工	—	—	1.34	1.89	0.2	0.25	一式	一式	工事管理費（労務費の 30～60%）
組 立	2.0	5.0	3.0	3.8	0.3	0.4	〃	〃	

(注) 結束線は #21 とする。

表 4-11 スリーブ補強（梁貫通孔補強）現場加工・組立
(1t 当たり)

名 称	結束線(kg) 太物	結束線(kg) 細物	鉄筋工(人) 太物	鉄筋工(人) 細物	普通作業員(人) 太物	普通作業員(人) 細物	その他 太物	その他 細物	摘 要
加 工	—	—	2.23	2.7	0.2	0.25	一式	一式	
組 立	2.0	5.0	3.0	3.8	0.3	0.4	〃	〃	

(注) 結束線は，#21 とする。

表 4-12　鉄筋加工・組立（S造スラブ）　　　　　　　　　　　　　　　　　　　　　　　　（1t当たり）

名　称	結束線 (kg)	鉄筋工 (人)	普通作業員 (人)	工事管理費	その他	摘　要
加工　工場	—	0.48	0.12	一式	一式	工場管理費
〃　　現場	—	0.59	0.12	—	〃	（労務費の30〜60%）
鉄筋組立	6.0	1.49	0.28	—	一式	

(注)　1.　結束線は，#21とする。
　　　2.　配筋は格子状でD10を55%，D13を45%程度の場合とする。
　　　3.　コンクリート打設時の鉄筋点検および保守を含む。

表 4-13　鉄筋加工・組立（小型構造物）　　　　　　　　　　　　　　　　　　　　　　　　（1t当たり）

名　称	結束線 (kg)	鉄筋工 (人)	普通作業員 (人)	その他	摘　要
現場加工・組立	6.0	4.5	0.9	一式	

(注)　1.　結束線は，#21とする。
　　　2.　小型構造物は，工作物の基礎等で1か所当たりのコンクリート量が1m³程度で点在する構造物，および高さ1m程度の擁壁，囲障の基礎等に適用し，現場加工を標準とする。

① 現場加工・組立：RC壁式構造等，全て異形，D13以下の鉄筋が全量の半分以上の細物構造，重ね継ぎ，結束線共。単位（t）

・鉄　筋　工
　　　　　太物（25%）　　　細物（75%）
　　　加工　0.25×0.32（人）$+ 0.75 \times 0.92$（人）$= 0.77$（人）$\Big\} = 2.6$（人）
　　　組立　0.25×0.93（人）$+ 0.75 \times 2.13$（人）$= 1.83$（人）

・普通作業員
　　　加工　0.25×0.06（人）$+ 0.75 \times 0.18$（人）$= 0.15$（人）$\Big\} = 0.5$（人）
　　　組立　0.25×0.15（人）$+ 0.75 \times 0.41$（人）$\fallingdotseq 0.35$（人）

・結　束　線
　　　組立　0.25×1.0（kg）$+ 0.75 \times 6.0$（kg）$\fallingdotseq 4.8$（kg）

② 現場加工・組立：RCラーメン構造等，全て異形の一般構造，圧接費別途，細物は重ね継ぎ，太物は圧接継ぎ，結束線共。単位（t）

・鉄　筋　工
　　　　　太物（40%）　　　細物（60%）
　　　加工　0.4×0.32（人）$+ 0.6 \times 0.92$（人）$= 0.68$（人）$\Big\} \fallingdotseq 2.3$（人）
　　　組立　0.4×0.79（人）$+ 0.6 \times 2.13$（人）$\fallingdotseq 1.59$（人）

・普通作業員
　　　加工　0.4×0.06（人）$+ 0.6 \times 0.18$（人）$\fallingdotseq 0.13$（人）$\Big\} \fallingdotseq 0.4$（人）
　　　組立　0.4×0.13（人）$+ 0.6 \times 0.41$（人）$\fallingdotseq 0.30$（人）

・結　束　線
　　　組立　0.4×0.5（kg）$+ 0.6 \times 6.0$（kg）$= 3.8$（kg）

③ 現場加工・組立：SRCラーメン構造等，全て異形，圧接費別途，細物は重ね継ぎ，太物は圧接継ぎ，結束線共。単位（t）

・鉄　筋　工
　　　　　太物（40%）　　細物（60%）
　　　加工　0.4×0.32（人）＋0.6×0.92（人）＝0.68（人）⎫
　　　組立　0.4×1.0　（人）＋0.6×2.25※（人）＝1.75（人）⎭≒2.4（人）
　　　※フープ筋は，スパイラル筋としている。

・普通作業員
　　　加工　0.4×0.06（人）＋0.6×0.18（人）≒0.13（人）⎫
　　　組立　0.4×0.17（人）＋0.6×0.43（人）≒0.33（人）⎭≒0.5（人）

・結　束　線
　　　組立　0.4×0.5（kg）＋0.6×6.0（kg）＝3.8（kg）

④　工場加工・現場組立：RC 壁式構造等，全て異形，D13 以下の鉄筋が全量の半分以上の細物構造，重ね継ぎ，結束線共。単位（t）

・鉄　筋　工
　　　　　太物（25%）　　細物（75%）
　　　加工　0.25×0.26（人）＋0.75×0.73（人）≒0.61（人）⎫
　　　組立　0.25×0.93（人）＋0.75×2.13（人）≒1.83（人）⎭≒2.4（人）

・普通作業員
　　　加工　0.25×0.06（人）＋0.75×0.18（人）≒0.15（人）⎫
　　　組立　0.25×0.15（人）＋0.75×0.41（人）≒0.35（人）⎭≒0.5（人）

・結　束　線
　　　組立　0.25×1.0（kg）＋0.75×6.0（kg）≒4.8（kg）

⑤　工場加工・現場組立：RC ラーメン構造等，全て異形の一般構造，圧接費別途，細物は重ね継ぎ，太物は圧接継ぎ，結束線共。単位（t）

・鉄　筋　工
　　　　　太物（40%）　　細物（60%）
　　　加工　0.4×0.26（人）＋0.6×0.73（人）≒0.54（人）⎫
　　　組立　0.4×0.79（人）＋0.6×2.13（人）≒1.59（人）⎭≒2.1（人）

・普通作業員
　　　加工　0.4×0.06（人）＋0.6×0.18（人）≒0.13（人）⎫
　　　組立　0.4×0.13（人）＋0.6×0.41（人）≒0.30（人）⎭≒0.4（人）

・結　束　線
　　　組立　0.4×0.5（kg）＋0.6×6.0（kg）＝3.8（kg）

⑥　工場加工・現場組立：SRC ラーメン構造等，全て異形，圧接費別途，細物は重ね継ぎ，太物は圧接継ぎ，結束線共。単位（t）

・鉄　筋　工
　　　　　太物（40%）　　細物（60%）
　　　加工　0.4×0.26（人）＋0.6×0.73（人）≒0.54（人）⎫
　　　組立　0.4×1.0　（人）＋0.6×2.35※（人）＝1.81（人）⎭≒2.4（人）
　　　※フープ筋は，スパイラル筋としない場合としている。

・普通作業員
　　　加工　0.4×0.06（人）＋0.6×0.18（人）≒0.13（人）⎫
　　　組立　0.4×0.17（人）＋0.6×0.43（人）≒0.33（人）⎭≒0.5（人）

・結 束 線
　　　組立　0.4×0.5（kg）＋0.6×6.0（kg）＝3.8（kg）
⑦　現場加工・組立：S造スラブ。単位（t）
・鉄 筋 工
　　　加工　1.0×0.59（人）＝0.59（人）　　　
　　　組立　1.0×1.49（人）＝1.49（人）　　　$\bigg\}$ ≒2.1（人）
・普通作業員
　　　加工　1.0×0.12（人）＝0.12（人）
　　　組立　1.0×0.28（人）＝0.28（人）　　　$\bigg\}$ ＝0.4（人）
・結 束 線
　　　組立　1.0×6.0（kg）＝6.0（kg）
⑧　工場加工・組立：S造スラブ。単位（t）
・鉄 筋 工
　　　加工　1.0×0.48（人）＝0.48（人）
　　　組立　1.0×1.49（人）＝1.49（人）　　　$\bigg\}$ ≒2.0（人）
・普通作業員
　　　加工　1.0×0.12（人）＝0.12（人）
　　　組立　1.0×0.28（人）＝0.28（人）　　　$\bigg\}$ ＝0.4（人）
・結 束 線
　　　組立　1.0×6.0（kg）＝6.0（kg）

4-5　ガ ス 圧 接

表4-14　ガス圧接　　　　　　　　　　　　　　　　　　　　　　　（1か所当たり）■は市場単価

名　称	鉄筋 D(mm)	単位	酸素 (m³)	アセチレン (kg)	溶接工 (人)	普通作業員 (人)	その他	摘　要
ガス圧接	19	か所	0.03	0.03	0.017	0.009	一式	
	22	〃	0.04	0.04	0.018	0.009	〃	
	25	〃	0.05	0.05	0.019	0.01	〃	
	29	〃	0.065	0.065	0.025	0.012	〃	

（注）ガス圧接の構成人員は，溶接工3人，普通作業員1.5人とする。

4-6　鉄筋スクラップ控除

内訳書の計上は，△一式とする。
［例］　設計数量100tの場合
　　　所要数量104t（100（t）$\times$1.04）
　　　鉄筋スクラップ控除＝（104－100）$\times$0.7$\times$鉄屑価格（H2品）
　　　　　　　　　　　　＝$4 \times 0.7 \times 10,500$＝△29,400円

4-7　鉄　筋　運　搬

工場その他，現場外で加工する場合
　　　設計数量×単価

表 4-15 鉄筋運搬

（1t 当たり往復）　■は市場単価

名　称	規　格	単位	太物	細物	摘　要
トラック運転	4t積	日	0.13	0.15	

（注）工場加工の場合に計上する。

表 4-16 トラック運転

（1日当たり）

名　称	規　格	単位	4t積	摘　要
運転手（一般）		人	1.0	
燃　料	軽油	ℓ	32.6	
機械損料		供用日	1.13	
そ の 他		一式		

4-8 算　出　例

〔算出例 4-1〕　鉄筋現場加工・組立（1）

RC 壁式構造等，全て異形，D13 以下の鉄筋が全量の半分以上の細物構造，重ね継ぎ，結束線共　　1t 当たり　　93,000 円

名　称	規　格	単位	数量	単　価	金　額	単価根拠	備　考
結　束　線	#21	kg	4.8	160.00	768.00		
鉄　筋　工		人	2.6	25,700.00	66,820.00		
普通作業員		〃	0.5	19,800.00	9,900.00		
そ の 他		一式			15,497.60	77,488.00×0.2	（労＋雑）×20%
計					92,985.60		

（注）コンクリート打設時の鉄筋点検および保守を含む。（以下，共通）

〔算出例 4-2〕　鉄筋現場加工・現場組立（2）

RC 標準ラーメン構造等，全て異形の一般構造，圧接費別途，細物は重ね継ぎ，太物は圧接継ぎ，結束線共　　1t 当たり　　81,200 円

名　称	規　格	単位	数量	単　価	金　額	単価根拠	備　考
結　束　線	#21	kg	3.8	160.00	608.00		
鉄　筋　工		人	2.3	25,700.00	59,110.00		
普通作業員		〃	0.4	19,800.00	7,920.00		
そ の 他		一式			13,527.60	67,638.00×0.2	（労＋雑）×20%
計					81,165.60		

〔算出例 4-3〕 鉄筋現場加工・組立 (3)

名　称	規　格	単位	数量	単　価	金　額	単価根拠	備　考
SRC ラーメン構造等，全て異形，圧接費別途，細物は重ね継ぎ，太物は圧接継ぎ，結束線共					1t 当たり		86,600 円
結 束 線	#21	kg	3.8	160.00	608.00		
鉄 筋 工		人	2.4	25,700.00	61,680.00		
普 通 作 業 員		〃	0.5	19,800.00	9,900.00		
そ の 他		一式			14,437.60	72,188.00×0.2	(労+雑)×20%
計					86,625.60		

(注) フープ筋は，スパイラル筋としている。

〔算出例 4-4〕 鉄筋工場加工・組立 (1)　　　　　　　　　■は市場単価

名　称	規　格	単位	数量	単　価	金　額	単価根拠	備　考
RC 壁式構造等，全て異形，D13 以下の鉄筋が全量の半分以上の細物構造，重ね継ぎ，結束線共					1t 当たり		93,500 円
結 束 線	#21	kg	4.8	160.00	768.00		
鉄 筋 工		人	2.4	25,700.00	61,680.00		
普 通 作 業 員		〃	0.5	19,800.00	9,900.00		
工 場 管 理 費		一式			5,594.10	18,647.00×0.3	工場加工労務費の 30%
そ の 他		〃			15,588.42	77,942.10×0.2	(労+雑)×20%
計					93,530.52		

〔算出例 4-5〕 鉄筋工場加工・組立 (2)　　　　　　　　　■は市場単価

名　称	規　格	単位	数量	単　価	金　額	単価根拠	備　考
RC ラーメン構造等，全て異形の一般構造，圧接費別途，細物は重ね継ぎ，太物は圧接継ぎ，結束線共					1t 当たり		80,900 円
結 束 線	#21	kg	3.8	160.00	608.00		
鉄 筋 工		人	2.1	25,700.00	53,970.00		
普 通 作 業 員		〃	0.4	19,800.00	7,920.00		
工 場 管 理 費		一式			4,935.60	16,452.00×0.3	工場加工労務費の 30%
そ の 他		〃			13,486.72	67,433.60×0.2	(労+雑)×20%
計					80,920.32		

〔算出例 4-6〕 鉄筋工場加工・組立 (3)　　　　　　　　　■は市場単価

名　称	規　格	単位	数量	単　価	金　額	単価根拠	備　考
SRC ラーメン構造等，全て異形，圧接費別途，細物は重ね継ぎ，太物は圧接継ぎ，結束線共					1t 当たり		92,500 円
結 束 線	#21	kg	3.8	160.00	608.00		
鉄 筋 工		人	2.4	25,700.00	61,680.00		
普 通 作 業 員		〃	0.5	19,800.00	9,900.00		
工 場 管 理 費		一式			4,935.60	16,452.00×0.3	工場加工労務費の 30%
そ の 他		〃			15,424.72	77,123.60×0.2	(労+雑)×20%
計					92,548.32		

(注) フープ筋は，スパイラル筋としない場合としている。

4 鉄筋

〔算出例4-7〕 鉄筋現場加工（1）

太物 D16 以上						1t 当たり		11,300 円
名　　称	規　格	単位	数量	単　価	金　額	単価根拠	備　考	
鉄　筋　工		人	0.32	25,700.00	8,224.00			
普通作業員		〃	0.06	19,800.00	1,188.00			
そ　の　他		一式			1,882.40	9,412.00×0.2	（労）×20%	
計					11,294.40			

〔算出例4-8〕 鉄筋現場加工（2）

細物 D13 以下						1t 当たり		32,600 円
名　　称	規　格	単位	数量	単　価	金　額	単価根拠	備　考	
鉄　筋　工		人	0.92	25,700.00	23,644.00			
普通作業員		〃	0.18	19,800.00	3,564.00			
そ　の　他		一式			5,441.60	27,208.00×0.2	（労）×20%	
計					32,649.60			

〔算出例4-9〕 鉄筋組立（1）

RC造　太物 D16 以上（圧接継ぎ）						1t 当たり		27,500 円
名　　称	規　格	単位	数量	単　価	金　額	単価根拠	備　考	
結　束　線	#21	kg	0.5	160.00	80.00			
鉄　筋　工		人	0.79	25,700.00	20,303.00			
普通作業員		〃	0.13	19,800.00	2,574.00			
そ　の　他		一式			4,591.40	22,957.00×0.2	（労＋雑）×20%	
計					27,548.40			

〔算出例4-10〕 鉄筋組立（2）

RC造　細物 D13 以下						1t 当たり		76,600 円
名　　称	規　格	単位	数量	単　価	金　額	単価根拠	備　考	
結　束　線	#21	kg	6.0	160.00	960.00			
鉄　筋　工		人	2.13	25,700.00	54,741.00			
普通作業員		〃	0.41	19,800.00	8,118.00			
そ　の　他		一式			12,763.80	63,819.00×0.2	（労＋雑）×20%	
計					76,582.80			

〔算出例4-11〕 スリーブ補強（梁貫通孔補強）工場加工

細物　D13 以下						1t 当たり		83,500 円
名　　称	規　格	単位	数量	単　価	金　額	単価根拠	備　考	
鉄　筋　工		人	1.89	25,700.00	48,573.00			
普通作業員		〃	0.25	19,800.00	4,950.00			
工場管理費		一式			16,056.90	53,523.00×0.3	工場加工労務費の30%	
そ　の　他		〃			13,915.98	69,579.90×0.2	（労＋雑）×20%	
計					83,495.88			

〔算出例 4-12〕 スリーブ補強（梁貫通孔補強）鉄筋組立

細物　D13以下								1t 当たり	128,000 円
名　　称	規　格	単位	数量	単　価	金　額	単価根拠	備　考
結　束　線	#21	kg	5.0	160.00	800.00		
鉄　筋　工		人	3.8	25,700.00	97,660.00		
普通作業員		〃	0.4	19,800.00	7,920.00		
そ　の　他		一式			21,276.00	106,380.00×0.2	（労＋雑）×20%
計					127,656.00		

〔算出例 4-13〕 鉄筋加工（S造スラブ）(1)

工場　D13以下								1t 当たり	23,000 円
名　　称	規　格	単位	数量	単　価	金　額	単価根拠	備　考
鉄　筋　工		人	0.48	25,700.00	12,336.00		
普通作業員		〃	0.12	19,800.00	2,376.00		
工場管理費		一式			4,413.60	14,712.00×0.3	工場加工労務費の30%
そ　の　他		〃			3,825.12	19,125.60×0.2	（労＋雑）×20%
計					22,950.72		

〔算出例 4-14〕 鉄筋加工（S造スラブ）(2)

現場　D13以下								1t 当たり	21,000 円
名　　称	規　格	単位	数量	単　価	金　額	単価根拠	備　考
鉄　筋　工		人	0.59	25,700.00	15,163.00		
普通作業員		〃	0.12	19,800.00	2,376.00		
そ　の　他		一式			3,507.80	17,539.00×0.2	（労）×20%
計					21,046.80		

〔算出例 4-15〕 鉄筋組立（S造スラブ）

D13以下								1t 当たり	53,800 円
名　　称	規　格	単位	数量	単　価	金　額	単価根拠	備　考
結　束　線	#21	kg	6.0	160.00	960.00		
鉄　筋　工		人	1.49	25,700.00	38,293.00		
普通作業員		〃	0.28	19,800.00	5,544.00		
そ　の　他		一式			8,959.40	44,797.00×0.2	（労＋雑）×20%
計					53,756.40		

〔算出例 4-16〕 鉄筋加工・組立（小型構造物）

							1t 当たり	16,1000 円
名　　称	規　格	単位	数量	単　価	金　額	単価根拠	備　考
結　束　線	#21	kg	6.0	160.00	960.00		
鉄　筋　工		人	4.5	25,700.00	115,650.00		
普通作業員		〃	0.9	19,800.00	17,820.00		
そ　の　他		一式			26,886.00	134,430.00×0.2	（労＋雑）×20%
計					161,316.00		

〔算出例 4-17〕 ガス圧接（1）

■は市場単価

鉄筋 D19						1か所当たり		840 円
名　　　称	規　格	単位	数量	単　価	金　額	単価根拠	備　　考	
酸　　　　　素		m³	0.03	245.00	7.35			
アセチレン		kg	0.03	1,150.00	34.50			
溶　接　工		人	0.017	28,200.00	479.40			
普通作業員		〃	0.009	19,800.00	178.20			
そ　の　他		一式			139.89	699.45×0.2	（労＋雑）×20%	
計					839.34			

〔算出例 4-18〕 ガス圧接（2）

■は市場単価

鉄筋 D22						1か所当たり		890 円
名　　　称	規　格	単位	数量	単　価	金　額	単価根拠	備　　考	
酸　　　　　素		m³	0.04	245.00	9.80			
アセチレン		kg	0.04	1,150.00	46.00			
溶　接　工		人	0.018	28,200.00	507.60			
普通作業員		〃	0.009	19,800.00	178.20			
そ　の　他		一式			148.32	741.60×0.2	（労＋雑）×20%	
計					889.92			

〔算出例 4-19〕 ガス圧接（3）

■は市場単価

鉄筋 D25						1か所当たり		960 円
名　　　称	規　格	単位	数量	単　価	金　額	単価根拠	備　　考	
酸　　　　　素		m³	0.05	245.00	12.25			
アセチレン		kg	0.05	1,150.00	57.50			
溶　接　工		人	0.019	28,200.00	535.80			
普通作業員		〃	0.01	19,800.00	198.00			
そ　の　他		一式			160.71	803.55×0.2	（労＋雑）×20%	
計					964.26			

〔算出例 4-20〕 ガス圧接（4）

■は市場単価

鉄筋 D29						1か所当たり		1,240 円
名　　　称	規　格	単位	数量	単　価	金　額	単価根拠	備　　考	
酸　　　　　素		m³	0.065	245.00	15.93			
アセチレン		kg	0.065	1,150.00	74.75			
溶　接　工		人	0.025	28,200.00	705.00			
普通作業員		〃	0.012	19,800.00	237.60			
そ　の　他		一式			206.66	1,033.28×0.2	（労＋雑）×20%	
計					1,239.94			

〔算出例 4-21〕 鉄筋運搬（1）　　　　　　　　　　　　　　■は市場単価

太物　D16以上						1t 当たり往復		4,240 円
名　　称	規　格	単位	数量	単　価	金　額	単 価 根 拠	備　　考	
トラック運転	4t積	日	0.13	32,632.10	4,242.17		〔算出例 4-23〕より	
計					4,242.17			

〔算出例 4-22〕 鉄筋運搬（2）　　　　　　　　　　　　　　■は市場単価

細物　D13以下						1t 当たり往復		4,890 円
名　　称	規　格	単位	数量	単　価	金　額	単 価 根 拠	備　　考	
トラック運転	4t積	日	0.15	32,632.10	4,894.82		〔算出例 4-23〕より	
計					4,894.82			

〔算出例 4-23〕 トラック運転

普通用 4t積						1日当たり	32,600 円
名　　称	規　格	単位	数量	単　価	金　額	単 価 根 拠	備　　考
運転手（一般）		人	1.0	18,500.00	18,500.00		
燃　　料	軽油	ℓ	32.6	100.00	3,260.00		
機 械 損 料		供用日	1.13	5,770.00	6,520.10		
そ　の　他		一式			4,352.00	21,760.00×0.2	（労＋雑）×20%
計					32,632.10		

5 コンクリート

5-1 概　　説

　コンクリートは，鉄筋コンクリート構造物の基幹資材であり，構造用から防水層等の保護までその用途は多岐にわたっている。建築工事で使用されるコンクリートは，工場で生産され，現場生産はほとんど行われていない（離島，山間地で生コン車搬入が難しい工事現場で，やむを得ず現地プラントを設置する程度）。

　このため以下，一般的な市街地が施工場所の場合で市販されている生コンクリートを使用する工事を対象とする。

5-2 内訳書の書式

「コンクリート」の主な細目は，次のようになる。

① 躯　　体
　　普通コンクリート　　　材質，強度，スランプ　　基礎部　　　　○m³
　　　　〃　　　　　　　　　〃　　〃　　　〃　　　　軸部　　　　　〃
　　　　〃　　　　　　　　　〃　　〃　　　〃　　　　土間　　　　　〃
　　コンクリート打設手間　　　　　　　　　　　　　　　　　　　　　○m³（一式）
　　ポンプ圧送　　　　　　　　　　　　　　　　　　　　　　　　　　一式
　　（打継ぎ処理）　　　　　　　　　　　　　　　　　　　　　　　　○m（一式）
　　（止水板）　　　　　　材質，寸法　　　　　　　　　　　　　　　〃
　　構造体強度補正　　　　　　　　　　　　　　　　　　　　　　　　一式
　　（コンクリート足場）　　　　　　　　　　　　　　　　　　　　　〃
　　　計
② 外部仕上げ
　　無筋コンクリート　　　防水保護部　強度，スランプ，材工共　　○m³
　　　計
③ 内部仕上げ
　　無筋コンクリート　　　かさ上げ部　強度，スランプ，材工共　　○m³
　　　計

　（注）1. 捨コンクリートは本章で取り扱うが内訳書には「3 地業」で計上する。
　　　　2.（　）は必要に応じて計上する。

❶ コンクリート

　コンクリートは，材質，強度，スランプ等により分類し計上されるが，材質として次のようなものがあげられる。

```
          ┌ 早強ポルトランドセメント使用コンクリート
普通コンクリート │ 普通ポルトランドセメント使用コンクリート
          │ 混合セメント使用コンクリート
          └ 高炉セメント使用コンクリート
軽量コンクリート ┌ 人工軽量骨材を用いるコンクリート
          └ 天然軽量骨材を用いるコンクリート
水密コンクリート
豆砂利コンクリート
その他コンクリート
```

強度は呼び強度で示され，『積算資料』等では 18～45N/mm² まで掲載されている。また，スランプは 8～21cm までに区分され，さらに粗骨材の粒径により，20（25），40mm に分けられているので，価格情報誌を参考にして分類する。

❷ コンクリート打設手間

コンクリート施工一連の作業工程を**表 5-1** のように分担して細目が構成されている。

表 5-1 工程と細目区分

作 業 工 程	下 請 会 社	細 目 区 分
①生コン製造→運搬→ミキサー車からの荷卸し	生コン会社	コンクリート価格
②ポンプ車→配管→ホース先端	圧送会社	ポンプ圧送
③ホース先端指示→打込み→締固め	躯体施工会社	コンクリート打設手間

コンクリート打設手間は，表 5-1 で③の工程に対応し，ホース口の指図，バイブレータ作業，つつき，小づち叩き，均し等の作業手間，器具損料およびコンクリート打設作業時の型枠，鉄筋，設備用埋込配管等の保守，点検に要する費用を含む。これらは，打設するコンクリートの材質，スランプ等により異なるので，分類されたコンクリートごとに計算の上，集計し一式で計上する。

❸ ポ ン プ 圧 送

表 5-1 で示した作業工程の②を示し，コンクリート打設手間と同様にコンクリートの材質ごとに計算の上，集計し一式で計上する。この場合，ポンプ車の回送費用も含める。

❹ コンクリート足場その他仮設

コンクリート打設作業に必要な仮設で，「1 仮設」には計上されないコンクリート足場，ポンプ車配管固定用施設，その他の専用仮設があれば本章で処理する（「1 仮設」を参照）。

5-3 数量の算出

コンクリートの数量は「建築数量積算基準」の定めに従って計測・計算し，材質，強度，スランプおよび部位ごとに分類して計上する。この基準では，躯体の区分，計測・計算順序を次のように定めて「さきの部分」に「あとの部分」が接続するものとして計測・計算している。

独立基礎または布基礎→基礎梁→（底盤）→柱→大梁→小梁→床板→壁→階段→その他

また，コンクリートの数量は，設計寸法により計測・計算された体積で，次の条件を備えたものとなっている。
① 埋め込まれる鉄筋および小口径管類によるコンクリートの欠除はない。
② 鉄骨鉄筋コンクリート造の鉄骨は，鉄骨の設計数量について，7.85tを1.0m³として換算した体積をコンクリート数量から差し引く。
③ 開口部によるコンクリートの欠除は，原則として建具類等の内法寸法とコンクリートの厚さによる体積とするが，開口部の内法の見付面積が1か所当たり0.5m²以下の場合は，原則として開口部によるコンクリートの欠除はない。

コンクリート打設に伴うロスが多少生じるが，建築工事においては所要数量を考慮した規定となっている。

仮設関係については，施工計画を想定してその必要長さ，または面積を計算しておく。ここでは，コンクリート足場をコンクリート打設対象延べ床面積により算定できるようにしている。

5-4 単価の決定

「コンクリート」の細目中，コンクリートの材料単価については『積算資料』等の価格情報誌の単価を計上し，コンクリート打設手間，ポンプ圧送，コンクリート足場等の単価については，『建築施工単価』の価格もしくは歩掛等により計算された単価を用いる。なお，公共建築工事の積算では，コンクリート打設手間およびポンプ圧送については，市場単価（『建築施工単価』等に掲載）を採用している。

❶ 生コンクリート

5-2❶で述べたコンクリートの材質，強度，スランプ等に分類された内容により，『積算資料』等の価格情報誌で求めた単価を用いる。

なお，コンクリート単価とは別に，構造体強度補正による加算額を計上する。補正の対象となるコンクリート数量に，次式で求めた差額を乗じて算出した価格を計上する。

差額＝「調合管理強度」による材料単価－「設計基準強度（F_c）」による材料単価

「調合管理強度」とは，「設計基準強度（F_c）」に構造体強度補正値（S）を加えた値（強度）をいい，構造体強度補正値（S）は，セメントの種類およびコンクリート打込みから材齢28日までの予想平均気温の範囲（℃）から求める。表5-2に普通ポルトランドセメントの場合の構造体強度補正値（S）の標準値を示す。

表5-2 気温による構造体強度補正値（S）の標準値（普通ポルトランドセメントの場合）

(N/mm²)

予想平均気温の範囲（℃）	8以上	0以上8未満
補正値（S）	3	6

❷ コンクリート打設手間

コンクリート打設の工法としては，コンクリートポンプ車による打設が一般に行われているが，特殊なケースとして，シュートによる打設（比較的単純な地下構造物），揚重機による打設（スランプの小さい硬練りコンクリートで高所に運ぶ場合等）が考えられる。

(1) コンクリートポンプ車打設

コンクリート打設に関わる労務工数は，1回の打設量，コンクリートのスランプその他の打設条件によって変化する。ここでは一般に鉄筋コンクリート造（SRC造も含む）建築物を対象とした打設量とスランプによる歩掛を**表 5-3**に示す。

表 5-3 打設歩掛（ポンプ車使用）

（1m³ 当たり）■は市場単価

1回当たりの打設量 (m³)	スランプ（cm）	特殊作業員（人） ブーム式	特殊作業員（人） 配管式	その他	摘要
20 未満	21	0.12	—	一式	
20 未満	15〜18	0.13	—	〃	
20 未満	18	0.14	—	〃	軽量コンクリート
20 以上 50 未満	21	0.11	0.117	〃	
20 以上 50 未満	15〜18	0.12	0.13	〃	
20 以上 50 未満	18	0.13	0.14	〃	軽量コンクリート
50 〃 100 〃	21	0.084	0.09	〃	
50 〃 100 〃	15〜18	0.093	0.10	〃	
50 〃 100 〃	18	0.102	0.11	〃	軽量コンクリート
100 〃 170 〃	21	0.06	0.065	〃	
100 〃 170 〃	15〜18	0.067	0.072	〃	
100 〃 170 〃	18	0.074	0.079	〃	軽量コンクリート
170 以上	21	0.057	0.061	〃	
170 以上	15〜18	0.063	0.068	〃	
170 以上	18	0.069	0.075	〃	軽量コンクリート

（注）1. ポンプ車にかかる労務は別途とする。
2. 打設時の型枠および鉄筋の点検保守は含まない。
3. 配管式ポンプ車で打設する場合は，コンクリート打設用足場を計上する。

表 5-4 打設部位による補正

打設部位	一般	耐圧版・スラブ	土間	捨コンクリート	防水保護コンクリート
補正係数	1	0.48	0.38	0.46	0.48

（注）スラブとは，S造でスラブ面のみコンクリート構造としたものである。

(2) その他のコンクリート打設

敷地，地理的条件，打設条件，その他の理由でポンプ車打設が困難な場合，または不経済となる場合はほかの打設工法を採用することになる。以下考えられる工法と歩掛を**表 5-5**にまとめる。

5 コンクリート

表 5-5 その他のコンクリート打設

(1m³ 当たり)

名　称	単位	捨コンクリート		土間コンクリート		防水保護コンクリート等		小型構造物	
		人力打設	シュート打設	人力打設	シュート打設	人力打設	バケット打設	人力打設	シュート打設
特殊作業員	人	0.26	0.18	0.25	0.17	0.3	0.17	0.43	0.3
機械運転	h	—	—	—	—	—	0.12	—	—
その他		一式	一式	一式	一式	一式	一式	一式	一式

(注) 1. 機械運転は，トラッククレーン（油圧伸縮ジブ型 10～11t，バケット容量 0.6m³）賃料を用いる。
　　 2. 小型構造物は，排水桝などが点在する打設の場合とする。
　　 3. コンクリート打設用足場については（算出例 5-9）を参照のこと。

人力打設はカート車の運搬によるものでバケット打設同様，外にカート道板が必要となる。これらはポンプ車打設のコンクリート足場とは異なるので，打設計画を設定して計上する必要がある。またシュート打設はミキサー車からシュートを使用して直接打設する。

❸ コンクリートポンプ圧送

コンクリートポンプ車には，ブーム式と配管式がある。中層の建物までの比較的打設面積の小さい場合（ブームの稼働範囲内）は，ブーム式が機動的であり，配管手間および盛替えが不要であるため，打設能率がよくなる。

図 5-1 コンクリートポンプ工法（配管式の場合）

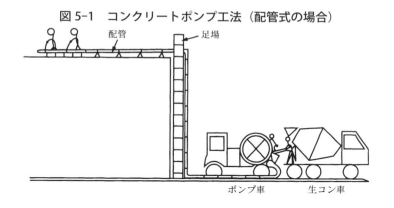

表 5-6 コンクリートポンプ組立（ブーム式）

(ポンプ車 1 回 1 台当たり)

名　称	規格	単位	1 回当たりの打設量（m³）					摘要
			20 未満	20 以上 50 未満	50 以上 100 未満	100 以上 170 未満	170 以上	
ポンプ車損料	20m³/h	h	4.5	—	—	—	—	
〃	60m³/h	〃	—	4.0	6.0	2.0	—	
〃	80m³/h	〃	—	—	—	—	2.0	
燃　料	軽油	ℓ	6.2	10.7	10.7	10.7	14.0	
運転手（特殊）		人	0.56	0.5	0.75	0.25	0.25	
特殊作業員		〃	1.12	1.0	1.5	0.5	0.5	
その他			一式	一式	一式	一式	一式	

(注) ポンプ車の回送時間を含む。

表 5-7　コンクリートポンプ組立（配管式）　　　　　　　　　　（ポンプ車1回1台当たり）

名　称	規　格	単　位	1回当たりの打設量（m³）				摘　要
			50 未満	50 以上 100 未満	100 以上 170 未満	170 以上	
ポンプ車損料	60m³/h	h	5.0	7.0	3.0	—	
〃	80m³/h	〃	—	—	—	3.0	
燃　料	軽油	ℓ	10.2	10.2	10.2	10.7	
運転手（特殊）		人	0.63	0.88	0.38	0.38	
特殊作業員		〃	1.26	1.76	0.76	0.76	
そ の 他			一式	一式	一式	一式	

（注）ポンプ車の回送時間を含む。

表 5-8　コンクリートポンプ運転（ブーム式）　　　　　　　　　　（1m³ 当たり）　■は市場単価

名　称	規　格	単　位	1回当たりの打設量（m³）					摘　要
			20 未満	20 以上 50 未満	50 以上 100 未満	100 以上 170 未満	170 以上	
ポンプ車損料	60m³/h	h	—	—	—	0.039	—	
〃	80m³/h	〃	—	—	—	—	0.029	
燃　料	軽油	ℓ	0.72	0.42	0.42	0.42	0.41	
運転手（特殊）		人	—	—	—	0.006	0.004	
特殊作業員		〃	—	—	—	0.012	0.008	
そ の 他			一式	一式	一式	一式	一式	

表 5-9　コンクリートポンプ運転（配管式）　　　　　　　　　　（1m³ 当たり）　■は市場単価

名　称	規　格	単　位	1回当たりの打設量（m³）				摘　要
			50 未満	50 以上 100 未満	100 以上 170 未満	170 以上	
ポンプ車損料	60m³/h	h	—	—	0.042	—	
〃	80m³/h	〃	—	—	—	0.031	
燃　料	軽油	ℓ	0.42	0.42	0.42	0.33	
運転手（特殊）		人	—	—	0.006	0.005	
特殊作業員		〃	—	—	0.012	0.01	
そ の 他			一式	一式	一式	一式	

5-5　算　出　例

事務所ビル（東京23区内，着工8月1日）
RC造，地下なし地上3階，延べ面積1,550m²
各階の面積（1階 500m²，2階 500m²，3階 500m²，PH50m²）
積算数量は，表 5-10 のとおりとする。

表 5-10　積算内訳書

名　　　　称	規　　　　格	単位	数量	摘要
（躯体）				
捨コンクリート	F_c18N/mm^2　スランプ 15cm	m^3	7	人力
普通コンクリート	F_c21N/mm^2　〃　15cm　基礎部	〃	160	ブーム式
〃	〃　〃　18cm　軸部	〃	740	〃
〃	F_c18N/mm^2　〃　15cm　土間	〃	50	〃
ラップルコンクリート	〃　〃　15cm	〃	200	〃
コンクリート打設手間			一式	
ポンプ圧送			〃	
構造体強度補正			〃	
（外部仕上）				
無筋コンクリート	F_c18N/mm^2　スランプ 15cm　防水保護部	m^3	40	ブーム式

❶　コンクリート単価の設定

　コンクリート材料単価は，表 5-11 により決定できるが，打設時期の予想平均気温により構造体強度補正が必要となる。コンクリート打設を中心とした工程は次のように仮定する。ただし，捨コンクリート，ラップルコンクリート，土間コンクリート，防水保護コンクリートは省略する。

　　　9月12日　　　基礎コンクリート打設
　　　10月10日　　　1階コンクリート打設
　　　10月26日　　　2階コンクリート打設
　　　11月12日　　　3階コンクリート打設
　　　11月21日　　　PHコンクリート打設

(1)　基礎コンクリートの予想平均気温

月　日　月　日	延日	平均気温（℃）	延気温
9. 12〜 9. 30	19	22.8	19×22.8＝433.2
10. 01〜10. 09	9	18.6	9×18.6＝167.4
計	28		600.6

　　600.6÷28≒21.5℃　∴構造体強度補正値　3（N/mm²）

(2)　1階コンクリートの予想平均気温

月　日　月　日	延日	平均気温（℃）	延気温
10. 10	1	18.6	1×18.6＝ 18.6
10. 11〜10. 20	10	16.9	10×16.9＝169.0
10. 21〜10. 31	11	15.3	11×15.3＝168.3
11. 01〜11. 06	6	13.3	6×13.3＝ 79.8
計	28		435.7

　　435.7÷28≒15.6℃　∴構造体強度補正値　3（N/mm²）

(3)　2階コンクリートの予想平均気温

```
　月　日　月　日　　延日　　平均気温（℃）　　延　気　温
　10. 26〜10. 31　　6　　　　15.3　　　　　6×15.3＝ 91.8
　11. 01〜11. 10　　10　　　13.3　　　　　10×13.3＝133.0
　11. 11〜11. 20　　10　　　11.5　　　　　10×11.5＝115.0
　11. 21〜11. 22　　2　　　　9.7　　　　　 2× 9.7＝ 19.4
　　　　　計　　　 28　　　　　　　　　　　　　　　359.2
```
　359.2÷28≒12.8℃　∴構造体強度補正値　3（N/mm²）

(4)　3階コンクリートの予想平均気温

```
　月　日　月　日　　延日　　平均気温（℃）　　延　気　温
　11. 12〜11. 20　　9　　　　11.5　　　　　9×11.5＝103.5
　11. 21〜11. 30　　10　　　 9.7　　　　　10× 9.7＝ 97.0
　12. 01〜12. 09　　9　　　　 7.5　　　　　9× 7.5＝ 67.5
　　　　　計　　　 28　　　　　　　　　　　　　　　268.0
```
　268.0÷28≒9.6℃　∴構造体強度補正値　3（N/mm²）

(5)　PHコンクリートの予想平均気温

```
　月　日　月　日　　延日　　平均気温（℃）　　延　気　温
　11. 21〜11. 30　　10　　　 9.7　　　　　10× 9.7＝ 97.0
　12. 01〜12. 10　　10　　　 7.5　　　　　10× 7.5＝ 75.0
　12. 11〜12. 18　　8　　　　 6.2　　　　　8× 6.2＝ 49.6
　　　　　計　　　 28　　　　　　　　　　　　　　　221.6
```
　221.6÷28≒7.9℃　∴構造体強度補正値　6（N/mm²）

5 コンクリート

表5-11 生コンクリート単価表（例）

生コンクリート 17 千葉・東京

【掲載価格の条件】
1. 対象資材：レディーミクストコンクリート，モルタル
2. 荷渡し場所：都市内現場持込み
3. 取引数量：ア＝1000～2000³ 程度
          イ＝200～1000³ 程度

【調査段階】レディーミクストコンクリート，モルタル
メーカー → 協同組合 → 販売店 → 工事業者
                    → 卸協同組合 →

調査頻度：A

レディーミクストコンクリート（9）〈JIS A 5308〉

呼び強度 N/mm²	スランプ cm	粗骨材 mm	松戸 ア②	柏 ア②	成田 ア②	佐倉 ア②	銚子 イ①②	東金 イ①②	茂原 イ①②	勝浦 イ②	館山 イ②	木更津 イ①②	東京(17区)※ ア②	目黒・世田谷 ア②	練馬・板橋 ア②	足立・葛飾 ア②	八王子・府中 ア②	立川 ア②	調布 ア②
18	8	20(25)	11,000	11,000	10,700	10,700	9,800	9,100	9,300	10,600	12,700	10,500	12,500	11,100	10,400	10,500	12,300	12,300	12,300
〃	10	〃	11,200	11,200	10,700	10,700	9,900	9,200	9,400	10,700	12,700	10,500	12,700	11,300	10,400	10,700	12,500	12,500	12,500
〃	12	〃	11,200	11,200	10,700	10,700	9,900	9,200	9,400	10,700	12,700	10,500	12,700	11,300	10,400	10,700	12,500	12,500	12,500
〃	15	〃	11,200	11,200	11,000	11,000	9,900	9,200	9,400	10,700	13,000	10,800	12,700	11,300	10,400	10,700	12,500	12,500	12,500
〃	18	〃	11,500	11,500	11,000	11,000	10,000	9,300	9,500	10,800	13,000	10,800	13,000	11,600	10,700	11,000	12,800	12,800	12,800
21	8	20(25)	11,200	11,200	10,950	10,950	10,000	9,300	9,500	10,800	12,950	10,750	12,700	11,300	10,650	10,700	12,500	12,500	12,500
〃	10	〃	11,450	11,450	10,950	10,950	10,200	9,500	9,700	11,000	12,950	10,750	12,950	11,550	10,650	10,950	12,750	12,750	12,750
〃	12	〃	11,450	11,450	10,950	10,950	10,200	9,500	9,700	11,000	12,950	10,750	12,950	11,550	10,650	10,950	12,750	12,750	12,750
〃	15	〃	11,450	11,450	11,300	11,300	10,200	9,500	9,700	11,000	13,300	11,100	12,950	11,550	10,650	10,950	12,750	12,750	12,750
〃	18	〃	11,800	11,800	11,300	11,300	10,400	9,600	9,800	11,100	13,300	11,100	13,300	11,900	11,000	11,300	13,100	13,100	13,100
〃	21	〃	11,800	11,800	11,300	11,300	10,400	9,600	9,800	11,100	13,300	11,100	13,300	11,900	11,000	11,300	13,100	13,100	13,100
24	8	20(25)	11,550	11,550	11,300	11,300	10,400	9,650	9,850	11,150	13,300	11,100	13,050	11,650	11,000	11,050	12,850	12,850	12,850
〃	10	〃	11,800	11,800	11,300	11,300	10,600	9,750	9,950	11,250	13,300	11,100	13,300	11,900	11,000	11,300	13,100	13,100	13,100
〃	12	〃	11,800	11,800	11,300	11,300	10,600	9,750	9,950	11,250	13,300	11,100	13,300	11,900	11,000	11,300	13,100	13,100	13,100
〃	15	〃	11,800	11,800	11,650	11,650	10,600	9,750	9,950	11,250	13,650	11,450	13,300	11,900	11,000	11,300	13,100	13,100	13,100
〃	18	〃	12,150	12,150	11,650	11,650	10,800	9,950	10,150	11,450	13,650	11,450	13,650	12,250	11,350	11,650	13,450	13,450	13,450
〃	21	〃	12,150	12,150	11,650	11,650	10,800	9,950	10,150	11,450	13,650	11,450	※14,450	※13,050	11,350	11,650	※14,250	※14,250	※14,250
27	8	20(25)	11,900	11,900	11,700	11,700	10,800	10,100	10,300	11,600	13,700	11,500	13,400	12,000	11,400	11,400	13,200	13,200	13,200
〃	10	〃	12,200	12,200	11,700	11,700	11,000	10,200	10,400	11,700	13,700	11,500	13,700	12,300	11,400	11,700	13,500	13,500	13,500
〃	12	〃	12,200	12,200	11,700	11,700	11,000	10,200	10,400	11,700	13,700	11,500	13,700	12,300	11,400	11,700	13,500	13,500	13,500
〃	15	〃	12,200	12,200	12,100	12,100	11,000	10,200	10,400	11,700	14,100	11,900	13,700	12,300	11,400	11,700	13,500	13,500	13,500
〃	18	〃	12,600	12,600	12,100	12,100	11,200	10,400	10,600	11,900	14,100	11,900	※14,800	※13,400	11,800	※12,600	※14,450	※14,450	※14,450
〃	21	〃	12,600	12,600	12,100	12,100	11,200	10,400	10,600	11,900	14,100	11,900	※14,800	※13,400	※12,500	※12,800	※14,600	※14,600	※14,600
30	8	20(25)	12,200	12,200	12,050	12,050	11,300	10,500	10,700	12,000	14,050	11,850	13,700	12,300	11,750	11,750	13,500	13,500	13,500
〃	10	〃	12,550	12,550	12,050	12,050	11,500	10,600	10,800	12,100	14,050	11,850	14,050	12,650	11,750	12,050	13,850	13,850	13,850
〃	12	〃	12,550	12,550	12,050	12,050	11,500	10,600	10,800	12,100	14,050	11,850	14,050	12,650	11,750	12,050	13,850	13,850	13,850
〃	15	〃	12,550	12,550	12,550	12,550	11,500	10,600	10,800	12,100	14,550	12,350	14,050	12,650	11,750	12,050	13,850	13,850	13,850
〃	18	〃	13,050	13,050	12,550	12,550	11,700	10,850	11,050	12,350	14,550	12,350	※15,200	※13,800	※12,750	※12,950	※14,850	※14,850	※14,850
〃	21	〃	13,050	13,050	12,550	12,550	11,800	10,850	11,050	12,350	14,550	12,350	※15,200	※13,800	※12,900	※13,200	※15,000	※15,000	※15,000
33	8	20(25)	12,550	12,550	12,450	12,450	11,500	10,950	11,150	12,450	14,450	12,250	14,050	12,650	12,150	12,050	13,850	13,850	13,850
〃	10	〃	12,950	12,950	12,450	12,450	11,800	11,250	11,250	12,550	14,450	12,250	14,450	13,050	12,150	12,450	14,250	14,250	14,250
〃	12	〃	12,950	12,950	12,450	12,450	11,800	11,050	11,250	12,550	14,450	12,250	14,450	13,050	12,150	12,450	14,250	14,250	14,250
〃	15	〃	12,950	12,950	13,650	13,650	11,800	11,050	11,250	12,550	15,050	…	14,450	13,050	12,150	12,450	14,250	14,250	14,250
〃	18	〃	※14,150	※14,150	13,650	13,650	12,100	11,350	11,550	12,850	15,050	…	※15,650	※14,250	※13,200	※13,400	※15,300	※15,300	※15,300
〃	21	〃	※14,150	※14,150	13,650	13,650	12,100	11,350	11,550	12,850	15,050	…	※15,650	※14,250	※13,350	※13,650	※15,450	※15,450	※15,450
36	8	20(25)	13,100	13,100	13,000	13,000	11,800	11,400	11,600	12,900	15,000	12,800	14,600	13,200	12,700	12,600	14,400	14,400	14,400
〃	10	〃	13,500	13,500	13,000	13,000	12,100	11,500	11,700	13,000	15,000	12,800	15,000	13,600	12,700	13,000	14,800	14,800	14,800
〃	12	〃	13,500	13,500	13,000	13,000	12,100	11,500	11,700	13,000	15,000	12,800	15,000	13,600	12,700	13,000	14,800	14,800	14,800
〃	15	〃	13,500	13,500	14,400	14,400	12,100	11,500	11,700	13,000	…	…	※16,400	※15,000	12,700	※14,000	※15,650	※15,650	※15,650
〃	18	〃	※14,900	※14,900	14,400	14,400	12,400	11,900	12,100	13,400	…	…	※16,400	※15,000	※13,850	※14,100	※15,950	※15,950	※15,950
〃	21	〃	※14,900	※14,900	14,400	14,400	12,400	11,900	12,100	13,400	…	…	※16,400	※15,000	※14,400	※16,100	※16,100	※16,100	※16,100
40	8	20(25)	—	—	—	—	12,200	12,000	12,200	13,500	…	…	—	※14,050	—	—	—	—	—
〃	10	〃	—	—	—	—	12,500	12,100	12,300	13,600	…	…	—	※14,050	—	—	—	—	—
〃	12	〃	—	—	—	—	12,500	12,100	12,300	13,600	…	…	—	※14,050	—	—	—	—	—
〃	15	〃	※15,600	※15,600	※15,100	※15,100	12,500	12,100	12,300	13,600	…	…	※17,100	※15,700	※14,050	※14,600	※16,150	※16,150	※16,150
〃	18	〃	※15,600	※15,600	※15,100	※15,100	12,800	12,550	12,750	14,050	…	…	※17,100	※15,700	※14,500	※14,750	※16,600	※16,600	※16,600
〃	21	〃	※15,600	※15,600	※15,100	※15,100	…	…	…	…	…	…	※17,100	※15,700	※14,650	※15,100	※16,750	※16,750	※16,750
42	8	20(25)	—	—	—	—	…	…	…	…	…	…	—	※14,500	—	—	—	—	—
〃	10	〃	—	—	—	—	…	…	…	…	…	…	—	※14,500	—	—	—	—	—
〃	12	〃	—	—	—	—	…	…	…	…	…	…	—	※14,500	—	—	—	—	—
〃	15	〃	※16,000	※16,000	※15,500	※15,500	…	…	…	…	…	…	※17,500	※16,100	※14,500	※15,000	※16,600	※16,600	※16,600
〃	18	〃	※16,000	※16,000	※15,500	※15,500	…	…	…	…	…	…	※17,500	※16,100	※14,900	※15,100	※17,000	※17,000	※17,000
〃	21	〃	※16,000	※16,000	※15,500	※15,500	…	…	…	…	…	…	※17,500	※16,100	※15,050	※15,500	※17,150	※17,150	※17,150
45	8	20(25)	—	—	—	—	…	…	…	…	…	…	—	※15,000	—	—	—	—	—
〃	10	〃	—	—	—	—	…	…	…	…	…	…	—	※15,000	—	—	—	—	—
〃	12	〃	—	—	—	—	…	…	…	…	…	…	—	※15,000	—	—	—	—	—
〃	15	〃	※16,850	※16,850	※16,350	※16,350	…	…	…	…	…	…	※18,350	※16,700	※15,000	※15,550	※17,100	※17,100	※17,100
〃	18	〃	※16,850	※16,850	※16,350	※16,350	…	…	…	…	…	…	※18,350	※16,700	※15,500	※15,700	※17,600	※17,600	※17,600
〃	21	〃	※16,850	※16,850	※16,350	※16,350	…	…	…	…	…	…	※18,350	※16,700	※15,650	※16,100	※17,750	※17,750	※17,750

積算資料 '16.07

❷ コンクリート打設手間の算定

歩掛表（**表 5-3〜5-6**）より算定する。

〔算出例 5-1〕 捨コンクリート打設手間（人力打設）

					1m³ 当たり	7,080 円
名　称	規　格	単位	数量	単　価	金　額	単価根拠	備　考
特殊作業員		人	0.26	22,700.00	5,902.00		
その他		一式			1,180.40	5,902.00×0.2	（労）×20%
計					7,082.40		

付記：ポンプ車打設

		ブーム式	配管式
捨コンクリート	スランプ 15cm, 20m³ 以上 50m³ 未満	3,270 円/m³	3,540 円/m³
普通コンクリート	スランプ 15cm, 100m³ 〃 170m³ 〃	1,830　〃	1,960　〃
〃	スランプ 18cm, 170m³ 〃	1,720　〃	1,850　〃
〃	スランプ 18cm, 50m³ 〃 100m³ 未満	2,530　〃	2,720　〃
〃	スランプ 15cm, 50m³ 〃 100m³ 〃	2,530　〃	2,720　〃
防水保護コンクリート	スランプ 15cm, 20m³ 〃 50m³ 〃	3,270　〃	3,540　〃
ラップルコンクリート	スランプ 15cm, 170m³ 以上	1,360　〃	1,360　〃

（注） ラップルコンクリートは，無筋基礎となるので 0.05 人/m³ を計上した。

以上を集計すると〔**算出例 5-2**〕のようになる。

〔算出例 5-2〕 コンクリート打設手間

集計（ブーム式）							1,980,000 円
名　称	規　格	単位	数量	単　価	補正係数	金　額	備　考
捨コンクリート	人力 スランプ 15cm	m³	7	7,080.00		49,560.00	
普通コンクリート	100m³ 以上 170m³ 未満 基礎部	〃	160	1,830.00		292,800.00	ポンプ車 1 台 60m³/h
〃	スランプ 18cm 170m³ 以上　軸部	〃	690	1,720.00		1,186,800.00	ポンプ車 3 台 80m³/h
〃	スランプ 18cm 50m³ 以上 100m³ 未満 軸部	〃	50	2,530.00		126,500.00	ポンプ車 1 台 60m³/h
〃	スランプ 15cm 50m³ 以上 100m³ 未満 土間	〃	50	2,530.00	0.38	48,070.00	ポンプ車 1 台 60m³/h
ラップルコンクリート	スランプ 15cm 170m³ 以上	〃	200	1,360.00		272,000.00	ポンプ車 1 台 80m³/h
計						1,975,730.00	

（注） 捨コンクリートの単価は，算出例 5-1，普通コンクリートおよびラップルコンクリートの単価は，算出例 5-1 付記による。

5 コンクリート

❸ ポンプ圧送費の算定

ポンプ圧送費は，コンクリートポンプ組立とコンクリートポンプ運転の構成による。

数量によって躯体コンクリートの一部およびラップルコンクリートは 80m³/h 級を用いその他の部分は，60m³/h 級を用いる。なお，捨コンクリートは人力施工とする。

（1） 各種単価の設定

〔算出例 5-3〕 コンクリートポンプ組立（ブーム式）

60m³/h，スランプ 15～18cm，打設量 100m³ 以上 170m³ 未満						ポンプ車 1 回 1 台当たり 32,300 円	
名　　　称	規　格	単位	数量	単　価	金　額	単価根拠	備　考
ポンプ車損料	60m³/h	h	2.0	5,350.00	10,700.00		
燃　　　料	軽油	ℓ	10.7	100.00	1,070.00		
運転手（特殊）		人	0.25	22,300.00	5,575.00		
特殊作業員		〃	0.5	22,700.00	11,350.00		
そ　の　他		一式			3,599.00	17,995.00×0.2	（労＋雑）×20%
計					32,294.00		

付記：

	20m³未満	20m³以上 50m³未満	50m³以上 100m³未満	100m³以上 170m³未満	170m³以上
ブーム式	57,300 円	63,300 円	94,300 円	32,300 円	36,500 円
配管式	79,300 円	79,300 円	110,000 円	48,200 円	53,900 円

〔算出例 5-4〕 コンクリートポンプ運転（ブーム式）　　　　　　　　　■は市場単価

60m³/h，スランプ 15～18cm，打設量 100m³ 以上 170m³ 未満						1m³ 当たり 750 円	
名　　　称	規　格	単位	数量	単　価	金　額	単価根拠	備　考
ポンプ車損料	60m³/h	h	0.039	5,350.00	208.65		
燃　　　料	軽油	ℓ	0.42	100.00	42.00		
運転手（特殊）		人	0.006	22,300.00	133.80		
特殊作業員		〃	0.012	22,700.00	272.40		
そ　の　他		一式			89.64	448.20×0.20	（労＋雑）×20%
計					746.49		

付記：

	20m³未満	20m³以上 50m³未満	50m³以上 100m³未満	100m³以上 170m³未満	170m³以上
ブーム式	90 円	50 円	50 円	750 円	580 円
配管式	50 円	50 円	50 円	760 円	670 円

（2） ポンプ圧送費算定

〔算出例 5-5〕 ポンプ圧送

						1,010,000 円
名　　称	規　　格	単位	数量	単価	金額	備　考
（コンクリートポンプ運転）基礎コンクリート打　設	ブーム式 60m³/h　S15	m³	160	750.00	120,000.00	〔算出例 5-4〕付記より
1 階〜3 階コンクリート打設	80m³/h　S18	〃	690	580.00	400,200.00	〃
PH コンクリート打　設	60m³/h　S18	〃	50	50.00	2,500.00	〃
土間コンクリート打　設	60m³/h　S15	〃	50	50.00	2,500.00	〃
ラップルコンクリート打設	80m³/h　S15	〃	200	580.00	116,000.00	〃
（コンクリートポンプ組立）ポンプ車組立	ブーム式 80m³/h　170m³ 以上	回	4	36,500.00	146,000.00	〔算出例 5-3〕付記より
〃	60m³/h 100m³ 以上 170m³ 未満	〃	1	32,300.00	32,300.00	〃
〃	60m³/h 50m³ 以上 100m³ 未満	〃	2	94,300.00	188,600.00	〃
計					1,008,100.00	

❹ 構造体強度補正の算定

〔算出例 5-6〕 構造体強度補正

							373,000 円
名　　称	平均気温	補正値 （N/mm²）	単位	数量	単価	金額	備　考
基礎コンクリート	21.5℃	3	m³	160	350.00	56,000.00	24N-21N（S15）
1 階コンクリート	15.6℃	3	〃	230	350.00	80,500.00	24N-21N（S18）
2 階コンクリート	12.8℃	3	〃	230	350.00	80,500.00	〃
3 階コンクリート	9.6℃	3	〃	230	350.00	80,500.00	〃
PH 階コンクリート	7.9℃	6	〃	50	1,500.00	75,000.00	27N-21N（S18）
計						372,500.00	

❺ 内訳書の作成

表 5-10 の数量内訳書に単価を入れて計算すると，〔算出例 5-7〕のようになる。

〔算出例 5-7〕 内訳書

						19,200,000 円
名　　　　称	規　　　格	単位	数量	単　価	金　額	備　　考
（躯体）コンクリート						
捨コンクリート	F_C 18N/mm² S15	m³	7	12,700.00	88,900.00	表 5-11 より
ラップルコンクリート	F_C 18N/mm² S15	〃	200	12,700.00	2,540,000.00	〃
普通コンクリート	F_C 21N/mm² S15　基礎部	〃	160	12,950.00	2,072,000.00	〃
〃	F_C 21N/mm² S18　軸部	〃	740	13,300.00	9,842,000.00	〃
〃	F_C 18N/mm² S15　土間	〃	50	12,700.00	635,000.00	〃
コンクリート打設手間			一式		1,980,000.00	〔算出例 5-2〕より
ポンプ圧送			〃		1,010,000.00	〔算出例 5-5〕より
構造体強度補正			〃		373,000.00	〔算出例 5-6〕より
（外部仕上げ）						
無筋コンクリート	F_C 18N/mm² S15　防水保護部　材工共	m³	40	15,900.00	636,000.00	〔算出例 5-8〕より
計					19,176,900.00	

（注） 捨コンクリートおよびラップルコンクリートは，「3 地業」へ計上する。

（参考） コンクリート足場

次のコンクリート足場は，配管式ポンプ車の場合に適用する。

〔算出例 5-8〕 無筋コンクリート

防水保護部ブーム式						40m³ 当たり		636,000 円
名　　　称	規　　格	単位	数量	単価	金額	単価根拠	備　　考	
無筋コンクリート	F_C 18N/mm² S15 防水保護部 スランプ 15cm	m³	40	12,700.00	508,000.00		表 5-11 より	
防水保護 コンクリート	20m³以上 50m³ 未満	〃	40	1,569.60	62,784.00	3,270.00×0.48	〔算出例 5-1〕 付記より	
防水保護 コンクリート打設	60m³/h S15	〃	40	50.00	2,000.00		〔算出例 5-4〕 付記より	
ポンプ車組立	60m³/h 20m³以上 50m³ 未満	回	1	63,300.00	63,300.00		〔算出例 5-3〕 付記より	
計					636,084.00			

（注）　1m³ 当たり 15,900 円

〔算出例 5-9〕 コンクリート打設用足場

配管受台						1m² 当たり		70 円
名　　　称	規　　格	単位	数量	単価	金額	単価根拠	備　　考	
道 板 受 台	鋼製脚立	個	0.25	70.40	17.60	3,520 円/個 ×0.02	損料率 2%	
角　　材	バタ角	m³	0.0013	3,900.00	5.07	30,000 円/m³ ×0.13	〃 13%	
足 場 板	240×4,000 ×25mm	枚	0.13	81.00	10.53	4,050 円/枚 ×0.02	〃 2%	
鉄　　線		kg	0.01	121.50	1.22			
と び 工		人	0.001	25,500.00	25.50			
そ の 他		一式			5.10	25.50×0.2	（労）×20%	
計					65.02			

6 型　　枠

6-1 概　　説

　型枠は，コンクリートを固結成型させる鋳型の役割を果たすもので，仮設の一種とも考えられるが，躯体コンクリートの出来栄えを左右させ，建物全体の品質に大きな影響を与える要素を持っている。また，型枠の組立，解体は機械化の困難な作業でもっぱら人力施工となるため建設工期に大きな影響を与えている。
　一方，型枠は建物が完成すれば不要となるものであるが，一般に鉄筋コンクリート造建物の工事費で型枠の占める割合は大きく，建物全体のコストに大きく関わっている。このように，品質，工期，コストと建物に求められる要件が，この型枠に集まっているので，価格決定には十分な配慮が必要である。型枠に要求される条件として次のようなものがある。
　① 精度の高いもの
　② コンクリート打設で変形しない丈夫なもの
　③ 組立，解体が容易なもの
　④ 安価であること
　建築工事では，一般に建物形状が複雑で加工度が高いので，せき板の材料としてコンクリート型枠用合板を用いるものが多い。このため，ここでは合板型枠を中心に説明する。

6-2 内訳書の書式

　「型枠」の主な細目は，次のようになる。

① 躯　体			
普通合板型枠	基礎部		○m²
〃	構造，地上軸部，	階高	〃
〃	地下軸部，	〃	〃
〃	地下軸部片面，	〃	〃
打放し合板型枠	構造，地上軸部，種別		〃
型枠運搬			〃
耐震スリット	材質・寸法		○m（一式）
目地棒	寸法		〃
計			
② 外部仕上げ			
打放し面補修	一般，曲面の別　種別，コーン処理有無の別		○m²
型枠	簡易な機械基礎程度		〃
型枠運搬			〃
計			

③　内部仕上げ
　　　　打放し面補修　　　　一般，曲面の別　種別，コーン処理有無の別　　○ m²
　　　　型　　枠　　　　　　簡易な機械基礎程度　　　　　　　　　　　　　　〃
　　　　型枠運搬　　　　　　　　　　　　　　　　　　　　　　　　　　　　　〃
　　　　　計

❶　普通合板型枠
　　建築工事では，一般に見えがくれや左官下地になる部分の型枠として用いる。

❷　打放し合板型枠
　　コンクリート表面の化粧として，仕上厚さが薄い仕上げ（複層仕上塗材等）または布張り下地の型枠等として用いる。打放し合板型枠にはコーンが使用され，セパレータの切断跡を表面に出さないように処置するほか，せき板も均質で良質なものが要求される。また，精度を高め，仕上がりを向上させる必要がある。仕様，せき板厚，その他の種別に分類し計上する。

❸　曲　面　型　枠
　　壁，柱，梁等に曲面の型枠を必要とする場合がある。合板で組み立てる場合は，一般にくし形のさん材を用いることになる。一方，柱等でせき板の材料として紙チューブを用いる場合もある。材質，径などに分類し計上する。

❹　基礎（簡易）型枠
　　木造住宅の基礎等，精度や仕上がりに特に気を付ける必要のない部分の型枠として用いる。

❺　目　地　棒
　　収縮によるクラック防止や意匠上目地を設ける場合がある。場合によっては，出隅にテーパを付ける目的で設けるものもある。寸法ごとに分類し，一式で計上する。
　　なお，打放し合板型枠の歩掛には，面木類を含む。

❻　型　枠　運　搬
　　型枠材料を現場搬入・搬出する場合の運搬費を見込む。なお，型枠を埋殺し使用する場合の運搬費は，片道とする。一般に型枠は現場内での転用があり，搬入・搬出量は型枠全数とはならないので注意する。

6-3　数量の算出

　　型枠の数量は，「建築数量積算基準」の定めに従って計測・計算し，種類等ごとに分類して計上する。
　　①　型枠の数量は，普通型枠，打放し型枠，曲面型枠等，材料，工法，コンクリート打設面等により区別し，コンクリートの各部分ごとに，原則としてその側面および底面の面積を次の各項に定めるところに従って計測・計算し，接続部の面積を差し引いた面積とする。
　　②　梁と床板，基礎梁等と底盤，同一幅の柱と梁等および壁式構造における壁と床板の接続部は，第2章第2節のコンクリート部材の計測・計算2)の定めによる「さきの部分」の接続部の型枠を差し引く。これ以外の接続部の面積が 1.0m² 以下の箇所の型枠の欠除はないもの

とする。
③ 窓，出入口等の開口部による型枠の欠除は，原則として建具類等の内法寸法とする。なお，開口部の内法の見付面積が1か所当たり0.5m²以下の場合は，原則として型枠の欠除はないものとする。また，開口部の見込部分の型枠は計測の対象としない。
④ 斜面の勾配が3/10を超える場合は，その部分の上面型枠，またはコンクリートの上面の処理を計測・計算の対象とする。
⑤ 階段の踏面，階の中間にある壁付きの梁の上面は，その部分の上面型枠を計測・計算の対象とする。
⑥ 大面木，化粧目地，打継ぎ目地，誘発目地等は計測・計算の対象とする。なお，打放し型枠の通常の面取りは計測の対象としない。

6-4 単価の決定

型枠の単価構成は，資材の損料額，加工・組立および解体整理に要する労務費からなり，複合単価で表す。また，公共建築工事の積算では，普通合板型枠，打放し合板型枠，型枠運搬費については，市場単価（『建築施工単価』等に掲載）を採用している。

❶ 型枠用資材
（1）せき板

一般に使用するせき板には，日本農林規格（JAS）に規定されている「コンクリート型枠用合板」がある。市場のサイズは，厚さ12mmで900×1,800mm，600×1,800mmがある。同じサイズで塗装された合板も市販されている。精度の向上，その他の理由で厚さ15mm，18mmの合板を使用する場合もあるが，常時在庫に乏しく，また，普通合板（耐水合板）を使用することもある。合板以外にせき板の材料としてメタルフォーム，床型枠用鋼製デッキプレート，アルミ合金型枠，断熱材兼用型枠等がある。その他，開口枠には木材を加工して用いる。円形柱，スリーブ等には紙チューブを用いることがある。

合板はできるだけ加工せずに使用するのが望ましく，取合部分および端数部分には切断加工用として，補助合板，補助木材を別途用意する。合板の転用回数は10数回可能とされているが，上記補助合板はほとんど全損となり，さらにほかの現場への輸送，積卸し，保管等によっても損耗，劣化するので平均すると歩掛上の数値となる。

（2）組立，締付け材

合板を型枠に組み立てる材料として，さん材，バタ角，単管があり，締付け用としてセパレータ，フォームタイがある。

取合部等にはさん材を用い，その他の部分には単管を用いて施工する。場合によっては，さん材を合板に打ちつけてパネルを形成して合板の剛性と耐久性の向上に努めているものも見受けられる。

締付け用にはセパレータが用いられ，フォームタイによって締付け調整が行われる。フォームタイの受け材が組立用の単管または角パイプとなる。床板および梁底の型枠は大引材としてバタ角（100×100mm）が使われ，根太材として一般部分には単管を，パネルの取合部にはさん材（30×60mm）がよく用いられる。

梁および壁の打放し仕上げにはセパレータにコーンを用い，セパレータがコンクリート内面に納まるように工夫されている。その他，柱型枠にはコラムクランプを用いる場合もある。

市場に出ているこれらの資材を表6-1に示す（『積算資料』より）。

表6-1　型枠用金物

品　名	規　格	単位	メーカー
パイプレンW	高さ300×長さ1,000mm　ポリプロピレン	m	アークエース
NEW大引き受	ハイテン60　60mm角用　　溶融亜鉛めっき	個	アートワーク・ノガミ
グリップル	〃　60　50・60mmタイプ　　〃	〃	〃
サポートメイト	S55C　ディスゴ処理	〃	〃
板セパレータ	ML-160	本	ホーシン
中間バー	R-3000	〃	〃
アンカー	AI-263	〃	〃
ピン	P-24	〃	〃
コーン	MLコーン	個	〃
メタルホームタイ	K-21	本	〃
底止めセパ	SUN-120	〃	〃
簡易足場	KH足場	〃	〃
水抜パイプ止	パイプホルダーM	個	〃
水抜パイプフィルター	PF-75	〃	〃
丸セパレーター	B型　W5/16　長さ100mm	本	岡部
〃	〃　〃　〃　150	〃	〃
〃	〃　〃　〃　200	〃	〃
〃	〃　〃　〃　250	〃	〃
〃	〃　〃　〃　300	〃	〃
〃	〃　〃　〃　400	〃	〃
〃	〃　〃　〃　500	〃	〃
〃	〃　〃　〃　650	〃	〃
〃	〃　〃　〃　850	〃	〃
〃	〃　〃　〃　1,000	〃	〃
〃	〃　〃　〃　1,300	〃	〃
〃	〃　〃　〃　1,800	〃	〃
〃	〃　W3/8　〃　200	〃	〃
〃	〃　〃　〃　300	〃	〃
〃	〃　〃　〃　400	〃	〃
〃	〃　〃　〃　500	〃	〃
〃	〃　〃　〃　1,000	〃	〃
〃	C型　W5/16　〃　100	〃	〃
〃	〃　〃　〃　150	〃	〃
〃	〃　〃　〃　180	〃	〃
〃	〃　〃　〃　200	〃	〃
〃	〃　〃　〃　300	〃	〃
〃	〃　〃　〃　400	〃	〃
〃	〃　〃　〃　500	〃	〃
〃	〃　〃　〃　1,000	〃	〃
〃	D型　W1/2　〃　200	〃	〃
〃	〃　〃　〃　300	〃	〃
〃	〃　〃　〃　400	〃	〃
〃	〃　〃　〃　500	〃	〃
〃	〃　〃　〃　1,000	〃	〃
アイビーフォームタイ	W5/16　長さ150mm	〃	〃

6 型　枠

品　名	規　格	単位	メーカー
アイビーフォームタイ	W5/16　長さ180	本	岡　部
〃	〃　〃　210	〃	〃
〃	〃　〃　250	〃	〃
〃	W3/8　〃　150	〃	〃
〃	〃　〃　180	〃	〃
〃	〃　〃　210	〃	〃
〃	〃　〃　250	〃	〃
〃	D型　〃　250	〃	〃
〃	〃　〃　300	〃	〃
フォームタイ	K型 2P　W5/16　長さ145mm	〃	〃
〃	〃　2L　〃　165	〃	〃
Ｐ　コ　ン	W5/16　メタルフォーム用	個	〃
〃	〃　　板厚12mm	〃	〃
〃	〃　　　16	〃	〃
〃	W3/8　メタルフォーム用	〃	〃
〃	〃　　板厚12mm	〃	〃
〃	〃　　　24	〃	〃
〃	D型	〃	〃
レ　ジ　コ　ン	Z8　プラグ付	〃	〃
〃	Z9　〃	〃	〃
〃	ZD　〃	〃	〃
軸　　　　足	W5/16　メタルフォーム用	〃	〃
〃	〃　　板厚12mm	〃	〃
〃	W3/8　メタルフォーム用	〃	〃
〃	〃　　板厚24mm	〃	〃
平　リ　ブ　座　金	二ツ割　木製用	〃	〃
3 型リブ座金	丸パイプ用	〃	〃
〃	丸パイプ用 D	〃	〃
角パイプ座金	60角用	〃	〃
KKリブ座金	角パイプ用	〃	〃
KK　座　金	I型　60角用	〃	〃
〃	I型 S　〃	〃	〃
〃	I型　50角用	〃	〃
〃	I型 S　〃	〃	〃
根搦みクランプ	P-1	〃	〃
〃	K	〃	〃
ウルトラリング	8　W5/16	〃	〃
〃	9　W3/8	〃	〃
〃	12　W1/2	〃	〃
KS　タ　イ	当板 S型　60角用	個	国元商会
〃	〃 LL型　60-50角用	〃	〃
〃	〃 W型　〃	〃	〃
〃	〃 L型　〃	〃	〃
〃	スラブ受 S　〃	〃	〃
〃	〃　W　〃	〃	〃
〃	ネガラミ金物　万能型	〃	〃
〃	〃　丸用	〃	〃
〃	ハリバタボックス　60角用	〃	〃

型枠

品　名	規　格	単位	メーカー
KS　　タ　　イ	ハリバタボックス　　50角用	個	国　元　商　会
〃	〃　　　　　　　φ48.6用	〃	〃
〃	本体　W5/16　長さ165mm　60角用	本	〃
〃	〃　　〃　　〃　150　50角用	〃	〃
〃	〃　　〃　　〃　140　φ48.6用	〃	〃
ターンバックル	TB-B　　径 9×枠長150mm	本	コンドーテック
〃	〃　　　〃12　〃　200	〃	〃
〃	〃　　　〃16　〃　250	〃	〃
〃	TB-H/H　〃 9　〃　150	〃	〃
〃	〃　　　〃12　〃　200	〃	〃
〃	TB-H/H　〃16　〃　250	〃	〃
〃	〃　　　〃19　〃　300	〃	〃
〃	〃　　　〃22　〃　325	〃	〃
〃	〃　　　〃25　〃　350	〃	〃
〃	〃　　　〃32　〃　400	〃	〃
〃	TB-E/E　〃 9　〃　150	〃	〃
〃	〃　　　〃12　〃　200	〃	〃
〃	〃　　　〃16　〃　250	〃	〃
ヒ ッ ト コ ン	グレー　W5/16・W3/8　Pコン穴埋め栓	個	エステーリミテッド
〃	カラー　　〃　　　　　〃	〃	〃
V　　コ　　ン	W5/16・W3/8　　プラグ付	個	豊　善　金　属
〃	W1/2　　　　　　〃	〃	〃
〃	W5/8　　　　　　〃	〃	〃
V コ ン 軸 足	W5/16　　　　合板・メタル用	本	〃
〃	W3/8	〃	〃
断 熱 P コ ー ン	W5/16　径 55mm	個	〃
〃	〃　　〃 80	〃	〃
メタルカイテン	(Ⅱ) W5/16	〃	〃
〃	(〃) W3/8	〃	〃
〃	(〃) P枠のみ	〃	〃
カイテンスパナ		本	〃
ボイドユーフォー (ボイド底蓋材)	ボイド　径 150mm用	個	二　三　産　業
〃	〃　　〃 200	〃	〃
〃	〃　　〃 250	〃	〃
〃	〃　　〃 300	〃	〃
ボイドシャッポ (ボイド上蓋材)	SM 75X　径　75mm用	〃	〃
〃	SM100X　〃 100	〃	〃
〃	SM150X　〃 150	〃	〃
〃	SM175X　〃 175	〃	〃
〃	SM200X　〃 200	〃	〃
〃	SM250X　〃 250	〃	〃
〃	SM300X　〃 300	〃	〃
ボイドホルダー (ボイド支持具)	G150 径 150mm用　ガードレール用	〃	〃
〃	G200 〃 200　　〃	〃	〃
〃	F75 径 75mm用　フェンス用	〃	〃
〃	F100 〃 100　　〃	〃	〃

6 型　枠

品　名	規　格			単位	メーカー
スリーブメイトN型 （くぎ付タイプ）	SM 50N	紙 50 用	ポリプロピレン製	個	二　三　産　業
〃	SM 75N	〃 75	〃	〃	〃
〃	SM 90N	〃 90	〃	〃	〃
〃	SM100N	〃・VP100 用	〃	〃	〃
〃	SM125N	〃・VP125	〃	〃	〃
〃	SM150N	〃・LP150	〃	〃	〃
〃	SM200N	〃 200 用	〃	〃	〃
スリーブメイトX型 （くぎなしタイプ）	SM 50X	紙・SU50 用		〃	〃
〃	SM 75X	〃・SU75		〃	〃
〃	SM 90X	〃 90 用		〃	〃
〃	SM100X	〃・VP100 用		〃	〃
〃	SM125X	〃・VP125		〃	〃
〃	SM150X	〃・LP150		〃	〃
〃	SM200X	〃 200 用		〃	〃
〃	SM250X	〃・VU250 用		〃	〃
〃	SM300X	〃 300 用		〃	〃
		管径	タテ ヨコ		
スリーブ穴埋用補助材	A-PATS	20・25・32mm 用	200×200mm	個	UACJ 製箔
〃	A-PATM	40・50・65	250　250	〃	〃
〃	A-PATL	80・100	300　300	〃	〃
〃	A-PATLL	125・150	350　350	〃	〃
〃	A-PATF	200	400　400	〃	〃
ニュータイ本体	K-165	W5/16　クサビ式		個	丸　井　産　業
〃	K-145	〃　〃		〃	〃
〃	K-225	〃　〃		〃	〃
〃	150	〃　ネジ式 ナット含む		〃	〃
〃	180	〃　〃　〃		〃	〃
〃	210	〃　〃　〃		〃	〃
〃	250	〃　〃　〃		〃	〃
〃	310	〃　〃　〃		〃	〃
マルイポリコーン	W5/16	合板用　板厚 12mm		〃	〃
〃	W3/8	〃　〃		〃	〃
〃	W5/16	メタルフォーム用		〃	〃
〃	W3/8	〃		〃	〃
〃	W5/16	梁用		〃	〃
ウメコン	W5/16	合板用　板厚 12mm		セット	〃
〃	W3/8	〃　〃		〃	〃
スラブ引コマ	W5/16	打放し		個	〃
ニュータイ当金	W	角パイプ用		セット	〃
〃	L2	〃		〃	〃
〃	L1	〃		〃	〃
〃	P3	単管用		〃	〃
〃	P-W	〃		〃	〃
〃	LG-W	LG 用		〃	〃
3型リブ座金	単管用			個	〃
スラブ受けS型	角パイプ用			〃	〃

品　名	規　格	単位	メーカー
スラブ受け 2K型	角パイプ用	個	丸井産業
〃　　　　2P型	単管用	〃	〃
エースコン	W5/16・W3/8　埋込	個	三門
〃	W1/2　　〃	〃	〃
〃	W5/8　　〃	〃	〃
〃	W3/4　　〃	〃	〃
タイパッキン	φ48.6用　壁面凹凸防止具	〃	〃
足場インサート	W1/2　壁つなぎ用	〃	〃
パネサート	〃　　埋設長45mm　横付インサート	〃	〃
〃	〃　　　〃　　60　　〃	〃	〃
〃	〃　　　〃　　80　　〃	〃	〃
スピードコン	P　W5/16・W3/8　　Pコン穴埋め栓	個	BiC（ビック）
〃	S　　〃　　　　　　〃	〃	〃
〃	VII　　〃　　ブチル付　〃	〃	〃
Bコン	BS-25　W5/16　軸足付　先付埋めコン	〃	〃
〃	BM-25　〃　　〃　　〃	〃	〃
BコンZ（防水タイプ）	BSZ-25　〃　　〃　　〃	〃	〃
〃	BMZ-25　〃　　〃　　〃	〃	〃
止水コンZ（W防水構造）	SSZ-25　〃　　〃　　〃	〃	〃
〃	SSZ-30　W3/8　〃　　〃	〃	〃
〃	SSZ-40　W1/2　〃　　〃	〃	〃

（注）ウィットのミリ換算　W5/16≒8mm　W3/8≒9mm　W1/2≒12mm　W5/8≒16mm　W3/4≒19mm。

(3) 支保，建付固定材

　床板，梁下端型枠の支保工には単管支柱が用いられる。階高が3〜4m程度までは，普通のサポートを使用するが，4m以上の場合は特殊サポートを用いて5m程度まで利用する。労働安全衛生規則により3.5mを超えるときは，サポートの高さ2m以内ごとに水平つなぎを二方向に設け，かつ，水平つなぎの変位を防止することになっている。5mを超す支保工には，枠組足場材または単管により支保工を組み立てて施工する。

　建付固定としてチェーンを用いて固定するか，支柱を斜めに使用して振止めに用いる場合がある。チェーンを用いる場合は，あらかじめ床にフックを埋め込んでおく。

(4) はく離剤，その他

　型枠解体時，せき板とコンクリートとのはく離性をよくするために用いる。

❷ 型枠加工組立解体歩掛

(1) 型　枠

表6-2　普通合板型枠

（1m²当たり）　■は市場単価

名　　称	規　　格	単位	小型構造物	鉄骨造建物 (門形ラーメン)	鉄筋コンクリート造建物 (一般ラーメン)	鉄筋コンクリート造建物 (壁式)	摘　要
合　　板	型枠用厚さ12mm 900×1,800mm	m²	1.25	1.05	1.04	1.03	27(50)%
さ　ん　材	60×30mm	m³	0.007	0.004	0.004	0.003	36(50)%
角　　材	100×100mm	〃	0.02	—	0.003	0.003	20(50)%
丸　パ　イ　プ	φ48.6	m	—	7.59	7.33	7.55	3%
パイプサポート		本	—	—	0.44	0.33	5%
セ パ レ ー タ	ボルト式	個	—	2.18	1.74	1.71	100%
フ ォ ー ム タ イ	座金共	本	—	4.36	3.48	3.42	30%
鉄　　線		kg	0.09	—	—	—	
く　ぎ　金　物		〃	0.04	0.06	0.05	0.05	
は　く　離　剤		ℓ	0.02	0.02	0.02	0.02	
型　わ　く　工		人	0.15	0.11	0.13	0.13	
普　通　作　業　員		〃	0.07	0.05	0.07	0.06	
そ　の　他			一式	一式	一式	一式	

（注）1. 摘要欄の数値は、1現場当たり損料率を示す。（　）内の数値は小型構造物の損料率を示す。
　　　2. 小型構造物の型枠は、工作物の基礎等で1か所当たり1m³程度のコンクリート量で点在する構造物および高さ1m程度の擁壁、囲障の基礎等に適用する。
　　　3. コンクリート打設時の型枠点検および保守を含む。

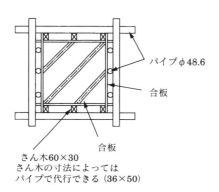

図6-1　柱の型枠例

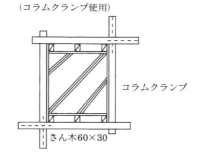

図6-2　柱の型枠例
（コラムクランプ使用）

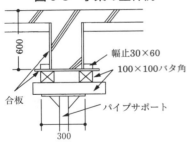

図 6-3　小梁の型枠例

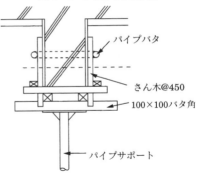

図 6-4　大梁の型枠例

表 6-3　打放し合板型枠

（1m² 当たり）　■は市場単価

名　称	規　格	単位	A 種 鉄筋コンクリート造建物（一般ラーメン）	B 種 鉄筋コンクリート造建物（一般ラーメン）	B 種 鉄筋コンクリート造建物（壁式）	C 種 鉄筋コンクリート造建物（一般ラーメン）	C 種 鉄筋コンクリート造建物（壁式）	摘要
合　板	型枠用合板 厚さ 12mm 900×1,800mm	m²	1.06	1.06	1.06	1.06	1.06	30%
さ ん 材	60×30mm	m³	0.005	0.005	0.004	0.005	0.004	36%
角　材	100×100mm	〃	0.003	0.003	0.003	0.003	0.003	20%
丸パイプ	φ48.6	m	7.33	7.33	7.55	7.33	7.55	3%
パイプサポート		本	0.44	0.44	0.33	0.44	0.33	5%
セパレータ	ボルト式	個	1.74	1.74	1.71	1.74	1.71	100%
フォームタイ	座金共	本	3.48	3.48	3.42	3.48	3.42	30%
コ ー ン		個	3.48	3.48	3.42	—	—	30%
くぎ金物		kg	0.06	0.06	0.06	0.06	0.06	
はく離剤		ℓ	—	0.02	0.02	0.02	0.02	
型わく工		人	0.18	0.16	0.16	0.13	0.13	
普通作業員		〃	0.09	0.08	0.07	0.07	0.06	
そ の 他			一式	一式	一式	一式	一式	

（注）　1.　摘要欄の数値は，1 現場当たり損料率を示す。
　　　 2.　コンクリート打設時の型枠点検および保守を含む。

表6-4 本実打放し型枠

(1m² 当たり)

名 称	規 格	単位	柱	梁	壁	天井	一般	摘要
板 材	杉上小節	m³	0.033	0.031	0.029	0.028	0.03	50%
さ ん 材	60×30mm	〃	0.008	0.008	0.003	0.004	0.0033	50%
角 材	100×100mm	〃	—	0.02	—	0.012	0.002	20%
丸 パ イ プ	φ48.6	m	9.0	4.6	9.2	—	6.6	3%
パイプサポート		本	—	0.95	—	0.93	0.33	5%
セパレータ	ボルト式	個	3.5	1.7	1.9	—	1.8	100%
フォームタイ	座金共	本	7.2	3.5	3.8	—	3.6	30%
コ ー ン		個	7.2	3.5	3.8	—	3.6	30%
く ぎ 金 物		kg	0.84	0.72	0.5	0.78	0.68	
は く 離 剤		ℓ	0.02	0.02	0.02	0.02	0.02	
型 わ く 工		人	0.35	0.4	0.25	0.35	0.36	
普 通 作 業 員		〃	0.12	0.19	0.09	0.19	0.15	
そ の 他			一式	一式	一式	一式	一式	

（注）摘要欄の数値は，1現場当たり損料率を示す。

表6-5 その他の型枠

(1m² 当たり)

名 称	規 格	単位	基礎 木造建物基礎等 簡易なもの	擁壁 建築工事に伴う 外構の擁壁程度	排水桝 角型桝	摘要
合 板	型枠用合板	m²	1.25	1.1	1.25	50%
さ ん 材	60×30mm	m³	0.008	0.003	0.002	50%
角 材	100×100mm	〃	0.02	0.01	0.03	50%
丸 パ イ プ	φ48.6	m	—	9.2	—	3%
セパレータ	ボルト式	個	—	1.9	1.9	100%
フォームタイ	座金共	本	—	3.8	3.8	30%
く ぎ 金 物		kg	0.28	0.08	0.2	
は く 離 剤		ℓ	0.02	0.02	0.02	
型 わ く 工		人	0.07	0.11	0.15	
普 通 作 業 員		〃	0.04	0.06	0.07	
そ の 他			一式	一式	一式	

（注）摘要欄の数値は，1現場当たり損料率を示す。

図 6-5 合板曲面型枠例
（円柱）

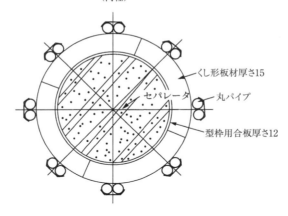

（参考）特殊型枠その他

表 6-6 曲面打放し合板型枠
（1m² 当たり）

名　称	規　格	単　位	梁	柱	摘　要
合　　板	型枠用合板	m²	0.97	―	20%
〃	〃	〃	1.34	1.25	100%
さ　ん　材	60×30mm	m³	―	0.003	100%
角　　材	100×100mm	〃	0.024		20%
丸　パ　イ　プ	φ48.6	m	2.2	6.0	3%
パイプサポート		本	1.6	―	5%
セ パ レ ー タ	ボルト式	個	2.4	4.0	100%
フォームタイ	座金共	本	4.8	8.0	30%
コ ー ン		個	4.8	8.0	30%
く ぎ 金 物		kg	0.24	0.24	
は く 離 剤		ℓ	0.02	0.02	
型 わ く 工		人	0.4	0.4	
普 通 作 業 員		〃	0.15	0.1	
そ の 他			一式	一式	

（注）摘要欄の数値は，1現場当たり損料率を示す。

表 6-7 円筒型枠（紙製）を用いた円柱型枠
（1m² 当たり）

名　称	規　格	単　位	内径350	内径500	内径700	内径1,000	摘　要
円 筒 型 枠		m	1.0	0.7	0.5	0.35	
雑 資 材			一式	一式	一式	一式	
型 わ く 工		人	0.2	0.17	0.15	0.13	
普 通 作 業 員		〃	0.1	0.09	0.08	0.07	
そ の 他			一式	一式	一式	一式	

（注）1．雑資材は型枠の上下固定および柱頭の振止め用資材を表し，円筒型枠の5%を計上する。
　　　2．上記資材の1現場当たり損料率は，全て100%とする。

表6-8 片面が連続壁等既製のコンクリートの場合の処理

(1m² 当たり)

名称	規格	単位	数量	摘要
あと施工アンカー		個	1.4	M10程度
型わく工		人	0.1	
普通作業員		〃	0.15	壁面清掃含む
その他			一式	

表6-9 型枠目地棒，止水板

(1m 当たり)

名称	規格	単位	目地棒	止水板	摘要
目地棒	30×30mm以下	m	1.05	—	
止水板	W200	〃	—	1.05	
型わく工		人	0.007	0.015	
その他			一式	一式	

（注）標準的な面木類は，打放し合板型枠の歩掛に含む。

表6-10 打放し面補修

(1m² 当たり)

名称	規格	単位	A種 コーン処理	B種 部分目違いばらい コーン処理共	C種 全面目違いばらい	摘要
特殊作業員		人	0.015	0.025	0.020	
その他			一式	一式	一式	

表6-11 型枠運搬

(100m² 当たり)

名称	規格	単位	2階建て以下	3階建て以下	4階建て以下	5階建て以下	6階建て以下	摘要
トラック運転	4t積	日	1.01	0.86	0.71	0.61	0.51	

6-5 算　出　例

[算出例6-1] 普通合板型枠（1）　　　　　　　　　　　　　　　　　　　■は市場単価

鉄筋コンクリート造建物（一般ラーメン）　　　　　　　　1m² 当たり　　　6,240 円

名　称	規　格	単位	数量	単価	金額	単価根拠	備　考	
合　板	型枠用合板 厚さ12mm 900×1,800mm	m²	1.04	211.67	220.14	1,270.00 円/(0.9×1.8)×0.27	損料率	27%
さん材	60×30mm	m³	0.004	18,750.00	75.00	240.00 円/(4×0.024×0.048)×0.36	〃	36%
角　材	100×100mm	〃	0.003	6,000.00	18.00	30,000.00 円/m³ ×0.2	〃	20%
丸パイプ	φ48.6	m	7.33	11.40	83.56	380.00 円×0.03	〃	3%
パイプサポート		本	0.44	168.00	73.92	3,360.00 円×0.05	〃	5%
セパレータ	ボルト式	個	1.74	30.80	53.59		〃	100%
フォームタイ	座金共	本	3.48	34.80	121.10	116.00 円/本 ×0.3	〃	30%
くぎ金物		kg	0.05	153.00	7.65			
はく離剤		ℓ	0.02	222.22	4.44	4,000 円/18 ℓ		
型わく工		人	0.13	24,300.00	3,159.00			
普通作業員		〃	0.07	19,800.00	1,386.00			
その他		一式			1,040.48	5,202.40×0.2	（材＋労＋雑）×20%	
計					6,242.88			

6 型 枠

〔算出例 6-2〕 普通合板型枠（2）　　　　　　　　　　　　　　　　　　■は市場単価

鉄筋コンクリート造建物（壁式）						1m² 当たり		5,960 円
名　　称	規　　格	単位	数量	単価	金額	単価根拠	備　考	
合　　板	型枠用合板 厚さ 12mm 900×1,800mm	m²	1.03	211.67	218.02	1,270.00 円/(0.9×1.8)×0.27	損料率	27%
さ ん 材	60×30mm	m³	0.003	18,750.00	56.25	240.00 円/(4×0.024×0.048)×0.36	〃	36%
角　　材	100×100mm	〃	0.003	6,000.00	18.00	30,000.00 円/m³ ×0.2	〃	20%
丸 パ イ プ	φ48.6	m	7.55	11.40	86.07	380.00 円×0.03	〃	3%
パイプサポート		本	0.33	168.00	55.44	3,360.00 円×0.05	〃	5%
セパレータ	ボルト式	個	1.71	30.80	52.67		〃	100%
フォームタイ	座金共	本	3.42	34.80	119.02	116.00 円/本×0.3	〃	30%
く ぎ 金 物		kg	0.05	153.00	7.65			
は く 離 剤		ℓ	0.02	222.22	4.44	4,000 円/18ℓ		
型 わ く 工		人	0.13	24,300.00	3,159.00			
普通作業員		〃	0.06	19,800.00	1,188.00			
そ の 他		一式			992.91	4,964.56×0.2	（材＋労＋雑）×20%	
計					5,957.47			

〔算出例 6-3〕 打放し合板型枠　　　　　　　　　　　　　　　　　　■は市場単価

B種　鉄筋コンクリート造建物（一般ラーメン）						1m² 当たり		7,440 円
名　　称	規　　格	単位	数量	単価	金額	単価根拠	備　考	
合　　板	型枠用合板 厚さ 12mm 900×1,800mm	m²	1.06	235.19	249.30	1,270.00 円/(0.9×1.8)×0.3	損料率	30%
さ ん 材	60×30mm	m³	0.005	18,750.00	93.75	240.00 円/(4×0.024×0.048)×0.36	〃	36%
角　　材	100×100mm	〃	0.003	6,000.00	18.00	30,000.00 円/m³ ×0.2	〃	20%
丸 パ イ プ	φ48.6	m	7.33	11.40	83.56	380.00 円×0.03	〃	3%
パイプサポート		本	0.44	168.00	73.92	3,360.00 円×0.05	〃	5%
セパレータ	ボルト式	個	1.74	30.80	53.59		〃	100%
フォームタイ	座金共	本	3.48	34.80	121.10	116.00 円/本×0.3	〃	30%
コ ー ン		個	3.48	5.46	19.00	18.20 円/個×0.3	〃	30%
く ぎ 金 物		kg	0.06	153.00	9.18			
は く 離 剤		ℓ	0.02	222.22	4.44	4,000 円/18ℓ		
型 わ く 工		人	0.16	24,300.00	3,888.00			
普通作業員		〃	0.08	19,800.00	1,584.00			
そ の 他		一式			1,239.57	6,197.84×0.2	（材＋労＋雑）×20%	
計					7,437.41			

〔算出例 6-4〕 本実打放し型枠

一般							1m² 当たり	16,700 円
名　　称	規　　格	単位	数量	単価	金額	単価根拠	備　　考	
板　　　材	杉上小節	m³	0.03	56,500.00	1,695.00	113,000.00 円/m³×0.5	損料率	50%
さ　ん　材	60×30mm	〃	0.0033	2,6041.67	85.94	240.00 円/(4×0.024×0.048)×0.5	〃	50%
角　　　材	100×100mm	〃	0.002	6,000.00	12.00	30,000.00 円/m³×0.2	〃	20%
丸　パ　イ　プ	φ48.6	m	6.6	11.40	75.24	380.00 円×0.03	〃	3%
パイプサポート		本	0.33	168.00	55.44	3,360.00 円×0.05	〃	5%
セパレータ	ボルト式	個	1.8	30.80	55.44		〃	100%
フォームタイ	座金共	本	3.6	34.80	125.28	116.00 円/本×0.3	〃	30%
コ　ー　ン		個	3.6	5.46	19.66	18.20 円/個×0.3	〃	30%
く　ぎ　金　物		kg	0.68	153.00	104.04			
は　く　離　剤		ℓ	0.02	222.22	4.44	4,000 円/18ℓ		
型　わ　く　工		人	0.36	24,300.00	8,748.00			
普　通　作　業　員		〃	0.15	19,800.00	2,970.00			
そ　の　他		一式			2,790.10	13,950.48×0.2	(材＋労＋雑)×20%	
計					16,740.58			

〔算出例 6-5〕 その他の型枠 (1)

基礎（木造建物基礎等簡易なもの）							1m² 当たり	4,250 円
名　　称	規　　格	単位	数量	単価	金額	単価根拠	備　　考	
合　　　板	型枠用合板 厚さ12mm 900×1,800mm	m²	1.25	391.98	489.98	1,270.00 円/(0.9×1.8)×0.5	損料率	50%
さ　ん　材	60×30mm	m³	0.008	26,041.67	208.33	240.00 円/(4×0.024×0.048)×0.5	〃	50%
角　　　材	100×100mm	〃	0.02	15,000.00	300.00	30,000.00 円/m³×0.5	〃	50%
く　ぎ　金　物		kg	0.28	153.00	42.84			
は　く　離　剤		ℓ	0.02	222.22	4.44	4,000 円/18ℓ		
型　わ　く　工		人	0.07	24,300.00	1,701.00			
普　通　作　業　員		〃	0.04	19,800.00	792.00			
そ　の　他		一式			707.72	3,538.59×0.2	(材＋労＋雑)×20%	
計					4,246.31			

[算出例6-6] その他の型枠（2）

擁壁（建築工事に伴う外構の擁壁程度）							1m² 当たり		5,800 円	
名 称	規 格	単位	数量	単 価	金 額	単 価 根 拠		備 考		
合 板	型枠用合板 厚さ 12mm 900×1,800mm	m²	1.1	391.98	431.18	1,270.00 円/(0.9×1.8) ×0.5		損料率 50%		
さ ん 材	60×30mm	m³	0.003	26,041.67	78.13	240.00 円/(4×0.024 ×0.048)×0.5		〃 50%		
角 材	100×100mm	〃	0.01	15,000.00	150.00	30,000.00 円/m³×0.5		〃 50%		
丸 パ イ プ	φ48.6	m	9.2	11.40	104.88	380.00 円×0.03		〃 3%		
セパレータ	ボルト式	個	1.9	30.80	58.52			〃 100%		
フォームタイ	座金共	本	3.8	34.80	132.24	116.00 円/本×0.3		〃 30%		
く ぎ 金 物		kg	0.08	153.00	12.24					
は く 離 剤		ℓ	0.02	222.22	4.44	4,000 円/18ℓ				
型 わ く 工		人	0.11	24,300.00	2,673.00					
普 通 作 業 員		〃	0.06	19,800.00	1,188.00					
そ の 他		一式			966.53	4,832.63×0.2		（材＋労＋雑） ×20%		
計					5,799.16					

[算出例6-7] その他の型枠（3）

排水桝（角型桝）							1m² 当たり		7,500 円	
名 称	規 格	単位	数量	単 価	金 額	単 価 根 拠		備 考		
合 板	型枠用合板 厚さ 12mm 900×1,800mm	m²	1.25	391.98	489.98	1,270.00 円/(0.9×1.8) ×0.5		損料率 50%		
さ ん 材	60×30mm	m³	0.002	26,041.67	52.08	240.00 円/(4×0.024 ×0.048)×0.5		〃 50%		
角 材	100×100mm	〃	0.03	15,000.00	450.00	30,000.00 円/m³×0.5		〃 50%		
セパレータ	ボルト式	個	1.9	30.80	58.52			〃 100%		
フォームタイ	座金共	本	3.8	34.80	132.24	116.00 円/本×0.3		〃 30%		
く ぎ 金 物		kg	0.2	153.00	30.60					
は く 離 剤		ℓ	0.02	222.22	4.44	4,000 円/18ℓ				
型 わ く 工		人	0.15	24,300.00	3,645.00					
普 通 作 業 員		〃	0.07	19,800.00	1,386.00					
そ の 他		一式			1,249.77	6,248.86×0.2		（材＋労＋雑） ×20%		
計					7,498.63					

〔算出例6-8〕 曲面打放し合板型枠（1）

梁						1m²当たり		17,600 円
名　　称	規　格	単位	数量	単価	金額	単価根拠	備　考	
合　　板	型枠用合板 厚さ12mm 900×1,800mm	m²	0.97	156.79	152.09	1,270.00 円/(0.9×1.8) ×0.2	損料率	20%
〃	〃	〃	1.34	783.95	1,050.49	1,270.00 円/(0.9×1.8) ×1	〃	100%
角　　材	100×100mm	m³	0.024	6,000.00	144.00	30,000.00 円/m³×0.2	〃	20%
丸パイプ	φ48.6	m	2.2	11.40	25.08	380.00 円×0.03	〃	3%
パイプサポート		本	1.6	168.00	268.80	3,360.00 円×0.05	〃	5%
セパレータ	ボルト式	個	2.4	30.80	73.92		〃	100%
フォームタイ	座金共	本	4.8	34.80	167.04	116.00 円/本×0.3	〃	30%
コ　ー　ン		個	4.8	5.46	26.21	18.20 円/個×0.3	〃	30%
くぎ金物		kg	0.24	153.00	36.72			
はく離剤		ℓ	0.02	222.22	4.44	4,000 円/18ℓ		
型わく工		人	0.4	24,300.00	9,720.00			
普通作業員		〃	0.15	19,800.00	2,970.00			
その他		一式			2,927.76	14,638.79×0.2	（材＋労＋雑） ×20%	
計					17,566.55			

〔算出例6-9〕 曲面打放し合板型枠（2）

柱						1m²当たり		16,100 円
名　　称	規　格	単位	数量	単価	金額	単価根拠	備　考	
合　　板	型枠用合板 厚さ12mm 900×1,800mm	m²	1.25	783.95	979.94	1,270.00 円/(0.9×1.8) ×1	損料率	100%
さん材	60×30mm	m³	0.003	52,083.33	156.25	240.00 円/(4×0.024 ×0.048)×1	〃	100%
丸パイプ	φ48.6	m	6.0	11.40	68.40	380.00 円×0.03	〃	3%
セパレータ	ボルト式	個	4.0	30.80	123.20		〃	100%
フォームタイ	座金共	本	8.0	34.80	278.40	116.00 円/本×0.3	〃	30%
コ　ー　ン		個	8.0	5.46	43.68	18.20 円/個×0.3	〃	30%
くぎ金物		kg	0.24	153.00	36.72			
はく離剤		ℓ	0.02	222.22	4.44	4,000 円/18ℓ		
型わく工		人	0.4	24,300.00	9,720.00			
普通作業員		〃	0.1	19,800.00	1,980.00			
その他		一式			2,678.21	13,391.03×0.2	（材＋労＋雑） ×20%	
計					16,069.24			

〔算出例6-10〕 円筒型枠（紙製）を用いた円柱型枠

内径350						1m² 当たり	10,800 円
名　　称	規　格	単位	数量	単価	金額	単価根拠	備　考
円筒型枠	φ350	m	1.0	2,062.50	2,062.50	8,250円/4m	
雑　資　材		一式			103.13	2,062.50×0.05	(材)×5%
型わく工		人	0.2	24,300.00	4,860.00		
普通作業員		〃	0.1	19,800.00	1,980.00		
そ の 他		一式			1,801.13	9,005.63×0.2	(材+労+雑)×20%
計					10,806.76		

〔算出例6-11〕 片面が連続壁等既製コンクリートの場合の処理

						1m² 当たり	6,530 円
名　　称	規　格	単位	数量	単価	金額	単価根拠	備　考
あと施工アンカー	M10	本	1.4	31.00	43.40		
型わく工		人	0.1	24,300.00	2,430.00		
普通作業員		〃	0.15	19,800.00	2,970.00		壁面清掃含む
そ の 他		一式			1,088.68	5,443.40×0.2	(材+労+雑)×20%
計					6,532.08		

〔算出例6-12〕 型枠目地棒

						1m 当たり	360 円
名　　称	規　格	単位	数量	単価	金額	単価根拠	備　考
目 地 棒	30×30mm 以下	m	1.05	120.00	126.00		仕様による
型わく工		人	0.007	24,300.00	170.10		
そ の 他		一式			59.22	296.10×0.2	(材+労+雑)×20%
計					355.32		

〔算出例6-13〕 止水板

						1m 当たり	1,500 円
名　　称	規　格	単位	数量	単価	金額	単価根拠	備　考
止 水 板	W 200	m	1.05	840.00	882.00		
型わく工		人	0.015	24,300.00	364.50		
そ の 他		一式			249.30	1,246.50×0.2	(材+労+雑)×20%
計					1,495.80		

〔算出例6-14〕 打放し面補修

B種　部分目違いばらい　コーン処理共					1m² 当たり		680 円
名　称	規　格	単位	数量	単　価	金　額	単価根拠	備　考
特殊作業員		人	0.025	22,700.00	567.50		
そ の 他		一式			113.50	567.50×0.2	(労)×20%
計					681.00		

〔算出例6-15〕 型枠運搬

3階建て以下					100m² 当たり		28,100 円
名　称	規　格	単位	数量	単　価	金　額	単価根拠	備　考
トラック運転	4t積	日	0.86	32,632.10	28,063.61		〔算出例1-15〕より
計					28,063.61		

7 鉄　　　骨

7-1 概　　説

　鉄骨は，材料費，工場加工組立，現場建方などに区分する。
　鉄骨造には，柱や梁を鋼板により加工する全溶接構造，H形鋼などにより加工するH形鋼構造があり，個々に使用される材料も異なる。特に工場加工組立費は，加工に要する時間により単価が決定されるが，その要因として使用される鋼板の板厚，製作数量，鋼板の加工難易，鋼板と形鋼の使用率などにより単価が変動する。
　現場建方には，鉄骨の建方費のほかにアンカーボルト，高力ボルト締付け，現場溶接などが含まれる。また，鉄骨の建方には揚重機械が必要であり，鉄骨の吊上げピースの質量，敷地周辺の状況など現場実態に応じた揚重機械の選定が重要である。
　なお，本書では，鉄骨の総使用量が1,000t程度の一般的な中層建物に適用することにしているので，大規模や超高層，特殊な構造の建物については専門工事業者の見積り等を参考にされたい。また，鉄骨の加工難易度などにより単価が大きく異なることも予想されることに加えて，近年の建設市場動向の変化による価格の変動も見られることから，なるべく専門工事業者の見積り，『建築施工単価』等の価格情報も参考にし，的確な市場価格の把握が必要である。

7-2 内訳書の書式

「鉄骨」の主な細目は，次のようになる。

① 本体鉄骨
　　切板鋼板　　　　　　　規格・板厚　　　　　　　　　　　　○t
　　形鋼　　　　　　　　　規格，形状，寸法　　　　　　　　　〃
　　鉄骨スクラップ控除　　　　　　　　　　　　　　　　　　　△一式
　　工場加工組立　　　　　溶接材料および溶接手間共　　　　　○t
　　鉄骨運搬　　　　　　　　　　　　　　　　　　　　　　　　〃
　　現場建方　　　　　　　揚重機別途　　　　　　　　　　　　〃
　　高力ボルト類　　　　　規格，形状，寸法　　　　　　　　　〃
　　高力ボルト類締付け　　規格，形状，寸法　　　　　　　　　〃
　　現場溶接　　　　　　　隅肉6mm換算　　　　　　　　　　　○m
　　現場錆止め塗装　　　　種別　　　　　　　　　　　　　　　○m²（一式）
　　　計
② 付帯鉄骨等
　　アンカーボルト　　　　種別，径，長さ，材工共　　　　　　○本
　　溶接部試験　　　　　　工場および現場，第三者試験期間　　○か所（一式）
　　柱底均しモルタル　　　仕様，寸法　　　　　　　　　　　　〃
　　鉄骨足場　　　　　　　　　　　　　　　　　　　　　　　　一式
　　　計

切板鋼板，形鋼，高力ボルト類等の材料は，所要数量とする。
工場加工組立，鉄骨建方，高力ボルト類締付けおよび運搬費等は設計数量とする。

7-3 数量の算出

鉄骨の数量は，「建築数量積算基準」の定めに従って計測・計算し，ボルト類および溶接を含むものとし，各部分の区分は，次のとおりとする。（抜粋）
(1) 柱
(2) 梁
(3) ブレース
(4) 階段
(5) その他（雑鉄骨，付属物，仮設金物）

鉄骨の計測・計算の通則を以下に示す。
① 材料価格に対応する数量は，所要数量とする。
② 鋼材（形鋼，平鋼，鋼板等）の数量は，各部分について規格，形状，寸法等ごとに，次の各項に定めるところに従い計測・計算した長さまたは面積をそれぞれ設計長さまたは面積とし，その設計長さまたは面積とJISに定める単位質量を乗じた質量とする。
③ ボルト類等は原則としてその規格，形状，寸法ごとに個数または質量に換算したものを設計数量とする。
④ 溶接は原則として種類に区分し，溶接断面形状ごとに長さを求め，すみ肉溶接脚長6mmに換算した延べ長さを数量とする。
⑤ 鋼板は原則として設計寸法による面積を計測・計算する。ただし，複雑な形状のものはその面積に近似する長方形として計測・計算することができる。なお，全溶接構造の鋼板の場合は，第1編総則5（3）の定めにかかわらず短辺方向は小数点以下第3位まで，計測・計算する。
　　※第1編総則5（3）：計測寸法の単位はmとし，小数点以下第2位とする。また，計測・計算過程においても小数点以下第2位とすることができる。なお，設計図書から得られる電子データの小数点以下第2位以下の数値については，その数値を活用し，端数処理を行わなくてよい。
⑥ ボルト類のための孔あけ，開先き加工，スカラップおよび柱，梁等の接続部のクリアランス等による鋼材の欠除は，原則としてないものとする。1か所当たり面積$0.1m^2$以下のダクト孔等による欠除もこれに準ずる。
⑦ 鉄骨材料について，所要数量を求めるときは，設計数量に次の割増しをすることを標準とする。

形鋼，鋼管および平鋼	5%
広幅平鋼および鋼板（切板）	3%
ボルト類	4%
アンカーボルト類	0%
デッキプレート	5%

各部分の計測・計算は，次による。（抜粋）

(1) 柱
① 柱の節の長さは，設計図書による各節の接合位置間の長さとし，第1節柱または最上部の節柱にあっては，ベースプレート下端または柱頭上端から接合位置までの長さとする。
② 柱を構成する各部材は各節柱に区分して，設計図書により計測・計算するものとする。
③ 各節柱の接合に必要な，スプライスプレートおよび高力ボルトは「あとの部分」の柱で計測する。なお，接合部の板厚の差等が1mmを超える隙間は，フィラープレートが入るものとして計測・計算する。

(2) 梁
① 梁の長さは，鉄骨柱または鉄骨梁の仕口の内法長さとする。
② 梁の構成部材は設計図書により計測・計算する。
③ 梁の継手接合に必要な，スプライスプレートおよび高力ボルトは「あとの部分」の梁で計測・計算する。なお，接合部の板厚の差等が1mmを超える隙間は，フィラープレートが入るものとして計測・計算する。

(3) ブレース
ブレースの計測・計算は設計寸法による。ただし，支点間にわたるブレースの主材は原則としてターンバックル等による部材の欠除は計測の対象としない。

(4) 階　段
設計寸法により計測・計算する。

(5) その他（雑鉄骨，付属物，仮設金物）
設計寸法により計測・計算するものとし，必要があるときは，通則にかかわらず，形状，寸法，工法の同じものごとに，長さ，面積または箇所数を数量とする。

7-4　材　料　費

① 鋼材価格は，ベース価格（無規格）に規格および寸法等のエキストラ料金ならびに各種エキストラ料金を加算して決定するが，採用する価格は直近による価格とする。

表7-1　ベース価格区分表

鋼材種別	適用条件	市中価格	実勢販売価格
H形鋼 溝形鋼 I形鋼 等辺山形鋼	数量にかかわらず	SS400規格品	左記以外の規格品
外法H形鋼		—	全ての規格品
不等辺山形鋼 平鋼 軽量形鋼	数量にかかわらず	全ての規格品 SSC400相当品	—
鋼板（切板）	数量にかかわらず	SS400規格品	左記以外の規格品
一般構造用炭素鋼鋼管	—	STK400の規格品	左記以外の規格品

表7-2 エキストラ価格区分表

鋼材種別	対象エキストラ
H形鋼 外法H形鋼	1. 規格エキストラ 2. 寸法エキストラ（長さ・サイズ・極厚） 3. 加工エキストラ（CT形鋼・ショット）
鋼板	1. 規格エキストラ 2. 寸法エキストラ（幅・長さ・厚み） 3. 輸送エキストラ 4. 特別仕様エキストラ
溝形鋼	1. 規格エキストラ 2. 寸法エキストラ
等辺山形鋼 鋼板（切板）	1. 規格エキストラ

（注） エキストラ価格は，『積算資料』等の価格情報誌による。

② 鋼材価格には，以下の価格がある。
　ⓐ 販売価格：先物契約として需要者の申込みに基づいて販売される場合の価格
　ⓑ 実勢販売価格：公表されている販売価格に対し，実際の取引価格
　ⓒ 市中価格：市場流通価格
　鋼材の採用価格は大規模なものを除いては，一般に市中価格とする。ただし，規格品の内容等によっては，市場に必要な量の鋼材が入手できない場合もあるので，採用に当たっては，設計条件，取引条件等を考慮して決定しなければならない。
③ 発生すると予測されるスクラップは，所要数量から設計数量を差し引いた数量の70%とし，鉄屑価格はH2品による。
④ 鋼板価格は通常鉄骨業者が直接原板を取り扱うことが少ないため，ここでは鋼板の材料価格を切板価格とし，工場加工組立費には切板加工を含まないものとする。従って，材料費に原板価格を計上する場合には，工場加工費の算出が変わってくる。
⑤ 溶接材料は，溶接方法によって異なるので，工場溶接と現場溶接に分けて計上する。工場溶接は工場加工組立費で，現場溶接は，現場施工費で取り扱う。

表7-3 工場溶接 溶接材料費　　　　　　　　　　　　　　　（1m当たり）

名　称	規　格	単位	手溶接	半自動溶接	自動溶接	摘要
溶接棒		kg	0.42	—	—	
溶接棒等		〃	—	0.23	—	
炭酸ガス		〃	—	0.12	—	
潜弧溶接ワイヤ		〃	—	—	0.21	
フラックス		〃	—	—	0.21	

（注） すみ肉溶接脚長6mmの場合。

表7-4　現場溶接　溶接材料費　　　　　　　　　　　　　　　　　　　　　　　（1m当たり）

名　称	規　格	単　位	半自動溶接	摘　要
溶接棒等		kg	0.28	
炭酸ガス		〃	0.14	
溶接器具損料		一式		
溶接工		人	0.05	
その他		一式		

（注）すみ肉溶接脚長6mmの場合。

　　溶接方法は，半自動溶接を標準とする。H形鋼構造の場合は，半自動溶接と手溶接の併用が一般的であるが，全溶接構造の場合は，自動溶接の比率が大きくなる。
　　なお，半自動溶接には，ガスシールドアーク溶接とセルフガスシールドアーク溶接があるが，屋内では，ガスシールドアーク溶接によるのが一般的である。
⑥　副資材は，下記により計上し，工場加工組立費に含める。

表7-5　副資材費　　　　　　　　　　　　　　　　　　　　　　　　　　　　　（1t当たり）

名　称	規　格	単　位	全溶接構造	H形鋼構造	摘　要
酸素		m³	7.0	3.5	
アセチレン		kg	3.5	1.7	
サービスボルト		本	2.0	1.0	
補助鋼材		kg	6.0	2.0	

⑦　ボルト類は，種別，径別に計上する。高力ボルト，スタッドボルト以外は，現場建方および軽量鉄骨の二次部材として現場施工費に計上する。

7-5　工場加工組立費

①　工場加工組立費は主材のみを対象とし，直接労務費，工場間接費，副資材費（表7-5）および溶接材料費（表7-3）の合計によって算出する。直接労務費は，時間当たりの直接工賃金により計算する。また工場間接費は，間接労務費と工場経費からなり，これらの内容は，図7-1のとおりである。なお，公共建築工事の積算では，原則として専門工事業者の見積りによっているので注意されたい。

図7-1 直接労務費および工場間接費

- 直接労務費
  - 鉄 骨 工　　現寸，矯正，罫書，切断，曲加工，穴あけ，組立，仕上げ，仮組検査等
  - 溶 接 工　　溶接に関する作業
- 工場間接費
  - 間接労務費　クレーン運転，動力，営繕，倉庫，材料整理，場内運搬，機器整備，保安，雑務
  - 工 場 経 費　工場所属事務技術員の給料，工場所属全従業員の賞与，退職給与，有給休暇賃金，時間外割増し，教育訓練費，福利厚生費，旅費交通費，通信費，動力用水光熱費，事務用品費，会議費，図書費，地代家賃，賃借料，修繕維持費，諸会費，電算費，法定福利費，租税公課，減価償却費，各種試験費

（注）工場間接費は，直接労務費×間接費率で算出する。

工場間接費は，一般的に直接労務費に対する比率（100〜200%）によることから，直接労務費を計算することが工場加工組立費を計算する場合の基本となる。

② 直接労務費は，鉄骨工と溶接工による加工時間を計算し，それらの直接賃金（時間当たり）との積の和で算出するが，加工時間の計算は，下記のとおりである。この計算方法は，建築物の構造がある一定の形式をもっていること，工場の作業能率が，溶接長さと鋼板の厚さに大きく影響することが基本的な考え方となっている。

ⓐ 全溶接構造

$$\left\{\left(\frac{A\times a + B\times b}{A+B}\times C\right)+(d\times D)\right\}\times(e\times g\times H_1)+(f\times g\times H_2) \quad (円/t)$$

ⓑ H形鋼構造

$$\{(a\times C)+(d\times D)\}\times(e\times g\times H_1)+(f\times g\times H_2) \quad (円/t)$$

- A：鋼板柱の鋼材使用量（t）
- B：鋼板梁の鋼材使用量（t）
- C：鋼板使用率（%）＝ 鋼板設計数量 / 設計数量（鋼板＋形鋼）
- D：H形鋼（他の形鋼を含む）使用率（%）＝ 形鋼設計数量 / 設計数量（鋼板＋形鋼）
- a：鋼板柱の鉄骨工標準加工時間（h/t）〔**表7-6**〕
- b：鋼板梁の鉄骨工標準加工時間（h/t）〔**表7-7**〕
- d：H形鋼（他の形鋼を含む）の鉄骨工標準加工時間（h/t）〔**表7-8**〕
- e：構造の加工難易による増減率〔**表7-9**〕
- f：溶接工標準加工時間（h/t）〔**表7-10**〕
- g：鋼材総使用量による増減率〔**表7-11**〕
- H_1：1時間当たり工場鉄骨工直接賃金（円/h）
- H_2：1時間当たり工場溶接工直接賃金（円/h）

7 鉄 骨

表 7-6 鋼板柱の鉄骨工標準加工時間 (a) (h/t)

平均板厚 (mm)	10 未満	10 以上 11 未満	11 〃 12 〃	12 〃 13 〃	13 〃 14 〃	14 〃 15 〃	15 〃 16 〃	16 〃 17 〃	17 〃 18 〃	18 〃 19 〃
a	33.9	32.1	30.6	29.3	31.3	30.1	29.1	28.2	27.4	26.6
平均板厚 (mm)	19 以上 20 未満	20 〃 21 〃	21 〃 22 〃	22 〃 23 〃	23 〃 24 〃	24 〃 25 〃	25 〃 26 〃	26 〃 27 〃	27 〃 28 〃	28 以上
a	25.9	25.2	24.6	24.0	23.5	23.0	22.6	22.1	21.7	21.3

(注) 平均板厚は，柱およびブラケットに使用する各々の鋼板厚さ (mm) に，各々の設計数量 (t) を乗じた合計数量を，鋼板柱の合計した設計数量 (t) で除した数値とする。

表 7-7 鋼板梁の鉄骨工標準加工時間 (b) (h/t)

平均板厚 (mm)	7 未満	7 以上 8 未満	8 〃 9 〃	9 〃 10 〃	10 〃 11 〃	11 〃 12 〃	12 〃 13 〃	13 〃 14 〃	14 〃 15 〃
b	18.4	17.0	15.9	15.0	14.3	13.6	13.0	13.9	13.4
平均板厚 (mm)	15 以上 16 未満	16 〃 17 〃	17 〃 18 〃	18 〃 19 〃	19 〃 20 〃	20 〃 21 〃	21 〃 22 〃	22 〃 23 〃	23 以上
b	13.0	12.6	12.2	11.8	11.5	11.2	11.0	10.7	10.5

(注) 平均板厚は，梁に使用する各々の鋼板厚さ (mm) に，各々の設計数量 (t) を乗じた合計数量を，鋼板梁の合計した設計数量 (t) で除した数値とする。

表 7-8 H形鋼 (他の形鋼を含む) の鉄骨工標準加工時間 (d) (h/t)

部材当たり鋼材使用量 (kg/P)	100 未満	100 以上 150 〃	150 〃 200 〃	200 〃 250 〃	250 〃 300 〃	300 〃 350 〃	350 〃 400 〃	400 〃 450 〃	450 〃 500 〃
d	17.9	16.5	15.6	15.1	14.7	14.3	14.1	13.8	13.6
部材当たり鋼材使用量 (kg/P)	500 以上 550 未満	550 〃 600 〃	600 〃 700 〃	700 〃 800 〃	800 〃 900 〃	900 〃 1,000 〃	1,000 〃 1,200 〃	1,200 〃 1,400 〃	1,400 〃 1,600 〃
d	13.5	13.3	13.2	12.9	12.7	12.5	12.3	12.1	11.8

(注) 1. 部材当たり鋼材使用量は，H形鋼 (ほかの形鋼を含む) の部材数 (P) で補正されたものである。
2. 他の形鋼とは，CT鋼，I形鋼および溝形鋼で，単一部材で，梁，柱を構成するものをいう。
3. 部材数 (P) とは，柱，梁の主要部材ならびにそれに準ずる間柱，小梁で，工場組立前の本数を示す。

表 7-9 構造の加工難易による増減率 (e)

構造の加工難易	簡 易	一 般	複 雑
e	0.8〜0.95	1.0	1.05〜1.2

(注) 1. 簡易とは，工場，倉庫等で加工部材の種類が少ない場合。
2. 一般とは，事務所ビル等で標準ラーメン構造の場合。
3. 複雑とは，1および2以外で加工部材の種類が多い場合。

表7-10 溶接工標準加工時間（f）

(h/t)

溶接長 (m/t)	20 未満	20 以上 30 未満	30 〃 40 〃	40 〃 50 〃	50 〃 60 〃	60 〃 70 〃	70 〃 80 〃	80 〃 90 〃	90 〃 100 〃	100 〃 110 〃
f	2.0	3.4	4.6	5.7	6.7	7.7	8.7	9.6	10.5	11.3
溶接長 (m/t)	110 以上 120 未満	120 〃 130 〃	130 〃 140 〃	140 〃 150 〃	150 〃 160 〃	160 〃 170 〃	170 〃 180 〃	180 〃 190 〃	190 〃 200 〃	200 以上
f	12.2	13.0	13.8	14.6	15.4	16.1	16.9	17.6	18.4	19.1

（注）溶接長は，すみ肉溶接脚長 6mm に換算した 1t 当たりの長さ。

表7-11 鋼材総使用量による増減率（g）

鋼材総使用量（t）	30 未満	30 以上 60 未満	60 〃 100 〃	100 〃 200 〃	200 〃 300 〃	300 〃 400 〃	400 〃 500 〃	500 〃 600 〃
g	1.36	1.31	1.22	1.16	1.08	1.04	1.01	0.99
鋼材総使用量（t）	600 以上 700 未満	700 〃 800 〃	800 〃 900 〃	900 〃 1,000 〃	1,000 〃 1,500 〃	1,500 〃 2,000 〃	2,000 以上	
g	0.97	0.96	0.94	0.93	0.92	0.89	0.86	

　この計算では，主材のみを対象とし，軽量鉄骨二次部材（母屋，胴縁の類），床用鋼板，ボルト類は，計算の対象とせず，別途計算し計上する。

　また，計算式からも分かるように，数量の集計に当たっては，鋼材の種類別の区分だけでなく，鋼板の部位ごとの区分が必要である。これは，柱と梁の加工時間に大きな差があるためである。なお，鋼板 12mm 以下は，開先加工をしないものとする。

　直接賃金は，決して一律ではないが，目安として，直接賃金には賞与等を含まない（図7-1）ため，通常の鉄骨工賃金の 80% 程度を採用する。

③　工場間接費は，前述のとおり直接労務費に対する比率によるが，鉄骨製作工場の能力により異なり，一定の比率とはならない。一般的には，100〜200% といわれており，大きな幅がある。全溶接構造のようなかなりの精度を要求されるものを製作する能力を持つ工場の場合は，200% に非常に近く，中規模程度以下の H 形鋼構造では，120〜130% 程度が一般的である。

　製作工場については，その能力等が，設計図書に示されることが多いので，それに対応した工場間接費率を採用する。

④　工場加工組立における溶接部の試験費は設計図書による試験方法，サンプル数等により別計上する。また，溶接部の試験は，第三者試験機関により行う。

7-6　現 場 施 工 費

❶　現 場 建 方

　現場建方は，敷地条件，設計条件によって一様ではなく，施工方法を十分検討した上で使用する揚重使用機種を決定しなければならない。

　ここでは，低層，中層程度の建築物で，一般的なトラッククレーンを使用する。

　建方用機械の選定は，吊上荷重（最上階の 1 ピース最大質量）および作業半径によって決定する。

　図 7-2 は，トラッククレーンの機種選定のためのものであるが，これを使用する場合の作業

半径は，下記の計算式による。

作業半径（R）＝建物高さ（H）×0.58＋建物スパン（最大）(m)×0.5

建方の歩掛は**表7-12**を標準とし，**表7-13**，**7-14**により補正する。

鋼材総使用量1,000t程度までの低層，中層建築物の現場建方に適用する。

現場における部材の取卸し整理，建方，仮締め，歪直しまでとし，1日当たりの標準作業量は15tとする。

ただし，1ピースの質量が著しく重い場合は，1日当たりの作業量を補正する。

表7-12 鉄骨現場建方 (1t当たり)

名　　称	規　格	単位	低　層	中　層	摘　要
普 通 ボ ル ト		本	20	20	4%
と び 工		人	0.4	0.53	
鉄 骨 工		〃	0.067	0.067	
そ の 他			一式	一式	

（注） 1. 建方用機械器具費は，別途計上する。
　　　 2. 摘要欄の数値は，1現場当たりの損料率を示す。

図7-2 油圧式トラッククレーン吊上能力図

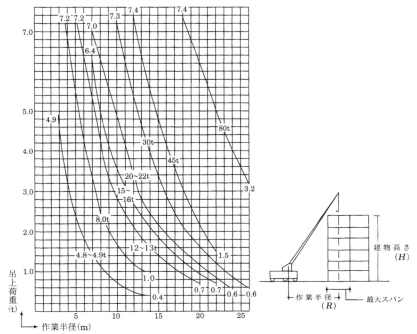

表 7-13　1m² 当たり鋼材使用量による増減率 (h)

1m² 当たり鋼材使用量 (kg)	50 未満	50 以上 55 未満	55 〃 60 〃	60 〃 65 〃	65 〃 70 〃	70 〃 80 〃	80 〃 90 〃	90 〃 110 〃	110 〃 130 〃	130 〃 150 〃	150 〃 190 〃	190 〃 250 〃
h	1.30	1.26	1.22	1.18	1.14	1.10	1.05	1.00	0.95	0.89	0.84	0.77

表 7-14　鋼材総使用量による増減率 (i)

鋼材総使用量 (t)	10 未満	10 以上 15 未満	15 〃 20 〃	20 〃 30 〃	30 〃 50 〃	50 〃 80 〃	80 〃 150 〃	150 〃 250 〃	250 〃 500 〃	500 〃 1,000 〃	1,000 以上
i	1.34	1.30	1.26	1.22	1.18	1.14	1.10	1.05	1.00	0.95	0.89

❷　高力ボルト締付け

　トルシア形高力ボルト締付けの歩掛は，表 7-15（ビル鉄骨），表 7-16（大張間構造）を標準とし，JIS 形高力ボルト締付けについては，表 7-15，7-16 の値の 10% 増しとする。

表 7-15　トルシア形高力ボルト締付け（ビル鉄骨）　　　　　　　　　　　　（100 本当たり）

名称 \ 締付本数	単位	1,000 本未満	1,000 本以上	2,000 〃	3,000 〃	4,000 〃	5,000 〃	6,000 〃	7,000 〃	8,000 〃	9,000 〃	10,000 〃
鉄　骨　工	人	0.78	0.77	0.75	0.73	0.71	0.69	0.67	0.65	0.63	0.61	0.60
締　付　機　器	日	0.56	0.55	0.54	0.52	0.51	0.49	0.47	0.46	0.44	0.43	0.42
そ　の　他		一式	一式	一式	一式	一式	一式	一式	一式	一式	一式	一式

　（注）　1．締付機器は，電動レンチ（M24 用）とする。
　　　　2．JIS 形高力ボルト締付けについては，10% 増しとする。

表 7-16　トルシア形高力ボルト締付け（大張間構造）　　　　　　　　　　　（100 本当たり）

名　　称	規　　格	単　位	数　　量	摘　　要
鉄　骨　工		人	0.8	
締　付　機　器		日	0.58	
そ　の　他			一式	

　（注）　1．締付機器は，電動式レンチ（M24 用）とする。
　　　　2．JIS 形高力ボルト締付けについては，10% 増しとする。

❸　柱底均しモルタル

表 7-17　柱底均しモルタル　　　　　　　　　　　　　　　　　　　　　　　（1 か所当たり）

名　　称	規　　格	単位	B 種　厚さ 30mm				摘　　要
			400mm 角	500mm 角	600mm 角	700mm 角	
セ　メ　ン　ト		kg	3.2	5.0	7.2	9.8	
細　骨　材	砂	m³	0.005	0.008	0.012	0.016	
左　　　官		人	0.08	0.09	0.10	0.11	
普 通 作 業 員		〃	0.03	0.03	0.03	0.03	
そ　の　他			一式	一式	一式	一式	

　（注）　切断後の建設発生材の積込みを含む。

❹ 鉄 骨 足 場

表 7-18 鉄骨足場 　　　　　　　　　　　　　　　　　　　　　　（掛面積 1m² 当たり）

名　　　　称	規　　　　格	単位	単管吊り足場	摘　　　　要
丸　パ　イ　プ		m	1.95	2%
足場チェーン	φ6　L=4,000mm	本	0.13	2%
合板足場板	240×4,000×25mm	枚	0.05	2%
と　　び　　工		人	0.035	
そ　の　他			一式	

（注）摘要欄の数値は，1現場当たりの損料率を示す。

❺ そ　の　他

　上記のほか，現場施工には，現場溶接，塗装，スタッドボルト，アンカーボルト，軽量鉄骨二次部材取付け，床用鋼板取付け，鉄骨運搬等があるが，これらについては，それぞれ別計上する。

7-7　工場加工組立費の算出例

［設計条件］
　　構　造：鉄骨鉄筋コンクリート造6階建て，全溶接構造，事務所
　　床面積：3,500m²　溶接：半自動溶接　設計数量：表 7-19

❶ 直接労務費の計算

　直接労務費は，直接賃金に基づき算定されるが，直接賃金は決して一律のものではない。ここでは計算の目安として，鉄骨工賃金の80%を採用する。また，直接工の1日の実働時間は7時間とする。
　従って工場鉄骨工および溶接工の直接賃金は，
　　24,000（円）×0.8/7（h）＝2,740（円/h）　28,200（円）×0.8/7（h）≒3,220（円/h）
となり，直接労務費は表 7-6〜7-11から下記のとおり計算することができる（各採用値は表 7-20参照）。

表 7-19　設計数量表

名称	規格	鋼板数量（t）		形鋼	
		柱	梁	数量（t）	部材数（本）
鋼板	厚さ 3mm	—	0.18		
〃	6	18.36	26.04		
〃	9	21.39	4.32		
〃	12	14.31	15.48		
〃	16	30.87	21.67		
〃	19	45.64	17.41		
〃	22	15.13	—		
形鋼	H-250×250×9×14mm			16.5	38
〃	H-300×150×6.5×9			5.8	21
〃	H-250×125×6×9			3.6	18
設計数量計		145.7	85.1	25.9	77
設計数量合計		256.7 (t)			
平均板厚		14.9 (mm)	12.4 (mm)		
部材当たり鋼材使用量				336 (kg/P)	
使用率		89.9 (%)		10.1 (%)	
溶接長	延　　　　　　m	20,022 (m)			
	鋼材 1t 当たり	78 (m/t)			
H.T.B	本　　　数	14,726 (本)			

（注）　1．鋼板柱平均板厚の計算

$$\frac{6\times18.36+9\times21.39+12\times14.31+16\times30.87+19\times45.64+22\times15.13}{145.7}$$

$$=\frac{2,168.33}{145.7}\fallingdotseq 14.9\text{（mm）}$$

2．部材当たり鋼材使用量の計算

$$\frac{25.9\text{（t）}}{77\text{（本）}}\fallingdotseq 0.336=336\text{（kg/P）}$$

$$直接労務費=\left\{\left(\frac{A\times a+B\times b}{A+B}\times C\right)+(d\times D)\right\}\times(e\times g\times H_1)+(f\times g\times H_2)$$

$$=\left\{\frac{145.7\times30.1+85.1\times13.0}{145.7+85.1}\times0.899+(14.3\times0.101)\right\}$$

$$\times(1.0\times1.08\times2,740)+(8.7\times1.08\times3,220)$$

$$\fallingdotseq 97,831.11\text{（円/t）}$$

表 7-20　数値表

記号	内　容	表	数　値
A	鋼板柱の鋼材使用量		145.7（t）
B	鋼板梁の鋼材使用量		85.1（t）
C	鋼板使用率		0.899
D	H形鋼使用率		0.101
a	鋼板柱の鉄骨工標準加工時間	表 7-6	30.1（h/t）
b	鋼板梁の鉄骨工標準加工時間	表 7-7	13.0（h/t）
d	H形鋼の鉄骨工標準加工時間	表 7-8	14.3（h/t）
e	構造の加工難易による増減率	表 7-9	1.0
f	溶接工標準加工時間	表 7-10	8.7（h/t）
g	鋼材総使用量による増減率	表 7-11	1.08
H_1	1時間当たり工場鉄骨工直接賃金		2,740（円）
H_2	1時間当たり工場溶接工直接賃金		3,220（円）

❷　工 場 間 接 費

工場間接費は，前述のとおり間接労務費と工場経費からなり，直接労務費に対する比率は工場の能力によって異なるが，この計算例では150％と仮定する。

❸　副 資 材 費

〔算出例 7-1〕による。

〔算出例 7-1〕　副資材費

全溶接構造							1t 当たり	6,390 円
名　　称	規　格	単位	数量	単　価	金　額	単価根拠	備　考	
酸　　　　素		m³	7.0	245.00	1,715.00			
アセチレン		kg	3.5	1,150.00	4,025.00			
サービスボルト	M22-90mm	本	2.0	56.90	113.80			
補　助　鋼　材	鋼板 9～12	kg	6.0	90.00	540.00			
計					6,393.80			

❹　溶 接 材 料 費

半自動溶接で算出する。

〔算出例 7-2〕　溶接材料費

半自動溶接							1m 当たり	80 円
名　　称	規　格	単位	数量	単　価	金　額	単価根拠	備　考	
溶　接　棒　等		kg	0.23	305.00	70.15			
炭　酸　ガ　ス		〃	0.12	115.00	13.80			
計					83.95			

❺ 工場加工組立費の集計

〔算出例 7-3〕 工場加工組立費

						1t 当たり		309,000 円
名 称	規 格	単位	数量	単 価	金 額	単価根拠	備 考	
直 接 労 務 費		一式			97,831.11			
工 場 間 接 費		〃			146,746.67	97,831.11×1.5	(労)×150%	
副 資 材 費		〃			6,393.80		〔算出例 7-1〕より	
溶 接 材 料 費		m	78.0	83.95	6,548.10		〔算出例 7-2〕より	
そ の 他		一式			51,503.94	257,519.68×0.2	(労＋雑)×20%	
計					309,023.62			

7-8 現場施工費の算出例

[施工条件]
　使用機械：トラッククレーン（ラチスジブ型，油圧伸縮ジブ型）
　使用高力ボルト：特殊高力ボルト

❶ 現 場 建 方 費

　建方の使用機械は，トラッククレーンであるが，採用機種を決定するには，最大作業半径と1ピース当たりの吊上荷重を計算する必要がある。この計算例では，最大作業半径を 16m，最大吊上荷重を 1.6t とすると**図 7-2** から 15～16t となり，16t 吊クレーンを採用機種とする。
　また，1日当たりの標準作業量を 15t として**表 7-12** を，**表 7-13，7-14** で補正すると計算結果は〔**算出例 7-4**〕となる。

表 7-21　施工数値表

記 号	内　　容	表	数　値
h	1m²当たり鋼材使用量による増減率	表 7-13	1.1
i	鋼材総使用量による増減率	表 7-14	1.0

　　とび工労務費＝0.53×1.1×1.0×25,500≒14,900 円
　　鉄骨工労務費＝0.067×1.1×1.0×24,000≒1,770 円
　　機 械 器 具 費＝1/15×1.1×1.0×38,000≒2,790 円

　機械器具費の算定には，損料計算による場合と賃貸料による場合が考えられるが，トラッククレーンについては，ほとんどが賃貸によるものと考えられるので，賃貸料によることとする。なお，公共建築工事の積算では，建方用の機械器具費は，共通仮設費へ計上している。

〔算出例 7-4〕 鉄骨現場建方

中層							1t 当たり	20,000 円
名　　称	規　格	単位	数量	単価	金額	単価根拠	備　考	
普通ボルト （仮　締　め）	M22-90mm	本	20.0	2.28	45.60	56.9×0.04	損料率 4%	
と　び　工		人	0.53	28,050.00	14,866.50	25,500×1.1×1.0	表 7-22 より	
鉄　骨　工		〃	0.067	26,400.00	1,768.80	24,000×1.1×1.0	表 7-22 より	
そ　の　他		一式			3,336.18	16,680.90×0.2	（労＋雑）×20%	
計					20,017.08			

（注）建方用機械器具費については，別途計上する。

❷　高力ボルト締付費

〔算出例 7-5〕 トルシア形高力ボルト締付け（ビル鉄骨）

10,000 本以上							100 本当たり	17,800 円
名　　称	規　格	単位	数量	単価	金額	単価根拠	備　考	
鉄　骨　工		人	0.60	24,000.00	14,400.00			
締付機器	電動レンチ M24 用	日	0.42	1,270.00	533.40			
そ　の　他		一式			2,880.00	14,400.00×0.2	（労）×20%	
計					17,813.40			

❸　軽量鉄骨（母屋，胴縁の類）

〔算出例 7-6〕 軽量鉄骨加工・取付け

一般　普通ボルト締付け共							1t 当たり	115,000 円
名　　称	規　格	単位	数量	単価	金額	単価根拠	備　考	
鉄　骨　工		人	4.0	24,000.00	96,000.00			
そ　の　他		一式			19,200.00	96,000.00×0.2	（労）×20%	
計					115,200.00			

（注）母屋，胴縁の類とし，軽量鉄骨造建物等については，別途考慮する。

❹ 柱底均しモルタル

〔算出例 7-7〕 柱底均しモルタル

名　称	規　格	単位	数量	単価	金額	単価根拠	備考
B種　厚さ30mm　600mm角						1か所当たり	3,990 円
セメント		kg	7.2	21.60	155.52		
細骨材	砂	m³	0.012	4,640.00	55.68		荒目3：細目7
左　官		人	0.1	25,800.00	2,580.00		
普通作業員		〃	0.03	19,800.00	594.00		
その他		一式			609.34	3,385.20×0.18	(材＋労)×18%
計					3,994.54		

（注）「その他」の率は，「15左官」に同じとする。

❺ 鉄骨足場

〔算出例 7-8〕 鉄骨足場

名　称	規　格	単位	数量	単価	金額	単価根拠	備考
単管吊り足場						掛面積1m²当たり	1,090 円
丸パイプ		m	1.95	7.60	14.82	380.00×0.02	損料率2%
足場チェーン	φ6　L=4,000mm	本	0.13	11.40	1.48	570.00×0.02	〃　2%
合板足場板	240×4,000×28mm	枚	0.05	81.00	4.05	4,050.00×0.02	〃　2%
とび工		人	0.035	25,500.00	892.50		
その他		一式			178.50	892.50×0.2	(労)×20%
計					1,091.35		

8 既製コンクリート

8-1 概　　説

　建築工事に用いられる既製コンクリートには，補強コンクリートブロック積，れんが積，軽量気泡コンクリート（ALC）パネル，プレキャストコンクリート（PC）板，押出成形セメント板等がある。

　補強コンクリートブロック積は，JIS A 5406 に定められた建築用空洞ブロックを用いて積み上げる壁で，間仕切壁や地下の二重壁等の帳壁，ブロック塀等に用いられてきたが，建築ブロック工の減少により使用頻度は減少傾向にある。

　ALC パネルは，JIS A 5416 に定められている気泡コンクリートを成形する規格化した工場生産パネルで断熱性，加工性に優れた建材であり，鉄骨造や間仕切壁に多く用いられている。

　PC 板も同様に工場で生産されるコンクリート版で現場に持ち込み，組立取付けを行う。PC 板には，集合住宅のように規格化され大量生産可能なものと，特定の建物のカーテンウォールに用いられる場合などがあり，後者では PC 板の形状・厚さなど種類が多くなるため，価格は生産者による見積りが主流となっている。

　なお，ALC パネルの取付けに必要な金物および PC 板に打ち込まれる取付金物（ファスナー）も価格に含める。

8-2　内訳書の書式

　「既製コンクリート」の主な細目は，次のようになる。

　　躯体プレキャストコンクリート　　　　○枚，本，m^3，m
　　仕上プレキャストコンクリート　　　　○枚，か所，m^2，m
　　ALC パネル　　　　　　　　　　　　　○ m^2
　　コンクリートブロック積　　　　　　　〃
　　取付金物　　　　　　　　　　　　　　一式
　　現場取付費　　　　　　　　　　　　　〃
　　運搬費　　　　　　　　　　　　　　　〃
　　　計

❶　躯体プレキャストコンクリート
　PC 板，SPC 板等の集合住宅はプレキャスト部材ごとに枚，本で細目計上する。
　また，場合によっては，コンクリートの体積による。

❷　仕上プレキャストコンクリート
　外壁カーテンウォール等を PC 板で施工する場合，仕様，形状，寸法ごとに分類し，枚，か所，m^2 で計上する。また，PC 板を使用する場合は，その仕様に基づき，m^2 単位で計上する。

❸ ＡＬＣパネル
形状，寸法，部分等ごとに分類し，m² 単位で計上する。

❹ コンクリートブロック積
材質，形状，寸法等ごとに分類し，m² 単位で計上する。
化粧積については，片面または両面に区分して m² 単位で別計上する。

❺ 取 付 金 物
PC 板の接合部品（ファスナー）として取付金物が必要である。これらは PC 板に埋め込まれるものとほかの部材（鉄骨またはコンクリート）に取り付けるものがあり，形状，寸法ごとに分類して計上するかまたは質量で計上する。

❻ 現 場 取 付 費
PC 板類は現場取付費が必要となる。
現場取付費は，使用する揚重機と現場労務費によって構成される。

❼ 運 搬 費
工場から現場へ持ち込まれる費用であり，一般に工場での荷積みまでを工場原価に組み入れ，輸送，現場での荷卸し，整理までを計上することが多い。現場内の小運搬は現場取付費に含める。ただし，価格の区分はさまざまであるので，メーカー，取付業者，輸送業者等に確認すべきである。

8-3 数 量 の 算 出

PC 板等は，その仕様，形状，寸法ごとに分類して，枚数，個数を計算して計上する。単価分析のできている PC 板は体積計算で処理できる。ALC パネルは一般に形状，寸法，部分ごとに面積を計算する。PC 板等の工場原価を推定する場合は，躯体の計算に準じて資材の計算を行う。その他，「建築数量積算基準・同解説」には次の事項がある。
① コンクリートブロック積には，まぐさ，臥梁等が付随しているが，これらは型式，種別，設計寸法で区別し，開口部の箇所数または長さを数量とする。
② 控え積ブロックはブロックの一部として計測・計算する。
③ ブロック積に要する資材（補強鉄筋，充てんコンクリート等）は構成部材とし，原則として計測の対象としない。
ALC パネルおよび空洞コンクリートブロック市販品の規格を**表 8-1**，**8-5** に示す。

表 8-1　ALC パネルの寸法と取付工法 (mm)

名　称	市　販　品　の　サ　イ　ズ						工　法
屋根パネル	75	80	100	120	125	150	表 8-2 による
床 パネル	100	120	125	150			〃
外壁パネル	100	120	125	150			表 8-3 による
間仕切パネル	75	80	100	120	125	150	表 8-4 による
防水立上り	75	80					—

表 8-2 屋根および床パネル構法の種別

種別	屋根およ び床パネル構法
F 種	（敷設筋構法） (1) パネルは，表裏を正しく置き，有効な掛り代を確保して，長辺は突き合わせ，短辺小口相互の接合部には 20mm 程度の目地を設け，支持梁上になじみよく敷き並べる (2) 取付金物は，溶接等により受材に固定し，目地用鉄筋を取付け金物の孔に通し，パネルの長辺溝部に金物から 500mm 以上挿入する (3) 目地用モルタルを，パネルの長辺溝部および短辺に設けた目地部分に充填する

表 8-3 外壁パネルの取付工法種別

種別	取 付 工 法
A 種	（縦壁ロッキング構法） (1) パネルは，各段ごとに，構造体に固定した下地鋼材に取り付ける (2) 取付金物は，パネルの上下端部に，ロッキングできるように取り付ける
B 種	（横壁アンカー構法） パネルの左右端は，アンカーおよび取付金物で接合する

表 8-4 間仕切壁パネルの取付工法種別

種別	取 付 工 法
C 種	（縦壁ロッキング構法）表 8-3 の A 種による
D 種	（横壁アンカー構法）表 8-3 の B 種による
E 種	（縦壁フットプレート構法） (1) パネル上端は，次のいずれかによる 　（ⅰ）梁，スラブ等の下面にパネル厚さに応じた溝形鋼を通しに取り付ける。この場合パネルの建入れに先立ち，耐火目地材を厚さ 20mm 程度充填する 　（ⅱ）（ⅰ）の工法で，溝形鋼の代わりに，一方は通しの山形鋼を，他方は同材のピースで取り付ける (2) パネル下端は，取付金物で取り付ける

表 8-5 空洞コンクリートブロックの寸法，質量（JIS A 5406）

名　称	寸法（mm）	質量（kg/個）	名　称	寸法（mm）	質量（kg/個）
空洞ブロック 08	100×190×390	6.5	空洞ブロック 16	100×190×390	10.0
	120× 〃	8.0		120× 〃	11.5
	150× 〃	9.5		150× 〃	14.0
	190× 〃	11.5		190× 〃	17.0
空洞ブロック 12	100× 〃	8.0	空洞ブロック 16-W	100× 〃	10.5
	120× 〃	9.0		120× 〃	11.5
	150× 〃	11.0		150× 〃	14.0
	190× 〃	14.0		190× 〃	17.0

（注） 異形ブロックについては，横筋用ブロック，隅用ブロックのように基本ブロックと同一の大きさのものの寸法および許容差は，基本ブロックに準ずる。

8-4 単価の決定

❶ PC板およびSPC板
(1) 部品単価

PC板，SPC板部品の単価は，PC工場における参考見積書による。見積りは，以下に示す詳細な内容とする。

① 材料費

鉄筋，コンクリート，埋込配管，ワイヤメッシュ，その他。

② 工場労務費

PC板の補修費を含む。

③ 工場間接費

減価償却を含む。

なお，多数の実例により，独自の歩掛作成も可能となる。

(2) 取付金物

形状，寸法より質量を計算し金属に準じた単価設定をする。

(3) 取付工事費

① 建方

建方は，揚重機の運転経費および建方労務費によって構成される。揚重機は，取り付けるPC板の質量と，取付位置高さにより機種が決定される。

② 接続工事

先付金物の取付けおよび詰めコンクリート，詰めモルタル，取合部の防水（シーリング等）が含まれる。

以上の参考見積りを十分検討して単価を決定する。

❷ ALCパネル取付け

ALCパネルは，メーカーによって施工費を含んだ販売価格としている。参考見積りおよび価格情報誌等によって決定する。

❸ 補強コンクリートブロック積

補強コンクリートブロック積は，設計数量に基づく単価として複合単価による。化粧積の場合1m²当たり建築ブロック工 0.025人（片面），0.05人（両面）加算する。

表 8-6 内壁コンクリートブロック帳壁（空洞ブロック圧縮強度 08） （1m²当たり）

名称	規格	単位	厚さ（mm）				摘要
			100	120	150	190	
建築用空洞ブロック		個	13	13	13	13	
セメント		kg	13.1	16.6	24.2	35.3	
細骨材	砂	m³	0.03	0.03	0.05	0.07	
鉄筋	D10	kg	3.7	3.7	3.7	3.7	
建築ブロック工		人	0.11	0.12	0.13	0.15	
普通作業員		〃	0.05	0.06	0.07	0.1	
その他			一式	一式	一式	一式	

8 既製コンクリート

表8-7 内壁コンクリートブロック帳壁（空洞ブロック圧縮強度16） （1m² 当たり）

名称	規格	単位	厚さ (mm) 100	120	150	190	摘要
建築用空洞ブロック		個	13	13	13	13	
セメント		kg	13.1	16.6	24.2	35.3	
細骨材	砂	m³	0.03	0.03	0.05	0.07	
鉄筋	D10	kg	3.7	3.7	3.7	3.7	
建築ブロック工		人	0.12	0.13	0.14	0.16	
普通作業員		〃	0.06	0.07	0.08	0.11	
その他			一式	一式	一式	一式	

表8-8 外壁コンクリートブロック帳壁（空洞ブロック圧縮強度16-W） （1m² 当たり）

名称	規格	単位	厚さ (mm) 100	120	150	190	摘要
建築用空洞ブロック		個	13	13	13	13	
セメント		kg	13.1	16.6	24.2	35.3	
細骨材	砂	m³	0.03	0.03	0.05	0.07	
鉄筋	D10	kg	1.6	1.6	1.6	1.6	
〃	D13	〃	4.0	4.0	4.0	4.0	
建築ブロック工		人	0.12	0.13	0.14	0.16	
普通作業員		〃	0.06	0.07	0.08	0.11	
その他			一式	一式	一式	一式	

補強コンクリートブロック造建築物の場合は鉄筋を別途計算する。また基礎，臥梁，隅角部のコンクリートも別途計上する。

コンクリートブロック歩掛表（鉄筋の欄）の数字は主筋，配力筋ともD10 400@，また，外壁は主筋D13 400@，配力筋D10 400@の配筋で計算している。このため配筋を変更した場合には鉄筋の数量を変更する。

表8-9 配筋と鉄筋量

鉄筋種別	縦筋 (mm)	横筋 (mm)	鉄筋量 (kg/m²)
異形鉄筋	D10 400@	D10 400@	D10 3.7
	〃 400@	〃 600@	〃 3.1
	〃 400@	〃 800@	〃 2.8
	D13 400@	〃 400@	{ D10 1.6 D13 4.0

❹ れんが積

普通れんがは，品質および形状に区分される。

表8-10 普通れんがの品質（JIS R 1250）

品　　質	種　別		
	2　種	3　種	4　種
圧縮強さ（N/mm^2）	15以上	20以上	30以上

表8-11 普通れんがの寸法（JIS R 1250）　　　（mm）

長　　さ	幅	厚　　さ
210	100	60

表8-12 普通れんが積（仕上下地）　　　　　　　　　　　　（1m^{2}当たり）

名　　称	規格	単位	半枚積	1枚積	半枚積防水押え
普 通 れ ん が		枚	68	136	68
セ　メ　ン　ト		kg	10.4	26.4	21.2
砂		m^3	0.02	0.06	0.05
建 築 ブ ロ ッ ク 工		人	0.15	0.27	0.08
普 通 作 業 員		〃	0.1	0.16	0.04
そ　の　他			一式	一式	一式

（注）　化粧積の場合，労務数量（建築ブロック工）を片面当たり 0.08 人加算する。

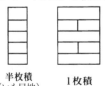

図8-1　れんがの積み方

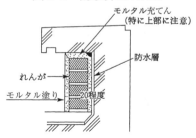

図8-2　防水押えれんが

8-5 算　出　例

❶ 内壁コンクリートブロック積

〔算出例8-1〕　内壁コンクリートブロック帳壁

空洞ブロック圧縮強度16　厚さ100mm						1m² 当たり		6,970 円
名　　称	規　　格	単位	数量	単価	金額	単価根拠	備　考	
建築用空洞ブロック	圧縮強度16 100×190×390 mm	個	13	125.00	1,625.00			
セ　メ　ン　ト		kg	13.1	21.60	282.96	540円/25kg		
細　骨　材	砂	m³	0.03	4,550.00	136.50			
鉄　　筋	D10	kg	3.7	53.00	196.10			
建築ブロック工		人	0.12	21,900.00	2,628.00			
普通作業員	手元	〃	0.06	19,800.00	1,188.00			
そ　の　他		一式			908.48	6,056.56×0.15	（材＋労）×15%	
計					6,965.04			

❷ 外壁コンクリートブロック積

〔算出例8-2〕　コンクリート化粧積加算

						1m² 当たり　片面化粧　　630 円 両面化粧　1,260 円	
名　　称	規　　格	単位	数量	単価	金額	単価根拠	備　考
建築ブロック工	片面化粧	人	0.025	21,900.00	547.50		547.50×1.15 ＝629.6 ≒630 円/m²
〃	両面化粧	〃	0.05	21,900.00	1,095.00		1,095.0×1.15 ＝1,259.25 ≒1,260 円/m²

❸ れんが積

〔算出例 8-3〕 防水立上り部（れんが押え）

						1m² 当たり	11,100 円
名 称	規 格	単位	数量	単 価	金 額	単価根拠	備 考
普通れんが	4種	枚	68	95.00	6,460.00		
セメント		kg	21.2	21.60	457.92	540 円/25kg	
砂		m³	0.05	4,550.00	227.50		
建築ブロック工		人	0.08	21,900.00	1,752.00		
普通作業員		〃	0.04	19,800.00	792.00		
その他		一式			1,453.41	9,689.42×0.15	（材＋労）×15%
計					11,142.83		

〔算出例 8-4〕 普通れんが積（仕上下地）

1枚積						1m² 当たり	26,300 円
名 称	規 格	単位	数量	単 価	金 額	単価根拠	備 考
普通れんが	4種	枚	136	95.00	12,920.00		
セメント		kg	26.4	21.60	570.24	540 円/25kg	
砂		m³	0.06	4,550.00	273.00		
建築ブロック工		人	0.27	21,900.00	5,913.00		
普通作業員		〃	0.16	19,800.00	3,168.00		
その他		一式			3,426.64	22,844.24×0.15	（材＋労）×15%
計					26,270.88		

〔算出例 8-5〕 化粧積

化粧積加算　片面						1m² 当たり	2,010 円
名 称	規 格	単位	数量	単 価	金 額	単価根拠	備 考
建築ブロック工		人	0.08	21,900.00	1,752.00		
その他		一式			262.80	1,752.00×0.15	（材＋労）×15%
計					2,014.80		

9 防　　水

9-1 概　　説

建物の防水には
① 屋根防水　　② 内部防水　　③ 外壁防水
④ 地下外部防水　⑤ 躯体防水　⑥ 取合部の防水

がある。最も使用されるのが屋根防水で，アスファルト防水を主流として各種のシート防水，塗膜防水が開発されている。また浴室，便所，大規模な厨房等には内部防水が施される。外壁の防水は，一般に外装材によって施されており「内外装」の科目で処理する。地下室等の場合は，屋根または内部防水に準じて行われている。

躯体防水は，水密コンクリート等によるので「5 コンクリート」の科目で処理する。各部材の取合いで外部に面する部分および水回りの部屋に面する部分にはシーリングが施される。躯体コンクリートの収縮目地等に施されるシーリング，止水板等もここで処理する。

なお，公共建築工事の積算では，アスファルト防水，防水入隅処理およびシーリングについては，市場単価（『建築施工単価』等に掲載）を採用している。

9-2 内訳書の書式

「防水」の主な細目は，次のようになる。
① 外　　部
　　アスファルト防水　　　　　　　　　部位，工法，種別ごと　　　〇m²
　　合成高分子系ルーフィングシート防水　　　　　〃　　　　　　　　〃
　　塗膜防水　　　　　　　　　　　　　　　　　　〃　　　　　　　　〃
　　伸縮調整目地　　　　　　　　　　　　　　　　〃　　　　　　　〇m
　　成形緩衝材　　　　　　　　　　　材質　　　　　　　　　　　　　〃
　　防水入隅処理　　　　　　　　　　　〃　　　　　　　　　　　　　〃
　　シーリング　　　　　　　　　　　　種別，形状ごと　　　　　　　〃
　　　計
② 内　　部
　　アスファルト防水　　　　　　　　　部位，工法，種別ごと　　　〇m²
　　塗膜防水　　　　　　　　　　　　　　　　　　〃　　　　　　　　〃
　　止水板　　　　　　　　　　　　　　　　　　　〃　　　　　　　〇m
　　　計

❶ アスファルト防水

アスファルトの層とルーフィング類を交互に数層重ねて密着し防水層を構成する工法で，いわゆる積層式熱工法といわれるもので各種の仕様がある。ここでは代表的な『公共建築工事標準仕様書』の仕様を紹介する。

表 9-1 屋根保護防水（密着工法）の種別および工程

種別	A-1		A-2		A-3	
工程	材料・工法	使用量 (kg/m^2)	材料・工法	使用量 (kg/m^2)	材料・工法	使用量 (kg/m^2)
1	アスファルトプライマー塗り	0.2	アスファルトプライマー塗り	0.2	アスファルトプライマー塗り	0.2
2	アスファルトルーフィング アスファルト流し張り	1.0	アスファルトルーフィング アスファルト流し張り	1.0	改質アスファルトルーフィングシート（非露出複層防水用 R 種）1.5mm 以上 アスファルト流し張り	1.0
3	ストレッチルーフィング アスファルト流し張り	1.0	ストレッチルーフィング アスファルト流し張り	1.0	ストレッチルーフィング アスファルト流し張り	1.0
4	ストレッチルーフィング アスファルト流し張り	1.0	ストレッチルーフィング アスファルト流し張り	1.0	アスファルトはけ塗り	1.0
5	ストレッチルーフィング アスファルト流し張り	1.0	アスファルトはけ塗り	1.0	アスファルトはけ塗り	1.0
6	アスファルトはけ塗り	1.0	アスファルトはけ塗り	1.0	絶縁用シート [注]1	—
7	アスファルトはけ塗り	1.0	断熱材 [注]1	—	保護コンクリート [注]2,3	—
8	絶縁用シート [注]1	—	保護コンクリート [注]2,3	—	—	—
9	保護コンクリート [注]2,3	—	—	—	—	—

（注） 1. 立上り部は，絶縁用シートを省略する。
　　　 2. 立上り部における保護コンクリートの適用および工法は，特記による。
　　　 3. 保護コンクリートには，溶接金網を敷き込む。

表 9-2 屋根保護防水（密着断熱工法）の種別および工程

種別	AI-1		AI-2		AI-3	
工程	材料・工法	使用量 (kg/m^2)	材料・工法	使用量 (kg/m^2)	材料・工法	使用量 (kg/m^2)
1	アスファルトプライマー塗り	0.2	アスファルトプライマー塗り	0.2	アスファルトプライマー塗り	0.2
2	アスファルトルーフィング アスファルト流し張り	1.0	アスファルトルーフィング アスファルト流し張り	1.0	改質アスファルトルーフィングシート（非露出複層防水用 R 種）1.5mm 以上 アスファルト流し張り	1.0
3	ストレッチルーフィング アスファルト流し張り	1.0	ストレッチルーフィング アスファルト流し張り	1.0	ストレッチルーフィング アスファルト流し張り	1.0
4	ストレッチルーフィング アスファルト流し張り	1.0	ストレッチルーフィング アスファルト流し張り	1.0	アスファルトはけ塗り	1.0
5	ストレッチルーフィング アスファルト流し張り	1.0	アスファルトはけ塗り	1.0	アスファルトはけ塗り	1.0
6	アスファルトはけ塗り	1.0	アスファルトはけ塗り	1.0	断熱材 [注]1	—
7	アスファルトはけ塗り	1.0	断熱材 [注]1	—	絶縁用シート [注]1	—
8	断熱材 [注]1	—	絶縁用シート [注]1	—	保護コンクリート [注]2,3	—
9	絶縁用シート [注]1	—	保護コンクリート [注]2,3	—	—	—
10	保護コンクリート [注]2,3	—	—	—	—	—

（注） 1. 立上り部は，断熱材および絶縁用シートを省略する。
　　　 2. 立上り部における保護コンクリートの適用および工法は，特記による。
　　　 3. 保護コンクリートには，溶接金網を敷き込む。

表 9-3 屋根保護防水絶縁工法の種別および工程

種別	B-1		B-2		B-3	
工程	材料・工法	使用量 (kg/m²)	材料・工法	使用量 (kg/m²)	材料・工法	使用量 (kg/m²)
1	アスファルトプライマー塗り	0.2	アスファルトプライマー塗り	0.2	アスファルトプライマー塗り	0.2
2	砂付穴あきルーフィング (注)1	—	砂付穴あきルーフィング (注)1	—	部分粘着層付改質アスファルトルーフィングシート張付け(非露出複層防水用R種)1.5mm以上 (注)2	—
3	アスファルトルーフィング アスファルト流し張り	1.2 (1.0) (注)4	アスファルトルーフィング アスファルト流し張り	1.2 (1.0) (注)4	ストレッチルーフィング アスファルト流し張り	1.0
4	ストレッチルーフィング アスファルト流し張り	1.0	ストレッチルーフィング アスファルト流し張り	1.0	アスファルトはけ塗り	1.0
5	ストレッチルーフィング アスファルト流し張り	1.0	ストレッチルーフィング アスファルト流し張り	1.0	アスファルトはけ塗り	1.0
6	アスファルトルーフィング アスファルト流し張り	1.0	アスファルトはけ塗り	1.0	絶縁用シート (注)3	—
7	アスファルトはけ塗り	1.0	アスファルトはけ塗り	1.0	保護コンクリート (注)5, 6	—
8	アスファルトはけ塗り	1.0	絶縁用シート (注)2	—	—	—
9	絶縁用シート (注)2	—	保護コンクリート (注)3, 5	—	—	—
10	保護コンクリート (注)3, 5	—	—	—	—	—

(注) 1. B-1, B-2の立上り部は,砂付穴あきルーフィングを省略する。
　　 2. B-3の立上り部は,部分粘着層付改質アスファルトルーフィングシート張付けの代わりに,改質アスファルトルーフィングシート(非露出複層防水用R種)1.5mm以上の張付け(使用量1.0kg/m²)とする。
　　 3. 立上り部は,絶縁用シートを省略する。
　　 4. B-1, B-2の立上り部は,工程3のアスファルトの使用量を( )内とする。
　　 5. 立上り部における保護コンクリートの適用および工法は,特記による。
　　 6. 保護コンクリートには,溶接金網を敷き込む。

表9-4 屋根保護防水（絶縁断熱工法）の種別および工程

種別	BI-1		BI-2		BI-3	
工程	材料・工法	使用量 (kg/m²)	材料・工法	使用量 (kg/m²)	材料・工法	使用量 (kg/m²)
1	アスファルトプライマー塗り	0.2	アスファルトプライマー塗り	0.2	アスファルトプライマー塗り	0.2
2	砂付穴あきルーフィング(注)1	—	砂付穴あきルーフィング(注)1	—	部分粘着層付改質アスファルトルーフィングシート張付け（非露出複層防水用R種）1.5mm以上(注)2	—
3	アスファルトルーフィング アスファルト流し張り	1.2 (1.0)(注)4	アスファルトルーフィング アスファルト流し張り	1.2 (1.0)(注)4	ストレッチルーフィング アスファルト流し張り	1.0
4	ストレッチルーフィング アスファルト流し張り	1.0	ストレッチルーフィング アスファルト流し張り	1.0	アスファルトはけ塗り	1.0
5	ストレッチルーフィング アスファルト流し張り	1.0	ストレッチルーフィング アスファルト流し張り	1.0	アスファルトはけ塗り	1.0
6	アスファルトルーフィング アスファルト流し張り	1.0	アスファルトはけ塗り	1.0	絶縁用シート(注)3	—
7	アスファルトはけ塗り	1.0	アスファルトはけ塗り	1.0	保護コンクリート(注)5, 6	—
8	アスファルトはけ塗り	1.0	断熱材(注)2	—	—	—
9	断熱材(注)2	—	絶縁用シート(注)2	—	—	—
10	絶縁用シート(注)2	—	保護コンクリート(注)3, 5	—	—	—
11	保護コンクリート(注)3, 5	—	—	—	—	—

(注) 1. 立上り部は，砂付穴あきルーフィングを省略する。
2. BI-3の立上り部は，部分粘着層付改質アスファルトルーフィングシート張付けの代わりに，改質アスファルトルーフィングシート（非露出複層防水用R種）1.5mm以上の張付け（使用量1.0kg/m²）とする。
3. 立上り部は，断熱材および絶縁用シートを省略する。
4. BI-1，BI-2の立上り部は，工程3のアスファルトの使用量を（ ）内とする。
5. 立上り部における保護コンクリートの適用および工法は，特記による。
6. 保護コンクリートには，溶接金網を敷き込む。

表9-5 屋根露出防水絶縁工法の種別および工程（その1）

種別	D-1		D-2	
工程	材料・工法	使用量 (kg/m²)	材料・工法	使用量 (kg/m²)
1	アスファルトプライマー塗り	0.2	アスファルトプライマー塗り	0.2
2	砂付穴あきルーフィング(注)1	—	砂付穴あきルーフィング(注)1	—
3	ストレッチルーフィング アスファルト流し張り	1.2 (1.0)(注)2	ストレッチルーフィング アスファルト流し張り	1.2 (1.0)(注)2
4	ストレッチルーフィング アスファルト流し張り	1.0	アスファルトルーフィング アスファルト流し張り	1.0
5	アスファルトルーフィング アスファルト流し張り	1.0	砂付ストレッチルーフィング アスファルト流し張り	1.0
6	砂付ストレッチルーフィング アスファルト流し張り	1.0	仕上塗料塗り(注)3	—
7	仕上塗料塗り(注)3	—	—	—

(注) 1. 立上り部は，砂付穴あきルーフィングを省略する。
2. 立上り部は，工程3のアスファルトの使用量を（ ）内とする。
3. 仕上塗料の種類および使用量は，特記による。

9 防水

表 9-6 屋根露出防水絶縁工法の種別および工程（その 2）

種別	D-3		D-4	
工程	材料・工法	使用量 (kg/m²)	材料・工法	使用量 (kg/m²)
1	アスファルトプライマー塗り	0.2	アスファルトプライマー塗り	0.2
2	部分粘着層付改質アスファルトルーフィングシート張付け（非露出複層防水用 R 種）1.5mm 以上 (注)1	―	部分粘着層付改質アスファルトルーフィングシート張付け（非露出複層防水用 R 種）1.5mm 以上 (注)1	―
3	ストレッチルーフィング アスファルト流し張り	1.0	砂付ストレッチルーフィング アスファルト流し張り	1.0
4	砂付ストレッチルーフィング アスファルト流し張り	1.0	仕上塗料塗り (注)2	―
5	仕上塗料塗り (注)2	―	―	―

(注) 1. 立上り部は，部分粘着層付改質アスファルトルーフィングシート張付けの代わりに，改質アスファルトルーフィングシート（非露出複層防水用 R 種）1.5mm 以上の張付け（使用量 1.0kg/m²）とする。
　　 2. 仕上塗料の種類および使用量は，特記による。

表 9-7 屋根露出防水絶縁断熱工法の種別および工程

種別	DI-1		DI-2	
工程	材料・工法	使用量 (kg/m²)	材料・工法	使用量 (kg/m²)
1	アスファルトプライマー塗り	0.2	アスファルトプライマー塗り	0.2
2	アスファルトルーフィング アスファルト流し張り	1.0	アスファルトルーフィング アスファルト流し張り	1.0
3	断熱材張付け	1.0	断熱材張付け	1.0
4	部分粘着層付改質アスファルトルーフィングシート張付け（非露出複層防水用 R 種）1.5mm 以上 (注)2	―	部分粘着層付改質アスファルトルーフィングシート張付け（非露出複層防水用 R 種）1.5mm 以上 (注)2	―
5	改質アスファルトルーフィングシート（露出複層防水用 R 種）2.0mm 以上 アスファルト流し張り	1.2	砂付ストレッチルーフィング アスファルト流し張り	1.2
6	仕上塗料塗り (注)3	―	仕上塗料塗り (注)3	―

(注) 1. 立上り部は，工程 2 および工程 3 を省略する。
　　 2. 立上り部は，部分粘着層付改質アスファルトルーフィングシート張付けの代わりに，改質アスファルトルーフィングシート（非露出複層防水用 R 種）1.5mm 以上の張付け（使用量 1.0kg/m²）とする。
　　 3. 仕上塗料の種類および使用量は，特記による。

表 9-8　屋内防水密着工法の種別および工程

種別	E-1		E-2	
工程	材料・工法	使用量 (kg/m^2)	材料・工法	使用量 (kg/m^2)
1	アスファルトプライマー塗り	0.2	アスファルトプライマー塗り	0.2
2	アスファルトルーフィング アスファルト流し張り	1.0	アスファルトルーフィング アスファルト流し張り	1.0
3	ストレッチルーフィング アスファルト流し張り(注)	1.0(注)	ストレッチルーフィング アスファルト流し張り	1.0
4	アスファルトルーフィング アスファルト流し張り	1.0	アスファルトはけ塗り	1.0
5	ストレッチルーフィング アスファルト流し張り	1.0	アスファルトはけ塗り	1.0
6	アスファルトはけ塗り	1.0	—	—
7	アスファルトはけ塗り	1.0	—	—

（注）　E-1の工程3は，貯水槽，浴槽等に適用し，その他の場合は省略する。

9 防水

❷ シート防水

表 9-9 合成高分子系ルーフィングシート防水（断熱工法）の工法，種別および工程

種別	接着工法				機械的固定工法			
	SI-F1		SI-F2		SI-M1		SI-M2	
工程	材料・工法	使用量(kg/m²)	材料・工法	使用量(kg/m²)	材料・工法	使用量(kg/m²)	材料・工法	使用量(kg/m²)
1	プライマー塗り	0.2 (0.3)(注)1	(プライマー塗り)	(0.3)(注)1	—		—	
2	接着剤/断熱材	—	接着剤/断熱材	—	防湿用フィルム/断熱材		防湿用フィルム/断熱材	
3	接着剤塗布	0.4(注)3	接着剤塗布	0.4	—		絶縁用シート敷設(注)2	
4	加硫ゴム系ルーフィングシート(1.2mm)張付け	—	塩化ビニル樹脂系ルーフィングシート(2.0mm)張付け	—	加硫ゴム系ルーフィングシート(1.5mm)の固定金具による固定		塩化ビニル樹脂系ルーフィングシート(1.5mm)の固定金具による固定	
5	仕上塗料塗り(注)6	0.25	—	—	仕上塗料塗り(注)6	0.25	—	—

（注） 1. ALCパネルの場合は，工程1を（ ）内とする。
2. SI-M2の場合で断熱材が硬質ウレタンフォーム断熱材または保温板を用いる場合は，工程3を行わない。
3. SI-F1の場合で粘着層付または接着剤付加硫ゴム系ルーフィングシートを使用する場合は，工程3の接着剤使用量を0.2kg/m²（下地面のみ）とする。
4. SI-M2の場合で立上りを接着工法とする場合は，立上り面のシート厚さを特記がなければ1.5mmとする。
5. 工程2の断熱材張付けは，ルーフィング製造所の仕様による。
6. 仕上塗料の種類および使用量は，特記による。

合成樹脂のシートにより防水するもので，メーカーにより各種販売されている。**表 9-10** は『建築施工単価』に掲載されているものの一部である。

表 9-10 シート防水

《材工共》 (円/m²)

名称	メーカー	規格・摘要	種別	公表価格
リベットルーフ防水				
アンカー固定工法 MIH-SGM15	アーキヤマデ	厚さ1.5mm 非歩行	塩ビ系	8,700
アンカー固定断熱工法 MIH-SGM15NU	〃	1.5 断熱25mm イソシアヌレートフォーム	〃	13,000
LCS工法 MIHFD-SW15NU	〃	1.5 金属屋根用 断熱30mm 〃	〃	13,900
接着工法 F-N20	〃	2.0 歩行	〃	7,700
エバブレンシート	〃	1.0 押え歩行用 EVAシートとポリマーセメントの複合工法	EVA系	5,600
ARシート S-RF工法	エイ・アール・センター	厚さ1.2mm 非歩行 屋根シルバー	加硫ゴム系	5,700
クニシート	クニミネ工業	地下外壁防水 ベントナイト・アスファルト混合 先付	ベントナイト	10,000
〃	〃	〃 〃 後付（頂部）	〃	7,000
〃	〃	〃 〃 （壁部）	〃	7,400

名　　　称	メーカー	規　格・摘　要	種　別	公表価格
ハ イ タ フ ル ー フ	三晃金属工業	厚さ1.14mm 機械固定工法 RC下地 シート防水部のみ	複合	5,800
〃	〃	1.14　〃　デッキプレート下地	〃	6,700
エ ス シ ー ト　EP-R101	シバタ工業	厚さ1.2mm 露出非歩行　カラー仕上	加硫ゴム系	6,050
〃　〃	〃	1.5　〃　〃	〃	6,550
〃　〃	〃	2.0　露出非歩行　〃	〃	7,250
〃　EP-R2101	〃	1.2　脱気工法　E型　シルバー仕上	〃	6,800
ビュートップ　VT-M920	田島ルーフィング	厚さ2.0mm 歩行用密着工法	塩ビ系	8,200
ビュートップU　VT-U820	〃	2.0　絶縁工法	〃	11,900
〃　VIT-U820V	〃	2.0　断熱絶縁工法　ウレタン断熱25mm	〃	15,600
N P シ ー ト 2 号	日新工業	厚さ1.0mm NP101S 仕上塗料別途	加硫ゴム系	5,400
〃	〃	1.2　〃	〃	6,000
メカファイン　MF-15F	〃	1.5　接着工法　平場	塩ビ系	6,100
〃	〃	1.5　〃　立上り	〃	7,100
〃　MF-15M	〃	1.5　機械的固定工法　平場	〃	9,300
〃	〃	1.5　〃　立上り	〃	7,200
サ ン エ ー シ ー ト	長谷川化学工業	厚さ1.1mm 建築用　HS-301 工法	EVA系	7,800
サンタック　ルーフ	早川ゴム	厚さ2.0mm TR露出シルバー仕上　RC下地	非加硫ゴム系	6,000
サンタックIB　HD-15	〃	1.5　露出軽歩行・ALC下地	塩ビ系	9,700
〃　NHD-15	〃	1.5　〃　RC下地	〃	9,300
〃　植栽システム	〃	1.5　保水排水層散水システム含む	〃	27,700
〃　MF・DF工法	〃	1.5　断熱35mm 金属下地	〃	12,000
〃　HWC-ST	〃	1.5　プール防水	〃	14,000
〃　〃	〃	1.5　水槽防水　RC下地（床面）	〃	16,000
パ ラ シ ー ル　標準型	ホージュン	地下外壁防水　後付工法	ベントナイト	7,200
〃　LG型	〃	〃　先付工法	〃	9,800
ボ ル テ ッ ク ス	ボルクレイ・ジャパン	地下外壁面　後付工法	ベントナイト	7,500
〃	〃	厚さ6.4mm 地下連続壁 底盤部 先付工法 後付工法併用可	〃	9,700
ボルテックスDS	〃	6.4　〃　〃　多湧水・大深度用	〃	9,700
マ ナ シ ー ト　A1工法	マグナ工業	保護工法	加硫ゴム系	3,800
〃　A2工法	〃	シルバー仕上　露出工法	〃	4,000
ラ バ ー シ ー ト S	マノール	屋上露出防水改修工法	非加硫ゴム系	8,400
〃　K	〃	押えモルタル防水工法	〃	9,400
ネオ・ルーフィングSPE	三ツ星ベルト	厚さ1.2+4.0mm RV-101-SP	加硫ゴム系	7,900
ウェドリーシート	〃	厚さ1.0mm 押え歩行用　EVA樹脂系湿式工法　WD-301	EVA系	6,500
アースシート-Y 防水工法	吉田建設工業	地下外壁面	非加硫ゴム系	9,600
〃	〃	地下底盤面	〃	7,200
ベストプルーフシャネツ BSN-110	ロンシール工業	厚さ1.5mm RC　接着　S-F2	塩ビ系	7,800
〃　BSN-210	〃	1.5　〃　機械的固定　S-M2	〃	11,000
ベストプルーフ BP-110	〃	1.5　ALC　PC　接着	〃	7,100
〃	〃	1.5　RC　〃	〃	6,400
〃　BP-210	〃	1.5　〃　非歩行	〃	9,600
ロンプルーフエース LA-110	〃	2.0　〃　歩行	〃	7,400
〃	〃	2.0　ALC, PC　〃	〃	8,100

（注）1．施工規模は原則として300m²以上とする。
　　　2．エバブレンシートは保護材・仕上材について施工別途。

9 防水

❸ セメント系防水

各施工業者の責任施工仕様として表 9-11 に例を示す。無機質の防水剤を用いて施工する。

表 9-11 セメント系防水

《材工共》 (円/m²)

名　　　称	メーカー	規　格　・　摘　要	公表価格
C S － 21 工 法 CS Ⅰ	アストン	無機質コンクリート改質剤 1回塗 連続面，床版上面に下向き施工	2,500
〃　　　　　　CS Ⅱ	〃	〃　　　　　　2回塗　　　　〃	3,800
A E コ ー ト 　 AE-10	イーテック	アクリル系　サッシ回り　トップ・下地処理別途	2,500
〃　　　　　　AE-P20	〃	〃　　　　ベランダ	3,900
〃　　　　　　AE-P30	〃	〃　　　　　　　　屋上　　　〃	7,200
〃　　　　　　AE-P22	〃	〃　　　　水槽　下地処理別途	5,500
ウ ォ ー タ イ ト B	ウォータイト	厚さ30mm 屋上　B-1工法	4,370
〃	〃	30　　地下　B-2工法	5,350
ハ イ ド ラ ン	〃	1.5　地下ピット等 H-1工法 1.5kg/m²使用 浸透性塗布防水	3,300
アクアシャッター AC ACN-1P 工法	宇部興産	外部廊下等　保護層別途	4,500
〃　　　　　　ACG-2P 工法	〃	ACG-1P 工法＋AS プロテクター	7,800
パ ラ テ ッ ク ス　A-1 工法	大関化学工業	一般室内外用　保護層別途	3,600
〃　　　　　　A-2 工法	〃	〃　　　　軽歩行用保護仕上仕様	5,600
〃　　　　　　A-3 工法	〃	〃　　　　歩行用保護仕上仕様	5,900
〃　　　　　　A-4 工法	〃	〃　　　　軽歩行用保護仕上仕様	5,800
〃　　　　　　A-5 工法	〃	〃　　　　軽歩行光沢滑らか仕上仕様	5,100
〃　　　　　　A-6 工法	〃	〃　　　　遮熱　軽歩行光沢滑らか仕上仕様	5,400
〃　　　　　　B-1 工法	〃	耐水圧用　保護層別途	4,700
〃　　　　　　B-2 工法	〃	〃　　　　一般保護仕上仕様	6,500
〃　　　　　　B-3 工法	〃	〃　　　　軽防食保護仕上仕様	7,500
〃　　　　　　B-4A 工法	〃	〃　　　　防食保護仕上仕様	10,100
〃　　　　　　B-5 工法	〃	厚生労働省令水道施設基準適合　飲料用水槽仕様	11,000
〃　　　　　　B-6D 工法	〃	ビルピット・汚水槽仕様	19,500
〃　　　　　　DW-A 工法	〃	EVA 樹脂防水＋トップコート（アクリル系）	4,100
〃　　　　　　DW-U 工法	〃	〃　　　　　　　　　　　　　（ウレタン系）	4,300
〃　　　　　　DW-Si 工法	〃	〃　　　　　　　　　　　　　（シリコン系）	4,500
〃　　　　　　Q 工法	〃	フリーアクセスベースフロア仕様　防水・防塵	4,800
〃　　　　　　C-1 工法	〃	屋上　ルーフバルコニー　　　保護仕上別途	5,300
〃　　　　　　C-2 工法	〃	〃　　　〃　　　軽歩行用　保護仕上仕様	7,300
〃　　　　　　C-3 工法	〃	〃　　　〃　　　歩行用　　〃	7,600
〃　　　　　　C-4 工法	〃	〃　　　〃　　　軽歩行用　〃	7,500
〃　　　　　　C-5 工法	〃	〃　　　〃　　　軽歩行光沢滑らか仕上仕様遮熱	6,800
〃　　　　　　C-6 工法	〃	〃　　　〃　　　　遮熱　〃	7,100
〃　　　　　　C-VR-1 工法	〃	モルタル・石材・長尺シート等　保護層別途	6,900
〃　　　　　　C-VR-2 工法	〃	カラーコート仕上　　　軽歩行用　保護仕上仕様	8,900
〃　　　　　　C-VR-3 工法	〃	カラーコート S 仕上　　歩行用	9,200
〃　　　　　　C-VR-4 工法	〃	カラーコート＋トップコート AU 仕上　軽歩行用	9,100
〃　　　　　　C-VR-5 工法	〃	トップコート V 仕上　　軽歩行光沢滑らか仕上仕様遮熱	8,400
〃　　　　　　C-VR-6 工法	〃	ヒートバリアトップ仕上遮熱	8,700
パ ラ ベ ー ス Ｎ Ｅ Ｏ	〃	厚さ 1.0mm カチオン系下地調整材	1,480
オリジンテックス　502 工法	オリジン化建工業	露出防水工法　屋上　ベランダ等	6,000
〃　　　　　702 工法	〃	地下受水槽　浄化槽	4,300

名　　　　　称	メーカー	規　格・摘　要	公表価格
セレタック　A-1 工法	昭和電工建材	日本建築学会仕様　サッシ回り　トレンチピット　OA フロア　壁部	4,300
〃　　　　　B-1 工法	〃	地下内外壁　水槽類　　　　　　　〃	5,100
ビッグサン　RB-6	大日化成	屋上等　　　　　下地処理別途	6,000
〃　　　　GRG	〃	高圧地下防水用　壁面　　　〃	6,200
〃　　　　〃	〃	〃　　　　床面　　　〃	5,700
〃　　　　RA-4	〃	軽歩行用　ベランダ用	4,300
スーパーフレックス　D2-B1	茶谷産業	日本建築学会ポリマーセメント系 B タイプ適合仕様	4,500
〃　　　　D2-B2	〃	防食下地防水仕様	5,100
〃　　　　D2-B3	〃	高耐久性仕様	6,600
アクアプルーフ　40J/40JP	東亞合成	水性シラン系浸透型吸水防止剤　高耐久用	2,100
〃　　　　20J/20JP	〃	〃　　　　汎用	1,600
セルコート	東和産業	地下構造物防水　無機質浸透性	2,500
ナルファルト C	成瀬化学	厚さ 30mm アスファルト系	2,750
NS 防水工法　NS-102	日新工業	ネオプレンゴム・ハイパロンゴム	10,300
〃　　　　NS-104	〃	〃	10,900
〃　　　　NS-105	〃	〃	7,900
S クリートガード	ニッシン・ジャパン	浸透性シラン・シロキサン系撥水材　防汚・撥水仕様　200cc/m²	2,800
セミガード K	日本躯体処理	弾性防水　コテ塗り用	3,000
〃　　　　L	〃	〃　　セルフレベリング用	3,000
〃　　　　HP トップ S	〃	トップコート（軽歩行用）	1,500
〃　　　　クロス	〃	補強用メッシュ	1,500
RC ガーデックス　塩害用 A 工法	〃	塩害抑制	3,900
〃　　　　防水用	〃	防水・エフロ抑制	3,900
〃　　　　養生用	〃	ヘアークラック抑制	1,500
〃　　　　タイル外壁用	〃	タイル目地・下地の改質	3,900
〃　　　　CV	〃	コンクリート劣化抑制　土木用	4,200
〃　　　　抗菌・防カビ用	〃	コンクリート抗菌・防カビ	5,400
〃　　　　Li	〃	コンクリート劣化抑制　リチウム配合	4,200
〃　　　　高炉用	〃	高炉セメントコンクリート用　1 回塗	2,500
〃　　　　防錆強化剤	〃	鉄筋防錆	2,000
〃　　　　強化剤	〃	耐久性向上（RC ガーデックス併用）	1,500
RC ガーデックス PROTECT　（表面保護用）	〃	コンクリート劣化抑制　耐摩耗性向上　つやあり	2,500
〃　　　　（表面強化用）	〃	〃　　　　〃　　　　〃	2,000
ハイドロモルタル EX	日本ジッコウ	塗布型浸透性防水材	2,950
ザイペックス塗布吹付工法	日本ザイペックス	1.2kg/m² 使用	4,950
ザイペックス・リキッド・ペネトレート塗布吹付工法	〃	0.2	3,780
セラミエースコート S-AC 工法	ベスト合成化学工業	無機質浸透性塗布防水	2,500
〃　　　　S-EPX 工法	〃	S-AC＋防蝕エポキシ化粧仕上	4,500
セラミテックスコート ST-A 工法	〃	複合防水グラスメッシュ入仕上　ポリマーセメント系塗膜防水	5,800
〃　　　　ST-B 工法	〃	複合防水仕上　　　　　　　〃	4,500
〃　　　　ST-S 工法	〃	複合防水ゴムシート入仕上　　　　〃	7,000
バンデックス　BE-2 工法	保土谷バンデックス建材	トイレ・浴室などの低水圧部位	3,700
〃　　　　BE-4 工法	〃	水槽・地下外壁などの高水圧部位	5,200
〃　　　　BE-6 工法	〃	〃	7,000
〃　　　　BE-4C 工法	〃	〃	6,500
ボス防水剤 AB 工法	ボス	厚さ 30mm 一般陸屋根	※3,300
マグナ A 工法	マグナ工業	けい酸ソーダ系　標準工法	※3,000

名　　　　　称	メーカー	規　格・摘　要	公表価格
マグナ ME 工法	マグナ工業	けい酸ソーダ系　湧水止結	※3,400
〃　　B 工法	〃	〃　　　　　　標準2回塗工法	※3,700
マノール防水剤	マノール	厚さ30mmモルタル防水　床面	4,800
マノールベンディ MPA-1 工法	〃	0.8mmポリマーセメント系塗膜防水	6,000
エクセルテックス 101	ユニオン建材工業	露出　屋上　ルーフバルコニー　ポリマーセメント系塗膜防水	6,000
〃　　　　　　　105	〃	〃　　ベランダ　庇　　　　　〃	4,500
〃　　　　　　　301	〃	水槽　ピット　地下　　　　　〃	5,700
アクアシート A-Ⅰ工法	吉田建設工業	陸・斜屋根・水槽　保護層別途	4,500
〃　　　　　 A-Ⅱ工法	〃	厚さ2.0mm保護層　地下外壁　水槽	6,000

（注）1. 施工規模は原則として300m²以上とする。
　　　2. ※印の価格には砂，セメントの材料は含まない。

❹ 塗膜防水

表9-12　ウレタンゴム系塗膜防水の種別および工程

種別	X-1（絶縁工法）		X-2（密着工法）	
工程	材料・工法	使用量(kg/m²)	材料・工法	使用量(kg/m²)
1	接着剤塗り　通気緩衝シート張り	0.3	プライマー塗り	0.2
2	ウレタンゴム系塗膜防水材塗り	3.0 (注)1, 4	ウレタンゴム系塗膜防水材塗り　補強布張り	0.3 (注)1
3	ウレタンゴム系塗膜防水材塗り		ウレタンゴム系塗膜防水材塗り	2.7 (注)1
4	仕上塗料塗り (注)6	—	ウレタンゴム系塗膜防水材塗り	(1.7) (注)2 (注)4
5	—	—	仕上塗料塗り (注)6	

（注）1. 表中のウレタンゴム防水材塗りの使用量は，硬化物比重が1.0である材料の場合を示しており，硬化物比重がこれ以外の場合にあっては，所要塗膜厚を確保するように使用量を換算する。
　　　2. 立上り部は全て，種別X-2とし，工程3および工程4を（　）内とする。
　　　3. ウレタンゴム系塗膜防水材塗りについては，1工程当たりの使用量を，硬化物密度が1.0Mg/m³である材料の場合，平場は2.0kg/m²，立上りは1.2kg/m²を上限として変更することができる。
　　　4. ウレタンゴム系塗膜防水材塗りは2回以上に分割して塗り付ける。
　　　5. 接着剤以外による通気緩衝シートの張付け方法は，主材料製造所の仕様による。
　　　6. 仕上塗料の種類および使用量は，特記による。

表9-13 ゴムアスファルト系塗膜防水の種別および工程

工程	種別			
	Y-1 (注)1		Y-2 (注)1	
	材料・工法	使用量 (kg/m²)	材料・工法	使用量 (kg/m²)
1	プライマー吹付けまたは塗り	0.2	プライマー塗り	0.2
2	ゴムアスファルト系塗膜防水材吹付けまたは塗り	7.0 (注)2	ゴムアスファルト系塗膜防水材塗り補強布張り	4.5 (注)2
3	保護緩衝材	—	ゴムアスファルト防水材塗り	
4	保護緩衝材	—	絶縁用シート	—
5	—	—	保護コンクリートまたは保護モルタル	—

(注) 1. Y-1については地下外壁防水，Y-2については屋内防水に適用する。
    2. 表中のゴムアスファルト防水材塗りの使用量は，固形分60%（質量）である材料の場合を示しており，固形分がこれ以外の場合にあっては，所要塗膜厚を確保するように使用量を換算する。
    3. 工程数および各工程の使用量は，主材料製造所の仕様による。

表9-14 塗膜防水

《材工共》 (円/m²)

名　　　称	メーカー	規格・摘要	種別	公表価格
AR ウレタン AU	エイ・アール・センター	厚さ2.0mm 4工程 カラートップ仕上	ウレタン	6,300
〃 ND	〃	2.0 6工程	〃	7,900
〃 X-1工法	〃	国交省仕様 露出・通気・緩衝	〃	12,300
〃 X-2工法	〃	〃 露出・密着	〃	9,300
AR ペトロック SD	〃	アクリル樹脂塗膜防水トップコート仕上	アクリル	4,400
サラセーヌ SD-KK30T	AGCポリマー建材	厚さ約3.0mm 一般密着工法 歩行用	ウレタン	8,100
〃 フッ素	〃	約3.0 フッ素樹脂仕上 密着工法	〃	8,600
〃 AV-KK50T	〃	約2.5 通気・緩衝工法	〃	9,600
〃 SD-ECO30TW	〃	3.0mm 環境対応型密着工法	〃	9,400
アーキルーフ UA	エスケー化研	厚さ2.0mm 密着工法 軽歩行	ウレタン	5,900
水性アーキルーフ	〃	1.0 〃 〃	水和凝固形	4,800
クールタイト HI 工法	〃	2.0 〃 〃 遮熱	ウレタン	6,400
パライージー	大関化学工業	仕上一体型塗膜防水材	アクリル	4,500
クリアコート eco	〃	水性外壁透明防水工法	〃	6,200
パラクリア T工法	〃	透明防水 タイル面用	〃	7,200
〃 C工法	〃	〃 打放しコンクリート面用	〃	7,300
HYDRA（ハイドラ）	〃	金属屋根防水・防錆・遮熱工法 ローラー施工	〃	5,300
〃	〃	〃 吹付け施工	〃	4,400
U-HIT FU-40-NE	〃	厚さ3.0mm 公共建築工事標準仕様 X-1屋上防水仕様 通気緩衝工法	ウレタン	12,200
〃 JU-39-NE	〃	3.0 〃 〃 通気緩衝複合工法	〃	12,500
〃 MU-39-NE	〃	3.0 〃 X-2 〃 クロス入り密着工法	〃	9,600
ハイボンドコート #300 HM-1	カナヱ化学工業	屋根・庇	エチレン酢ビ	3,700
〃 #300 HMR-2	〃	〃 〃 ベランダ・室内	〃	5,200
Jetスプレー工法 Jetルーフ/フロア	カワタコーポレーション	厚さ2.0mm 超速乾高機能吹付防水	ウレタン	11,300
〃 Jetスーパールーフ/フロア	〃	3.0	〃	13,400
サルコート SG-20-A	昭石化工	歩行用	ウレタン	7,930
〃 SG-20-D	〃	非歩行用	〃	8,920
レジテクトCVスプレー工法	ダイフレックス	厚さ2.0mm 超速硬化ウレタン防水システム（側部　防水後施工）	高強度ウレタン	9,600

9 防水

名　　　称	メーカー	規格・摘要	種　別	公表価格
DS カラー　DSM-200	ダイフレックス	厚さ2.0mm 一般密着工法	ウレタン	7,200
DS カラー・エコ　DST-250 エコ	〃	2.5　環境配慮型通気緩衝工法	〃	11,000
DS カラー・ゼロ　DST-300 ゼロ	〃	3.0　2成分形特化物無配合　通気緩衝工法	〃	11,800
エバーコート Zero-1H　ZHM-200	〃	2.0　1成分形特化物無配合　密着工法	高強度ウレタン	7,700
〃　1S　ZST-300	〃	3.0　〃　　　　　　　　通気緩衝工法	ウレタン	12,200
クイックスプレー　SPM-200KY	〃	2.0　超速硬化ウレタン　防水システム	高強度ウレタン	8,800
クイックスプレー複合工法　UPM-10	〃	3.0　〃　　複合工法（本防水仕様）	〃	13,100
パワレックス　MU-1E	〃	3.0　〃　　複合駐車場防水工法	〃	14,000
ゲットシステム　G-OR-S	〃	3.0　〃　　圧縮空気混入工法（砂付き改修）	ウレタン	6,700
オルタックスカイ OSTW-3S	田島ルーフィング	複合絶縁W工法	ウレタン	14,000
〃　OSTB-3S	〃	バリボード複合絶縁工法	〃	19,700
DP ツーガード　TVJ-T3	ディックプルーフィング	厚さ3.0mm 露出脱気絶縁工法　歩行用	ウレタン	11,100
DP ワンガード・ゼロ　TVJ-OZ3	〃	3.0　　　　　　　　　　　非歩行用	〃	12,000
アロンコート　SQ-S 工法	東亞合成	RC仕様　軽歩行用	アクリル	9,400
〃	〃	PC仕様　〃	〃	9,600
〃	〃	ALC仕様　〃	〃	10,600
ウレノンソル　K・GM 工法	日米商会	厚さ4.0mm ウレタンFRP床・屋上　ガラスマットによるFRP工法	ウレタン	13,800
〃　・ペースト工法	〃	3.0　保護モルタル歩行用	〃	6,900
セピロン防水　UF20Q-Q	日新工業	密着仕様　非歩行用	ウレタン	8,900
〃　UF30Q-Q	〃	〃　　　〃	〃	11,000
〃　UF40Q-Q	〃	〃　　　軽歩行用	〃	13,700
〃　UB20Q-Q	〃	ベランダ・開放廊下用	〃	8,900
プルーフロンバリュー PM-V20G(密着)工法	日本特殊塗料	厚さ2.0mm 軽歩行用露出	ウレタン	5,600
〃　PM-V30G(密着)工法	〃	3.0	〃	7,000
ウレボン　RC-200	ボース	厚さ2.0mm 軽歩行トップコート仕上	ウレタン	5,100
〃　RNC-300	〃	3.0　歩行用トップコート仕上	〃	7,200
〃　RNB-300	〃	3.0　ウレタン保護モルタル仕上　保護別途	〃	6,200
エコサーモレイヤー	ホープハウスシステム	標準仕様	ウレタン	9,200
〃	〃	クロス工法	〃	10,500
〃	〃	遮熱工法	〃	11,000
〃	〃	遮熱クロス工法	〃	12,300
HC エコプルーフ　EP-X1	保土谷バンデックス建材	公共建築工事標準仕様　X-1	ウレタン	12,300
〃　E-X2	〃	〃　　　　　　　　　　X-2	〃	9,800
〃　E-15-A	〃	ベランダ・庇仕様	〃	7,400
〃　コンポジット	〃	MDE-30-A マルチ　平場仕様	〃	15,700
〃　〃	〃	KE-20V-A　　　　立面仕様	〃	9,500
パンレタンＣＫパンチシート	〃	SE30-T　歩行用	〃	12,300
防水工法（通気緩衝工法）	〃	SE20-T　軽歩行用	〃	9,800
〃	〃	SE30-S　非歩行用	〃	12,400
パンレタン（密着工法）	〃	CE30-T　歩行用	〃	9,800
マナタイト　A工法	マグナ工業	保護工法　均し，保護モルタル別途	ウレタン	3,300
〃　B工法	〃	〃	〃	3,600
〃　C工法	〃	〃	〃	3,800
マノールカラーウレタン	マノール	MX-1工法　通気工法	ウレタン	12,300
〃	〃	MX-2工法　平場	〃	11,600
MY ルーファー HG MM 工法	三菱樹脂インフラテック	金属屋根　オーバーレイ　吹付け	アクリル	4,100
〃　〃	〃	屋根用　折版・瓦棒屋根　手塗	〃	4,900
〃　MK-1 工法	〃	〃　　　〃　密着工法・軽歩行仕上	〃	6,700
〃　MH-1 工法	〃	〃　　　〃　　　〃　　非歩行仕上	〃	6,700

名　　　　称	メーカー	規　格　・　摘　要	種　別	公表価格
MYルーファー HG DK-1工法	三菱樹脂インフラテック	屋根用　脱気工法・軽歩行仕上	アクリル	8,200
〃　　　　　DH-1工法	〃	〃　　　〃　　　非歩行仕上	〃	8,200
ハマタイトアーバンルーフ	横浜ゴム	厚さ3.0mm NX-3工法　密着工法　下地調整別途	ウレタン	8,200
ロバストコート　SG-60	ヨツヤウレタン	厚さ6.0mmノンスリップ仕上　下地調整等別途	ウレタン	9,700
〃　　　　　　F-30	〃	3.0　カラー仕上　　　　〃	〃	6,500
〃　　　　　　W-30	〃	3.0　　〃　　　　　　〃	〃	7,500
〃　　　　　　W-20	〃	2.0　　〃　　　　　　〃	〃	6,100

（注）　施工規模は原則として300m²以上とする。

❺　伸縮目地およびシーリング

　伸縮目地には，アスファルト目地，エラスタイト目地等があり，mで計上する。

　シーリングには，シリコーン系，変成シリコーン系，ポリウレタン系，ポリサルファイド系，アクリル系，油性系があり，用途等により使い分けされている。種別，寸法別に分類してm単位で計上する。

9 防水

表 9-15 被着体の組合せとシーリング材の種類

被着体の組合せ			シーリング材の種類[注]1	
			記号	主成分による区分
金属	金属	方立目地	SR-2	シリコーン系
		上記以外の目地	MS-2	変成シリコーン系
	コンクリート		MS-2	変成シリコーン系
	ガラス		SR-1	シリコーン系
	石, タイル		MS-2	変成シリコーン系
	ALC	仕上げなし	MS-2	変成シリコーン系
		仕上げあり[注]1	PU-2	ポリウレタン系
	押出成形セメント板		MS-2	変成シリコーン系
ポリ塩化ビニル樹脂形材（樹脂製建具）[注]5	ポリ塩化ビニル樹脂形材（樹脂製建具）[注]5		MS-2	変成シリコーン系
	コンクリート		MS-2	変成シリコーン系
	ガラス		SR-1	シリコーン系
	石, タイル		MS-2	変成シリコーン系
	ALC	仕上げなし	MS-2	変成シリコーン系
		仕上げあり[注]1	PU-2	ポリウレタン系
	押出成形セメント板		MS-2	変成シリコーン系
ガラス	ガラス		SR-1	シリコーン系
石	石	外壁乾式工法の目地	MS-2	変成シリコーン系
		上記以外の目地	PS-2	ポリサルファイド系
コンクリート	プレキャストコンクリート		MS-2	変成シリコーン系
	打継ぎ目地 ひび割れ誘発目地	仕上げなし	PS-2	ポリサルファイド系
		仕上げあり[注]1	PU-2	ポリウレタン系
	石, タイル		PS-2	ポリサルファイド系
	ALC	仕上げなし	MS-2	変成シリコーン系
		仕上げあり[注]1	PU-2	ポリウレタン系
	押出成形セメント板	仕上げなし	MS-2	変成シリコーン系
		仕上げあり[注]1	PU-2	ポリウレタン系
ALC	ALC	仕上げなし	MS-2	変成シリコーン系
		仕上げあり[注]1	PU-2	ポリウレタン系
押出成形セメント板	押出成形セメント板	仕上げなし	MS-2	変成シリコーン系
		仕上げあり[注]1	PU-2	ポリウレタン系
水回り	浴室・浴槽		SR-1	シリコーン系[注]2
	キッチン・キャビネット回り			
	洗面・化粧台回り			
タイル	タイル		PS-2	ポリサルファイド系
アルミニウム製建具等の工場シール[注]3				

（注） 1.「仕上げあり」とは，シーリング材表面に仕上塗材，塗装等を行う場合を示す。
2. 防かびタイプの1成分形シリコーン系とする。
3. 現場施工のシーリング材と打継ぎが発生する場合の工場シーリング材を示す。
4. 材料引張強度の低いものは，50% モジュラスが材料引張強度の1/2以下のものを使用する。
なお，被着体がALCパネルの場合は，50% モジュラスが $0.2N/mm^2$ 以下とする。
5. ポリ塩化ビニル樹脂形材は，JIS A 5558（無可塑ポリ塩化ビニル製建具用形材）を示す。
6. 異種シーリング材が接する場合は，監督職員と協議する。

❻ 防水層保護

屋根防水層押えコンクリートの下に防水層の保護としてポリエチレンフィルムを敷く場合がある。この場合，仕様，用途別に分類して計上する。

❼ 止　水　板

地下室コンクリートの打継ぎ部分に，止水を目的として止水板を入れる場合がある。この場合，形状ごとに分類して長さまたは一式計上する。

9-3　数量の算出

「建築数量積算基準」には，次のように規定している。
① 防水層等の数量は，原則として躯体または準躯体の設計寸法による面積とする。
② 立上り防水層等の数量は，その立上り寸法と設計寸法に基づく長さまたはこれらによる面積とする。
③ 衛生器具，配管等による各部分の防水層等の欠除ならびにこれらの周囲の防水等の処理は計測の対象としない。
④ シート防水等の重ね代は計測の対象としない。
⑤ 建具等の開口部のシーリングについて計測・計算するときは，設計図書の長さ，内法寸法に基づく周長を数量とする。

また，建具と水切間のシーリングは，原則として計測の対象としない。
伸縮目地については設計図書の長さで計測・計算する。

9-4　単価の決定

防水の歩掛は次のようになる。

❶ アスファルト防水

表9-16　屋根保護防水密着工法，絶縁工法（平部）　　　（1m² 当たり）■は市場単価

名称 種別	仕様	アスファルトプライマー (kg)	アスファルト (3種) (kg)	アスファルトルーフィング 1500 (m²)	砂付穴あきアスファルトルーフィング (m²)	ストレッチルーフィング 1000 (m²)	ポリエチレンフィルム 厚さ 0.15mm (m²)	燃料重油 (ℓ)	防水工 (人)	普通作業員 (人)	その他
A-1	密着工法	0.2	6.0	2.28	—	2.28	1.1	1.8	0.081	0.026	一式
A-2	〃	0.2	5.0	1.14	—	2.28	1.1	1.5	0.066	0.021	〃
B-1	絶縁工法	0.2	6.2	2.28	1.04	2.28	1.1	1.9	0.091	0.029	〃
B-2	〃	0.2	5.2	1.14	1.04	2.28	1.1	1.6	0.076	0.024	〃

9 防水

表 9-17 屋根保護防水密着工法，絶縁工法（立上り，立下り）

（1m² 当たり）■は市場単価

名称 種別	仕様	アスファルトプライマー（kg）	アスファルト（3種）（kg）	ゴムアスファルト系シール材（ℓ）	アスファルトルーフィング1500（m²）	網状アスファルトルーフィング（m²）
A-1	密着工法	0.2	6.93	0.25	2.28	0.26
A-2	〃	0.2	5.93	0.25	1.14	0.26
B-1	絶縁工法	0.2	7.93	0.25	2.28	0.26
B-2	〃	0.2	6.93	0.25	1.14	0.26

名称 種別	仕様	砂付穴あきアスファルトルーフィング（m²）	ストレッチルーフィング1000（m²）	燃料重油（ℓ）	防水工（人）	普通作業員（人）	その他
A-1	密着工法	—	3.14	2.1	0.13	0.041	一式
A-2	〃	—	3.14	1.8	0.11	0.035	〃
B-1	絶縁工法	△1.3	4.28	2.7	0.13	0.042	〃
B-2	〃	△1.3	4.28	2.4	0.11	0.035	〃

（注）　△印数量は減を示す。

表 9-18 屋根保護防水密着断熱工法（平部）

（1m² 当たり）■は市場単価

名称 種別	仕様	アスファルトプライマー（kg）	アスファルト（3種）（kg）	アスファルトルーフィング1500（m²）	ストレッチルーフィング1000（m²）	フラットヤーンクロス（m²）	断熱材厚さ25mm（m²）	燃料重油（ℓ）	防水工（人）	普通作業員（人）	その他
AI-1	密着工法	0.2	6.0	2.28	2.28	1.1	1.04	1.8	0.1	0.036	一式
AI-2	〃	0.2	5.0	1.14	2.28	1.1	1.04	1.5	0.086	0.031	〃

表 9-19 屋根保護防水絶縁断熱工法（平部）

（1m² 当たり）

名称 種別	仕様	アスファルトプライマー（kg）	アスファルト（3種）（kg）	アスファルトルーフィング1500（m²）	砂付穴あきアスファルトルーフィング（m²）	ストレッチルーフィング1000（m²）	フラットヤーンクロス（m²）	断熱材厚さ25mm（m²）	燃料重油（ℓ）	防水工（人）	普通作業員（人）	その他
BI-1	絶縁工法	0.2	6.2	2.28	1.04	2.28	1.1	1.04	1.9	0.11	0.039	一式
BI-2	〃	0.2	5.2	1.14	1.04	2.28	1.1	1.04	1.6	0.096	0.034	〃

　保護層としてのコンクリートは，「5 コンクリート」で処理する。溶接金網（断熱工法）は別途計上する。

　（参考）　溶接金網・鉄筋工 0.025/m²，材料は各々 1.1/m² 程度。

表 9-20 屋根露出防水絶縁工法（平部）

（1m² 当たり）■は市場単価

名称 種別	仕様	アスファルトプライマー（kg）	アスファルト（3種）（kg）	アスファルトルーフィング1500（m²）	砂付穴あきルーフィング（m²）	ストレッチルーフィング1000（m²）	砂付ストレッチルーフィング（m²）	燃料重油（ℓ）	防水工（人）	普通作業員（人）	その他
D-1	絶縁工法	0.2	4.2	1.14	1.04	2.28	1.14	1.3	0.087	0.03	一式
D-2	〃	0.2	3.2	1.14	1.04	1.14	1.14	1.0	0.072	0.025	〃

表 9-21　屋根露出防水絶縁工法（立上り，立下り）　　　　　　　　　　（1m² 当たり）　■は市場単価

名称 種別	仕　様	アスファルトプライマー (kg)	アスファルト (3種) (kg)	ゴムアスファルト系シール材 (ℓ)	アスファルトルーフィング 1500 (m²)	網状アスファルトルーフィング (m²)	砂付穴あきアスファルトルーフィング (m²)
D-1	絶縁工法	0.2	5.93	0.25	1.14	0.26	△1.3
D-2	〃	0.2	4.93	0.25	1.14	0.26	△1.3

名称 種別	仕　様	ストレッチルーフィング 1000 (m²)	砂付ストレッチルーフィング (m²)	燃料重油 (ℓ)	防水工 (人)	普通作業員 (人)	その他
D-1	絶縁工法	4.28	1.14	1.8	0.13	0.043	一式
D-2	〃	3.14	1.14	1.5	0.11	0.036	〃

（注）　△印数量は減を示す。

表 9-22　屋内防水密着工法（平部）　　　　　　　　　　（1m² 当たり）　■は市場単価

名称 種別	仕　様	アスファルトプライマー (kg)	アスファルト (3種) (kg)	アスファルトルーフィング 1500 (m²)	ストレッチルーフィング 1000 (m²)	燃料重油 (ℓ)	防水工 (人)	普通作業員 (人)	その他
E-1	密着工法	0.2	5.0	2.28	1.14	1.5	0.059	0.021	一式
E-2	〃	0.2	4.0	1.14	1.14	1.2	0.044	0.016	〃

表 9-23　屋内防水密着工法（立上り，立下り）　　　　　　　　　　（1m² 当たり）　■は市場単価

名称 種別	仕　様	アスファルトプライマー (kg)	アスファルト (3種) (kg)	ゴムアスファルト系シール材 (ℓ)	アスファルトルーフィング 1500 (m²)	網状アスファルトルーフィング (m²)	ストレッチルーフィング 1000 (m²)	燃料重油 (ℓ)	防水工 (人)	普通作業員 (人)	その他
E-1	密着工法	0.2	6.93	0.25	2.28	0.26	3.14	2.1	0.13	0.041	一式
E-2	〃	0.2	4.93	0.25	1.14	0.26	2.0	1.5	0.091	0.028	〃

❷　シ ー ト 防 水

シート防水は専門業者各社により施工方法が異なり一様とはならない。ここに示したものはその一例である。

表 9-24　シート防水（非歩行屋根）　　　　　　　　　　（1m² 当たり）

名称 種別	仕　様	プライマー (kg)	防水シート (m²)	接着剤 (kg)	塗料 (kg)	補足材 (一式)	防水工 (人)	普通作業員 (人)	その他	摘　要
厚さ 1.0mm	塗装仕上げ	0.2	1	0.4	0.25	接着剤，プライマーの30%	0.048	0.012	一式	厚さ 1.2mm の場合も同じ
〃 1.5	〃	0.2	1	0.4	0.25	〃	0.054	0.014	〃	〃
〃 2.0	〃	0.2	1	0.4	0.25	〃	0.063	0.017	〃	

9 防水

表 9-25 シート防水（歩行屋根）

(1m² 当たり)

種別＼名称	仕様	プライマー (kg)	防水シート (m²)	接着剤 (kg)	補足材 (一式)	防水工 (人)	普通作業員 (人)	その他	摘要
厚さ 1.0mm	保護モルタル別途	0.2	1	0.4	接着剤，プライマーの30%	0.033	0.011	一式	厚さ 1.2mmの場合も同じ
〃 1.5	〃	0.2	1	0.4	〃	0.042	0.014	〃	
〃 2.0	〃	0.2	1	0.4	〃	0.051	0.018	〃	

保護モルタルは一般に左官工事で処理されるが，責任施工で防水業者が保護モルタルまで施工する場合，下記の歩掛による。

表 9-26 保護モルタル

(1m² 当たり)

名称	単位	数量	摘要
セメント	kg	1.2	
砂	m³	0.002	
左官	人	0.036	
普通作業員	〃	0.009	
その他		一式	

（注）専門業者の見積価格には砂，セメント別途となっている場合が多い。

表 9-27 シート防水（非歩行屋根断熱工法）

(1m² 当たり)

種別＼名称	仕様	プライマー (kg)	防水シート (m²)	接着剤 (kg)	ポリエチレンスポンジ (m²)	塗料 (kg)	補足材 (一式)	防水工 (人)	普通作業員 (人)	その他
シート 1.0 スポンジ 10	塗装仕上げ	0.2	(厚さ 1.0) 1	0.7	(厚さ 10) 1	0.25	接着剤，プライマーの30%	0.066	0.018	一式
〃 1.5 〃 10	〃	0.2	(厚さ 1.5) 1	0.7	(厚さ 10) 1	0.25	〃	0.069	0.019	〃
〃 1.2 〃 20	〃	0.2	(厚さ 1.2) 1	0.7	(厚さ 20) 1	0.25	〃	0.086	0.024	〃
〃 1.2 〃 30	〃	0.2	(厚さ 1.2) 1	0.7	(厚さ 30) 1	0.25	〃	0.088	0.029	〃

❸ 塗膜防水

表 9-28 アクリル樹脂系　　　　　　　　　　　　　　　　　　　　　　　　　　　　　　（1m² 当たり）

名称＼種別仕様	非歩行屋根	歩行屋根	歩行屋根（補強材等）
プライマー（kg）	アクリル樹脂系　0.2	アクリル樹脂系　0.2	アクリル樹脂系　0.1
樹　　脂（kg）	〃　1.5	〃　1.5	〃　0.6
補　強　材（m²）	アクリル樹脂系クロス　1.1	アクリル樹脂系クロス　1.1	－
防　水　工（人）	0.042	0.033	0.03
普通作業員（人）	0.016	0.01	0.01
そ　の　他	一式	一式	一式

　塗膜防水もシート防水同様専門業者により仕様，施工法が異なる。歩行屋根の保護モルタルの処理はシート防水による。

表 9-29 ウレタン樹脂，タールウレタン樹脂系　　　　　　　　　　　　　　　　　　　（1m² 当たり）

名称＼種別仕様	非歩行屋根 ウレタン系	非歩行屋根 タールウレタン系	歩行屋根 ウレタン系	歩行屋根 タールウレタン系
プライマー（kg）	ウレタン系　0.2	タールウレタン系　0.2	ウレタン系　0.2	タールウレタン系　0.2
樹　　脂（kg）	〃　2.5	〃　2.5	〃　2.5	〃　2.5
補　強　材（m²）	ウレタン系クロス　1.1	タールウレタン系クロス　1.1	ウレタン系クロス　1.1	タールウレタン系クロス　1.1
防　水　工（人）	0.042	0.042	0.033	0.033
普通作業員（人）	0.014	0.014	0.011	0.011
そ　の　他	一式	一式	一式	一式

9 防水

❹ 伸縮目地

表 9-30 伸縮目地　　　　　　　　　　　　　　　　　　　　　　　　　　（1m 当たり）

名称 ＼ 種別	アスファルト目地（直仕上げ）		アスファルト目地（仕上げ）		エラスタイト目地		成形伸縮目地	
仕様	（図）		（図）		（図）		（図）	
目地板（m）	スタイロフォーム 25×90mm	1.05	スタイロフォーム 25×90mm	1.05	エラスタイト 25×90mm	1.05	成形伸縮目地材 20以上×80mm 付着層タイプ	1.05
目地棒（m）		1		―		1		―
アスファルト（kg）	3種	2.5	3種	2.5	3種	1		―
燃料（ℓ）	重油	0.8	重油	0.8	重油	0.3		―
防水工（人）		0.042		0.03		0.034		0.025
その他		一式		一式		一式		一式

❺ 成形緩衝材

表 9-31 成形緩衝材　　　　　　　　　　　　　　　　　　　　　　　　　（1m 当たり）

名　称	規　格	単　位	数　量	摘　要
成形緩衝材		m	1.05	
防水工		人	0.013	
その他			一式	

❻ シーリング

表 9-32 シーリング（SR-1シリコーン系）　　　　　　（1m 当たり）　■は市場単価

名　称	規　格	単位	シーリング幅（mm）					摘　要
			10以下	10を超え 15以下	15を超え 20以下	20を超え 25以下	25を超え 30以下	
シーリング材	1成分形	ℓ	0.055	0.12	0.25	0.34	0.48	材料価格×0.1
補足材			一式	一式	一式	一式	一式	
防水工		人	0.027	0.032	0.037	0.042	0.047	
その他			一式	一式	一式	一式	一式	

（注）バックアップ材またはボンドブレーカーが不要の場合は，補足材は材料価格×0.05 とし，労務数量（防水工）を 0.005 減ずる。

表9-33 シーリング（SR-2シリコーン系，MS-2変成シリコーン系，PS-2ポリサルファイド系，PU-2ポリウレタン系）

（1m当たり）■は市場単価

名　称	規　格	単位	シーリング幅（mm）					摘　要
			10以下	10を超え15以下	15を超え20以下	20を超え25以下	25を超え30以下	
シーリング材	2成分形	ℓ	0.055	0.12	0.25	0.34	0.48	材料価格×0.1
補　足　材		一式	一式	一式	一式	一式	一式	
防　水　工		人	0.029	0.034	0.039	0.044	0.049	
そ　の　他			一式	一式	一式	一式	一式	

（注）バックアップ材またはボンドブレーカーが不要の場合は，補足材は材料価格×0.05とし，労務数量（防水工）を0.005減ずる。

表9-34 シーリング（AC-1アクリル系）

（1m当たり）

名　称	規　格	単位	シーリング幅（mm）					摘　要
			10以下	10を超え15以下	15を超え20以下	20を超え25以下	25を超え30以下	
シーリング材	1成分形	ℓ	0.055	0.12	—	—	—	材料価格×0.1
補　足　材		一式	一式	一式	—	—	—	
防　水　工		人	0.015	0.02	—	—	—	
そ　の　他			一式	一式	—	—	—	

（注）バックアップ材またはボンドブレーカーが不要の場合は，補足材は材料価格×0.05とし，労務数量（防水工）0.005減ずる。

9-5 算　出　例

〔算出例9-1〕屋根保護防水密着工法（平部）

A-1						1m²当たり	6,170円	
名　称	規　格	単位	数量	単価	金額	単価根拠	備　考	
アスファルトプライマー		kg	0.2	202.78	40.56			
アスファルト	3種	〃	6.0	130.00	780.00			
アスファルトルーフィング	1500	m²	2.28	219.38	500.19			
ストレッチルーフィング	1000	〃	2.28	473.75	1,080.15			
ポリエチレンフィルム	厚さ0.15mm	〃	1.1	80.00	88.00			
燃　料	重油	ℓ	1.8	55.50	99.90			
防　水　工		人	0.081	27,900.00	2,259.90			
普　通　作　業　員		〃	0.026	19,800.00	514.80			
そ　の　他			一式		804.53	5,363.50×0.15	（材＋労＋雑）×15%	
計					6,168.03			

9 防水

〔算出例 9-2〕 屋根保護防水密着断熱工法（平部）

AI-1							1m² 当たり	7,500 円
名　　　称	規　　格	単位	数量	単　価	金　額	単価根拠	備　考
アスファルトプライマー		kg	0.2	202.78	40.56		
ア ス フ ァ ル ト	3種	〃	6.0	130.00	780.00		
アスファルトルーフィング	1500	m²	2.28	219.38	500.19		
ストレッチルーフィング	1000	〃	2.28	473.75	1,080.15		
フラットヤーンクロス	70kg/m² 程度	〃	1.1	80.00	88.00		
断　熱　材	JIS A 9511 B 類 3種b 厚さ25mm	〃	1.04	410.58	427.00		ポリスチレンスキン層付き
燃　　　料	重油	ℓ	1.8	55.50	99.90		
防　水　工		人	0.1	27,900.00	2,790.00		
普 通 作 業 員		〃	0.036	19,800.00	712.80		
そ　の　他			一式		977.79	6,518.60×0.15	（材＋労＋雑）×15%
計					7,496.39		

〔算出例 9-3〕 屋根保護防水絶縁断熱工法（平部）

BI-1							1m² 当たり	8,430 円
名　　　称	規　　格	単位	数量	単　価	金　額	単価根拠	備　考
アスファルトプライマー		kg	0.2	202.78	40.56		
ア ス フ ァ ル ト	3種	〃	6.2	130.00	806.00		
アスファルトルーフィング	1500	m²	2.28	219.38	500.19		
砂付穴あきルーフィング		〃	1.04	428.75	445.90		
ストレッチルーフィング	1000	〃	2.28	473.75	1,080.15		
フラットヤーンクロス	70kg/m² 程度	〃	1.1	80.00	88.00		
断　熱　材	JIS A 9511 B 類 3種b 厚さ25mm	〃	1.04	410.58	427.00		ポリスチレンスキン層付き
燃　　　料	重油	ℓ	1.9	55.50	105.45		
防　水　工		人	0.11	27,900.00	3,069.00		
普 通 作 業 員		〃	0.039	19,800.00	772.20		
そ　の　他			一式		1,100.17	7,334.45×0.15	（材＋労＋雑）×15%
計					8,434.62		

〔算出例9-4〕 屋根露出防水絶縁工法（平部）　　　　　　　　　　　　　　　　■は市場単価

D-1　　　　　　　　　　　　　　　　　　　　　　　　　　　　1m² 当たり　　7,160 円

名　称	規　格	単位	数量	単価	金額	単価根拠	備考
アスファルトプライマー		kg	0.2	202.78	40.56		
アスファルト	3種	〃	4.2	130.00	546.00		
アスファルトルーフィング	1500	m²	1.14	219.38	250.09		
砂付穴あきルーフィング		〃	1.04	428.75	445.90		
ストレッチルーフィング	1000	〃	2.28	473.75	1,080.15		
砂付ストレッチルーフィング	800	〃	1.14	676.25	770.93		
燃　料	重油	ℓ	1.3	55.50	72.15		
防水工		人	0.087	27,900.00	2,427.30		
普通作業員		〃	0.03	19,800.00	594.00		
その他		一式			934.06	6,227.08×0.15	（材＋労＋雑）×15%
計					7,161.14		

〔算出例9-5〕 屋根保護防水密着工法（立上り，立下り）

A-1　　　　　　　　　　　　　　　　　　　　　　　　　　　　1m² 当たり　　8,880 円

名　称	規格	単位	数量	単価	金額	単価根拠	備考
アスファルトプライマー		kg	0.2	202.78	40.56		
アスファルト	3種	〃	6.93	130.00	900.90		
ゴムアスファルト系シール材		ℓ	0.25	577.78	144.45		
アスファルトルーフィング	1500	m²	2.28	219.38	500.19		
網状アスファルトルーフィング		〃	0.26	354.55	92.18		
ストレッチルーフィング	1000	〃	3.14	473.75	1,487.58		
燃　料	重油	ℓ	2.1	55.50	116.55		
防水工		人	0.13	27,900.00	3,627.00		
普通作業員		〃	0.041	19,800.00	811.80		
その他		一式			1,158.18	7,721.21×0.15	（材＋労＋雑）×15%
計					8,879.39		

9 防　水

〔算出例9-6〕　屋根露出防水絶縁工法（立上り，立下り）　　　■は市場単価

D-1							1m² 当たり	9,340 円
名　称	規格	単位	数量	単価	金額	単価根拠	備考	
アスファルトプライマー		kg	0.2	202.78	40.56			
アスファルト	3種	〃	5.93	130.00	770.90			
ゴムアスファルト系シール材		ℓ	0.25	577.78	144.45			
アスファルトルーフィング	1500	m²	1.14	219.38	250.09			
網状アスファルトルーフィング		〃	0.26	354.55	92.18			
砂付穴あきアスファルトルーフィング		〃	△1.3	428.75	△557.38			
ストレッチルーフィング	1000	〃	4.28	473.75	2,027.65			
砂付ストレッチルーフィング		〃	1.14	676.25	770.93			
燃料	重油	ℓ	1.8	55.50	99.90			
防水工		人	0.13	27,900.00	3,627.00			
普通作業員		〃	0.043	19,800.00	851.40			
その他		一式			1,217.65	8,117.68×0.15	（材＋労＋雑）×15％	
計					9,335.33			

（注）　△印数量は減を示す。

〔算出例9-7〕　屋内防水密着工法（平部）　　　■は市場単価

E-1							1m² 当たり	4,460 円
名　称	規格	単位	数量	単価	金額	単価根拠	備考	
アスファルトプライマー		kg	0.2	202.78	40.56			
アスファルト	3種	〃	5.0	130.00	650.00			
アスファルトルーフィング	1500	m²	2.28	219.38	500.19			
ストレッチルーフィング	1000	〃	1.14	473.75	540.08			
燃料	重油	ℓ	1.5	55.50	83.25			
防水工		人	0.059	27,900.00	1,646.10			
普通作業員		〃	0.021	19,800.00	415.80			
その他		一式			581.40	3,875.98×0.15	（材＋労＋雑）×15％	
計					4,457.38			

〔算出例 9-8〕 屋内防水密着工法（立上り，立下り）　　　　　　　　　■は市場単価

E-1							1m² 当たり	8,880 円
名　称	規　格	単位	数量	単価	金額	単価根拠	備　考	
アスファルトプライマー		kg	0.2	202.78	40.56			
アスファルト	3種	〃	6.93	130.00	900.90			
ゴムアスファルト系シール材		ℓ	0.25	577.78	144.45			
アスファルトルーフィング	1500	m²	2.28	219.38	500.19			
網状アスファルトルーフィング		〃	0.26	354.55	92.18			
ストレッチルーフィング	1000	〃	3.14	473.75	1,487.58			
燃　料	重油	ℓ	2.1	55.50	116.55			
防　水　工		人	0.13	27,900.00	3,627.00			
普　通　作　業　員		〃	0.041	19,800.00	811.80			
そ　の　他		一式			1,158.18	7,721.21×0.15	（材＋労＋雑）×15%	
計					8,879.39			

〔算出例 9-9〕 伸縮目地，アスファルト目地（直仕上げ）

						1m 当たり	2,060 円
名　称	規　格	単位	数量	単価	金額	単価根拠	備　考
目　地　板	スタイロフォーム　25×90mm	m	1.05	120.76	126.80	750円/(0.91×1.82m)×0.09m＋80円	
目　地　棒		〃	1.0	120.00	120.00		
アスファルト	3種	kg	2.5	130.00	325.00		
燃　料	重油	ℓ	0.8	55.50	44.40		
防　水　工		人	0.042	27,900.00	1,171.80		
そ　の　他		一式			268.20	1,788.00×0.15	（材＋労＋雑）×15%
計					2,056.20		

〔算出例 9-10〕 伸縮目地，アスファルト目地（仕上げ）

						1m 当たり	1,530 円
名　称	規　格	単位	数量	単価	金額	単価根拠	備　考
目　地　板	スタイロフォーム　25×90mm	m	1.05	120.76	126.80	750円/(0.91×1.82m)×0.09m＋80円	
アスファルト	3種	kg	2.5	130.00	325.00		
燃　料	重油	ℓ	0.8	55.50	44.40		
防　水　工		人	0.03	27,900.00	837.00		
そ　の　他		一式			199.98	1,333.20×0.15	（材＋労＋雑）×15%
計					1,533.18		

〔算出例 9-11〕 伸縮目地，エラスタイト目地

						1m 当たり	2,160 円
名 称	規 格	単位	数量	単 価	金 額	単 価 根 拠	備 考
目 地 板	エラスタイト 25×90mm	m	1.05	632.50	664.13	1,750m²×3 ×0.09m+160円	
目 地 棒		〃	1	120.00	120.00		
アスファルト	3種	kg	1	130.00	130.00		
燃 料	重油	ℓ	0.3	55.50	16.65		
防 水 工		人	0.034	27,900.00	948.60		
そ の 他		一式			281.91	1,879.38×0.15	（材＋労＋雑）×15%
計					2,161.29		

〔算出例 9-12〕 伸縮成形目地

						1m 当たり	1,410 円
名 称	規 格	単位	数量	単 価	金 額	単 価 根 拠	備 考
成形伸縮目地材	20以上×80mm 付着層タイプ	m	1.05	500.00	525.00		
防 水 工		人	0.025	27,900.00	697.50		
そ の 他		一式			183.38	1,222.50×0.15	（材＋労）×15%
計					1,405.88		

〔算出例 9-13〕 成形緩衝材

						1m 当たり	780 円
名 称	規 格	単位	数量	単 価	金 額	単 価 根 拠	備 考
成 形 緩 衝 材		m	1.05	300.00	315.00		
防 水 工		人	0.013	27,900.00	362.70		
そ の 他		一式			101.66	677.70×0.15	（材＋労）×15%
計					779.36		

〔算出例 9-14〕 シーリング（SR-1 シリコーン系）（1）　　　■は市場単価

10mm 以下						1m 当たり	930 円
名 称	規 格	単位	数量	単 価	金 額	単 価 根 拠	備 考
シーリング材	1成分形	ℓ	0.055	950.00	52.25		
補 足 材		一式			5.23		シーリング材の10%
防 水 工		人	0.027	27,900.00	753.30		
そ の 他		一式			121.62	810.78×0.15	（材＋労＋雑）×15%
計					932.40		

〔算出例 9-15〕 シーリング（SR-1 シリコーン系）(2)　　　　　　　　　　　■は市場単価

10mmを超え15mm以下						1m 当たり		1,170 円
名　称	規　格	単位	数量	単　価	金　額	単価根拠	備　考	
シーリング材	1成分形	ℓ	0.12	950.00	114.00			
補　足　材		一式			11.40		シーリング材の10%	
防　水　工		人	0.032	27,900.00	892.80			
そ　の　他		一式			152.73	1,018.20×0.15	（材＋労＋雑）×15%	
計					1,170.93			

〔算出例 9-16〕 シーリング（SR-1 シリコーン系）(3)

15mmを超え20mm以下						1m 当たり		1,490 円
名　称	規　格	単位	数量	単　価	金　額	単価根拠	備　考	
シーリング材	1成分形	ℓ	0.25	950.00	237.50			
補　足　材		一式			23.75		シーリング材の10%	
防　水　工		人	0.037	27,900.00	1,032.30			
そ　の　他		一式			194.03	1,293.55×0.15	（材＋労＋雑）×15%	
計					1,487.58			

〔算出例 9-17〕 シーリング（SR-1 シリコーン系）(4)

20mmを超え25mm以下						1m 当たり		1,760 円
名　称	規　格	単位	数量	単　価	金　額	単価根拠	備　考	
シーリング材	1成分形	ℓ	0.34	950.00	323.00			
補　足　材		一式			32.30		シーリング材の10%	
防　水　工		人	0.042	27,900.00	1,171.80			
そ　の　他		一式			229.07	1,527.10×0.15	（材＋労＋雑）×15%	
計					1,756.17			

〔算出例 9-18〕 シーリング（SR-1 シリコーン系）(5)

25mmを超え30mm以下						1m 当たり		2,080 円
名　称	規　格	単位	数量	単　価	金　額	単価根拠	備　考	
シーリング材	1成分形	ℓ	0.48	950.00	456.00			
補　足　材		一式			45.60		シーリング材の10%	
防　水　工		人	0.047	27,900.00	1,311.30			
そ　の　他		一式			271.94	1,812.90×0.15	（材＋労＋雑）×15%	
計					2,084.84			

9 防　水

〔算出例 9-19〕　シーリング（PS-2 ポリサルファイド系）（1）　　　　　　■は市場単価

10mm 以下							1m 当たり	1,010 円
名　　称	規　格	単位	数量	単　価	金　額	単価根拠	備　考	
シーリング材	2成分形	ℓ	0.055	1,100.00	60.50			
補　足　材		一式			6.05		シーリング材の10%	
防　水　工		人	0.029	27,900.00	809.10			
そ　の　他		一式			131.35	875.65×0.15	（材＋労＋雑）×15%	
計					1,007.00			

〔算出例 9-20〕　シーリング（PS-2 ポリサルファイド系）（2）　　　　　　■は市場単価

10mm を超え 15mm 以下							1m 当たり	1,260 円
名　　称	規　格	単位	数量	単　価	金　額	単価根拠	備　考	
シーリング材	2成分形	ℓ	0.12	1,100.00	132.00			
補　足　材		一式			13.20		シーリング材の10%	
防　水　工		人	0.034	27,900.00	948.60			
そ　の　他		一式			164.07	1,093.80×0.15	（材＋労＋雑）×15%	
計					1,257.87			

〔算出例 9-21〕　シーリング（PS-2 ポリサルファイド系）（3）　　　　　　■は市場単価

15mm を超え 20mm 以下							1m 当たり	1,600 円
名　　称	規　格	単位	数量	単　価	金　額	単価根拠	備　考	
シーリング材	2成分形	ℓ	0.25	1,100.00	275.00			
補　足　材		一式			27.50		シーリング材の10%	
防　水　工		人	0.039	27,900.00	1,088.10			
そ　の　他		一式			208.59	1,390.60×0.15	（材＋労＋雑）×15%	
計					1,599.19			

〔算出例 9-22〕　シーリング（PS-2 ポリサルファイド系）（4）

20mm を超え 25mm 以下							1m 当たり	1,880 円
名　　称	規　格	単位	数量	単　価	金　額	単価根拠	備　考	
シーリング材	2成分形	ℓ	0.34	1,100.00	374.00			
補　足　材		一式			37.40		シーリング材の10%	
防　水　工		人	0.044	27,900.00	1,227.60			
そ　の　他		一式			245.85	1,639.00×0.15	（材＋労＋雑）×15%	
計					1,884.85			

〔算出例 9-23〕 シーリング（PS-2 ポリサルファイド系）(5)

25mm を超え 30mm 以下						1m 当たり		2,240 円
名　称	規　格	単位	数量	単　価	金　額	単価根拠	備　考	
シーリング材	2成分形	ℓ	0.48	1,100.00	528.00			
補　足　材		一式			52.80		シーリング材の10%	
防　水　工		人	0.049	27,900.00	1,367.10			
そ　の　他		一式			292.19	1,947.90×0.15	(材＋労＋雑)×15%	
計					2,240.09			

〔算出例 9-24〕 シーリング（PU-2 ポリウレタン系）(1)　　　■は市場単価

10mm 以下						1m 当たり		970 円
名　称	規　格	単位	数量	単　価	金　額	単価根拠	備　考	
シーリング材	2成分形	ℓ	0.055	580.00	31.90			
補　足　材		一式			3.19		シーリング材の10%	
防　水　工		人	0.029	27,900.00	809.10			
そ　の　他		一式			126.63	844.19×0.15	(材＋労＋雑)×15%	
計					970.82			

〔算出例 9-25〕 シーリング（PU-2 ポリウレタン系）(2)　　　■は市場単価

10mm を超え 15mm 以下						1m 当たり		1,180 円
名　称	規　格	単位	数量	単　価	金　額	単価根拠	備　考	
シーリング材	2成分形	ℓ	0.12	580.00	69.60			
補　足　材		一式			6.96		シーリング材の10%	
防　水　工		人	0.034	27,900.00	948.60			
そ　の　他		一式			153.77	1,025.16×0.15	(材＋労＋雑)×15%	
計					1,178.93			

〔算出例 9-26〕 シーリング（PU-2 ポリウレタン系）(3)　　　■は市場単価

15mm を超え 20mm 以下						1m 当たり		1,430 円
名　称	規　格	単位	数量	単　価	金　額	単価根拠	備　考	
シーリング材	2成分形	ℓ	0.25	580.00	145.00			
補　足　材		一式			14.50		シーリング材の10%	
防　水　工		人	0.039	27,900.00	1,088.10			
そ　の　他		一式			187.14	1,247.60×0.15	(材＋労＋雑)×15%	
計					1,434.74			

〔算出例9-27〕 シーリング（PU-2 ポリウレタン系）（4）

20mmを超え25mm以下						1m当たり		1,660 円
名　　　称	規　格	単位	数量	単価	金額	単価根拠	備　考	
シーリング材	2成分形	ℓ	0.34	580.00	197.20			
補　足　材		一式			19.72		シーリング材の10%	
防　水　工		人	0.044	27,900.00	1,227.60			
そ　の　他		一式			216.68	1,444.52×0.15	（材＋労＋雑）×15%	
計					1,661.20			

〔算出例9-28〕 シーリング（PU-2 ポリウレタン系）（5）

25mmを超え30mm以下						1m当たり		1,920 円
名　　　称	規　格	単位	数量	単価	金額	単価根拠	備　考	
シーリング材	2成分形	ℓ	0.48	580.00	278.40			
補　足　材		一式			27.84		シーリング材の10%	
防　水　工		人	0.049	27,900.00	1,367.10			
そ　の　他		一式			251.00	1,673.34×0.15	（材＋労＋雑）×15%	
計					1,924.34			

〔算出例9-29〕 シーリング（AC-1 アクリル系）（1）

10mm以下						1m当たり		510 円
名　　　称	規　格	単位	数量	単価	金額	単価根拠	備　考	
シーリング材	1成分形	ℓ	0.055	360.00	19.80			
補　足　材		一式			1.98		シーリング材の10%	
防　水　工		人	0.015	27,900.00	418.50			
そ　の　他		一式			66.04	440.28×0.15	（材＋労＋雑）×15%	
計					506.32			

〔算出例9-30〕 シーリング（AC-1 アクリル系）（2）

10mmを超え15mm以下						1m当たり		700 円
名　　　称	規　格	単位	数量	単価	金額	単価根拠	備　考	
シーリング材	1成分形	ℓ	0.12	360.00	43.20			
補　足　材		一式			4.32		シーリング材の10%	
防　水　工		人	0.02	27,900.00	558.00			
そ　の　他		一式			90.83	605.52×0.15	（材＋労＋雑）×15%	
計					696.35			

10 石

10-1 概　　説

　石材は，成因によって火成岩，水成岩および変成岩に，さらに建築用石材として花こう岩，安山岩，砂岩，凝灰岩，石灰石，大理石等に分類される。

10-2 材　　料

　成因による石材の分類を**表 10-1** に示す。

表 10-1　成因による石材の分類

成因による種別	岩質による種別	建築用石材としての種別	著名な石材の名称
火成岩	深成岩	花こう岩／せん緑岩／はんれい岩	花こう岩	稲田みかげ・筑波みかげ・甲州みかげ・三州みかげ・本みかげ石・北木みかげ・万成石（または万成みかげ）・尾立石・黒みかげ
	火山岩	安山岩（輝石安山岩／角せん安山岩／雲母安山岩／石英安山岩）	安山岩	江持石・白河石・秋間（しかま）石・鉄平石・小松石・白丁場・横根沢石・月出石（船原石）
		石英粗面岩（流紋岩）	軽石	新島軽石（抗火石）・天城軽石
水成岩	砕屑岩	泥板岩／粘板岩	粘板岩	雄勝スレート・稲井石・赤間石
		砂岩／礫岩	砂岩	高畠石・日の出石・房州石・元名石・多胡石・立棒石・江の浦石・富田石・来待石・行合野石
		凝灰岩（凝灰岩／砂質凝灰岩／角礫質凝灰岩）	凝灰岩	院内石・大笹生石・荻野石・日華石・秋保石・岩船石・芦野石・大谷石・羽黒石・沢田石・今津石（サウラ石）・大平石
	有機岩	石灰岩	石灰石	
	沈積岩	せっこう		
変成岩	水成岩系	大理石	大理石	白大理石・霞大理石・縞大理石・遠目鏡・更紗・オニックス・トラバーチン・宇留間石
	火成岩系	じゃ紋岩	じゃ紋岩	じゃ紋・鳩糞石・凍石・竹葉石・斑石

　また，用途によって大別すると構造用石材と装飾用石材になるが，建築用として使用されるのは主に装飾用である。石材の主な製品名による分類と用途は，**表 10-2** のとおりである。

表 10-2　主な花こう岩の名称・産地・価格分類等

名　　称	産　地	組織（参考）	色　調	摘　要	級別（参考）
稲田石	日本	中粒	白黒		上級
インパラティラー	南アフリカ	細粒	黒		中級
ヴェルデフォンティーン	南アフリカ	粗粒	淡灰緑		上級
カバオボニート	ブラジル	粗粒	赤		上級
カレドニア	カナダ	粗粒	濃灰／桃		中級
サファイアブラウン	インド	粗粒	茶		上級
シェニードモンチータ	ポルトガル	粗粒	濃灰茶		中級
ジンバブエ	南アフリカ	細粒	黒		上級
中国Ｇ３０６	中国	中粒	茶		中級
ディアブラウン	カナダ	粗粒	濃灰／茶		上級
ニューインペリアルレッド	インド	中粒	赤		上級
ピンクポリーノ	スペイン	中粒	桃		中級
ベルファースト	南アフリカ	細粒	黒		特級
マホガニーレッド	アメリカ	中粒	紫		上級
ルナパール	イタリア	中粒	白		中級

表 10-3　石材の粗面仕上げの種類

仕上げの種類		仕上げの程度	仕上げの方法	加工前の石厚の目安	石材の種類
のみ切り	大のみ	100mm角の中にのみ跡が5個	手加工	60mm以上	花こう岩
	中のみ	100mm角の中にのみ跡が25個			
	小のみ	100mm角の中にのみ跡が40個		50mm以上	
びしゃん	荒びしゃん	16目びしゃん（30mm角に対し）で仕上げた状態	手加工または機械加工	手加工 35～40mm 機械加工 35mm以上	花こう岩
	細びしゃん	25目びしゃん（30mm角に対し）で仕上げた状態			
小たたき		1～4枚刃でたたき仕上げた状態		35mm以上	
ジェットバーナー		表面の鉱物のはじけ具合が大むらのない状態	手加工または機械加工 バフ仕上げの有無は，特記による	27mm以上	花こう岩
ブラスト		砂またはショットを吹き付けて表面を荒した状態	機械加工	27mm以上	花こう岩 大理石 砂岩
ウォータージェット		超高圧水で表面を切削した状態	機械加工	27mm以上	花こう岩
割肌		矢またはシャーリングにて割った割裂面の凹凸のある状態	手加工または機械加工	120mm以上	花こう岩 砂岩

表 10-4 石材の磨き仕上げの種類

仕上げの種類	仕上げの程度	石材の種類
粗磨き	F20〜F30 の炭化けい素砥石または同程度の仕上げとなるダイアモンド砥石で磨いた状態	花こう岩
	F100〜F120 の炭化けい素砥石または同程度の仕上げとなるダイアモンド砥石で磨いた状態	大理石 砂岩
	F100〜#320 の炭化けい素砥石または同程度の仕上げとなるダイアモンド砥石で磨いた状態	テラゾ
水磨き	#400〜#800 の炭化けい素砥石または同程度の仕上げとなるダイアモンド砥石で磨いた状態	花こう岩 大理石 砂岩 テラゾ
本磨き	#1500〜#3000 の炭化けい素砥石または同程度の仕上げとなるダイアモンド砥石で磨き，さらに，つや出し粉を用い，バフで仕上げた状態	花こう岩
	#1000〜#1500 の炭化けい素砥石または同程度の仕上げとなるダイアモンド砥石で磨き，さらに，つや出し粉を用い，バフで仕上げた状態	大理石
	#800〜#1500 の炭化けい素砥石または同程度の仕上げとなるダイアモンド砥石で磨き，さらに，つや出し粉を用い，バフで仕上げた状態	テラゾ

（注）　目地合端には，糸面をつける。

表 10-5 各種仕上げの使用状況（JASS 9）

仕上げ＼石材	のみ切り	びしゃん	小たたき	ジェットバーナー	ウォータージェット	ブラスト	割肌	粗磨き	水磨き	本磨き
花こう岩	○	○	○	○	○	○	○	○	○	○
大理石	―	―	―	―	―	○	○	○	○	○
砂岩	―	―	―	―	―	○	○	○	○	○
石灰岩	―	―	―	―	―	○	○	○	○	○

凡例　○：標準　　―：標準外

表 10-6　主な大理石の名称・産地・価格分類等

名　　称	産　地	組織（参考）	色　調	摘　要	級別（参考）
エンペラドールダーク	スペイン	中　粒	おうど・黒		上　級
エンペラドールライト	スペイン	中　粒	おうど		上　級
クレママルフィル	スペイン	細　粒	黄		中　級
シベックホワイト	ユーゴスラビア	細　粒	白		特　級
新じゃ紋	日本	中　粒	緑		上　級
ズベボロイヤル	イタリア	中　粒	黄		中　級
トラベルチーノロマーノ	イタリア	粗　粒	黄		中　級
トラベルチーノロマーノキャーロ	イタリア	粗　粒	黄白		中　級
ビヤンコカラーラ	イタリア	細　粒	白		上　級
ペルリーノ	イタリア	中　粒	クリーム		上　級
ペルリーノロザート	イタリア	中　粒	桃		上　級
ボテチーノ	イタリア	中　粒	黄		上　級
モカクレーム	ポルトガル	細　粒	クリーム		中　級
ロッソマニヤボスキ	イタリア	中　粒	赤茶		上　級
ロホアリカンテ	スペイン	細　粒	赤		特　級

表 10-7　テラゾ用種石の石質・産地・色調

名　称	石　質	産　地	色　調
稲　田	花こう岩	茨　城	ホワイト・グレー
北　木	花こう岩	小豆島	ホワイト・グレー
万　成	花こう岩	岡　山	ピ　ン　ク
淡　雪	石灰岩	徳　島	レッド・グレー
加　茂	石灰岩	徳　島	グ　レ　ー
寒　水	石灰岩	茨城・日立	ホ ワ イ ト
渓　流	石灰岩	徳　島	グリーン・グレー
美濃小桜	石灰岩	岐　阜	ピ　ン　ク
象　牙	石灰岩	山　口	ホ ワ イ ト
桑　尾	石灰岩	徳　島	チョコレート
鳴　戸	石灰岩	徳　島	ブルー・グレー
白　竜	石灰岩	福島・岡山	ホ ワ イ ト
美濃霞	石灰岩	岐　阜	グ　レ　ー
美濃黒	石灰岩	岐　阜	ブ ラ ッ ク
じゃ紋	じゃ紋岩	埼玉・秩父	ブルー・グリーン

表 10-8　取付金物
(1) 外壁湿式工法および内壁空積工法用金物の種類および寸法　　　　　　　　　　　(mm)

石種・石厚	金　　物		
	引金物	だ　ぼ	か　す　が　い
花こう岩　石厚 40 未満 大理石　石厚 40 未満 テラゾブロック	径 3.2 (径 3.0)	径 3.2 埋込長 20	径 3.2 働き長 50，埋込長 20
花こう岩　石厚 40 以上	径 4.0	径 4.0 埋込長 25	径 4.0 働き長 50，埋込長 25

（注）　1. （　）内は，内壁空積工法で高さ 3.0m 以下の部分に適用。
　　　　2. 引金物，だぼおよびかすがいの材質はステンレス（SUS304）とする。

(2) 乾式工法用金物の種類および形状・寸法等　　　　　　　　　　　　　　　　　　(mm)

方　式	ファスナー		だ　ぼ	
	一次ファスナー	二次ファスナー	形　式	寸　法
スライド方式	L-60×60×5 加工 l=60 コンクリートに直付け ルーズホール 10.5×34 座金　径 22×2 程度	FB-60×5 加工 1-M10，ナット留め （緩み防止付き） ルーズホール 10.5×34 座金　40×40×4 程度	上端側：スライド機構 下端側：固定	径 5.0 埋込長 20
ロッキング方式	L-60×50×5 加工 l=60 コンクリートに直付け ルーズホール 10.5×34 座金　径 22×2 程度	FB-60×4 加工 1-M10，ナット留め （緩み防止付き） ルーズホール 10.5×34 座金　径 22×2 程度	通しだぼ 上下固定	径 4.0 埋込長 20

（注）　金物の材質は，ステンレス（SUS304）とする。

表 10-9　セメントモルタルの調合（容積比）および目地幅

用　途	材　料		目　地　幅　の　標　準
	セメント	砂	
裏込モルタル	1	3	外壁湿式工法は 6mm 以上
張付け用ペースト	1	0	内壁空積工法は 6mm 以上
目地モルタル	1	0.5	目地幅を考慮して砂の粒径を定める
敷モルタル	1	4	屋外の場合は 4mm 以上 屋内の場合は 3〜6mm

（注）　モルタルの材料所要量は，『工事歩掛要覧〈建築・設備編〉』p.244 ❶を参照。

10-3　数量の算出

　石材は，図面，仕様書に基づいて，材種，工法別に，外部，内部または床，幅木，壁，天井および雑の区分に従い計測・計算し，長さ，面積，体積または個数で表示する。
　① 石材の数量は，表面の寸法を設計寸法とする面積から，建具類等開口部の内法寸法による面積を差し引いた面積とする。ただし，開口部，壁部分の梁小口，床または天井部分の柱小口等で，その面積が 1 か所当たり 0.1m² 以下のときは差し引かない。
　② 石材の役物類は，設計寸法に基づく長さまたは箇所数を数量とする。

③ 石材の表面に取り付けられる附合物または目地等による各部分の仕上げの欠除は行わない。
④ 石材の数量は，設計寸法による体積または個数によることができる。

10-4 単価の算出

施工単価では，一般に専門工事業者が工場加工から現場取付けまで一式施工するので，取付用のセメント，砂，鉄筋など通常総合建設業者から支給されるものも材料費に含めて表示している場合が多い。また，単価の設定に当たって，参考見積を徴する場合も多いが，算出例のように製品の価格情報（『積算資料』建築用石材）を得ることにより，取付材料ならびに労務費，その他経費を加えて単価を算出することができる。

10-5 算 出 例

〔算出例 10-1〕 床花こう岩（ひき石）張り

					1m² 当たり		31,200 円
名　称	規　格	単位	数量	単　価	金　額	単 価 根 拠	備　　考
花 こ う 岩	本磨き　厚さ 20mm 中級品 600×600mm	m²	1.0	16,000.00	16,000.00		
セ メ ン ト		kg	15.5	21.60	334.80	540 円/25kg	
砂		m³	0.039	4,550.00	177.45		
石　　　　工		人	0.25	24,400.00	6,100.00		
普 通 作 業 員		〃	0.23	19,800.00	4,554.00		
そ　の　他			一式		4,074.94	27,166.25×0.15	（材＋労）×15%
計					31,241.19		

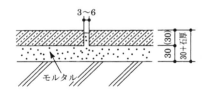

〔算出例10-2〕 壁花こう岩（ひき石）張り・外壁湿式工法

						1m² 当たり	41,400 円
名　　称	規　　格	単位	数量	単　価	金　額	単価根拠	備　　考
花　こ　う　岩	ジェットバーナー 厚さ30mm 中級品 600×800mm	m²	1.0	20,100.00	20,100.00		
セ　メ　ン　ト		kg	26.2	21.60	565.92	540 円/25kg	
砂		m³	0.063	4,550.00	286.65		
鉄　　　　筋	D10 L-75×75×6	kg	3.3	53.00	174.90		
石　　　　工		人	0.35	24,400.00	8,540.00		
普 通 作 業 員		〃	0.32	19,800.00	6,336.00		
そ　の　他		一式			5,400.52	36,003.47×0.15	（材＋労）×15%
計					41,403.99		

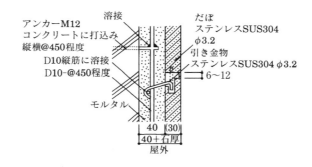

〔算出例10-3〕 床大理石張り

						1m² 当たり	39,300 円
名　　称	規　　格	単位	数量	単　価	金　額	単価根拠	備　　考
大　理　石	本磨き 厚さ20mm 中級品 500×500mm	m²	1.0	23,000.00	23,000.00		
セ　メ　ン　ト		kg	15.4	21.60	332.64	540 円/25kg	
砂		m³	0.039	4,550.00	177.45		
石　　　　工		人	0.25	24,400.00	6,100.00		
普 通 作 業 員		〃	0.23	19,800.00	4,554.00		
そ　の　他		一式			5,124.61	34,164.09×0.15	（材＋労）×15%
計					39,288.70		

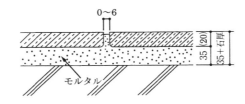

〔算出例 10-4〕 壁大理石張り・内壁空積工法

						1m² 当たり		44,300 円
名　　称	規　　格	単位	数量	単　価	金　額	単価根拠	備　　考	
大　理　石	本磨き厚さ 20mm 中級品	m²	1.0	24,200.00	24,200.00			
セ メ ン ト		kg	5.0	21.60	108.00	540 円/25kg		
砂		m³	0.012	4,550.00	54.60			
発泡スチロール	厚さ 50mm	m²	0.08	905.69	72.46	1,500 円/(1.82 ×0.91m)		
鉄　　　筋	D10 L-75×75×6	kg	2.2	53.00	116.60			
引 き 金 物	ステンレス径 3.2mm	〃	0.02	750.00	15.00			
石　　　工		人	0.33	24,400.00	8,052.00			
普 通 作 業 員		〃	0.3	19,800.00	5,940.00			
そ の 他		一式			5,783.80	38,558.66×0.15	(材＋労)×15%	
計					44,342.46			

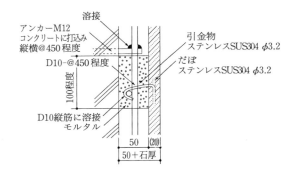

11 タ イ ル

11-1 概　　説

タイルは，意匠性が高くタイルのきじ，形状，大きさ，色調，うわぐすりの有無などにより種類も豊富である。

一般にタイルの呼び方で外装タイル，内装タイル，床タイルに区別しているが，実際には必ずしも用途による区別にはなっていない。**表 11-1〜11-3** にタイルの用途別適合例，吸水率による区分，成形方法および吸水率による分類を示す。

表 11-1　タイルの用途別適合例

用途		製法	乾式						湿式				
		区分（旧 JIS）	磁器質				せっ器質		陶器質	磁器質			せっ器質	
			磁器質（施釉）	磁器質（無釉）	モザイクユニットタイル（施釉）	モザイクユニットタイル（無釉）	せっ器質（施釉）	せっ器質（無釉）	陶器質（無釉）	磁器質（施釉）	磁器質（無釉）	モザイクユニットタイル（無釉）	せっ器質（施釉）	せっ器質（無釉）
外部	一般	壁	○	△	○	○	○	○	×	○	△	○	△	△
		床	△	○	○	○	△	○	×	△	○	○	○	○
	寒冷地	壁	○	△	○	○	△	△	×	○	△	○	×	×
		床	△	○	○	○	△	△	×	△	○	○	○	○
内部	一般	壁	○	△	○	△	○	△	○	○	△	○	△	△
		床	△	○	○	○	○	○	△	△	○	○	○	○
	寒冷地	壁	○	△	○	△	△	△	×	○	△	○	△	△
		床	△	○	○	○	△	△	×	△	○	○	○	○
その他	浴室	壁	○	△	○	△	○	×	○	○	△	○	×	×
		床	△	○	○	○	△	×	×	△	○	○	×	×
	耐酸室	壁	○	△	×	×	△	×	○	○	△	×	×	×
		床	△	○	×	×	○	×	×	△	○	×	×	×

（注）○印は適，×印は不適，△印は検討の上，使用。

表11-2 吸水率による区分

区分	吸水率	参考：旧JIS（A5209-1994）による区分との相当関係	
Ⅰ類	3.0%以下	磁 器 質	きじがち密で吸水性がなく，叩けば金属性の清音を発する 焼成温度1,200℃以上。吸水率1.0%以下
Ⅱ類	10.0%以下	せっ器質	きじが硬く，吸水性は少ない 焼成温度1,200〜1,350℃。吸水率5.0%以下
Ⅲ類	50.0%以下	陶 器 質	きじが多孔質で吸水性があり，軽く打つと濁った音を発する 焼成温度1,000〜1,200℃。吸水率22.0%以下

うわぐすりの種類
　透　　　明　釉：地肌の透けて見えるもの，つやあり。
　ブライト　釉：つやのあるもの。
　セミマット　釉：ややつやのあるもの。
　マ　ッ　ト　釉：つやのないもの。
　結晶釉（窯変釉）：焼成の際結晶が生じる。特に窯の雰囲気により特殊な色相のできるものを窯変釉という。
　き　れ　つ　釉：焼成の際表面にきれつを生じる。
　ラスター　釉：金属酸化物の膜がコーティングされていて光沢がある。

表11-3 成形方法および吸水率による分類

成形方法	吸水率		
	Ⅰ類	Ⅱ類	Ⅲ類
押出し成形（A）	AⅠ	AⅡ	AⅢ
プレス成形（B）	BⅠ	BⅡ	BⅢ

　タイルには，平物と役物とがあり特に外壁タイルでは，建物のコーナー，建具回りなどで役物が多く使用されるため，役物の形状ごとに数量を拾い分けて算出する必要がある。
　タイル張り工法は，内部，外部のほかに，タイルの大きさなどにより図11-1に示す工法があり仕様書により規定された工法による。

11-2　内訳書の書式

「タイル」の主な細目は，次のようになる。
　床タイル張り　　　　○m²
　外壁タイル張り　　　〃
　役物タイル張り　　　○m
　内壁タイル張り　　　○m²
　　計
なお，平物タイルと役物タイルとの面積の重複に注意する。

11-3　張付けモルタル

　タイル張りに用いる張付けモルタルの材料は表11-4による。また，張付けモルタルの調合および塗厚はタイルの大きさ，施工部位，タイル張り工法により異なるのでそれぞれ表11-5，11-6による。
　モルタルに混入する混和剤は，一般に保水剤を用いる。保水剤はモルタルの乾燥を防ぎ，作業

性を向上させる利点をもっている。

しかし，混入量を誤ると，モルタルの流動性が著しく増し，だれを起こして作業が困難になる恐れがあるので注意を要する。なお，混入量は季節によって異なるが，セメント質量に対して0.2～0.05°/wt であるが，0.2°/wt 以上混入するとかえって作業性が悪くなる。また，粉体の保水剤を使用する場合は，入念に空練りして用いる。

目地モルタルの調合は「セメント1：砂1」が標準であるが，目地幅が 3mm 以下は純セメント（色調により白セメント）とする。色調により色砂を用いる。

表 11-4 張付けモルタルの材料

セメント	JIS R 5210 に適合する普通ポルトランドセメント	
砂	通常は川砂であり，最大粒径は使用状況に応じて異なる。その他に寒水砂，けい砂	
混和剤	メチルセルロース系混和剤（保水剤）	作業性・保水性を改善するために使用する
	その他の混和剤	接着性の向上をねらったものがある（JIS A 6203 等）

（注）張付けモルタルに既調合のタイルモルタルを用いる場合がある。

表 11-5 モルタルの調合（容積比）

施工箇所		材料		セメント	白色セメント	細骨材	混和剤	摘要
張付け用	壁	密着張り		1	—	1～2	適量	粒度調整されたもの
		改良積上げ張り	屋外	1	—	2～3	適量	
			屋内	1	—	4～5	適量	
		改良圧着張り		1	—	2～2.5	適量	
		ユニットタイル	屋外	1	—	0.5～1	適量	粒度調整されたもの 目地の色に応じてセメントの種類を定める
			屋内		1	0.5～1	適量	
	床	ユニットタイル		1	—	0.5～1	適量	粒度調整されたもの
		その他のタイル		1	—	1～2	適量	粒度調整されたもの
化粧目地用	3mm を超えるもの			1		0.5～1.5	適量	目地の色に応じてセメントの種類を定める
	3mm 以下のもの		屋外		1	0.5～1	適量	
			屋内		1	0.5	適量	

（注）1. 混和剤の使用量は，セメント質量の 5%（全固形分換算）程度とする。
　　　2. 張付けモルタルには，必要に応じて保水剤を使用する。ただし，保水剤は所定の使用量を超えないように注意する。

表11-6 モルタルによるタイル張り工法と塗厚等

タイルの種別	タイルの大きさ	工法	張付けモルタル 塗厚（総厚）(mm)	摘要
内装タイル	—	改良積上げ張り	13〜18	1枚ずつ張り付ける
外装タイル	小口以上 二丁掛け以下	密着張り	5〜8	1枚ずつ張り付ける
		改良積上げ張り	4〜7	
		改良圧着張り	下地側 4〜6 タイル側 3〜4	
内装タイル以外のユニットタイル	25mm角を超え小口未満	マスク張り	3〜4	ユニットごとに張り付ける
	小口未満	モザイクタイル張り	3〜5	

11-4 タイル張り工法

タイル張り工法には，従来からの積上げ張りのほかに密着張り，改良積上げ張り，改良圧着張りなどがあるが，それぞれに長所，短所があり，また，タイルの種類によっても工法が異なるので，積算に当たっては工法を十分理解しておかなければならない。図11-1，11-2にタイルの施工箇所別による一般的な工法を示す。

図11-1 床タイル張り工法の区分

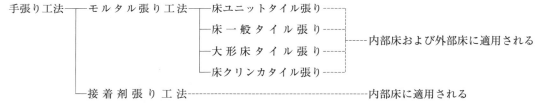

11 タ イ ル

図 11-2 壁タイル張り工法の区分

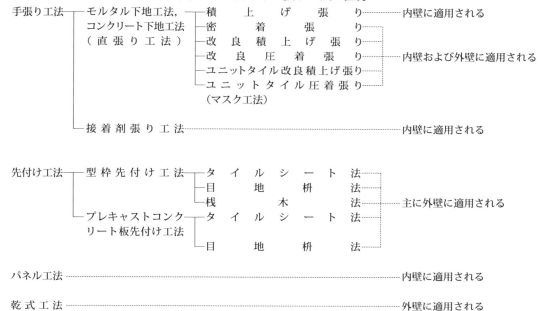

なお，図 11-2 において，型枠先付け工法の各種類についての適用タイルは，以下のとおりとする。

表 11-7 型枠先付け工法

種類	適用タイル
タイルシート法	小口タイル，二丁掛けタイル
目地桝法	
桟木法	大形タイル

11-5 算　出　例

歩掛に基づく標準的な工法による単価とする。

〔算出例 11-1〕　床タイル（一般床タイル張り）(1)

I類 100mm角					1m² 当たり		11,200 円
名　称	規　格	単位	数量	単　価	金　額	単価根拠	備　考
床 タ イ ル	100mm角　無釉	枚	102	31.57	3,220.14		
セ メ ン ト		kg	3.0	21.60	64.80		
細 骨 材	砂	m³	0.004	4,550.00	18.20		
タ イ ル 工		人	0.22	21,200.00	4,664.00		
普 通 作 業 員		〃	0.09	19,800.00	1,782.00		
そ の 他		一式			1,462.37	9,749.14×0.15	(材+労)×15%
計					11,211.51		

（注）　タイルの寸法は，目地を含むモジュール寸法とする。

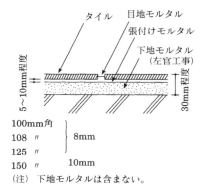

100mm角
108 〃　　8mm
125 〃
150 〃　　10mm

（注）　下地モルタルは含まない。

①あらかじめ施工された下地をよく清掃し，適度の水しめしを行う。
②張付けモルタル厚 5～10mm 程度を塗った上に通りよくタイルを張り付ける。
③タイルをモルタルが目地より盛り上がる程度に軽くたたき，圧着して張り上げる。
④24 時間ほど経過後，軟練りの目地モルタルを塗り込む。
⑤目地ごてで目地押えをする。

〔算出例 11-2〕　床タイル（一般床タイル張り）(2)

I類 150mm角					1m² 当たり		14,100 円
名　称	規　格	単位	数量	単　価	金　額	単価根拠	備　考
床 タ イ ル	150mm角　無釉	枚	45	98.22	4,419.90		
セ メ ン ト		kg	2.6	21.60	56.16		
細 骨 材	砂	m³	0.004	4,550.00	18.20		
タ イ ル 工		人	0.19	21,200.00	4,028.00		
普 通 作 業 員		〃	0.19	19,800.00	3,762.00		
そ の 他		一式			1,842.64	12,284.26×0.15	(材+労)×15%
計					14,126.90		

（注）　タイルの寸法は，目地を含むモジュール寸法とする。

〔算出例 11-3〕 床タイル（階段用タイル張り）(1)

Ⅰ類 100mm 角						1m 当たり		3,440 円
名　　称	規　　格	単位	数量	単　価	金　額	単価根拠	備　考	
床　タ　イ　ル	階段用	枚	10	90.30	903.00			
セ　メ　ン　ト		kg	0.2	21.60	4.32			
細　骨　材	砂	m³	0.0004	4,550.00	1.82			
タ　イ　ル　工		人	0.075	21,200.00	1,590.00			
普　通　作　業　員		〃	0.025	19,800.00	495.00			
そ　の　他		一式			449.12	2,994.14×0.15	（材＋労）×15%	
計					3,443.26			

（注）タイルの寸法は，面地を含むモジュール寸法とする。

① 下地モルタル面を入念に清掃し，適度の水しめしを行う。
② 張付け用モルタル厚 10mm 程度を敷き均しながら目地割りに従ってタイルを張り付ける。

〔算出例 11-4〕 床タイル（階段用タイル張り）(2)

Ⅰ類 150mm 角						1m 当たり		4,780 円
名　　称	規　　格	単位	数量	単　価	金　額	単価根拠	備　考	
床　タ　イ　ル	階段用	枚	7	294.29	2,060.03			
セ　メ　ン　ト		kg	0.3	21.60	6.48			
細　骨　材	砂	m³	0.0004	4,550.00	1.82			
タ　イ　ル　工		人	0.075	21,200.00	1,590.00			
普　通　作　業　員		〃	0.025	19,800.00	495.00			
そ　の　他		一式			623.00	4,153.33×0.15	（材＋労）×15%	
計					4,776.33			

（注） 1. タイルの寸法は，面地を含むモジュール寸法とする。
　　　 2. 階段用タイルは段鼻または垂付き段鼻とする。

〔算出例 11-5〕 内装壁タイル（改良積上げ張り）

Ⅲ類 100mm 角						1m² 当たり	10,200 円
名　　称	規　格	単位	数量	単価	金額	単価根拠	備　考
内装タイル	施釉	枚	102	17.43	1,777.86		
セメント		kg	5.8	21.60	125.28		
細骨材	砂	m³	0.019	4,550.00	86.45		
タイル工		人	0.25	21,200.00	5,300.00		
普通作業員		〃	0.08	19,800.00	1,584.00		
そ の 他		一式			1,331.04	8,873.59×0.15	（材＋労）×15%
計					10,204.63		

（注）タイルの寸法は，目地を含むモジュール寸法とする。

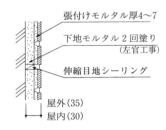

① 下地モルタル面を入念に清掃し，適度の水しめしを行う。
② タイルの裏側に必要な量の張付けモルタルを乗せ，下地面に押し付けるように張る。
③ 24 時間ほど経過後，軟練りの目地モルタルを塗り込む。

〔算出例 11-6〕 内装壁タイル（ユニットタイル　有機系接着剤による接着剤張り）

Ⅲ類 100mm 角						1m² 当たり	7,960 円
名　　称	規　格	単位	数量	単価	金額	単価根拠	備　考
内装ユニットタイル	施釉	シート	11.5	181.80	2,090.70		
有機系接着剤	タイプⅠ	kg	0.8	25.00	20.00		
白セメント		〃	0.12	58.00	6.96		
タイル工		人	0.18	21,200.00	3,816.00		
普通作業員		〃	0.05	19,800.00	990.00		
そ の 他		一式			1,038.55	6,923.66×0.15	（材＋労）×15%
計					7,962.21		

（注）1．タイルの寸法は，目地を含むモジュール寸法とする。
　　　2．内装ユニットタイルの 1 シート寸法は，300×300mm とする。
　　　3．有機系接着剤は，タイプⅠまたはタイプⅡとする。

11 タイル

〔算出例 11-7〕 外装壁タイル（密着張り）

一般（二丁掛，平）							1m² 当たり	11,700 円
名　　称	規　格	単位	数量	単　価	金　額	単 価 根 拠	備　考
外 装 タ イ ル	施釉	枚	67	47.46	3,179.82		
セ メ ン ト		kg	5.7	21.60	123.12		
細 骨 材	砂	m³	0.008	4,550.00	36.40		
タ イ ル 工		人	0.24	21,200.00	5,088.00		
普 通 作 業 員		〃	0.09	19,800.00	1,782.00		
そ の 他		一式			1,531.40	10,209.34×0.15	（材＋労）×15％
計					11,740.74		

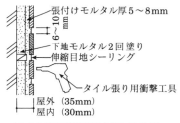

（タイル張り用振動機を用いる工法）

① 下地モルタル面を入念に清掃し，適度の水しめしを行う。
② あらかじめ調整した下地に張付けモルタルを塗り，タイルを押し付けた上から専用の衝撃工具でタイル面に衝撃を加えながら張り付ける。
③ 目地部分に盛り上がってくるモルタルを目地ごてで押さえ，目地も同時に仕上げる。
④ 24 時間ほど経過後，軟練りの目地モルタルを塗り込む。

〔算出例 11-8〕 外装壁タイル（改良積上げ張り）

一般（二丁掛，平）							1m² 当たり	13,400 円
名　　称	規　格	単位	数量	単　価	金　額	単 価 根 拠	備　考
外 装 タ イ ル	施釉	枚	67	47.46	3,179.82		
セ メ ン ト		kg	5.0	21.60	108.00		
細 骨 材	砂	m³	0.009	4,550.00	40.95		
タ イ ル 工		人	0.29	21,200.00	6,148.00		
普 通 作 業 員		〃	0.11	19,800.00	2,178.00		
そ の 他		一式			1,748.22	11,654.77×0.15	（材＋労）×15％
計					13,402.99		

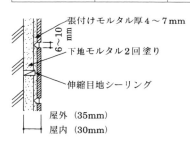

① 下地モルタル面を入念に清掃し，適度の水しめしを行う。
② 張付けモルタル厚 4〜7mm 程度を塗り付ける。
③ タイル裏面に必要な量の張付けモルタルを乗せ，先に塗ったモルタル面に押し付けるように張る。
④ 24 時間ほど経過後，軟練りの目地モルタルを塗り込む。

〔算出例 11-9〕 外装壁タイル（改良圧着張り）

一般（二丁掛，平）						1m² 当たり	12,600 円
名　　称	規　格	単位	数量	単　価	金　額	単 価 根 拠	備　　考
外装タイル	施釉	枚	67	47.46	3,179.82		
セ メ ン ト		kg	5.7	21.60	123.12		
細 骨 材	砂	m³	0.008	4,550.00	36.40		
タ イ ル 工		人	0.27	21,200.00	5,724.00		
普 通 作 業 員		〃	0.095	19,800.00	1,881.00		
そ の 他		一式			1,641.65	10,944.34×0.15	（材＋労）×15%
計					12,585.99		

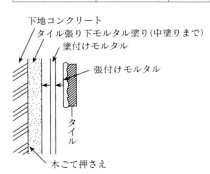

①下地モルタル面を入念に清掃し，適度の水しめしを行う。
②下地モルタル面にモルタルを 4〜6mm 程度塗り付け，タイル裏面に張付けモルタルを 3〜4mm 程度全面に乗せて平らに均したものを張り付ける。タイルの張付けは，タイル周辺からモルタルがはみ出す程度に押し付けて張り付ける。
③1 回の張付けモルタルの塗付け面積の限度は，60 分以内に張り終える面積とする。

〔算出例 11-10〕 外装壁モザイクタイル（ユニットタイル　マスク張り）（1）

一般（50角，平）						1m² 当たり	9,000 円
名　　称	規　格	単位	数量	単　価	金　額	単 価 根 拠	備　　考
モザイクユニットタイル	施釉	シート	11.5	112.17	1,289.96		
セ メ ン ト		kg	4.2	21.60	90.72		
細 骨 材	砂	m³	0.003	4,550.00	13.65		
タ イ ル 工		人	0.21	21,200.00	4,452.00		
普 通 作 業 員		〃	0.1	19,800.00	1,980.00		
そ の 他		一式			1,173.95	7,826.33×0.15	（材＋労）×15%
計					9,000.28		

（注）　モザイクユニットタイルの 1 シート寸法は，300×300mm とする。

11 タ イ ル

〔算出例 11-11〕 外装壁モザイクタイル（ユニットタイル マスク張り）(2)

一般（50 二丁，平）						1m² 当たり		8,920 円
名　　称	規　格	単位	数量	単　価	金　額	単価根拠	備　　考	
モザイクユニットタイル	施釉	シート	11.5	106.09	1,220.04			
セ メ ン ト		kg	4.1	21.60	88.56			
細 骨 材	砂	m³	0.003	4,550.00	13.65			
タ イ ル 工		人	0.21	21,200.00	4,452.00			
普 通 作 業 員		〃	0.1	19,800.00	1,980.00			
そ の 他		一式			1,163.14	7,754.25×0.15	（材＋労）×15%	
計					8,917.39			

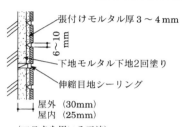

（マスクを用いる工法）
ユニットタイル改良積上げ張り

① 下地モルタル面を入念に清掃し，適度の水しめしを行う。
② 紙張りされたモザイクタイル等の裏面に所定のマスク（目地部分を残して穴あけされたもの）をかぶせて張付けモルタルを塗り付け，下地面にたたき板等を用いて張る。
③ 24 時間ほど経過後，軟練りの目地モルタルを塗り込む。

〔算出例 11-12〕 外装壁タイル（改良積上げ張り）

特殊（二丁掛屏風曲り）						1m 当たり		4,670 円
名　　称	規　格	単位	数量	単　価	金　額	単価根拠	備　　考	
外 装 タ イ ル	施釉	枚	4.5	230.00	1,035.00			
セ メ ン ト		kg	0.55	21.60	11.88			
細 骨 材	砂	m³	0.0009	4,550.00	4.10			
タ イ ル 工		人	0.125	21,200.00	2,650.00			
普 通 作 業 員		〃	0.018	19,800.00	356.40			
そ の 他		一式			608.61	4,057.38×0.15	（材＋労）×15%	
計					4,665.99			

12 木　　工

12-1　概　　説

　木工については，従来，材料費，労務費，くぎ金物費，運搬費等に区分し，さらに，材料費を構造材，造作材等の用途別に分類した上で，木材の等級別の単価を採用してきた。近年，鉄筋コンクリート造建築物が多くなり，また内部造作に木材を使用することが少なくなっていることから，部位別の材工単価で積算するケースが多くなってきた。しかし，木造住宅等木材を多く使用する建築物は，従来からの区分で積算しているようである。両方の積算手法とも基本的な考え方は同じで，鉄筋コンクリート造の内部造作用としての木材は，その種類も少なく，木材の断面寸法も統一され大差がない。従って，あらかじめ材工共の単価を作成し，部位ごとに値段を入れる作業の方が積算の手間が省けて合理的で分かりやすいので，本章では部位別の積算方法によることにした。

　なお，この方法は使用する材料により，材料単価はもとより，労務歩掛も異なるので，『公共建築工事標準仕様書』を参考に標準的な木材の材質，代用樹種としての輸入木材，くぎおよび金物，防腐処理の仕様を示すことにする。

❶　木　材　の　品　質

　①　構造材および下地材の品質の基準は，下記以外は「製材の日本農林規格」の「目視等級区分構造用製材の規格」および「下地用製材の規格」による2級とする。

　　ⓐ　化粧の場合，和室の柱の見え掛りは，「製材の日本農林規格」の「造作用製材の規格」による上小節とし，心持ち材は背割りを行ったものとする。

　　ⓑ　小屋材およびつり木受けに丸太を使用する場合は，「素材の日本農林規格」による2等とする。

　②　造作材の品質の基準は，表12-1により，特記がなければA種とする。

表12-1　造作材の品質の基準

使　用　箇　所	部　材　名　称	A　　種	B　　種
生地のままたは透明塗料塗りの場合	枠，額縁，敷居，鴨居，かまちの類	上小節 （ただし，見え掛け面）	小　　節
	押入，戸棚等の内面造作の類	小　　節	小　　節
不透明塗料塗りの場合		小　　節	小　　節

（注）　上小節および小節の品質基準は，「製材の日本農林規格」第4条「造作用製材の規格」2項に定める品質基準による。

❷　代　用　樹　種

　木材の樹種を代用樹種とする場合は，表12-2による。

表 12-2　代用樹種

区　分	樹種	代　用　樹　種
下地材 　壁・天井下地， 　畳下・下張り用床板等	杉，松	米つが，米もみ，えぞ松，とど松，北洋えぞ松，ひのき，ひば，米ひ，米ひば，から松，米松
造作材	杉 松 ひのき	米つが，スプルース，米もみ，えぞ松，とど松，ひば，米ひば，米つが，から松，米松

❸　輸入木材の定義
- 米　　ひ：グランドサイプレス類のポート・オーフォード・シダー
- 米　ひば：グランドサイプレス類のイエロー・シダー，アラスカ・シダー
- 米　つが：ヘムロック類のウエスターン・ヘムロック
- 米　も み：ファー類のノーブル・ファー，ホワイト・ファー，バルサム・ファー，アマビルス・ファー
- 米　　松：フォールスヘムロック類のダグラス・ファー

❹　くぎ等および諸金物
① 構造材および下地材のくぎは，JIS A 5508（くぎ）による。また，木ねじは，JIS B 1135（すりわり付き木ねじ）による。
② くぎの長さは，原則として打ち付ける板厚の 2.5 倍以上とする。
③ 造作材のくぎ打ちは下記により，等間隔に打つ。
　ⓐ 下地材または木れんがと交差するごと
　ⓑ 下地材に平行するものは，両端を押さえて間隔 300～450mm
　ⓒ 幅の広いものは，両耳およびその中間に間隔 100mm 程度
④ 造作材の化粧面のくぎ頭の処理は，隠しくぎを原則とし，材料に相応した工法とする。
⑤ さか目くぎ（スクリューくぎを含む）は，呼び径 5.0mm，長さ 50mm 程度とする。
⑥ 諸金物の形状および寸法は，**表 12-3～12-5** に示す市販品とする。

表 12-3　かすがい　　　　　　　　　　　　　　　　　　　　　　　　　　　　　　　　（mm）

種類	形状	寸法			摘要
		断面	働き長さ	つめ長さ	
60 かすがい	平	9×1.6	60	20	窓，出入口用枠
75 かすがい	平	11×2	75	20	
90 かすがい	丸，丸手違い	径6	90	35	―
120 かすがい	丸，丸手違い	径9	120	40	

表 12-4　座金　　　　　　　　　　　　　　　　　　　　　　　　　　　　　　　　　（mm）

ねじの呼び	M8	M10	M12
厚　　　　さ	3.2	3.2	3.2
角座金の一辺	25	30	35
丸座金の径	30	35	40

表 12-5　箱金物および短冊金物　　　　　　　　　　　　　　　　　　　　　（mm）

名　称	寸　法	
	厚　さ	幅
箱金物および短冊金物	4.5	45

⑦　諸金物は，必要に応じて木部に彫込みとし，表面より沈める。
⑧　諸金物は，コンクリート埋込み部以外は『公共建築工事標準仕様書』14章金属工事 表14.2.2鉄鋼の亜鉛めっきの種別のF種程度の亜鉛めっきを施す。
⑨　土台，つり木受けその他の取付けに使用するアンカーボルトは，あらかじめコンクリートに打ち込むか，またはあと施工アンカーとする。

❺ 防 腐 処 理
①　防腐剤は，人体への安全性および環境に配慮した表面処理用防腐剤とする。
②　防腐剤の塗り回数は，2回とする。
③　防腐処理は，下記の部分に行う。ただし，保存処理木材，ほかの塗装を行う部分，仕上げに支障となる部分および接着剤を使用する部分を除く。
　ⓐ　鉄筋コンクリート造，組積造等の最下階等における床束，大引受けおよび根太掛けの各部材で，コンクリート，ブロックの類に接する部分。
　ⓑ　土間スラブの類およびその周辺のコンクリートに接する土台，転ばし大引きおよび転ばし根太等の各部材の全面。

12-2　木工の範囲

　建築の仕上げにはいろいろな木材が使用されている。例えば，和室の床組，床板張り等現場で加工し，取り付けるものから，工場で加工し，塗装を施し現場にはボルト等で取り付けるだけの家具類や棚まであり，このうちどこまでを木工に分類するか扱いに困る場合がある。ここでは，造付けのカウンター，家具類，棚等は仕上ユニットとして扱い，単板の練付け等の比較的薄い材料で高価なものについては，内外装，その他は木工として扱うのが一般的なようである。しかし，建物によっては，黒板は仕上ユニット，その枠は木工事として扱うこともあり，設計図書によって異なる場合もあるので，その分類は状況に応じて扱うことになる。
　ここでは一般的な木工についての単価の算出法を示すが，歩掛の詳細は『工事歩掛要覧〈建築・設備編〉』を参照されたい。

12-3 算　出　例

〔算出例 12-1〕　床：たたみ下地（1）

床板厚さ 12mm　根太 55×90						1m² 当たり		4,640 円
名　称	規　格	単位	数量	単　価	金　額	単価根拠	備　考	
床　　板	たたみ下地板	m³	0.013	54,000.00	702.00			
木　　材	根太	〃	0.012	46,000.00	552.00			
く　　ぎ		kg	0.04	163.00	6.52			
金　　物		〃	0.17	195.00	33.15			
大　　工		人	0.1	23,900.00	2,390.00			
普通作業員	手元	〃	0.02	19,800.00	396.00			
そ の 他		一式			557.20	2,786.00×0.2	（労）×20%	
計					4,636.87			

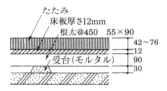

〔算出例 12-2〕　床：たたみ下地（2）

床板厚さ 12mm　根太 45×55　大引 105×105/2						1m² 当たり		4,980 円
名　称	規　格	単位	数量	単　価	金　額	単価根拠	備　考	
床　　板	たたみ下地板	m³	0.013	54,000.00	702.00			
木　　材	根太	〃	0.006	46,000.00	276.00			
〃	大引	〃	0.007	46,000.00	322.00			
く　　ぎ		kg	0.08	163.00	13.04			
金　　物		〃	0.17	195.00	33.15			
大　　工		人	0.11	23,900.00	2,629.00			
普通作業員	手元	〃	0.02	19,800.00	396.00			
そ の 他		一式			605.00	3,025.00×0.2	（労）×20%	
計					4,976.19			

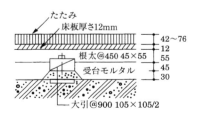

〔算出例 12-3〕　床：たたみ下地 (3)

床板厚さ12mm　根太45×55　大引90×90 根がらみ15×105　床束90×90						1m² 当たり		5,950 円
名　　称	規　格	単位	数量	単　価	金　額	単価根拠	備　考	
床　　板		m³	0.013	54,000.00	702.00			
木　　材	根太	〃	0.006	46,000.00	276.00			
〃	大引	〃	0.01	46,000.00	460.00			
〃	根搦み	〃	0.004	51,000.00	204.00			
〃	床束	〃	0.001	46,000.00	46.00			
く　　ぎ		kg	0.1	163.00	16.30			
金　　物		〃	0.2	195.00	39.00			
大　　工		人	0.13	23,900.00	3,107.00			
普通作業員		〃	0.02	19,800.00	396.00			
そ　の　他		一式			700.60	3,503.00×0.2	(労)×20%	
計					5,946.90			

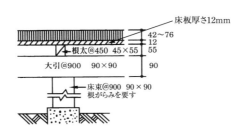

〔算出例 12-4〕　床：床板張り下地

フローリング厚さ15mm　根太45×55　大引105×105/2						1m² 当たり		9,430 円
名　　称	規　格	単位	数量	単　価	金　額	単価根拠	備　考	
床　　板	フローリング	m²	1.1	1,790.00	1,969.00			
木　　材	根太	m³	0.007	46,000.00	322.00			
〃	大引	〃	0.007	46,000.00	322.00			
く　　ぎ		kg	0.07	163.00	11.41			
金　　物		〃	0.13	195.00	25.35			
大　　工		人	0.22	23,900.00	5,258.00			
普通作業員		〃	0.02	19,800.00	396.00			
そ　の　他		一式			1,130.80	5,654.00×0.2	(労)×20%	
計					9,434.56			

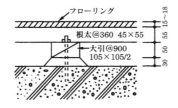

〔算出例 12-5〕 床：たたみ寄せ

					1m 当たり		2,760 円
名　　称	規　格	単位	数量	単　価	金　額	単価根拠	備　考
木　　材	杉上小節	m³	0.0015	150,000.00	225.00		
く　　ぎ		kg	0.02	163.00	3.26		
大　　工		人	0.08	23,900.00	1,912.00		
普通作業員		〃	0.01	19,800.00	198.00		
そ の 他		一式			422.00	2,110.00×0.2	(労)×20%
計					2,760.26		

〔算出例 12-6〕 壁：間仕切軸組

土台・柱 105×105　間柱・頭つなぎ 105×105/2					1m² 当たり		3,910 円
名　　称	規　格	単位	数量	単　価	金　額	単価根拠	備　考
木　　材	杉1等	m³	0.023	46,000.00	1,058.00		
く　　ぎ		kg	0.05	163.00	8.15		
金　　物		〃	0.11	195.00	21.45		
大　　工		人	0.09	23,900.00	2,151.00		
普通作業員		〃	0.01	19,800.00	198.00		
そ の 他		一式			469.80	2,349.00×0.2	(労)×20%
計					3,906.40		

〔算出例 12-7〕 壁：胴縁

各種板・ボード類の下地（コンクリート面）					1m² 当たり		2,740 円
名　　称	規　格	単位	数量	単　価	金　額	単価根拠	備　考
木　　材	杉1等	m³	0.0064	46,000.00	294.40		
く　　ぎ		kg	0.055	163.00	8.97		
大　　工		人	0.08	23,900.00	1,912.00		
普通作業員		〃	0.006	19,800.00	118.80		
そ の 他		一式			406.16	2,030.80×0.2	(労)×20%
計					2,740.33		

〔算出例 12-8〕 壁：合板張り

胴縁・笠木・幅木含まず					1m² 当たり		2,390 円
名　　称	規　格	単位	数量	単　価	金　額	単価根拠	備　考
合　　板	耐水(タイプⅡ) 厚さ 5.5mm	m²	1.1	470.96	518.06	780 円/ (1.82×0.91)	
く　　ぎ		kg	0.03	163.00	4.89		
大　　工		人	0.06	23,900.00	1,434.00		
普通作業員		〃	0.006	19,800.00	118.80		
そ の 他		一式			310.56	1,552.80×0.2	(労)×20%
計					2,386.31		

〔算出例 12-9〕 壁：幅木

						1m 当たり		2,410 円
名　　称	規　　格	単位	数量	単　価	金　額	単価根拠	備　考	
木　　材	杉上小節	m³	0.0025	150,000.00	375.00			
く　　ぎ		kg	0.02	163.00	3.26			
大　　工		人	0.065	23,900.00	1,553.50			
普通作業員		〃	0.007	19,800.00	138.60			
そ の 他		一式			338.42	1,692.10×0.2	(労)×20%	
計					2,408.78			

〔算出例 12-10〕 壁：出入口枠（片開き）

W900×H2,000mm 程度の建具用（欄間，額縁なし） 枠材の寸法は，105×45 程度						1か所当たり		27,400 円
名　　称	規　　格	単位	数量	単　価	金　額	単価根拠	備　考	
木　　材	杉上小節	m³	0.032	150,000.00	4,800.00			
く　　ぎ		kg	0.34	163.00	55.42			
金　　物		〃	0.45	195.00	87.75			
大　　工		人	0.7	23,900.00	16,730.00			
普通作業員		〃	0.1	19,800.00	1,980.00			
そ の 他		一式			3,742.00	18,710.00×0.2	(労)×20%	
計					27,395.17			

〔算出例 12-11〕 壁：出入口枠（両開き）

W1,650×H2,000mm 程度の建具用（欄間，額縁なし） 枠材の寸法は，105×45 程度						1か所当たり		32,200 円
名　　称	規　　格	単位	数量	単　価	金　額	単価根拠	備　考	
木　　材	杉上小節	m³	0.037	150,000.00	5,550.00			
く　　ぎ		kg	0.42	163.00	68.46			
金　　物		〃	0.5	195.00	97.50			
大　　工		人	0.8	23,900.00	19,120.00			
普通作業員		〃	0.15	19,800.00	2,970.00			
そ の 他		一式			4,418.00	22,090.00×0.2	(労)×20%	
計					32,223.96			

〔算出例 12-12〕 壁：額縁（片面）

部材寸法は，100×30 程度						1m 当たり		1,840 円
名　　称	規　　格	単位	数量	単　価	金　額	単価根拠	備　考	
木　　材	杉上小節	m³	0.003	150,000.00	450.00			
く　　ぎ		kg	0.017	163.00	2.77			
大　　工		人	0.04	23,900.00	956.00			
普通作業員		〃	0.01	19,800.00	198.00			
そ の 他		一式			230.80	1,154.00×0.2	(労)×20%	
計					1,837.57			

〔算出例 12-13〕　壁：敷居・鴨居の類

						1m 当たり	4,890 円
名　称	規　格	単位	数量	単　価	金　額	単価根拠	備　考
木　　材	杉上小節	m³	0.0042	150,000.00	630.00		
く　ぎ		kg	0.015	163.00	2.45		
大　工		人	0.14	23,900.00	3,346.00		
普通作業員		〃	0.01	19,800.00	198.00		
そ の 他		一式			708.80	3,544.00×0.2	（労）×20%
計					4,885.25		

（注）　ひのき上小節 5,560 円/m²

〔算出例 12-14〕　壁：付鴨居

						1m 当たり	2,730 円
名　称	規　格	単位	数量	単　価	金　額	単価根拠	備　考
木　　材	杉上小節	m³	0.0013	150,000.00	195.00		
く　ぎ		kg	0.02	163.00	3.26		
大　工		人	0.08	23,900.00	1,912.00		
普通作業員		〃	0.01	19,800.00	198.00		
そ の 他		一式			422.00	2,110.00×0.2	（労）×20%
計					2,730.26		

〔算出例 12-15〕　雑：押入（1,800mm 天袋付）

根太掛 90×90/2　根太 45×45-@360　雑巾摺 20×15 合板厚さ 5.5mm　2 類						1 か所当たり	43,600 円
名　称	規　格	単位	数量	単　価	金　額	単価根拠	備　考
木　　材		m³	0.0896	46,000.00	4,121.60		
合　板	耐水（タイプⅡ）厚さ 5.5mm	m²	4.9	470.96	2,307.70	780 円/（1.82×0.91）	
く　ぎ		kg	0.18	163.00	29.34		
金　物		〃	0.28	195.00	54.60		
大　工		人	1.11	23,900.00	26,529.00		
普通作業員		〃	0.22	19,800.00	4,356.00		
そ の 他		一式			6,177.00	30,885.00×0.2	（労）×20%
計					43,575.24		

13　屋根およびとい

13-1　概　　説

　屋根材は，木造，鉄骨造建物の屋根面に葺く仕上材であり，建物の用途により瓦葺き，金属板葺き，合成樹脂板葺きなどさまざまな材料が用いられる。また，屋根形状も片流れや切妻などの標準的な形状から大屋根や曲面など特殊な形状があり，建物により異なる。

　本章では，標準的な亜鉛鉄板葺き，折板葺きや瓦葺きなどを対象としており，アルミやステンレスなどの材質または特殊形状による屋根はその都度メーカーから見積りを徴収し，内容等を検討する必要がある。

　建物に使用されるといは，特殊な場合を除き，配管用炭素鋼鋼管（白管）や硬質塩化ビニル管が一般的に用いられる。

　といは，外どい，内どい形式があり，外どいでは塗装，内どいでは施工箇所ごとの仕様に基づく防露巻きが必要になる。

13-2　内訳書の書式

「屋根およびとい」の細目は，次のようになる。

瓦葺き	種別，形状，寸法，工法	○m²
合成樹脂板葺き	〃	〃
屋根金属板葺き	材質，厚さ，工法	〃
役　物	棟押え，けらば，軒先等	○m
ルーフドレン	径，形式	○か所
と　い	材質，径	○m
とい防露巻き	径，施工箇所	〃
計		

❶　屋　根　下　地

　金属板葺きの下地に用いる木毛板敷きは，鉄骨造建物などの屋根断熱材用としてアスファルトルーフィング敷きと合わせて用いる。木毛板敷きには，母屋に対して直角の継ぎ目押えとして，H型ジョイナーを加算する。

❷　瓦葺き・合成樹脂板葺き

　代表的なものに，日本瓦，西洋瓦，樹脂板等がある。種別，形状，寸法，工法等ごとに分類して計上する。

表13-1 洋瓦，和瓦葺き
(1m² 当たり)

名 称	規 格	平瓦(枚)	その他瓦(一式)	くぎ(kg)	針金(kg)	葺き土(m³)	大工(人)	普通作業員(人)	その他
洋瓦葺き	フランス形	15	平瓦×15	0.025	—	0.015	0.05	0.06	一式
〃	S 形	18	〃	0.025	0.035	0.015	0.08	0.06	〃
〃	スペイン・イタリア形	30	〃	0.025	0.04	0.015	0.1	0.12	〃
和瓦葺き	56 枚形	18	—	0.015	0.06	0.02	0.1	0.06	〃

（注） 1. 普通作業員の労務数量は平屋建ての場合であり，2階建ての場合は50％増しとする。
2. 和瓦葺きで必要がある場合は，その他を区別して計上する。
3. 必要に応じ，面戸しっくい塗りを計上する（面戸しっくい塗り（1m 当たり）しっくい 0.003m³，左官 0.028 人，普通作業員 0.014 人，その他一式）。

表13-2 粘土瓦の規格（JIS A 5208）

形状による区分	寸法による区分	寸法（mm）				許容差	谷の深さ（山の高さ）	参考 3.3m² 当たりの葺き枚数（概数）
		長さ A	幅 B	働き寸法 長さ a	働き寸法 幅 b			
J 形	49A	315	315	245	275	±4	35 以上	49
	49B	325	315	250	265		〃	〃
	53A	305	305	235	265		〃	53
	53B	295	315	225	275		〃	〃
	56	295	295	225	255		30 以上	57
	60	290	290	220	250		〃	60
S 形	49A	310	310	260	260		50 以上	49
	49B	335	290	270	250		40 以上	〃
F 形	40	350	345	280	305		(35 以下)	40

備考 1. J形は，働き長さが表13-2の寸法より20mm小さいもの（深切瓦）も認める。また，働き幅が表13-2の寸法より30mm小さいもの（調整瓦）も認める。
2. S形49Aは，長さ320mmも認める。

表13-3 屋根合成樹脂波板葺き
(1m² 当たり)

名 称	規 格	材料(枚)	フックボルト(本)	板金工(人)	普通作業員(人)	その他	摘 要
塩化ビニル	大波 960×1,820mm	0.68	6.0	0.06	0.01	一式	
〃	小波 720×1,820mm	0.83	6.0	0.06	0.01	〃	

（注） 1. 上表は鉄骨下地の場合を示す。
2. フックボルトは $\phi 6$, $l=120$mm 程度とする。
3. 木造下地の場合，フックボルトをくぎに変えそれぞれ大波2.4本，小波4本とする。

❸ 屋根金属板葺き

亜鉛鉄板葺きには，コイル状の鉄板を用いる長尺亜鉛鉄板瓦棒葺きと，定寸の亜鉛鉄板による瓦棒葺きがあり，それぞれ鉄骨面と木造下地に区分される。長尺金属板瓦棒葺きの場合は真木なしであるが，定寸の亜鉛鉄板では，木の真木（木工）も必要とする。

鉄骨面の長尺亜鉛鉄板瓦棒葺きの瓦棒の間隔は420mm，通し吊り子であり，部分吊り子の場合，若干の補正が必要である。

折板の材質は、カラー鉄板、塩ビ鋼板などがあり、山高も 60〜170mm 程度の種類がある。折板の取付けには専用のタイトフレームが必要であり母屋の長さが数量となる。

屋根銅板平葺きは、木造建物の日本瓦葺きのすそ回りなどに使用されるが、用いる銅板の大きさによって四ツ切、三ツ切、二ツ切がある。四ツ切は、1枚（365×1,200mm）の銅板を4枚に切って 365×400mm の大きさによる平葺きとする。

❹ 役 物

金属板葺き屋根の役物は、屋根の形状により異なるが、棟押え、軒先、けらば、谷部分など形状ごとに区分する。折板ではこのほかに専用の軒先フレーム、軒先面戸、水止面戸があり別途計上する。

❺ ルーフドレン

ルーフドレンは、たて型と横引き型があり、それぞれ型式、径ごとにより区分する。また、アスファルト防水、塗膜防水などの防水仕様や屋根、バルコニー（中継用）など使用箇所によっても形状が異なる。図 13-1 にルーフドレンの分類を示す。

図 13-1　ルーフドレンの分類

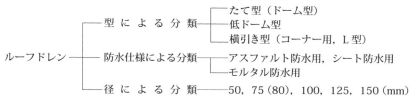

❻ と　　い

といは、軒どいとたてどいに区分する。

軒どいは、主に木造建物、鉄骨造建物に使用されることが多く、硬質塩化ビニル製や亜鉛鉄板など表面処理鋼板を加工したものが用いられる。

たてどいは、一般に硬質ポリ塩化ビニル管（JIS K 6741）、配管用炭素鋼鋼管（JIS G 3452）が用いられ、とい受金物および取付間隔は、表 13-4, 13-5 に示すといの種類、径による。

表 13-4　とい受金物

といの種類	たてどいおよび横走り管		軒どい	
とい径（mm）	100以下	100を超えるもの[注]	120以下	120を超えるもの[注]
とい受金物（mm）	市販品	25×4.5以上	市販品	25×4.5以上

（注）表面処理鋼板のみ適用する。

表13-5 とい受金物取付間隔

といの材種	配管用鋼管および硬質ポリ塩化ビニル管	表面処理鋼板および硬質塩化ビニル雨どい	
	たてどいおよび横走り管	たてどいおよび横走り管	軒どい
取付け間隔	2m程度。ただし，屋内の鋼管たてどいの場合で，階高が4.5m以下の場合は，スラブごとに受け，階高が4.5mを超える場合は，中間を4m以下の間隔で受ける	1.2m以下	1.0m (0.5m)(注) 以下

（注）（ ）は多雪地域に適用する。

❼ とい防露巻き

といを内どいとした場合，表13-6に示すといの施工箇所ごとの仕様に基づく防露巻きが必要である。

表13-6 鋼管製といの防露巻き

といの施工箇所	施工順序
一般の屋内露出部	保温筒取付け，粘着テープ張り（全ての継目），合成樹脂製カバー(注)
天井内，壁内，パイプシャフト内	保温筒取付け，粘着テープ張り（全ての継目），ビニルテープ巻き
浴室，厨房等の湿気の多い箇所	保温筒取付け，粘着テープ張り（全ての継目），アスファルトルーフィング巻きの上鉄線押え，ステンレス鋼板（SUS304，厚さ0.2mm）巻き

（注）合成樹脂製カバーは，JIS A 1322（建築用薄物材料の難燃性試験）に規定する防炎2級に合格したものとし，板厚は0.3mm以上とする。

13-3 算 出 例

〔算出例13-1〕 屋根下地（1）

ルーフィング						1m²当たり		420円
名称	規格	単位	数量	単価	金額	単価根拠	備考	
アスファルトルーフィング	940	m²	1.15	99.05	113.91	2,080円/21m²		
座付くぎ		kg	0.03	350.00	10.50			
大工		人	0.01	23,900.00	239.00			
その他		一式			54.51	363.40×0.15	（材＋労）×15%	
計					417.92			

〔算出例 13-2〕 屋根下地（2）

木毛板　　　　　　　　　　　　　　　　　　　　　　　　1m² 当たり　　2,150 円

名　称	規　格	単位	数量	単価	金額	単価根拠	備考
木毛板	910×1,820mm	枚	0.66	980.00	646.80		
Ｈ型ジョイナー		m	1.3	205.00	266.50		
大　工		人	0.04	23,900.00	956.00		
その他		一式			280.40	1,869.30×0.15	(材＋労)×15%
計					2,149.70		

〔算出例 13-3〕 洋瓦葺き（S型）

　　　　　　　　　　　　　　　　　　　　　　　　　　　1m² 当たり　　7,330 円

名　称	規　格	単位	数量	単価	金額	単価根拠	備考
平　瓦	S型	枚	18	144.00	2,592.00		
その他瓦		一式			388.80	2,592.00×0.15	平瓦の15%
くぎ		kg	0.025	720.00	18.00		
針　金	銅線	〃	0.035	950.00	33.25		
葺き土		m³	0.015	16,000.00	240.00		
大　工		人	0.08	23,900.00	1,912.00		
普通作業員		〃	0.06	19,800.00	1,188.00		
その他		一式			955.81	6,372.05×0.15	(材＋労)×15%
計					7,327.86		

〔算出例 13-4〕 和瓦葺き

　　　　　　　　　　　　　　　　　　　　　　　　　　　1m² 当たり　　6,590 円

名　称	規　格	単位	数量	単価	金額	単価根拠	備考
さん瓦	56形	枚	18	98.00	1,764.00		
くぎ		kg	0.015	720.00	10.80		
針　金	銅線	〃	0.06	950.00	57.00		
葺き土		m³	0.02	16,000.00	320.00		
大　工		人	0.1	23,900.00	2,390.00		
普通作業員		〃	0.06	19,800.00	1,188.00		
その他		一式			859.47	5,729.80×0.15	(材＋労)×15%
計					6,589.27		

〔算出例 13-5〕 屋根合成樹脂波板葺き（1）

大波　　　　　　　　　　　　　　　　　　　　　　　　　1m² 当たり　　4,330 円

名　称	規　格	単位	数量	単価	金額	単価根拠	備考
塩化ビニル	大波 960×1,820 厚さ1.5mm	枚	0.68	2,890.00	1,965.20		
フックボルト		本	6.0	7.30	43.80		
板金工		人	0.06	25,900.00	1,554.00		
普通作業員		〃	0.01	19,800.00	198.00		
その他		一式			564.15	3,761.00×0.15	(材＋労)×15%
計					4,325.15		

〔算出例 13-6〕 屋根合成樹脂波板葺き（2）

小波						1m² 当たり	3,730 円
名　　称	規　　格	単位	数量	単　価	金　額	単価根拠	備　考
塩化ビニル	小波 720×1,820 厚さ 1.0mm	枚	0.83	1,740.00	1,444.20		
フックボルト		本	6.0	7.30	43.80		
板　金　工		人	0.06	25,900.00	1,554.00		
普通作業員		〃	0.01	19,800.00	198.00		
そ　の　他		一式			486.00	3,240.00×0.15	（材＋労）×15%
計					3,726.00		

〔算出例 13-7〕 屋根長尺亜鉛鉄板瓦棒葺き

鉄骨面真木なし						1m² 当たり	5,030 円
名　　称	規　　格	単位	数量	単　価	金　額	単価根拠	備　考
亜　鉛　鉄　板	厚さ 0.4×914 mm コイル	m²	1.3	718.82	934.47	657 円/0.914m²	
キャップ吊子		一式			280.34		亜鉛鉄板の30%
ボ　ル　ト		本	9.0	18.90	170.10		
板　金　工		人	0.1	25,900.00	2,590.00		
普通作業員		〃	0.02	19,800.00	396.00		
そ　の　他		一式			655.64	4,370.91×0.15	（材＋労）×15%
計					5,026.55		

〔算出例 13-8〕 屋根亜鉛鉄板瓦棒葺き

木造下地						1m² 当たり	4,730 円
名　　称	規　　格	単位	数量	単　価	金　額	単価根拠	備　考
亜　鉛　鉄　板	厚さ 0.4×914 ×1,829mm	枚	0.97	1,270.00	1,231.90		
く　　ぎ	カラーくぎ	kg	0.03	370.00	11.10		
板　金　工		人	0.1	25,900.00	2,590.00		
普通作業員		〃	0.014	19,800.00	277.20		
そ　の　他		一式			616.53	4,110.20×0.15	（材＋労）×15%
計					4,726.73		

13 屋根およびとい

〔算出例 13-9〕 屋根亜鉛鉄板平板葺き

木造下地　　　　　　　　　　　　　　　　　　　　　　　　　1m² 当たり　　3,690 円

名　称	規　格	単位	数量	単　価	金　額	単価根拠	備　考
亜 鉛 鉄 板	厚さ 0.4×914 ×1,829mm	枚	0.73	1,270.00	927.10		
く　　　ぎ	カラーくぎ	kg	0.02	370.00	7.40		
板 金 工		人	0.08	25,900.00	2,072.00		
普 通 作 業 員		〃	0.01	19,800.00	198.00		
そ の 他		一式			480.68	3,204.50×0.15	(材＋労)×15%
計					3,685.18		

〔算出例 13-10〕 棟包，けらば，水切

　　　　　　　　　　　　　　　　　　　　　　　　　　　　　1m 当たり　　1,640 円

名　称	規　格	単位	数量	単　価	金　額	単価根拠	備　考
亜 鉛 鉄 板	厚さ 0.4×914 ×1,829mm	枚	0.1	1,270.00	127.00		
板 金 工		人	0.05	25,900.00	1,295.00		
そ の 他		一式			213.30	1,422.00×0.15	(材＋労)×15%
計					1,635.30		

〔算出例 13-11〕 屋根銅板平葺き

四ツ切　こはぜ幅15mm　　　　　　　　　　　　　　　　　　1m² 当たり　　14,200 円

名　称	規　格	単位	数量	単　価	金　額	単価根拠	備　考
銅　　板	厚さ 0.4×365 ×300mm	枚	3.17	1,177.80	3,733.63	(730+25) ×1.56kg	
真 鍮 く ぎ		kg	0.02	660.00	13.20		
板 金 工		人	0.3	25,900.00	7,770.00		
普 通 作 業 員		〃	0.04	19,800.00	792.00		
そ の 他		一式			1,846.32	12,308.83×0.15	(材＋労)×15%
計					14,155.15		

〔算出例 13-12〕 ルーフドレン

径 100mm　　　　　　　　　　　　　　　　　　　　　　　1か所当たり　　10,000 円

名　称	規　格	単位	数量	単　価	金　額	単価根拠	備　考
ルーフドレン	アスファルト防水用 径100mm	個	1.0	3,530.00	3,530.00		
雑 材 料		一式			176.50	3,530.00×0.05	ルーフドレンの5%
型 わ く 工		人	0.1	24,300.00	2,430.00		
左　　官		〃	0.1	25,800.00	2,580.00		
そ の 他		一式			1,307.48	8,716.50×0.15	(材＋労)×15%
計					10,023.98		

〔算出例 13-13〕 軒どい（亜鉛鉄板製）

半円径 90mm							1m 当たり		1,870 円
名　称	規　格	単位	数量	単　価	金　額	単価根拠	備　考
亜 鉛 鉄 板	厚さ 0.35×914 ×1,829mm	枚	0.11	1,140.00	125.40		
受　金　物		個	1.1	42.00	46.20		
は　ん　だ		kg	0.015	810.00	12.15		
針　　　金		〃	0.15	135.00	20.25		
板　金　工		人	0.055	25,900.00	1,424.50		
そ　の　他		一式			244.28	1,628.50×0.15	（材＋労）×15％
計					1,872.78		

〔算出例 13-14〕 たてどい（亜鉛鉄板製）

径 75mm							1m 当たり		2,820 円
名　称	規　格	単位	数量	単　価	金　額	単価根拠	備　考
亜 鉛 鉄 板	厚さ 0.35×914 ×1,829mm	枚	0.18	1,140.00	205.20		
受　金　物		個	0.65	49.00	31.85		
は　ん　だ		kg	0.014	810.00	11.34		
板　金　工		人	0.085	25,900.00	2,201.50		
そ　の　他		一式			367.48	2,449.89×0.15	（材＋労）×15％
計					2,817.37		

〔算出例 13-15〕 雨押え（亜鉛鉄板製）

延幅 120mm							1m 当たり		1,300 円
名　称	規　格	単位	数量	単　価	金　額	単価根拠	備　考
亜 鉛 鉄 板	厚さ 0.5×914 ×1,829mm	枚	0.08	1,100.00	88.00		
は　ん　だ		kg	0.011	810.00	8.91		
板　金　工		人	0.04	25,900.00	1,036.00		
そ　の　他		一式			169.94	1,132.91×0.15	（材＋労）×15％
計					1,302.85		

〔算出例 13-16〕 軒どい（塩ビ製）

半径 105mm 瓦屋根							1m 当たり		1,830 円
名　称	規　格	単位	数量	単　価	金　額	単価根拠	備　考
軒　ど　い	半円径 105mm	m	1.05	256.94	269.79	925 円/3.6m	
受　金　物		個	1.1	43.00	47.30		
止り,継手接着剤		一式			26.98	269.79×0.1	軒どいの 10％
板　金　工		人	0.048	25,900.00	1,243.20		
そ　の　他		一式			238.09	1,587.27×0.15	（材＋労）×15％
計					1,825.36		

〔算出例 13-17〕 たてどい（塩ビ製）

径60mm　木造							1m 当たり	1,780 円
名　　称	規　格	単位	数量	単　価	金　額	単価根拠	備　考
た て ど い	径60mm	m	1.1	298.15	327.97	805 円/2.7m	
受　金　物		個	0.65	33.00	21.45		
継手接着剤		一式			32.80	327.97×0.1	たてどいの10%
板　金　工		人	0.045	25,900.00	1,165.50		
そ　の　他		一式			232.16	1,547.72×0.15	（材＋労）×15%
計					1,779.88		

〔算出例 13-18〕 たてどい（配管用・白管）

径80mm							1m 当たり	7,240 円
名　　称	規　格	単位	数量	単　価	金　額	単価根拠	備　考
た て ど い	径80mm 白管	m	1.05	1,562.50	1,640.63	6,250 円/4m	
付 属 金 物		一式			984.38	1,640.63×0.6	たてどいの60%
配　管　工		人	0.15	20,500.00	3,075.00		
普通作業員		〃	0.03	19,800.00	594.00		
そ　の　他		一式			944.10	6,294.01×0.15	（材＋労）×15%
計					7,238.11		

〔算出例 13-19〕 鋼管とい防露巻き（一般の屋内露出部）

径100mm							1m 当たり	4,460 円
名　　称	規　格	単位	数量	単　価	金　額	単価根拠	備　考
保　温　筒	厚さ 20mm	m	1.03	521.00	536.63		
粘 着 テープ		〃	5.4	22.00	118.80		
合成樹脂カバー	厚さ 0.3mm	m²	0.75	535.00	401.25		
カ バ ー ピ ン		個	12.0	11.32	135.84		
雑　材　料		一式			59.63	1,192.52×0.05	材料費の5%
保　温　工		人	0.083	20,600.00	1,709.80		
ダ ク ト 工		〃	0.045	20,300.00	913.50		
そ　の　他		一式			581.32	3,875.45×0.15	（材＋労）×15%
計					4,456.77		

14 金属

14-1 概説

建築物に使用される金属（金物）は，鋼製，アルミニウム製，ステンレス製などの材質によるものが多い。
金属製品は，施工方法により以下に区分することができる。
　① 現場施工金物
　　部材を現場で施工するもの。
　② 既製金物
　　工場で製作された既製金物を現場で取り付けるもの。
　③ 製作金物
　　建物ごとに設計図書に基づき工場で製作された金物を現場で取り付けるもの。

金属の積算は，内外を問わず多種多様であり，価格の決定には多くの時間と労力が必要となるが，標準的なものであれば歩掛により求めることができる。ただし，製作金物のように個別性，意匠性が高い金物については，歩掛によることが難しく専門工事業者の見積価格を参考に価格を決定する。

なお，公共建築工事の積算では，軽量鉄骨壁下地および軽量鉄骨天井下地については，開口補強を含めて市場単価（『建築施工単価』等に掲載）を採用している。

14-2 内訳書の書式

「金属」の主な細目は，次のようになる。
　① 現場施工金物
　　　軽量鉄骨壁下地　　　スラット幅，ピッチ　　　○m²
　　　軽量鉄骨天井下地　　野縁高，ピッチ　　　　　〃
　　　開口補強　　　　　　　　　　　　　　　　　　一式
　　　メタルラス張り　　　　　　　　　　　　　　　○m²
　② 既製金物
　　　マンホールふた　　　　　　　　　　　　　　　○個
　　　天井点検口　　　　　　　　　　　　　　　　　〃
　③ 製作金物
　　　装飾金物　　　　　　　　　　　　　　　　　　○m，か所
　　　タラップ　　　　　　　　　　　　　　　　　　〃
　　　門扉　　　　　　　　　　　　　　　　　　　　○か所
　　　　計

14-3 鉄製下地

鉄製下地は，軽量鉄骨壁下地，軽量鉄骨天井下地，同開口補強およびラス張り等による。

❶ 軽量鉄骨壁下地

軽量鉄骨壁下地は，スラット（間柱）の幅，ピッチにより区別する。スラットの幅は，50，65，90，100 形があり，下地組の高さ（2.7m 以下，4.0m 以下，4.0m を超え 4.5m 以下，4.5m を超え 5.0m 以下）および仕上材の一重張り（300 ピッチ），二重張り（450 ピッチ）により区分される。

❷ 軽量鉄骨天井下地

軽量鉄骨天井下地は，外部および内部に区分する。外部に使用する野縁は 25 形，内部では 19 形である。

野縁のピッチは，下地張りの有無，仕上材のボードの大きさ（900×900mm，900×1,800mm，900×450mm）により区分する。また，軽量鉄骨天井下地のふところの高さは，外部で 1.5m 未満，内部で 1.0m 未満としているので，これらの高さが超える場合には天井下地補強を別に計上する。

なお，軽量鉄骨天井下地には，インサートが含まれていないので 1.5 個/m^2 を別途加算する。

❸ 開口補強

数量基準では 0.5m^2 未満の開口については，面積の欠除はないものとしているが，開口補強については，設計寸法による開口補強を計上することとしているので，軽量鉄骨壁下地および軽量鉄骨天井下地ごとに開口寸法による箇所数を計上する。

❹ ラス張り等

メタルラス，リブラス，ラスシート，溶接金網等があり，それぞれの規格形状，寸法等により区分し，主仕上げと同数量とする。

14-4 既製金物

既製金物には，マンホールふた，床点検口，天井点検口，コーナービード，階段滑り止め，各種見切縁をはじめさまざまな金物がある。標準的な金物であれば歩掛によるのが一般的である。ただし，同材料であっても規格形状がメーカーにより異なり，価格も同様に異なるので仕様の確認が必要である。図 14-1 にマンホールふたの例を示す。

図 14-1 マンホールふたの分類

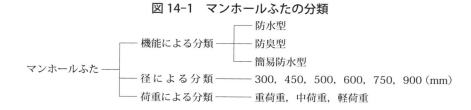

14-5 金属板張り

　天井金属化粧板張り（既製アルミスパンドレル）には，押出型とロール型があり，表面処理ではシルバーと着色がある。板幅は 100～150mm 程度であり単価も異なる。また，同材種による継ぎ目板，見切縁を別途加算する。

　壁着色鉄板波板張りは，鉄骨造，木造の外壁に使用されることがあるが，取付金具（フックボルト，くぎ）により止め付ける。また，コーナー，水切り，窓回りの見切縁などの役物を別途計上する。

14-6 製作金物

　製作金物は，発注者により建物ごとに仕様や形状が異なる。特に意匠性の高い特注の金物については，専門工事業者からの見積りにより価格を決定する。本章では国土交通省の標準詳細図に基づく標準的な製作金物の歩掛を掲載している。

　なお，同様の製作金物でも形状が著しく異なる場合には補正が必要である。補正の方法としては，それぞれの数量を算出し所要数量を求め，これに取付けまでの 1kg 当たりの単価を乗じて算出する。

　例として，〔算出例 14-20〕のステンレス製タラップ（梯子型）の上部，下部の所要数量 1kg 当たりの金額は，5,000 円，2,490 円となり，1kg 当たりの金額を用いて類似の製作金物の価格を算出することができる。ただし，部材の厚さが著しく厚くなると，1kg 当たりの金額は安くなるので注意を要する。

14-7 板金物

　板金物は，既製金物と異なり，鋼板，アルミ板，ステンレス板などを曲げ加工するオーダー製品であり，価格は曲げ加工の数や板厚により影響される。

　〔算出例 14-40〕の鋼板笠木，幅 100，PL1.6mm，糸幅 180mm の 1m 当たりの価格は，7,110 円，同じ断面で糸幅が 230mm の場合は 7,700 円となる。糸幅の価格差が 590 円であることから，糸幅 1m 当たりの価格は，590（円）/0.05（m）=11,800（円）となり，11,800x+4,990（円）の式により算出できる。

　x=糸幅（m）であり，糸幅が 180mm の場合は，11,800×0.18+4,990≒7,110（円）となり，糸幅の変化による価格を計算することができる。

　同様に〔算出例 14-42〕のステンレス鋼笠木も同様に 28,000x+11,800（円）の式で，糸幅の変化による価格を計算することができる。

14-8 算 出 例

〔算出例 14-1〕 軽量鉄骨壁下地

■は市場単価

65形 下地張りあり 間柱間隔450mm H＝4,000mm 以下						1m² 当たり	1,720 円
名　　称	規　　格	単位	数量	単価	金額	単価根拠	備　考
スタッド		m	2.3	201.00	462.30		
ランナー		〃	0.6	145.00	87.00		
スペーサー		個	3.5	13.00	45.50		
打込みピン	900mm 程度	〃	0.7	39.00	27.30		
振止め		〃	0.8	65.00	52.00		
内装工		人	0.032	25,800.00	825.60		
その他		一式			224.96	1,499.70×0.15	（材＋労）×15%
計					1,724.66		

〔算出例 14-2〕 軽量鉄骨下り壁下地

■は市場単価

19形（屋内） H＝500mm 以下						1m² 当たり	5,670 円
名　　称	規　　格	単位	数量	単価	金額	単価根拠	備　考
野縁受け	38×12×1.2mm	m	4.7	78.00	366.60		
シングル野縁	25×19×0.5mm	〃	9.0	46.00	414.00		
シングル野縁ジョイント		個	1.8	9.00	16.20		
シングルクリップ		〃	6.7	5.00	33.50		
雑費		一式			232.20	3,870.00×0.06	（労）×6%
内装工		人	0.15	25,800.00	3,870.00		
その他		一式			739.88	4,932.50×0.15	（材＋労）×15%
計					5,672.38		

〔算出例 14-3〕 軽量鉄骨壁下地組開口補強

■は市場単価

65形用 片開き 2.0×0.9m						1か所当たり	8,710 円
名　　称	規　　格	単位	数量	単価	金額	単価根拠	備　考
リップ付軽量溝形鋼	C-60×30×10 ×2.3mm	kg	18.9	93.00	1,757.70		
間柱	C-65×45×10 ×0.8mm	m	6.0	49.00	294.00		
接合材		一式			102.59	2,051.70×0.05	（材）×5%
内装工		人	0.21	25,800.00	5,418.00		
その他		一式			1,135.84	7,572.29×0.15	（材＋労）×15%
計					8,708.13		

14 金属

〔算出例 14-4〕 軽量鉄骨天井下地

■は市場単価

19形（屋内） 下地張りなし 間柱間隔300mm						1m² 当たり		1,670 円
名称	規格	単位	数量	単価	金額	単価根拠	備考	
つりボルト	φ9	m	1.5	92.00	138.00			
野縁受け	38×12×1.2mm	〃	1.4	78.00	109.20			
野縁受ハンガ	23×100×2.0mm	個	1.5	18.00	27.00			
ナット		〃	3.1	3.30	10.23			
野縁受ジョイント		〃	0.2	16.00	3.20			
シングル野縁	25×19×0.5mm	m	2.3	46.00	105.80			
ダブル野縁	50×19×0.5mm	〃	1.2	62.00	74.40			
シングル野縁ジョイント		個	0.3	9.00	2.70			
ダブル野縁ジョイント		〃	0.2	11.00	2.20			
シングルクリップ		〃	2.6	5.00	13.00			
ダブルクリップ		〃	1.3	7.00	9.10			
内装工		人	0.037	25,800.00	954.60			
その他		一式			217.41	1,449.43×0.15	（材＋労）×15%	
計					1,666.84			

〔算出例 14-5〕 天井開口補強（1）

■は市場単価

300×1,200mm						1か所当たり		2,540 円
名称	規格	単位	数量	単価	金額	単価根拠	備考	
野縁受チャンネル	38×12×1.2mm	m	2.8	78.00	218.40			
野縁ダブルバー	50×19×0.5mm	〃	2.0	62.00	124.00			
シングルクリップ		個	8	5.00	40.00			
ダブルクリップ		〃	6	7.00	42.00			
内装工		人	0.069	25,800.00	1,780.20			
その他		一式			330.69	2,204.60×0.15	（材＋労）×15%	
計					2,535.29			

〔算出例 14-6〕 天井開口補強（2）

900×900mm						1か所当たり		2,800 円
名称	規格	単位	数量	単価	金額	単価根拠	備考	
野縁受チャンネル	38×12×1.2mm	m	2.2	78.00	171.60			
野縁ダブルバー	50×19×0.5mm	〃	3.8	62.00	235.60			
シングルクリップ		個	8	5.00	40.00			
ダブルクリップ		〃	4	7.00	28.00			
内装工		人	0.076	25,800.00	1,960.80			
その他		一式			365.40	2,436.00×0.15	（材＋労）×15%	
計					2,801.40			

〔算出例 14-7〕 壁メタルラス張り

平ラス						1m² 当たり	960 円
名　　称	規　格	単位	数量	単　価	金　額	単価根拠	備　考
平　ラ　ス	0 号 0.4〜0.6mm	m²	1.1	74.00	81.40		
アスファルトフェルト	430	〃	1.1	54.52	59.97	2,290.00 円/42m	
ス テ ー プ ル	L=25	kg	0.04	390.00	15.60		
特 殊 作 業 員		人	0.03	22,700.00	681.00		
そ　の　他		一式			125.70	837.97×0.15	(材＋労)×15%
計					963.67		

〔算出例 14-8〕 壁リブラス張り

鉄骨下地						1m² 当たり	1,780 円
名　　称	規　格	単位	数量	単　価	金　額	単価根拠	備　考
リ ブ ラ ス	厚さ 0.4mm	m²	1.1	367.00	403.70		
鉄　　　線		kg	0.1	133.00	13.30		
特 殊 作 業 員		人	0.05	22,700.00	1,135.00		
そ　の　他		一式			232.80	1,552.00×0.15	(材＋労)×15%
計					1,784.80		

〔算出例 14-9〕 壁ラスシート張り

						1m² 当たり	2,060 円
名　　称	規　格	単位	数量	単　価	金　額	単価根拠	備　考
ラ ス シ ー ト	厚さ 0.4mm	m²	1.1	758.00	833.80		
タッピングビス		本	9	1.67	15.03		
座　　　金		枚	9	0.32	2.88		
溶　接　棒		kg	0.1	325.00	32.50		
特 殊 作 業 員		人	0.04	22,700.00	908.00		
そ　の　他		一式			268.83	1,792.21×0.15	(材＋労)×15%
計					2,061.04		

〔算出例 14-10〕 床溶接金網張り

						1m² 当たり	1,110 円
名　　称	規　格	単位	数量	単　価	金　額	単価根拠	備　考
溶 接 金 網	線径 6 150mm 目	m²	1.1	295.00	324.50		
鉄 筋 工		人	0.025	25,700.00	642.50		
そ　の　他		一式			145.05	967.00×0.15	(材＋労)×15%
計					1,112.05		

14　金　属

〔算出例 14-11〕　マンホールふた

						1か所当たり	28,000 円
名　　称	規　　格	単位	数量	単　価	金　額	単価根拠	備　　考
マンホールふた	径450mm 防水型	個	1.0	16,600.00	16,600.00		
配　管　工		人	0.25	20,500.00	5,125.00		
左　　　官		〃	0.1	25,800.00	2,580.00		
そ　の　他		一式			3,645.75	24,305.00×0.15	(材＋労)×15%
計					27,950.75		

〔算出例 14-12〕　床点検口

						1か所当たり	12,500 円
名　　称	規　　格	単位	数量	単　価	金　額	単価根拠	備　　考
床　点　検　口	450mm角 アルミ製	個	1.0	7,000.00	7,000.00		
左　　　官		人	0.05	25,800.00	1,290.00		
内　装　工		〃	0.1	25,800.00	2,580.00		
そ　の　他		一式			1,630.50	10,870.00×0.15	(材＋労)×15%
計					12,500.50		

〔算出例 14-13〕　天井点検口

						1か所当たり	7,610 円
名　　称	規　　格	単位	数量	単　価	金　額	単価根拠	備　　考
天　井　点　検　口	450mm角 アルミ製	個	1.0	2,750.00	2,750.00		
内　装　工		人	0.15	25,800.00	3,870.00		
そ　の　他		一式			993.00	6,620.00×0.15	(材＋労)×15%
計					7,613.00		

〔算出例 14-14〕　コーナービード

						1m当たり	830 円
名　　称	規　　格	単位	数量	単　価	金　額	単価根拠	備　　考
コーナービード	モルタル用	m	1.0	75.00	75.00		
左　　　官		人	0.025	25,800.00	645.00		
そ　の　他		一式			108.00	720.00×0.15	(材＋労)×15%
計					828.00		

〔算出例 14-15〕 目地ジョイナー

					1m 当たり	760 円
名　　称	規　格	単位	数量	単　価	金　額	単価根拠	備　考
目地ジョイナー	ボード用	m	1.0	18.00	18.00		
内　装　工		人	0.025	25,800.00	645.00		
そ　の　他		一式			99.45	663.00×0.15	(材＋労)×15%
計					762.45		

〔算出例 14-16〕 天井金属化粧板張り

					1m² 当たり	13,500 円
名　　称	規　格	単位	数量	単　価	金　額	単価根拠	備　考
アルミスパンドレル	シルバー 厚さ 1.0mm 幅 100mm	m²	1.1	6,380.00	7,018.00	638.00 円/m×10	
板　金　工		人	0.12	25,900.00	3,108.00		
普通作業員		〃	0.08	19,800.00	1,584.00		
そ　の　他		一式			1,756.50	11,710.00×0.15	(材＋労)×15%
計					13,466.50		

〔算出例 14-17〕 天井見切縁

アルミ製					1m 当たり	1,310 円
名　　称	規　格	単位	数量	単　価	金　額	単価根拠	備　考
見　切　縁	アルミ製	m	1.05	224.00	235.20		
内　装　工		人	0.035	25,800.00	903.00		
そ　の　他		一式			170.73	1,138.20×0.15	(材＋労)×15%
計					1,308.93		

付記：プラスチック製は内装工を 0.027 人とする。

〔算出例 14-18〕 壁鉄板波板張り

鉄骨下地					1m² 当たり	3,520 円
名　　称	規　格	単位	数量	単　価	金　額	単価根拠	備　考
鉄　　板	厚さ 0.25×1,829 ×762mm	枚	0.9	775.00	697.50		
フックボルト	長さ 75mm	本	4.0	7.70	30.80		
板　金　工		人	0.09	25,900.00	2,331.00		
そ　の　他		一式			458.90	3,059.30×0.15	(材＋労)×15%
計					3,518.20		

〔算出例14-19〕　ステンレス製タラップ

						1か所当たり	25,800 円
名　　称	規　格	単位	数量	単価	金額	単価根拠	備　考
（上部）							
ステンレス丸鋼	φ22	kg	6.7	620.00	4,154.00		
特殊作業員		人	0.3	22,700.00	6,810.00		
普通作業員		〃	0.07	19,800.00	1,386.00		
トラック運転	2t積	日	0.05	28,871.20	1,443.56		〔算出例14-47〕
そ　の　他		一式			1,852.50	12,350.00×0.15	より（材＋労）×15％
小計					15,646.06		
（壁付1段）							
ステンレス丸鋼	φ22	kg	4.0	620.00	2,480.00		
特殊作業員		人	0.2	22,700.00	4,540.00		
普通作業員		〃	0.03	19,800.00	594.00		
トラック運転	2t積	日	0.05	28,871.20	1,443.56		〔算出例14-47〕
そ　の　他		一式			1,142.10	7,614.00×0.15	より（材＋労）×15％
小計					10,199.66		
計					24,845.72		

（注）　トラック運転は，その他の対象としない。

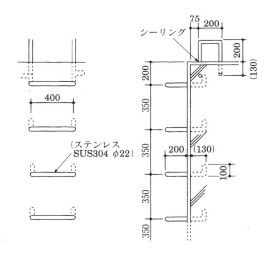

14　金　属

〔算出例 14-20〕　ステンレス製タラップ（梯子型）

							1か所当たり	231,000 円
名　　称	規　格	単位	数量	単　価	金　額	単価根拠	備　　考	
上部（1.5m）								
ステンレス丸鋼	φ25・φ22 SUS304	kg	26.0	610.00	15,860.00			
ステンレス平鋼	6×50mm	〃	3.9	660.00	2,574.00			
ステンレスしま鋼板	厚さ4mm	〃	3.2	620.00	1,984.00			
溶接棒その他		一式			612.54	20,418.00×0.03	（材）×3%	
特殊作業員		人	4.32	22,700.00	98,064.00			
普通作業員		〃	1.12	19,800.00	22,176.00			
トラック運転	2t積	日	0.10	28,871.20	2,887.12		〔算出例 14-47〕より	
そ の 他		一式			21,190.58	141,270.54×0.15	（材＋労）×15%	
小計					165,348.24			
下部（1m）								
ステンレス丸鋼	φ25・φ22 SUS304	kg	25.4	610.00	15,494.00			
ステンレス平鋼	6×50mm	〃	0.9	660.00	594.00			
溶接棒その他		一式			482.64	16,088.00×0.03	（材）×3%	
特殊作業員		人	1.39	22,700.00	31,553.00			
普通作業員		〃	0.39	19,800.00	7,722.00			
トラック運転	2t積	日	0.04	28,871.20	1,154.85		〔算出例 14-47〕より	
そ の 他		一式			8,376.85	55,845.64×0.15	（材＋労）×15%	
小計					65,377.34			
計					230,725.58			

（注）　トラック運転は，その他の対象としない。

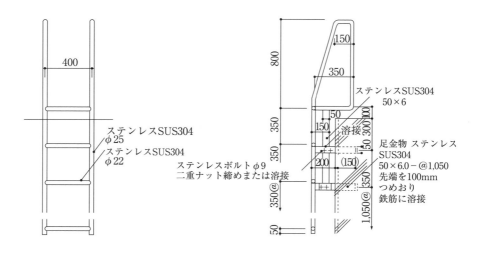

〔算出例 14-21〕 つり金物

						1か所当たり	14,100 円
名　　称	規　格	単位	数量	単価	金額	単価根拠	備　考
ステンレス丸鋼	φ19	kg	2.8	620.00	1,736.00		
かんざし筋	φ13	〃	1.3	89.00	115.70		
つ ば 鋼 板	1.6mm	〃	0.1	70.00	7.00		
溶接棒その他		一式			55.76	1,858.70×0.03	(材)×3%
特 殊 作 業 員		人	0.34	22,700.00	7,718.00		
普 通 作 業 員		〃	0.07	19,800.00	1,386.00		
トラック運転	2t積	日	0.05	28,871.20	1,443.56		〔算出例 14-47〕より
そ の 他		一式			1,652.77	11,018.46×0.15	(材+労)×15%
計					14,114.79		

（注）トラック運転は，その他の対象としない。

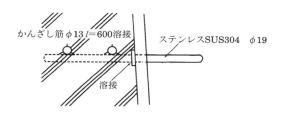

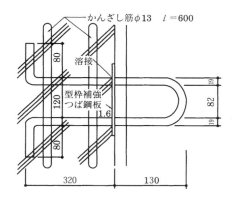

〔算出例 14-22〕 丸環

						1か所当たり	18,400 円	
名　　称	規　　格	単位	数量	単　価	金　額	単価根拠	備　考	
ステンレス平鋼	9×60mm	kg	2.3	660.00	1,518.00			
ステンレス丸鋼	φ19	〃	1.3	620.00	806.00			
等辺山形鋼	30×30×3mm	〃	0.1	84.00	8.40			
かんざし筋	φ13	〃	1.3	89.00	115.70			
溶接棒その他		一式			73.44	2,448.10×0.03	(材)×3%	
特殊作業員		人	0.52	22,700.00	11,804.00			
普通作業員		〃	0.07	19,800.00	1,386.00			
トラック運転	2t積	日	0.01	28,871.20	288.71		〔算出例 14-47〕より	
その他		一式			2,356.73	15,711.54×0.15	(材+労)×15%	
計					18,356.98			

（注）トラック運転は，その他の対象としない。

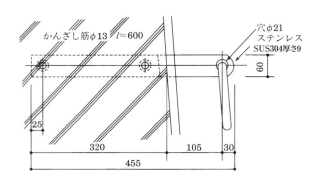

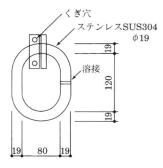

〔算出例 14-23〕 ビニル製手すり（壁付型）

						10m 当たり		109,000 円
名　　　称	規　　　格	単位	数量	単　価	金　額	単価根拠	備　　考	
平　　　鋼	9×50mm	kg	37.1	86.00	3,190.60			
〃	12×25mm	〃	6.8	88.00	598.40			
かんざし筋	φ19	〃	5.0	87.00	435.00			
溶接棒その他		一式			211.20	4,224.00×0.05	上記材料の5%	
特殊作業員		人	2.14	22,700.00	48,578.00			
普通作業員		〃	0.7	19,800.00	13,860.00			
合成樹脂調合ペイント塗り	2回塗り(材工)	m²	1.3	1,170.00	1,521.00		市場単価，錆止め共	
トラック運転	2t積	日	0.05	28,871.20	1,443.56		〔算出例 14-47〕より	
ビニル手すり	(材工)	m	10.0	2,900.00	29,000.00			
その他		一式			10,030.98	66,873.20×0.15	(材＋労)×15%	
計					108,868.74			

（注）合成樹脂調合ペイント塗り（材工），トラック運転，ビニル手すり（材工）は，その他の対象としない。

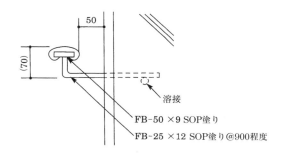

〔算出例 14-24〕 木製手すり（壁付型）

						10m 当たり		112,000 円
名　　　称	規　　格	単位	数量	単　価	金　額	単価根拠	備　　考	
平　　　　鋼	4.5×32mm	kg	11.9	91.00	1,082.90			
〃	12×25mm	〃	6.8	88.00	598.40			
かんざし筋	φ19	〃	5.0	87.00	435.00			
溶接棒その他		一式			105.82	2,116.30×0.05	上記材料の5%	
特 殊 作 業 員		人	2.14	22,700.00	48,578.00			
普 通 作 業 員		〃	0.7	19,800.00	13,860.00			
合成樹脂調合ペイント塗り	2回塗り（材工）	m²	1.2	1,170.00	1,404.00		市場単価，錆止め共〔算出例 14-47〕より	
トラック運転	2t積	日	0.1	28,871.20	2,887.12			
集　　成　　材	φ45	m	10.0	2,375.00	23,750.00			
クリヤラッカ塗り	〃 （材工）	〃	10.0	630.00	6,300.00			
そ　の　他		一式			13,261.52	88,410.12×0.15	（材＋労）×15%	
計					112,262.76			

（注）合成樹脂調合ペイント塗り（材工），トラック運転，クリヤラッカ塗り（材工）は，その他の対象としない。

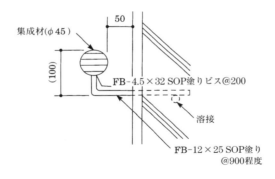

〔算出例 14-25〕 ビニル製手すり

名　　称	規　　格	単位	数量	単　価	金　額	単価根拠	備　考
H=1,100mm（平場）						10m 当たり	180,000 円
平　　鋼	9×50mm	kg	37.1	86.00	3,190.60		
〃	12×25mm	〃	207.0	88.00	18,216.00		
座金ステンレス	2.0mm	個	67	43.50	2,914.50		
溶接棒その他		一式			729.63	24,321.10×0.03	上記材料の3%
特殊作業員		人	3.8	22,700.00	86,260.00		
普通作業員		〃	0.5	19,800.00	9,900.00		
合成樹脂調合ペイント塗り	2回塗り（材工）	m²	6.6	1,170.00	7,722.00		市場単価, 錆止め共〔算出例 14-47〕より
トラック運転	2t積	日	0.15	28,871.20	4,330.68		
ビニル手すり	（材工）	m	10.0	2,900.00	29,000.00		
その他		一式			18,181.61	121,210.73×0.15	（材＋労）×15%
計					180,445.02		

（注）合成樹脂調合ペイント塗り（材工），トラック運転，ビニル手すり（材工）は，その他の対象としない。

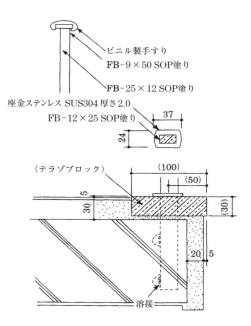

281

〔算出例 14-26〕 木製手すり

H=1,100mm（平場）					10m 当たり		171,000 円
名 称	規 格	単位	数量	単 価	金 額	単 価 根 拠	備 考
平 鋼	4.5×32mm	kg	11.9	91.00	1,082.90		
〃	12×25mm	〃	207.0	88.00	18,216.00		
座金ステンレス	2.0mm	個	67	43.50	2,914.50		
溶接棒その他		一式			666.40	22,213.40×0.03	上記材料の 3%
特 殊 作 業 員		人	3.5	22,700.00	79,450.00		
普 通 作 業 員		〃	0.5	19,800.00	9,900.00		
合成樹脂調合ペイント塗り	2回塗り（材工）	m²	6.6	1,170.00	7,722.00		市場単価, 錆止め共〔算出例 14-47〕より
トラック運転	2t積	日	0.15	28,871.20	4,330.68		
集 成 材	φ60	m	10.0	2,375.00	23,750.00		
クリヤラッカ塗り	〃 （材工）	〃	10.0	630.00	6,300.00		
そ の 他		一式			16,834.47	112,229.80×0.15	（材＋労）×15%
計					171,166.95		

（注） 合成樹脂調合ペイント塗り（材工），トラック運転，集成材（材工），クリヤラッカ塗り（材工）は，その他の対象としない。

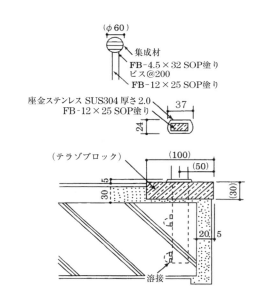

14　金属

〔算出例 14-27〕　ステンレス製手すり（壁付型）

						10m 当たり	167,000 円
名　称	規　格	単位	数量	単　価	金　額	単価根拠	備　考
ステンレスパイプ	φ38×1.5mm	kg	14.4	1,550.00	22,320.00		
ステンレス丸鋼	φ19	〃	6.5	620.00	4,030.00		
取付金具	ステンレス 厚さ6mm	個	11	550.00	6,050.00		
溶接棒その他		一式			972.00	32,400.00×0.03	(材)×3%
あと施工アンカー	φ12	本	22	88.00	1,936.00		
特殊作業員		人	3.8	22,700.00	86,260.00		
普通作業員		〃	0.55	19,800.00	10,890.00		
トラック運転	2t積	日	0.5	28,871.20	14,435.60		〔算出例 14-47〕より
その他		一式			19,868.70	132,458.00×0.15	(材+労)×15%
計					166,762.30		

（注）　トラック運転は，その他の対象としない。

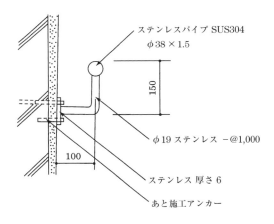

〔算出例 14-28〕　鋼管手すり（和室等）

L＝2,800mm							1か所当たり	29,700 円
名　称	規　格	単位	数量	単　価	金　額	単価根拠	備　考	
一般構造用炭素鋼鋼管	34.0×2.3mm	kg	5.2	111.00	577.20			
〃	21.7×1.9mm	〃	1.5	113.00	169.50			
取 付 金 具	鋼板厚さ6mm	個	3	150.00	450.00			
溶接棒その他		一式			59.84	1,196.70×0.05	上記材料の5%	
あと施工アンカー	φ12	本	6	88.00	528.00			
特 殊 作 業 員		人	0.65	22,700.00	14,755.00			
普 通 作 業 員		〃	0.26	19,800.00	5,148.00			
合成樹脂調合ペイント塗り	2回塗り（材工）	m²	0.4	1,170.00	468.00		市場単価，錆止め共	
トラック運転	2t積	日	0.15	28,871.20	4,330.68		〔算出例 14-47〕より	
そ　の　他		一式			3,253.13	21,687.54×0.15	（材＋労）×15%	
計					29,739.35			

（注）　合成樹脂調合ペイント塗り（材工），トラック運転は，その他の対象としない。

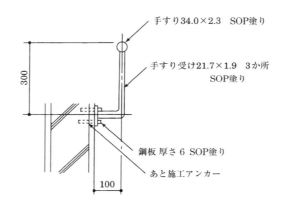

〔算出例 14-29〕 鋼管手すり

						10m 当たり		132,000 円
名　　称	規　　格	単位	数量	単　価	金　額	単 価 根 拠	備　　考	
一般構造用 炭素鋼鋼管	34.0×2.3mm	kg	43.2	111.00	4,795.20			
〃	27.2×1.9mm	〃	12.5	113.00	1,412.50			
溶接棒その他		一式			310.39	6,207.70×0.05	上記材料の5%	
特殊作業員		人	3.9	22,700.00	88,530.00			
普通作業員		〃	0.7	19,800.00	13,860.00			
合成樹脂調合 ペイント塗り	2回塗り(材工)	m²	3.2	1,170.00	3,744.00		市場単価,錆止 め共	
トラック運転	2t積	日	0.1	28,871.20	2,887.12		〔算出例14-47〕 より	
そ の 他		一式			16,336.21	108,908.09×0.15	(材+労)×15%	
計					131,875.42			

（注） 合成樹脂調合ペイント塗り（材工），トラック運転は，その他の対象としない。

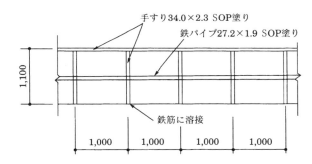

〔算出例 14-30〕 鋼製手すり

名　称	規　格	単位	数量	単価	金額	単価根拠	備　考
				1m 当たり	31,200 円		
角　パ　イ　プ	100×50×2.3mm	kg	3.2	87.00	278.40		
〃	60×30×2.3mm	〃	9.6	87.00	835.20		
〃	30×20×1.6mm	〃	18.9	112.00	2,116.80		
鋼　　　　板	厚さ 3.2mm	〃	0.3	58.00	17.40		
ジョイント金物		か所	2	1,000.00	2,000.00		
溶接棒その他		一式			262.39	5,247.80×0.05	上記材料の 5%
特殊作業員		人	0.64	22,700.00	14,528.00		
普通作業員		〃	0.16	19,800.00	3,168.00		
合成樹脂調合ペイント塗り	2回塗り（材工）	m²	1.6	1,170.00	1,872.00		市場単価，錆止め共
トラック運転	2t 積	日	0.09	28,871.20	2,598.41		〔算出例 14-47〕より
そ　の　他		一式			3,480.93	23,206.19×0.15	（材＋労）×15%
計					31,157.53		

（注）合成樹脂調合ペイント塗り（材工），トラック運転は，その他の対象としない。

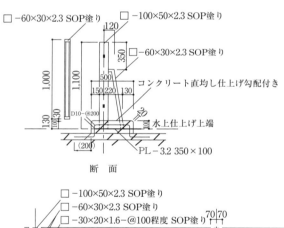

断　面

立　面

〔算出例 14-31〕 ステンレス製笠木

						10m 当たり		190,000 円
名　　称	規　格	単位	数量	単価	金額	単価根拠	備　考	
ステンレス板	厚さ 0.4mm	kg	28.2	420.00	11,844.00			
平　鋼	3×30mm	〃	5.9	119.00	702.10			
通し付子	ステンレス 厚さ 0.6mm	〃	1.4	400.00	560.00			
集　成　材	ひのきまたはひば	m³	0.122	91,000.00	11,102.00			
あと施工アンカー	φ9	本	32	59.00	1,888.00			
防腐剤塗り	（材工）	一式			555.10		集成材の5%	
防錆ペイント塗り	2回塗り（材工）	m²	0.6	960.00	576.00			
板　金　工		人	2.0	25,900.00	51,800.00			
普通作業員		〃	1.9	19,800.00	37,620.00			
特殊作業員		〃	2.0	22,700.00	45,400.00			
トラック運転	2t積	日	0.1	28,871.20	2,887.12		〔算出例 14-47〕より	
シーリング	（材工）	m	2.5	570.00	1,425.00			
その他		一式			24,137.42	160,916.10×0.15	（材+労）×15%	
計					190,496.74			

（注）　防腐剤塗り（材工），防錆ペイント塗り（材工），トラック運転，シーリング（材工）は，その他の対象とはしない。

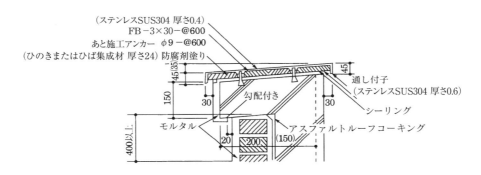

〔算出例 14-32〕 煙突笠木

\multicolumn{2}{l}{$L=319$mm}						1か所当たり		96,900 円
名　　称	規　格	単位	数量	単価	金額	単価根拠	備　考	
ステンレス板	厚さ1.5mm	kg	14.7	340.00	4,998.00			
アンカーボルト	ステンレスφ13	本	4	1,170.00	4,680.00			
溶接棒その他		一式			290.34	9,678.00×0.03	（材）×3%	
板　金　工		人	1.8	25,900.00	46,620.00			
普通作業員		〃	0.8	19,800.00	15,840.00			
特殊作業員		〃	0.5	22,700.00	11,350.00			
トラック運転	2t積	日	0.02	28,871.20	577.42		〔算出例14-47〕より	
そ　の　他		一式			12,566.75	83,778.34×0.15	（材＋労）×15%	
計					96,922.51			

（注）　トラック運転は，その他の対象としない。

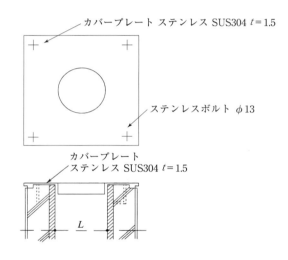

〔算出例14-33〕 煙突天板

L＝319mm						1か所当たり		102,000 円
名　　称	規　　格	単位	数量	単価	金額	単価根拠	備考	
ステンレス板	厚さ2.0mm	kg	19.4	330.00	6,402.00			
ステンレス山形鋼	30×30×3mm	〃	3.3	610.00	2,013.00			
ステンレス丸鋼	φ19	〃	5.7	620.00	3,534.00			
ふくろナット		本	4	400.00	1,600.00			
溶接棒その他		一式			406.47	13,549.00×0.03	（材）×3%	
板金工		人	1.8	25,900.00	46,620.00			
普通作業員		〃	0.8	19,800.00	15,840.00			
特殊作業員		〃	0.5	22,700.00	11,350.00			
トラック運転	2t積	日	0.05	28,871.20	1,443.56		〔算出例14-47〕より	
その他		一式			13,164.82	87,765.47×0.15	（材＋労）×15%	
計					102,373.85			

（注）トラック運転は，その他の対象としない。

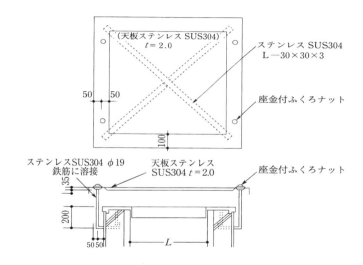

〔算出例 14-34〕 室内トラフふた（ステンレス見切の場合）

W＝500mm						1m 当たり	28,400 円
名　　称	規　　格	単位	数量	単　価	金　額	単価根拠	備　　考
鋼　　　板	厚さ 4.5mm	kg	25.1	58.00	1,455.80		
ステンレス山形鋼	50×50×4mm 40×40×3mm	〃	8.9	560.00	4,984.00		
ステンレス平鋼	6.0×25mm	〃	2.5	660.00	1,650.00		
アンカーボルト		本	4	84.80	339.20		
溶接棒その他		一式			421.45	8,429.00×0.05	上記材料の5%
特 殊 作 業 員		人	0.43	22,700.00	9,761.00		
普 通 作 業 員		〃	0.15	19,800.00	2,970.00		
防錆ペイント塗り	2回塗り（材工）	m²	2.1	880.00	1,848.00		市場単価
取　　　手		個	0.4	1,310.00	524.00		
トラック運転	2t積	日	0.04	28,871.20	1,154.85		〔算出例14-47〕より
そ　の　他		一式			3,315.82	22,105.45×0.15	（材＋労）×15%
計					28,424.12		

（注）　防錆ペイント塗り（材工），トラック運転は，その他の対象としない。

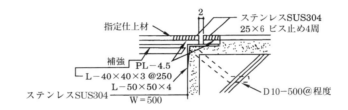

〔算出例 14-35〕 室内トラフふた

W=250mm							1m 当たり	18,400 円
名　　称	規　　格	単位	数量	単価	金額	単価根拠	備考
しま鋼板	厚さ4.5mm	kg	12.1	82.00	992.20		
ステンレス山形鋼	50×50×4mm	〃	6.4	560.00	3,584.00		
ステンレス平鋼	6.0×25mm	〃	2.5	660.00	1,650.00		
アンカーボルト	D10	本	4	84.80	339.20		
溶接棒その他		一式			328.27	6,565.40×0.05	上記材料の5%
特殊作業員		人	0.24	22,700.00	5,448.00		
普通作業員		〃	0.07	19,800.00	1,386.00		
合成樹脂調合ペイント塗り	2回塗り(材工)	m²	1.0	1,170.00	1,170.00		市場単価，錆止め共
取手		個	0.4	1,310.00	524.00		
トラック運転	2t積	日	0.03	28,871.20	866.14		〔算出例14-47〕より
その他		一式			2,137.75	14,251.67×0.15	(材+労)×15%
計					18,425.56		

（注）　合成樹脂調合ペイント塗り（材工），トラック運転は，その他の対象としない。

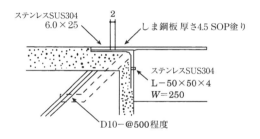

〔算出例 14-36〕 面格子

H=1,500mm, W=1,800mm							1か所当たり	75,000 円
名　　　称	規　　格	単位	数量	単　価	金　額	単価根拠	備　　考	
平　　　　鋼	4.5×32mm	kg	10.8	91.00	982.80			
丸　　　　鋼	φ16	〃	29.9	87.00	2,601.30			
溶接棒その他		一式			179.21	3,584.10×0.05	上記材料の5%	
特 殊 作 業 員		人	2.08	22,700.00	47,216.00			
普 通 作 業 員		〃	0.6	19,800.00	11,880.00			
合成樹脂調合ペイント塗り	2回塗り(材工)	m²	1.1	1,170.00	1,287.00		市場単価，錆止め共	
トラック運転	2t積	日	0.05	28,871.20	1,443.56		〔算出例 14-47〕より	
そ　の　他		一式			9,428.90	62,859.31×0.15	(材+労)×15%	
計					75,018.77			

（注）　合成樹脂調合ペイント塗り（材工），トラック運転は，その他の対象としない。

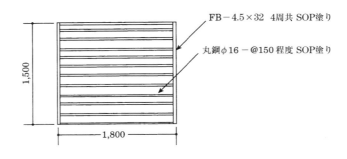

FB－4.5×32　4周共 SOP塗り
丸鋼 φ16 －@150程度 SOP塗り

〔算出例 14-37〕 鋼製片開き戸

H＝1,200mm, W＝1,200mm							1か所当たり	110,000 円
名　　称	規　　格	単位	数量	単　価	金　額	単価根拠	備　　考	
角 パ イ プ	60×30×2.3mm	kg	13.6	87.00	1,183.20			
〃	30×20×1.6mm	〃	15.9	112.00	1,780.80			
か ん ぬ き	ステンレスφ22	か所	1	6,970	6,970.00		1.36kg/か所 加工 0.27 人相当	
丁　　番	ステンレス	枚	2	5,480.00	10,960.00			
等辺山形鋼	50×50×6mm	kg	10.9	74.00	806.60			
溶接棒その他		一式			1,085.03	21,700.60×0.05	上記材料の 5%	
特 殊 作 業 員		人	2.2	22,700.00	49,940.00			
普 通 作 業 員		〃	0.8	19,800.00	15,840.00			
合成樹脂調合ペイント塗り	2回塗り（材工）	m²	2.2	1,170.00	2,574.00		市場単価，錆止め共	
トラック運転	2t積	日	0.2	28,871.20	5,774.24		〔算出例 14-47〕より	
そ　の　他		一式			13,284.84	88,565.63×0.15	（材＋労）×15%	
計					110,198.71			

（注）合成樹脂調合ペイント塗り（材工），トラック運転は，その他の対象としない。

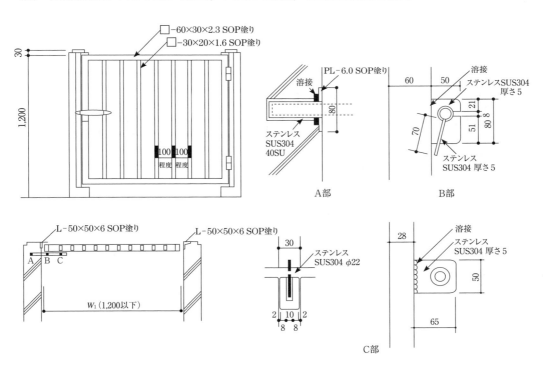

〔算出例 14-38〕 鋼製両開き戸

名　称	規　格	単位	数量	単価	金額	単価根拠	備　考
H=1,200mm, W=5,000mm						1か所当たり	336,000 円
角パイプ	60×30×2.3mm	kg	44.6	87.00	3,880.20		
〃	30×20×1.6mm	〃	46.1	112.00	5,163.20		
かんぬき	ステンレス φ22 長さ 1,000mm	か所	1	7,800	7,800.00		2.7kg/か所 加工 0.27 人相当
丁　番	ステンレス製 152	枚	4	5,480.00	21,920.00		
鋼製摺車		個	2	3,410.00	6,820.00		加工 0.15 人相当
レール	FB-6.0×50mm	m	14.0	3,860.00	54,040.00		2.7kg/m 加工 0.16 人相当
ストッパ		個	2	1,820.00	3,640.00		加工 0.08 人相当
溶接棒その他		一式			3,097.90	103,263.40×0.03	上記材料の3%
特殊作業員		人	5.5	22,700.00	124,850.00		
普通作業員		〃	2.0	19,800.00	39,600.00		
合成樹脂調合ペイント塗り	2 回塗り（材工）	m²	7.2	1,170.00	8,424.00		市場単価，錆止め共
トラック運転	4t 積	日	0.5	32,632.10	16,316.05		〔算出例 14-48〕より
その他		一式			40,621.70	270,811.30×0.15	（材＋労）×15%
計					336,173.05		

（注）合成樹脂調合ペイント塗り（材工），トラック運転は，その他の対象としない。

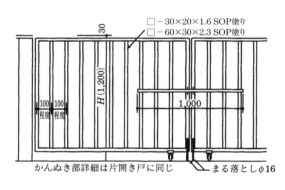

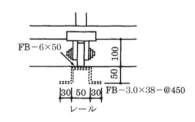

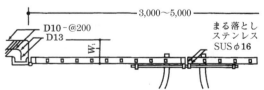

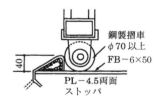

〔算出例14-39〕 鋼製引き戸

名　　称	規　　格	単位	数量	単　価	金　額	単価根拠	備　考
$H=1{,}200$mm　$W=5{,}700$mm						1か所当たり	437,000 円
角　パ　イ　プ	60×30×2.3mm	kg	56.3	87.00	4,898.10		
〃	40×20×1.6mm	〃	4.5	112.00	504.00		
〃	30×20×1.6mm	〃	77.8	112.00	8,713.60		
か　ん　ぬ　き	ステンレス製φ22	か所	1	6,970	6,970.00		L≒450 加工 0.27 人相当
戸　　　　車	鋼製	〃	6	5,680.00	34,080.00		加工 0.25 人相当 7.5kg/m
レ　　ー　　ル	〃 75×75×6mm	m	21.4	2,830.00	60,562.00		加工 0.1 人相当
ス　ト　ッ　パ	〃	個	2	4,540.00	9,080.00		加工 0.2 人相当
等辺山形鋼	30×30×3mm	kg	3.4	84.00	285.60		
振　止　め	長さ 450mm	個	1	2,800.00	2,800.00		
溶接棒その他		一式			3,836.80	127,893.30×0.03	上記材料の 3%
特殊作業員		人	7.7	22,700.00	174,790.00		
普通作業員		〃	2.3	19,800.00	45,540.00		
合成樹脂調合ペイント塗り	2 回塗り (材工)	m²	8.6	1,170.00	10,062.00		市場単価，錆止め共
バランス用モルタル詰め	(材工)	m	5.7	970.00	5,529.00		
トラック運転	4t 積	日	0.5	32,632.10	16,316.05		〔算出例14-48〕より
そ　の　他		一式			52,809.02	352,060.10×0.15	(材+労)×15%
計					436,776.17		

(注) 合成樹脂調合ペイント塗り (材工), バランス用モルタル詰め (材工), トラック運転は, その他の対象としない。

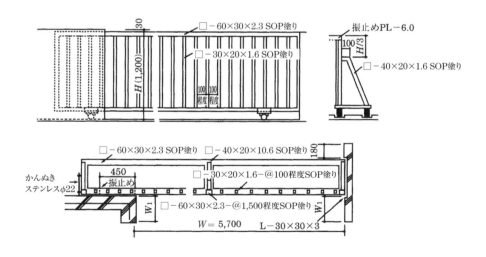

〔算出例 14-40〕 鋼板笠木

PL-1.6mm 糸幅180mm						1m 当たり	7,110 円
名　　称	規　　格	単位	数量	単価	金額	単価根拠	備　考
鋼　　　板	PL-1.6mm	kg	2.5	70.00	175.00		
取 付 金 物		一式			52.50	175.00×0.3	鋼板の30%
特 殊 作 業 員		人	0.21	22,700.00	4,767.00		
合成樹脂調合ペイント塗り	2回塗り（材工）	m²	0.18	1,170.00	210.60		市場単価, 錆止め共
トラック運転	2t積	日	0.04	28,871.20	1,154.85		〔算出例 14-47〕より
そ の 他		一式			749.18	4,994.50×0.15	（材＋労）×15%
計					7,109.13		

付記：糸幅230mm　7,700 円

（注）　合成樹脂調合ペイント塗り（材工），トラック運転は，その他の対象としない。

〔算出例 14-41〕 鋼板水切

PL-0.8mm 糸幅150mm						1m 当たり	4,580 円
名　　称	規　　格	単位	数量	単価	金額	単価根拠	備　考
鋼　　　板	PL-0.8mm	kg	1.6	71.00	113.60		
取 付 金 物		一式			34.08	113.60×0.3	鋼板の30%
特 殊 作 業 員		人	0.14	22,700.00	3,178.00		
合成樹脂調合ペイント塗り	2回塗り（材工）	m²	0.15	1,170.00	175.50		市場単価, 錆止め共
トラック運転	2t積	日	0.02	28,871.20	577.42		〔算出例 14-47〕より
そ の 他		一式			498.85	3,325.68×0.15	（材＋労）×15%
計					4,577.45		

（注）　合成樹脂調合ペイント塗り（材工），トラック運転は，その他の対象としない。

〔算出例 14-42〕 ステンレス鋼笠木

PL-1.2mm 糸幅180mm						1m 当たり	16,800 円
名　　称	規　　格	単位	数量	単価	金額	単価根拠	備　考
ステンレス鋼板	PL-1.2mm	kg	1.9	350.00	665.00		
取 付 金 物		一式			66.50	665.00×0.1	ステンレス鋼板の10%
特 殊 作 業 員		人	0.59	22,700.00	13,393.00		
トラック運転	2t積	日	0.02	28,871.20	577.42		〔算出例 14-47〕より
そ の 他		一式			2,118.68	14,124.50×0.15	（材＋労）×15%
計					16,820.60		

付記：糸幅230mm　18,300 円

（注）　トラック運転は，その他の対象としない。

14 金属

〔算出例 14-43〕 ステンレス鋼沓ずり

PL-1.2mm　糸幅110mm						1m 当たり		10,200 円
名　　称	規　　格	単位	数量	単　価	金　額	単価根拠	備　　考	
ステンレス鋼板	PL-1.2mm	kg	1.2	350.00	420.00		ステンレス鋼板の10%	
取 付 金 物		一式			42.00	420.00×0.1		
特 殊 作 業 員		人	0.36	22,700.00	8,172.00			
トラック運転	2t積	日	0.01	28,871.20	288.71		〔算出例 14-47〕より	
そ　の　他		一式			1,295.10	8,634.00×0.15	(材+労)×15%	
計					10,217.81			

（注）　トラック運転は，その他の対象としない。

〔算出例 14-44〕 ステンレス鋼三方枠

PL-1.5mm　*H*2.0×*W*0.9m						1か所当たり		114,000 円
名　　称	規　　格	単位	数量	単　価	金　額	単価根拠	備　　考	
ステンレス鋼板	PL-1.5mm	kg	14.7	340.00	4,998.00		ステンレス鋼板の10%	
取 付 金 物		一式			499.80	4,998.00×0.1		
特 殊 作 業 員		人	3.9	22,700.00	88,530.00			
トラック運転	2t積	日	0.2	28,871.20	5,774.24		〔算出例 14-47〕より	
そ　の　他		一式			14,104.17	94,027.80×0.15	(材+労)×15%	
計					113,906.21			

〔算出例 14-45〕 鋼製カーテンボックス

*H*120×*W*120mm						5.4m 当たり		72,800 円
名　　称	規　　格	単位	数量	単　価	金　額	単価根拠	備　　考	
亜鉛めっき鋼板	厚さ 1.6mm 隔て，側板共	kg	34.4	213.00	7,327.20			
補強用平鋼	FB-3.0×30 @900mm	〃	2.0	119.00	238.00			
通しアングル	L-30×30×3mm	〃	7.7	84.00	646.80			
吊りボルト	@900mm	本	7	92.00	644.00			
インサート	〃	個	7	21.00	147.00			
特 殊 作 業 員		人	1.96	22,700.00	44,492.00			
トラック運転	2t積	日	0.2	28,871.20	5,774.24		〔算出例 14-47〕より 市場単価，錆止め共	
合成樹脂調合ペイント塗り	2回塗り（材工）	m²	4.7	1,170.00	5,499.00			
そ　の　他		一式			8,024.25	53,495.00×0.15	(材+労)×15%	
計					72,792.49			

（注）　合成樹脂調合ペイント塗り（材工），トラック運転は，その他の対象としない。

〔算出例 14-46〕 鋼製カーテンボックス

H150×W120mm					5.4m 当たり		78,500 円
名　　称	規　　格	単位	数量	単　価	金　額	単価根拠	備　　考
亜鉛めっき鋼板	厚さ 1.6mm 隔て，側板共	kg	39.1	213.00	8,328.30		
補強用平鋼	FB-3.0×30 @900mm	〃	2.0	119.00	238.00		
通しアングル	L-30×30×3mm	〃	7.7	84.00	646.80		
吊りボルト	@900mm	本	7	92.00	644.00		
インサート	〃	個	7	21.00	147.00		
特殊作業員		人	2.12	22,700.00	48,124.00		
トラック運転	2t積	日	0.2	28,871.20	5,774.24		〔算出例 14-47〕より 市場単価，錆止め共
合成樹脂調合ペイント塗り	2回塗り（材工）	m²	5.0	1,170.00	5,850.00		
その他		一式			8,719.22	58,128.10×0.15	（材＋労）×15%
計					78,471.56		

（注） 合成樹脂調合ペイント塗り（材工），トラック運転は，その他の対象としない。

〔算出例 14-47〕 トラック運転（1）

2t積					1日当たり		28,900 円
名　　称	規　　格	単位	数量	単　価	金　額	単価根拠	備　　考
運転手（一般）		人	1.0	18,500.00	18,500.00		
燃料	軽油	ℓ	23.2	100.00	2,320.00		
機械損料		供用日	1.13	3,440.00	3,887.20		
その他		一式			4,164.00	20,820.00×0.2	（労＋雑）×20%
計					28,871.20		

〔算出例 14-48〕 トラック運転（2）

4t積					1日当たり		32,600 円
名　　称	規　　格	単位	数量	単　価	金　額	単価根拠	備　　考
運転手（一般）		人	1.0	18,500.00	18,500.00		
燃料	軽油	ℓ	32.6	100.00	3,260.00		
機械損料		供用日	1.13	5,770.00	6,520.10		
その他		一式			4,352.00	21,760.00×0.2	（労＋雑）×20%
計					32,632.10		

15 左官

15-1 概　　説

　以前は左官工事では，モルタル塗り，プラスタ塗りなどの湿式工法が多かったが，工期短縮などから最近では，ボード張りのような乾式工法が多くなり，左官作業がやや減少傾向になりつつある。

　また，新しく薄付仕上塗材（リシン），厚付仕上塗材（スタッコ），複層仕上塗材（吹付タイル）など，吹付専門の工種も左官の工種としている。

　汎用性が少なくなった人造石塗り，ドロマイトプラスタ塗りについても従来どおり掲載することにした。

　なお，公共建築工事の積算では，コンクリート直均し仕上げ，床および壁モルタル塗り（役物を含む），建具周囲モルタル充てんについては，市場単価（『建築施工単価』等に掲載）を採用している。

15-2 数量の算出

　数量の計測・計算は，外部仕上げと内部仕上げに区別する。外部仕上げは，原則として屋上，各側面，外部階段，玄関，ピロティ，バルコニー等ごとに区別し，さらに屋根・外部床，外壁，外部開口部，外部天井，および外部雑に区分する。

　内部仕上げも外部仕上げ同様，原則として各階，各室，内部階段等ごとに区別し，さらに内部床，内壁，内部開口部，内部天井，および内部雑に区分する。

　図15-1に示す笠木，水切，排水溝，窓台，幅木等の役物類は，設計寸法または図示の寸法による高さ，幅または糸幅ごとの延べ長さによる。

　開口部周囲の見込等の幅が0.05m以下の仕上げで，その開口部周囲と同一の仕上げの場合は，原則として計測の対象としない。

　建具等の周囲モルタル充てん等の数量は，建具等の内法寸法に基づく周長とする。

図 15-1　役物類

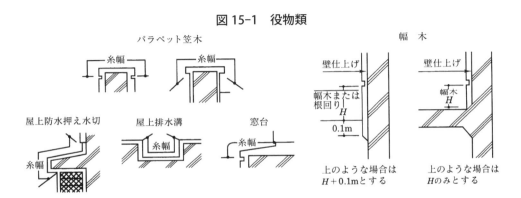

15-3 単価の決定

　左官の歩掛は，各種下地処理，直仕上げ，塗り仕上げ，とぎ出し，吹付け等を各部位，仕様ごとに区分するので，その数は非常に多い。単価資料中，名称欄の材料数量は，調合および塗り厚に基づいて計算したものである。
　労務数量については，工程ごとの歩掛を掲載することによって作業内容を明らかにした。
　また，「その他」には，モルタルミキサ，木ごて，金ごて，はけ，定規，砥石，バケツ，小運搬用具，各種ふるい等の工具損料，消耗品費および左官業者の経費が含まれている。

❶ モルタル塗り
(1) 材　料

表 15-1　モルタルの材料所要量　　　　　　　　　　　　　　　　　　　　　　（1m³ 当たり）

モルタルの種類 セメント：砂：消石灰	セメント 袋/m³	セメント kg/m³	砂 m³/m³	消石灰 袋/m³	消石灰 kg/m³
1：0.5	28.63	1,145	0.46	—	—
1：1	23.25	930	0.74	—	—
1：2	15.75	630	1.01	—	—
1：2.5	13.25	530	1.06	—	—
1：3	11.25	470	1.13	—	—
1：4	9.38	375	1.21	—	—
1：2.5：0.2	12.88	515	1.03	2.4	48
1：2.8：0.2	12.0	480	1.07	2.25	45
1：3：0.3	11.13	445	1.07	3.15	63

（注）　1. 施工上のロスは含まない（施工上のロスはセメント 6%，砂 10% 増し）。
　　　　2. セメント：40kg/袋，消石灰：20kg/袋

(2) 調合および塗り厚

表 15-2 調合（容積比）および塗り厚の標準値等

下地	施工箇所		下塗り，ラス付け		むら直し，中塗り		上塗り			塗り厚の標準値 (mm)
			セメント	砂	セメント	砂	セメント	砂	混和材	
コンクリート，コンクリートブロック，れんが	床	仕上げ	—	—	—	—	1	2.5	—	30
		張り物下地	—	—	—	—	1	3	—	
	内壁		1	2.5	1	3	1	3	適量	20
			(注) 1							
	外壁，その他（天井の類を除く）		1	2.5	1	3	1	3	—	25以下
ラスシート，メタルラス	内壁		1	2.5	1	3	1	3	適量	15
			(注) 1							
	外壁		1	2.5	1	3	1	3	—	20
コンクリート，コンクリートブロック	建具枠回り充填　ガラスブロックの金属枠回り充填		セメント1：砂3　雨掛り部分は防水剤および必要に応じて凍結防止剤入りとする。ただし，塩化物を主成分とする防水剤または凍結防止剤は用いない。　なお，モルタルに用いる砂の塩分含有量は，NaCl換算で，0.04%（質量比）以下とする。							

(注) 1. 内壁下塗り用軽量モルタルを使用する場合は，細骨材を砂に代えてセメント混和用軽量発泡骨材とし，塗り厚は5mm以内とすることができる。
2. ラス付けの場合は，必要に応じて，すさを混入することができる。
3. ラス付けは，ラスの厚さより1mm程度厚くする。
4. ラス付けは，塗り厚に含まない。
5. ビニル床シート，ビニル床タイル等の場合は，床モルタルの塗り厚には，張り物材の厚さを含む。

(3) 床モルタル塗り

表 15-3 床コンクリート直均し仕上げ （1m² 当たり）■は市場単価

名称	規格	左官（人）	その他
床コンクリート直均し仕上げ	薄物仕上げ	0.035	一式
	厚物仕上げ	0.025	〃

(注) 1. 薄物仕上げは合成樹脂塗床，ビニル系床材張りおよび床コンクリート直均し仕上げ等に適用する。
2. 厚物仕上げはカーペット張り，防水下地およびセルフレベリング材塗り等に適用する。

表 15-4 床コンクリート直均し仕上げの内訳 （1m² 当たり）■は市場単価

種別	こて仕上げ回数（回）		左官（人）				
	木ごて	金ごて	木ごて	金ごて下ずり	金ごて中ずり	金ごて仕上げずり	計
薄物仕上げ	1	3	0.01	0.005	0.005	0.015	0.035
厚物仕上げ	1	1	0.01	—	—	0.015	0.025

表15-5 床・階段モルタル塗り

(1m² 当たり)　■は市場単価

名　称	規　格	モルタル 1:2.5 (m³)	セメント (kg)	砂 (m³)	左官 (人)	特殊作業員 (人)	普通作業員 (人)	機械損料モルタルポンプ (h)	雑	その他	摘　要
床モルタル	厚さ28mm	0.03	—	—	0.036	0.008	0.007	0.023	一式	一式	ポンプ圧送
〃	28	—	13.9	0.035	0.045	—	0.034	—	—	〃	
〃	30	0.032	—	—	0.036	0.008	0.007	0.024	一式	〃	ポンプ圧送
〃	30	—	16.9	0.035	0.045	—	0.036	—	—	〃	
階段モルタル	28	—	13.9	0.035	0.18	—	0.034	—	—	〃	
〃	30	—	16.9	0.035	0.18	—	0.036	—	—	〃	

(注)　1. 雑は機械損料の20%とする。
　　　2. モルタル厚さ28mmはビニル系床材下地，モルタル厚さ30mmはこて仕上げによる。

表15-6 床下地モルタル塗り

(1m² 当たり)　■は市場単価

名　称	規　格	セメント (m³)	砂 (m³)	左官 (人)	普通作業員 (人)	その他	摘　要
床下地モルタル塗り	ユニットタイル下地	11.0	0.027	0.04	0.026	一式	
〃	一般タイル下地	18.4	0.046	0.05	0.044	〃	
〃	クリンカタイル下地	13.6	0.045	0.05	0.041	〃	
〃	防水下地	9.0	0.022	0.04	0.022	〃	

表15-7 床役物モルタル塗り

(1m 当たり)

名　称	規　格		セメント (kg)	砂 (m³)	左官 (人)	普通作業員 (人)	その他	摘　要
くつずりモルタル塗り	幅100mm	⌐型	1.4	0.003	0.053	0.003	一式	戸当りなし
		⌐型	1.7	0.003	0.077	0.003	〃	戸当り付
ボーダーモルタル塗り	幅50mm	平部	2.1	0.004	0.105	0.005	〃	
		階段部	2.1	0.004	0.233	0.005	〃	

表15-8 床色モルタル塗り

(1m² 当たり)

名　称	規　格	セメント (kg)	砂 (m³)	白色セメント (kg)	みじん粉 (kg)	顔料 (kg)	左官 (人)	普通作業員 (人)	その他	摘　要
床色モルタル塗り金ごて	厚さ30mm	10.5	0.027	9.3	17.8	0.186	0.057	0.03	一式	

表 15-9 幅木モルタル塗り

(1m 当たり) ■は市場単価

名　称	規　格	セメント (kg)	砂 (m³)	目地ジョイナー 塩ビ製 (m)	左官 (人)	普通 作業員 (人)	その他	摘要
幅木モルタル塗り	H=100mm　出幅木	1.3	0.003	—	0.052	0.003	一式	
〃	300　〃	3.8	0.009	—	0.065	0.009	〃	
〃	100　幅木(目地入)	1.0	0.002	1.05	0.033	0.003	〃	
〃	150　階段部	1.9	0.004	—	0.065	0.005	〃	

(4)　壁モルタル塗り

表 15-10 壁モルタル塗り（モルタル仕上げ）

(1m² 当たり) ■は市場単価

名　称	規　格	セメント (kg)	砂 (m³)	消石灰 (kg)	左官 (人)	普通 作業員 (人)	その他	摘要
外壁モルタル塗り	はけ引き 厚さ25mm	13.0	0.03	—	0.11	0.038	一式	
〃	金ごて　〃	13.0	0.03	—	0.13	0.038	〃	
内壁モルタル塗り	はけ引き 厚さ20mm	10.3	0.024	0.38	0.095	0.03	〃	
〃	金ごて　〃	10.3	0.024	0.38	0.115	0.03	〃	

(注)　内壁の下塗りに，下塗り用軽量モルタルを使用する場合は，適用しない。

表 15-11 壁下地モルタル塗り

(1m² 当たり) ■は市場単価

名　称	規　格	セメント (kg)	砂 (m³)	左官 (人)	普通 作業員 (人)	その他	摘要
外壁下地モルタル塗り	モザイクタイル下地	10.9	0.026	0.09	0.032	一式	
内壁下地モルタル塗り	〃	8.5	0.019	0.07	0.024	〃	
外壁下地モルタル塗り	小口タイル以上下地	9.5	0.022	0.07	0.027	〃	
内壁下地モルタル塗り	〃	6.9	0.016	0.06	0.020	〃	
〃	タイル改良積上げ張り下地	3.4	0.007	0.03	0.009	〃	
〃	タイル接着張り下地	6.4	0.014	0.06	0.018	〃	

(注)　内壁タイル接着張り下地モルタルは，金ごて仕上げとし，他の下地モルタルは木ごて仕上げとする。

表 15-12 壁防水モルタル塗り（コンクリート下地）

(1m² 当たり)

名　称	規　格	セメント (kg)	砂 (m³)	防水剤 (ℓ)	左官 (人)	普通 作業員 (人)	その他	摘要
壁防水モルタル塗り	コンクリート下地 金ごて　厚さ15mm	10.0	0.017	0.18	0.075	0.023	一式	
	はけ引き　〃	10.0	0.017	0.18	0.073	0.023	〃	

(注)　調合，下塗り・上塗り共。セメント：砂=1：2とする。

❷ 人造石塗りとぎ出し

表15-13 床人造石塗りとぎ出し仕上げ　　　　　　　　　　　　（1m² 当たり）

名　称	規格	セメント (kg)	砂 (m³)	白色セメント (kg)	砕石 (kg)	顔料 (kg)	左官 (人)	普通作業員 (人)	特殊作業員 (人)	その他	摘要
床人造石塗りとぎ出し仕上げ	厚さ30mm	13.9	0.03	6.2	12.8	0.2	0.153	0.065	0.2	一式	

（注）目地棒取付けは別途。

❸ せっこうプラスタ塗り
(1) せっこうプラスタ塗りの工程および塗り厚

表15-14 せっこうプラスタ塗りの工程および塗り厚

下地	塗り層	プラスタ 下塗り用	プラスタ 上塗り用	塗り厚 (mm)	摘要
コンクリート，コンクリートブロック，れんが，ラス類	—	—	—	6	下地モルタル塗り
	下塗り	○	—	6～8	
	中塗り	○	—	5～7	
	上塗り	—	○	3～5	
せっこうラスボード，せっこうボード	下塗り	○	—	6～8	
	中塗り	○	—	5～7	
	上塗り	—	1	3～5	

（注）1. 上塗りは，既調合プラスタ（上塗り用）とする。
　　　2. 下地がせっこうボードの場合，下塗りおよび中塗りに用いるせっこうプラスタは既調合プラスタ（下塗り用）とする。

(2) 壁せっこうプラスタ塗り

表15-15 壁せっこうプラスタ塗り（コンクリート下地）　　　　　（1m² 当たり）

名　称	規　格	セメント (kg)	砂 (m²)	せっこうプラスタ（下）(kg)	せっこうプラスタ（上）(kg)	白毛すさ (kg)	左官 (人)	普通作業員 (人)	その他	摘要
壁せっこうプラスタ塗り	コンクリート下地20mm	4.0	0.02	5.7	1.5	0.057	0.13	0.03	一式	

（注）下地モルタル塗り共。

表15-16　壁せっこうプラスタ塗り（ラスボード下地）　　　（1m² 当たり）

名称	規格	砂 (m³)	ボード用せっこうプラスタ (kg)	せっこうプラスタ（下）(kg)	せっこうプラスタ（上）(kg)	白毛すさ (kg)	左官 (人)	普通作業員 (人)	その他	摘要
壁せっこうプラスタ塗り	ラスボード下地13mm	0.014	3.5	2.4	1.5	0.043	0.11	0.022	一式	

❹　ドロマイトプラスタ塗り

(1)　壁ドロマイトプラスタ塗り

表15-17　壁ドロマイトプラスタ塗り（コンクリート下地）　　　（1m² 当たり）

名称	規格	セメント (kg)	砂 (m³)	ドロマイトプラスタ（下）(kg)	ドロマイトプラスタ（上）(kg)	白毛すさ (kg)	さらしすさ (kg)	左官 (人)	普通作業員 (人)	その他	摘要
壁ドロマイトプラスタ塗り	コンクリート下地20mm	5.4	0.02	3.2	0.97	0.076	0.012	0.12	0.03	一式	

（注）下地モルタル塗り共。

表15-18　壁ドロマイトプラスタ塗り（ラスボード下地）　　　（1m² 当たり）

名称	規格	砂 (m³)	ボード用せっこうプラスタ (kg)	ドロマイトプラスタ（下）(kg)	ドロマイトプラスタ（上）(kg)	白毛すさ (kg)	さらしすさ (kg)	左官 (人)	普通作業員 (人)	その他	摘要
壁ドロマイトプラスタ塗り	ラスボード下地13mm	0.014	3.5	1.6	0.97	0.039	0.012	0.095	0.022	一式	

15-4　算出例

〔算出例15-1〕　床コンクリート直均し仕上げ（1）　　　■は市場単価

薄物仕上げ　木ごて1回，金ごて3回							1m² 当たり		1,070 円
名称	規格	単位	数量	単価	金額	単価根拠		備考	
左官		人	0.035	25,800.00	903.00				
その他		一式			162.54	903.00×0.18		(労)×18%	
計					1,065.54				

〔算出例 15-2〕 床コンクリート直均し仕上げ (2)　　　　　　　　■は市場単価

厚物仕上げ　木ごて1回，金ごて1回						1m² 当たり		760 円
名　称	規　格	単位	数量	単価	金額	単価根拠	備　考	
左　官		人	0.025	25,800.00	645.00			
その他		一式			116.10	645.00×0.18	(労)×18%	
計					761.10			

〔算出例 15-3〕 床モルタル塗り (1)　　　　　　　　　　　　　■は市場単価

厚さ 28mm						1m² 当たり		2,710 円
名　称	規　格	単位	数量	単価	金額	単価根拠	備　考	
セメント		kg	13.9	21.60	300.24	540 円/25kg		
細骨材	砂	m³	0.035	4,550.00	159.25			
左　官		人	0.045	25,800.00	1,161.00			
普通作業員		〃	0.034	19,800.00	673.20			
その他		一式			412.86	2,293.69×0.18	(材+労)×18%	
計					2,706.55			

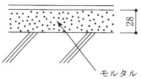

モルタル

〔算出例 15-4〕 床モルタル塗り (2)

厚さ 30mm						1m² 当たり		2,830 円
名　称	規　格	単位	数量	単価	金額	単価根拠	備　考	
セメント		kg	16.9	21.60	365.04	540 円/25kg		
細骨材	砂	m³	0.035	4,550.00	159.25			
左　官		人	0.045	25,800.00	1,161.00			
普通作業員		〃	0.036	19,800.00	712.80			
その他		一式			431.66	2,398.09×0.18	(材+労)×18%	
計					2,829.75			

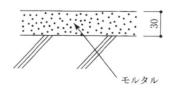

モルタル

15　左　官

〔算出例 15-5〕　階段床下地モルタル塗り　　　　　　　　　　　　　　　　　　　■は市場単価

厚さ28mm　ビニル系床材下地						1m² 当たり		6,820 円
名　　称	規　　格	単位	数量	単　価	金　額	単 価 根 拠	備　　考	
セ メ ン ト		kg	13.9	21.60	300.24	540円/25kg		
細 骨 材	砂	m³	0.035	4,550.00	159.25			
左　　官		人	0.18	25,800.00	4,644.00			
普 通 作 業 員		〃	0.034	19,800.00	673.20			
そ の 他		一式			1,039.80	5,776.69×0.18	（材＋労）×18%	
計					6,816.49			

〔算出例 15-6〕　階段モルタル塗り

厚さ30mm　こて仕上げ						1m² 当たり		6,940 円
名　　称	規　　格	単位	数量	単　価	金　額	単 価 根 拠	備　　考	
セ メ ン ト		kg	16.9	21.60	365.04	540円/25kg		
細 骨 材	砂	m³	0.035	4,550.00	159.25			
左　　官		人	0.18	25,800.00	4,644.00			
普 通 作 業 員		〃	0.036	19,800.00	712.80			
そ の 他		一式			1,058.60	5,881.09×0.18	（材＋労）×18%	
計					6,939.69			

〔算出例 15-7〕　くつずりモルタル塗り

幅100mm						1m 当たり		1,740 円
名　　称	規　　格	単位	数量	単　価	金　額	単 価 根 拠	備　　考	
セ メ ン ト		kg	1.4	21.60	30.24	540円/25kg		
細 骨 材	砂	m³	0.003	4,550.00	13.65			
左　　官		人	0.053	25,800.00	1,367.40			
普 通 作 業 員		〃	0.003	19,800.00	59.40			
そ の 他		一式			264.72	1,470.69×0.18	（材＋労）×18%	
計					1,735.41			

〔算出例 15-8〕　幅木モルタル塗り　　　　　　　　　　　　　　　　　　　　　　■は市場単価

高さ100mm　出幅木						1m 当たり		1,700 円
名　　称	規　　格	単位	数量	単　価	金　額	単 価 根 拠	備　　考	
セ メ ン ト		kg	1.3	21.60	28.08	540円/25kg		
細 骨 材	砂	m³	0.003	4,550.00	13.65			
左　　官		人	0.052	25,800.00	1,341.60			
普 通 作 業 員		〃	0.003	19,800.00	59.40			
そ の 他		一式			259.69	1,442.73×0.18	（材＋労）×18%	
計					1,702.42			

〔算出例 15-9〕 階段ささら幅木モルタル塗り　　　　　　　　　　　■は市場単価

高さ150mm							
						1m 当たり	2,170 円
名　　称	規　格	単位	数量	単価	金額	単価根拠	備　考
セ メ ン ト	砂	kg	1.9	21.60	41.04	540 円/25kg	
細 骨 材		m³	0.004	4,550.00	18.20		
左　　官		人	0.065	25,800.00	1,677.00		
普 通 作 業 員		〃	0.005	19,800.00	99.00		
そ の 他		一式			330.34	1,835.24×0.18	(材+労)×18%
計					2,165.58		

〔算出例 15-10〕 外壁下地モルタル塗り（1）　　　　　　　　　　　■は市場単価

モザイクタイル下地							
						1m² 当たり	3,910 円
名　　称	規　格	単位	数量	単価	金額	単価根拠	備　考
セ メ ン ト	砂	kg	10.9	21.60	235.44	540 円/25kg	
細 骨 材		m³	0.026	4,550.00	118.30		
左　　官		人	0.09	25,800.00	2,322.00		
普 通 作 業 員		〃	0.032	19,800.00	633.60		
そ の 他		一式			595.68	3,309.34×0.18	(材+労)×18%
計					3,905.02		

〔算出例 15-11〕 外壁下地モルタル塗り（2）　　　　　　　　　　　■は市場単価

小口タイル以上							
						1m² 当たり	3,120 円
名　　称	規　格	単位	数量	単価	金額	単価根拠	備　考
セ メ ン ト	砂	kg	9.5	21.60	205.20	540 円/25kg	
細 骨 材		m³	0.022	4,550.00	100.10		
左　　官		人	0.07	25,800.00	1,806.00		
普 通 作 業 員		〃	0.027	19,800.00	534.60		
そ の 他		一式			476.26	2,645.90×0.18	(材+労)×18%
計					3,122.16		

〔算出例 15-12〕 内壁下地モルタル塗り（1）　　　　　　　　　　　■は市場単価

モザイクタイル下地							
						1m² 当たり	3,010 円
名　　称	規　格	単位	数量	単価	金額	単価根拠	備　考
セ メ ン ト	砂	kg	8.5	21.60	183.60	540 円/25kg	
細 骨 材		m³	0.019	4,550.00	86.45		
左　　官		人	0.07	25,800.00	1,806.00		
普 通 作 業 員		〃	0.024	19,800.00	475.20		
そ の 他		一式			459.23	2,551.25×0.18	(材+労)×18%
計					3,010.48		

15 左官

〔算出例 15-13〕 内壁下地モルタル塗り (2)

■は市場単価

小口タイル以上						1m² 当たり		2,560 円
名　　称	規　格	単位	数量	単　価	金　額	単価根拠	備　考	
セ　メ　ン　ト	砂	kg	6.9	21.60	149.04	540 円/25kg		
細　骨　材		m³	0.016	4,550.00	72.80			
左　　官		人	0.06	25,800.00	1,548.00			
普 通 作 業 員		〃	0.020	19,800.00	396.00			
そ　の　他		一式			389.85	2,165.84×0.18	(材＋労)×18%	
計					2,555.69			

〔算出例 15-14〕 内壁下地モルタル塗り (3)

改良積上げ張り						1m² 当たり		1,250 円
名　　称	規　格	単位	数量	単　価	金　額	単価根拠	備　考	
セ　メ　ン　ト	砂	kg	3.4	21.60	73.44	540 円/25kg		
細　骨　材		m³	0.007	4,550.00	31.85			
左　　官		人	0.03	25,800.00	774.00			
普 通 作 業 員		〃	0.009	19,800.00	178.20			
そ　の　他		一式			190.35	1,057.49×0.18	(材＋労)×18%	
計					1,247.84			

〔算出例 15-15〕 内壁下地モルタル塗り (4)

接着張り						1m² 当たり		2,490 円
名　　称	規　格	単位	数量	単　価	金　額	単価根拠	備　考	
セ　メ　ン　ト	砂	kg	6.4	21.60	138.24	540 円/25kg		
細　骨　材		m³	0.014	4,550.00	63.70			
左　　官		人	0.06	25,800.00	1,548.00			
普 通 作 業 員		〃	0.018	19,800.00	356.40			
そ　の　他		一式			379.14	2,106.34×0.18	(材＋労)×18%	
計					2,485.48			

〔算出例 15-16〕 外壁モルタル塗り (1)

金ごて　厚さ 25mm						1m² 当たり		5,340 円
名　　称	規　格	単位	数量	単　価	金　額	単価根拠	備　考	
セ　メ　ン　ト	砂	kg	13.0	21.60	280.80	540 円/25kg		
細　骨　材		m³	0.03	4,550.00	136.50			
左　　官		人	0.13	25,800.00	3,354.00			
普 通 作 業 員		〃	0.038	19,800.00	752.40			
そ　の　他		一式			814.27	4,523.70×0.18	(材＋労)×18%	
計					5,337.97			

左官

〔算出例 15-17〕 外壁モルタル塗り（2）

はけ引き 厚さ 25mm						1m² 当たり		4,730 円
名　　称	規　格	単位	数量	単　価	金　額	単価根拠	備　考	
セ　メ　ン　ト		kg	13.0	21.60	280.80	540 円/25kg		
細　骨　材	砂	m³	0.03	4,550.00	136.50			
左　　　官		人	0.11	25,800.00	2,838.00			
普　通　作　業　員		〃	0.038	19,800.00	752.40			
そ　の　他		一式			721.39	4,007.70×0.18	（材＋労）×18%	
計					4,729.09			

〔算出例 15-18〕 内壁モルタル塗り（1）　　　　　　　■は市場単価

金ごて 厚さ 20mm						1m² 当たり		4,600 円
名　　称	規　格	単位	数量	単　価	金　額	単価根拠	備　考	
セ　メ　ン　ト		kg	10.3	21.60	222.48	540 円/25kg		
細　骨　材	砂	m³	0.024	4,550.00	109.20			
消　石　灰		kg	0.38	25.00	9.50	500 円/20kg		
左　　　官		人	0.115	25,800.00	2,967.00			
普　通　作　業　員		〃	0.03	19,800.00	594.00			
そ　の　他		一式			702.39	3,902.18×0.18	（材＋労）×18%	
計					4,604.57			

〔算出例 15-19〕 内壁モルタル塗り（2）

はけ引き 厚さ 20mm						1m² 当たり		4,000 円
名　　称	規　格	単位	数量	単　価	金　額	単価根拠	備　考	
セ　メ　ン　ト		kg	10.3	21.60	222.48	540 円/25kg		
細　骨　材	砂	m³	0.024	4,550.00	109.20			
消　石　灰		kg	0.38	25.00	9.50	500 円/20kg		
左　　　官		人	0.095	25,800.00	2,451.00			
普　通　作　業　員		〃	0.03	19,800.00	594.00			
そ　の　他		一式			609.51	3,386.18×0.18	（材＋労）×18%	
計					3,995.69			

〔算出例 15-20〕 壁防水モルタル塗り（コンクリート下地）

金ごて 厚さ 15mm						1m² 当たり		3,210 円
名　　称	規　格	単位	数量	単　価	金　額	単価根拠	備　考	
セ　メ　ン　ト		kg	10.0	21.60	216.00	540 円/25kg		
細　骨　材	砂	m³	0.017	4,550.00	77.35			
防　水　剤		ℓ	0.18	200.00	36.00			
左　　　官		人	0.075	25,800.00	1,935.00			
普　通　作　業　員		〃	0.023	19,800.00	455.40			
そ　の　他		一式			489.56	2,719.75×0.18	（材＋労）×18%	
計					3,209.71			

15 左官

〔算出例 15-21〕 柱・梁型モルタル塗り（コンクリート下地）

金ごて 厚さ25mm						1m² 当たり		5,810 円
名　　称	規　格	単位	数量	単価	金額	単価根拠	備　考
セ　メ　ン　ト	砂	kg	13.1	21.60	282.96	540 円/25kg	
細　骨　材		m³	0.03	4,550.00	136.50		
消　石　灰		kg	0.38	25.00	9.50	500 円/20kg	
左　　官		人	0.145	25,800.00	3,741.00		
普 通 作 業 員		〃	0.038	19,800.00	752.40		
そ　の　他		一式			886.02	4,922.36×0.18	（材＋労）×18%
計					5,808.38		

〔算出例 15-22〕 パラペットモルタル塗り

糸幅500mm						1m 当たり		6,080 円
名　　称	規　格	単位	数量	単価	金額	単価根拠	備　考
セ　メ　ン　ト	砂	kg	6.5	21.60	140.40	540 円/25kg	
細　骨　材		m³	0.015	4,550.00	68.25		
左　　官		人	0.18	25,800.00	4,644.00		
普 通 作 業 員		〃	0.015	19,800.00	297.00		
そ　の　他		一式			926.94	5,149.65×0.18	（材＋労）×18%
計					6,076.59		

〔算出例 15-23〕 笠木モルタル塗り

糸幅340mm						1m 当たり		3,440 円
名　　称	規　格	単位	数量	単価	金額	単価根拠	備　考
セ　メ　ン　ト	砂	kg	4.4	21.60	95.04	540 円/25kg	
細　骨　材		m³	0.010	4,550.00	45.50		
左　　官		人	0.1	25,800.00	2,580.00		
普 通 作 業 員		〃	0.01	19,800.00	198.00		
そ　の　他		一式			525.34	2,918.54×0.18	（材＋労）×18%
計					3,443.88		

〔算出例 15-24〕 窓台モルタル塗り

糸幅150mm						1m 当たり		2,630 円
名　　称	規　格	単位	数量	単価	金額	単価根拠	備　考
セ　メ　ン　ト	砂	kg	2.0	21.60	43.20	540 円/25kg	
細　骨　材		m³	0.005	4,550.00	22.75		
左　　官		人	0.08	25,800.00	2,064.00		
普 通 作 業 員		〃	0.005	19,800.00	99.00		
そ　の　他		一式			401.21	2,228.95×0.18	（材＋労）×18%
計					2,630.16		

〔算出例 15-25〕 建具回りモルタル充てん　　　　　　　　　　　　　　　　■は市場単価

外部　　　　　　　　　　　　　　　　　　　　　　　　　1m 当たり　　2,270 円

名　称	規　格	単位	数量	単　価	金　額	単価根拠	備　考
セ　メ　ン　ト		kg	4.9	21.60	105.84	540 円/25kg	
防　水　剤		ℓ	0.1	200.00	20.00		
細　骨　材	砂	m³	0.012	4,550.00	54.60		
左　　　官		人	0.06	25,800.00	1,548.00		
普 通 作 業 員		〃	0.01	19,800.00	198.00		
そ　の　他		一式			346.76	1,926.04×0.18	（材＋労）×18%
計					2,273.20		

〔算出例 15-26〕 防水入隅処理（モルタル）　　　　　　　　　　　　　　■は市場単価

　　　　　　　　　　　　　　　　　　　　　　　　　　　　1m 当たり　　330 円

名　称	規　格	単位	数量	単　価	金　額	単価根拠	備　考
セ　メ　ン　ト		kg	0.28	21.60	6.05	540 円/25kg	
細　骨　材	砂	m³	0.00068	4,550.00	3.09		
左　　　官		人	0.01	25,800.00	258.00		
普 通 作 業 員		〃	0.00072	19,800.00	14.26		
そ　の　他		一式			50.65	281.40×0.18	（材＋労）×18%
計					332.05		

〔算出例 15-27〕 床人造石塗りとぎ出し仕上げ

コンクリート下地等　厚さ 30mm　　　　　　　　　　　　　1m² 当たり　　13,700 円

名　称	規　格	単位	数量	単　価	金　額	単価根拠	備　考
セ　メ　ン　ト		kg	13.9	21.60	300.24	540 円/25kg	
細　骨　材	砂	m³	0.03	4,550.00	136.50		
白色セメント		kg	6.2	58.00	359.60	1,160 円/20kg	
砕　　　石	カナリヤ	〃	12.8	60.00	768.00	1,800 円/30kg	
顔　　　料		〃	0.2	1,560.00	312.00	780 円/0.5kg	
左　　　官		人	0.153	25,800.00	3,947.40		
普 通 作 業 員		〃	0.065	19,800.00	1,287.00		
特 殊 作 業 員		〃	0.2	22,700.00	4,540.00		
そ　の　他		一式			2,097.13	11,650.74×0.18	（材＋労）×18%
計					13,747.87		

15 左官

〔算出例 15-28〕 壁せっこうプラスタ塗り（コンクリート下地）

厚さ20mm 下地モルタル塗り共						1m² 当たり	5,290 円
名　　称	規　格	単位	数量	単　価	金　額	単価根拠	備　考
セメント		kg	4.0	21.60	86.40	540 円/25kg	
細骨材	砂	m³	0.02	4,550.00	91.00		
せっこうプラスタ(下)		kg	5.7	45.50	259.35	910 円/20kg	
せっこうプラスタ(上)		〃	1.5	45.50	68.25	910 円/20kg	
白毛すさ		〃	0.057	540.00	30.78		
左官		人	0.13	25,800.00	3,354.00		
普通作業員		〃	0.03	19,800.00	594.00		
その他		一式			807.08	4,483.78×0.18	（材＋労）×18%
計					5,290.86		

〔算出例 15-29〕 壁せっこうプラスタ塗り（ラスボード下地）

厚さ13mm						1m² 当たり	4,360 円
名　　称	規　格	単位	数量	単　価	金　額	単価根拠	備　考
細骨材	砂	m³	0.014	4,550.00	63.70		
ボード用せっこうプラスタ		〃	3.5	45.50	159.25	910 円/20kg	
せっこうプラスタ(下)		kg	2.4	45.50	109.20	910 円/20kg	
せっこうプラスタ(上)		〃	1.5	45.50	68.25	910 円/20kg	
白毛すさ		〃	0.043	540.00	23.22		
左官		人	0.11	25,800.00	2,838.00		
普通作業員		〃	0.022	19,800.00	435.60		
その他		一式			665.50	3,697.22×0.18	（材＋労）×18%
計					4,362.72		

〔算出例 15-30〕 壁色モルタル吹付け

下塗り別途　吹付け2回						1m² 当たり	1,800 円
名　　称	規　格	単位	数量	単　価	金　額	単価根拠	備　考
白色セメント		kg	1.25	58.00	72.50	1,160 円/20kg	
石粉		〃	0.03	32.50	0.98	650 円/20kg	
顔料		〃	0.06	1,000.00	60.00	500 円/0.5kg	
ドロマイトプラスタ(上)		〃	0.63	32.80	20.66	820 円/25kg	
左官		人	0.03	25,800.00	774.00		
普通作業員		〃	0.03	19,800.00	594.00		
その他		一式			273.99	1,522.14×0.18	（材＋労）×18%
計					1,796.13		

〔算出例 15-31〕 壁白セメント吹付け

下塗り別途　吹付け2回						1m² 当たり		1,230 円
名　　称	規　格	単位	数量	単　価	金　額	単価根拠	備　　考	
白色セメント		kg	1.25	58.00	72.50	1,160 円/20kg		
石　　　粉		〃	0.06	32.50	1.95	650 円/20kg		
顔　　　料		〃	0.06	1,000.00	60.00	500 円/0.5kg		
左　　　官		人	0.02	25,800.00	516.00			
普通作業員		〃	0.02	19,800.00	396.00			
そ の 他		一式			188.36	1,046.45×0.18	（材＋労）×18%	
計					1,234.81			

16 建　　具

16-1　木　製　建　具

❶　概　　説

　木製建具の数量算出は金属製建具と同様に，通常設計図に姿図のほか，建具の寸法，表面処理等が表示され，さらに数量も記入されているので，それに従って内訳書を作成する。
　なお数量については，建具表と建具配置図により，チェックする必要がある。
　特に木製建具で注意すべき事項を以下に示す。
　① 建具の枠は別に算出し，「12 木工」に計上する。ただし，木工が少量で内訳書に科目を計上しない場合には，枠を含めた複合単価とすることができる。
　② 建具用金物は建具の種類により異なるので，建具記号で積算すると間違った解答を出すことになりかねないので，複合単価にする場合は注意する必要がある。
　③ 建具のガラスや塗装は，「16-3 ガラス」，「17 塗装」に計上する。
　④ 労務歩掛は，建具取付調整および付属金物の取付手間のみで，建具材の製作手間は建具に含める。
　本節では，建具は市場既製品単価を採用したが，仕様書によっては，心材，かまち材等を細かく決めている例もあるので，仕様書のチェックが必要である。
　以下，参考として『公共建築工事標準仕様書』による建具の工法および建具用金物を示す。

❷　建　具　の　工　法

表16-1　フラッシュ戸の工法

名　　称		工　　　　法
かまち（集成材）		かまちを構成する単材は，背合せに接着する。縦かまちは，3枚はぎ以上，かつ，見付け60mm以上とする。上下かまちは，3枚はぎ以上，かつ，見付け75mm以上とする。錠前当たりおよびドアクローザー当たりは使用金物に応じて増し骨とする。上下かまちと縦かまちの取合いは，両面にステープルを用いて固定する
かまち（単板積層材）		縦および上下かまちは，見付け45mm以上とする。錠前当たりおよびドアクローザー当たりは，使用金物に応じて増し骨とする。上下かまちと縦かまちの取合いは，両面にステープルを用いて固定する
心　　材	中　骨　式	中骨（見付け12mm以上）を横方向（間隔150mm程度）に配置する。横骨と縦かまちとの取合いは，両面にステープルを用いて固定する
	ペーパーコア式	中骨（見付け15mm以上）を4か所入れ，中骨の間にペーパーコアを入れる。中骨と縦かまちとの取合いは，両面にステープルを用いて固定する
表　面　板		骨組に接着剤を用いて圧着する
化粧縁（大手）		縦かまちに張り付ける
定　規　縁	開　き　戸	T形または合じゃくり形を接着剤で留める
	引　　戸	召合せかまちをいんろう付きとする場合は，特記による

表 16-2 かまち戸の工法

名称	工法		
上下かまちおよび主要な中桟	見込み寸法（mm）	見付け寸法（mm）	ほぞの形式
	36 未満	120 未満	1 段 1 枚ほぞ
		120 以上	2 段 1 枚ほぞ
	36 以上	120 未満	1 段 2 枚ほぞ
		120 以上	2 段 2 枚ほぞ
	ほぞは，かまち見付けの 1/2 以上をほぞ穴とし，接着剤を用いて仕口に隙間および目違いのないよう組み立てる		
かまちおよび桟の取合い	縦かまちと上下かまちおよび縦桟と横桟の取合いはかぶせ面とする		
定規縁	フラッシュ戸と同じとする		
鏡板	四周を小穴入れとする		
押縁	両端を押さえ，間隔 250mm 程度に木ねじ留めまたはくぎ打ちとする。ただし，ガラス戸の場合は，木ねじ留めとする		
中桟 横	縦かまちにほぞ差しとする		
中桟 縦	横桟にほぞ差し，上下かまちに深ほぞ差しとする		
その他	レールは，V 形レールまたは U 形レールとする		

表 16-3 ふすまの工法

名称	工法	
	Ⅰ型	Ⅱ型
周囲骨	21×16.5mm とし，隅はえり輪入れ，くぎ打ちとする	26×15mm とし，隅は火打ち（60×30mm）を入れ，接着剤および両面にステープルを用いて固定する
中骨 縦骨	12×13.5mm，3 本	10.5×14.8mm，3 本
中骨 横骨	12×13.5mm，11 本 ただし，中 3 本（中 1 本は引手の上）は，21×13.5mm とする	10.5×14.8mm，11 本
中骨 骨の組立	中骨の周囲骨との取合いは，胴付けし，くぎ打ちとする 中骨の取合いは，相欠き，両組みとする	中骨の周囲骨との取合いは，胴付けし，両面にステープルを用いて固定する 中骨の取合いは，相欠き，両組みとする
引手受け	周囲骨および縦骨に胴付け，くぎ打ちとする	周囲骨および縦骨に胴付け，ステープルで固定する
縁	塗り縁：カシュー塗料の 2 回塗り 生地縁：素地またはウレタンクリヤー塗装 縦縁は，スクリューくぎまたは折合いくぎ（間隔 300mm 程度）で取り付ける 上下縁は，くぎ（間隔 250mm 程度）打ちとする。引違いの召合せ部は見込みを分増しし，出合いかまちは定規縁付きとする	
紙張り 下張り	骨しばり 1 回，べた張り 1 回，袋張り 1 回	耐水高圧紙 1 回，袋張り 1 回
紙張り 増張り	押入用幅広ふすまの押入側および片面ビニル系ふすま（欄間を除く）のビニル側は，その裏面にべた張り 1 回を増張りする	
紙張り 上張り	周囲骨より四方に 10mm 程度広めにし，10mm 部分を周囲骨にのり張りする	

（注） 周囲骨および中骨の寸法は，見付け幅×見込み幅を表す。

表 16-4 紙張り障子の工法

名　　　称	工　　　　　法		
	見込み寸法（mm）	見付け寸法（mm）	ほぞの形式
か ま ち	30	27	ほぞ穴
上　　　桟	18	40	1段1枚ほぞ
下　　　桟	28	40〜90	1段1枚ほぞ
組　　　子	15	8〜9	1段1枚ほぞ
かまちと上下および横桟の取合い	上下および横桟は，かまちにほぞ差しとする。ほぞは，かまち見付けの1/2以上をほぞ穴とし，接着剤を用いて仕口に隙間のないよう組み立てる		

❸　建 具 用 金 物

(1)　木製建具の丁番等

　　材質は軸を含めステンレスとする。

表 16-5　木製建具用丁番

枚　　　　　　数		大きさ（mm）	
建具の高さが2,000mm未満	建具の高さが2,000mm以上2,400mm以下	長　さ	厚　さ
2枚	3枚	102	2.0

表 16-6　木製建具に使用する戸車とレール　　　　　　　　　　　（mm）

使 用 箇 所	戸車の外径	レールの断面	
		断面の形	幅×高さ
出入口および特に大きな窓	36（42）	甲丸，V形，U形	7.0×9.0（12.0×12.0）
一　般　の　窓	30		5.6×7.0

（注）（　）は，V形またはU形レールの場合。

(2)　建具用金物の種類

　　表 16-7 による。

表 16-7 建具の形式に応じた金物の種類および見え掛り部の材質

形式	金物の種類	見え掛り部の材質	摘　　要
開き戸	＊シリンダー箱錠	＊握り玉：ステンレス ＊レバーハンドル：アルミニウム合金 　　　（＊ステンレス，＊黄銅） シリンダーカラー：ステンレス	シリンダーはピンタンブラーまたはロータリーディスクタンブラーとし，タンブラーは6本以上 シリンダーサイドは，特記がない場合，外側シリンダー，内側サムターンとする 握り玉の場合：バックセット 60mm 以上 レバーハンドルの場合：バックセット 50mm 以上 鋼製建具，鋼製軽量建具およびステンレス製建具にあっては，実用性能項目は，JIS A 1541-2（建築金物―錠―第2部：実用性能項目に対するグレード及び表示方法）によるグレード3以上[注]1 とする。ただし，耐じん性能については，特記による。その他の建具の適用は，特記による。
	＊本締り錠	シリンダーカラー：ステンレス	
	＊空錠	＊握り玉：ステンレス ＊レバーハンドル：アルミニウム合金 　　　（＊ステンレス，＊黄銅）	施錠の必要のない戸に適用 握り玉の場合：バックセット 60mm 以上 レバーハンドルの場合：バックセット 50mm 以上
	＊グレモン錠	レバーハンドル：亜鉛合金 　　　（＊ステンレス）	気密ドアセットに適用
	ケースハンドル錠	ステンレス	壁に納める防火戸の類に適用
	点検口錠	亜鉛合金程度，（＊ステンレス）	平面ハンドル錠等
	丁番	ステンレス，（＊黄銅）	軸は鋼。外部用は軸も含めてステンレス
	＊ピボットヒンジ	カバー部：ステンレス，（＊亜鉛合金）	内部に適用 ステンレスの場合は，ヒンジ部および軸は鋼。亜鉛合金は木製建具用のみ
	軸吊りヒンジ	建具製作所の仕様による	点検口戸等に適用 自閉装置付きは，特記による
	＊フロアヒンジ	カバー部：ステンレス（本体は鋼）	防火戸の場合：ストップなし 防火戸以外の場合：ストップ付き ドアクローザーのディレードアクション（遅延閉）機能付きは，特記による
	＊ヒンジクローザー（丁番形）	鋼（焼付け塗装）	
	＊ヒンジクローザー（ピボット形）	カバー部：ステンレス（本体は鋼）	
	＊ドアクローザー	本体：アルミニウム合金 アーム部：鋼（焼付塗装）	
	閉鎖順位調整器	ステンレス，（＊鋼）	両開きおよび親子開きの防火戸等に適用
	＊押棒・押板	（＊ステンレス，＊黄銅，＊合成樹脂）	
	上げ落し（フランス落し）	亜鉛合金程度，（＊ステンレス）	彫込み式 両開きおよび親子開き戸に適用
	＊アームストッパー	鋼（クロムめっき），（＊ステンレス）	
	戸当たり	亜鉛合金程度，（＊ステンレス，＊黄銅）	あおり止め（フック）付きは，特記による

16 建具

形式	金物の種類	見え掛り部の材質	摘要
引戸	引戸用錠	建具製作所の仕様による	鎌錠，引違い戸錠等 木製建具の場合：シリンダーカラー等はステンレス
	＊クレセント		
	引手類		木製建具の場合：ステンレス（＊黄銅）
	戸車（上吊りの場合を除く）		
	レール（上吊りの場合を除く）	ステンレス（＊アルミニウム合金，＊黄銅）	黄銅は木製建具用のみ
その他	建具製作所の仕様による		引違い窓，片引き窓，開き窓，突出し窓，すべり出し窓，内倒し窓，外倒し窓，回転窓等

（注）1. 枠類の厚さが 1.5mm 以上の場合は，JIS A 1541-2 に規定してあるストライクの仕様は適用しない。
　　　2. ＊印の適用は，特記による。

❹ 算 出 例

〔算出例 16-1〕 開きフラッシュ戸取付け（1）

片開き　$W800 \times H1,800$mm　　　　　　　　　1 か所当たり　　19,100 円

名　称	規　格	単位	数量	単価	金額	単価根拠	備　考
建　具	$W800 \times H1,800$mm	枚	1	10,000.00	10,000.00		ラワン見込 33
丁　番	ステンレス　102×2.0mm	〃	2	256.00	512.00		
戸当たり，あおり止め	ステンレス	個	1	500.00	500.00		
箱　錠	U9MAD-1	〃	1	4,190.00	4,190.00		
建具工		人	0.15	22,700.00	3,405.00		
その他		一式			510.75	3,405.00×0.15	（労）×15%
計					19,117.75		

〔算出例 16-2〕 開きフラッシュ戸取付け（2）

両開き　$W1,600 \times H1,800$mm　　　　　　　　　1 か所当たり　　34,000 円

名　称	規　格	単位	数量	単価	金額	単価根拠	備　考
建　具	$W1,600 \times H1,800$mm	枚	2	10,000.00	20,000.00		ラワン見込 33
丁　番	ステンレス　102×2.0mm	〃	4	256.00	1,024.00		
戸当たり，あおり止め	ステンレス	個	1	500.00	500.00		
箱　錠	U9MAD-1	〃	1	4,190.00	4,190.00		
上げ落し	ステンレス	〃	1	420.00	420.00		
建具工		人	0.3	22,700.00	6,810.00		
その他		一式			1,021.50	6,810.00×0.15	（労）×15%
計					33,965.50		

〔算出例 16-3〕 開きフラッシュ戸取付け（3）

便所片開き　W600×H1,800mm						1か所当たり	15,600 円
名　称	規　格	単位	数量	単価	金額	単価根拠	備考
建　具	W600×H1,800mm	枚	1	9,500.00	9,500.00	10,000円×0.95	ラワン見込 33
ラバトリーヒンジ		組	1	1,630.00	1,630.00		
表示付き空錠	ステンレス	個	1	783.00	783.00		
帽子掛け		〃	1	244.00	244.00		
戸当たり							
建具工		人	0.13	22,700.00	2,951.00		
その他		一式			442.65	2,951.00×0.15	（労）×15%
計					15,550.65		

〔算出例 16-4〕 引違い戸取付け

W1,700×H1,800mm						1か所当たり	25,900 円
名　称	規　格	単位	数量	単価	金額	単価根拠	備考
建　具	W850×H1,800mm	枚	2	10,000.00	20,000.00		
レール	甲丸 7.0×9.0mm	本	2	535.00	1,070.00		
引手	ステンレス	個	4	60.00	240.00		
ねじ締り	締り金物	組	1	186.00	186.00		
戸車	φ36 程度	個	4	445.00	1,780.00		
建具工		人	0.1	22,700.00	2,270.00		
その他		一式			340.50	2,270.00×0.15	（労）×15%
計					25,886.50		

〔算出例 16-5〕 引違いふすま取付け

W1,750×H1,800mm（両面）						1か所当たり	18,500 円
名　称	規　格	単位	数量	単価	金額	単価根拠	備考
建　具	新鳥の子貼	枚	2	7,820.00	15,640.00		
引手		個	4	60.00	240.00		
建具工		人	0.1	22,700.00	2,270.00		
その他		一式			340.50	2,270.00×0.15	（労）×15%
計					18,490.50		

〔算出例 16-6〕 引違い障子取付け

W1,750×H1,800mm						1か所当たり	27,400 円
名　称	規　格	単位	数量	単価	金額	単価根拠	備考
建　具		枚	2	12,000.00	24,000.00		
建具工		人	0.13	22,700.00	2,951.00		
その他		一式			442.65	2,951.00×0.15	（労）×15%
計					27,393.65		

〔算出例 16-7〕 ドアクローザ取付け

名　　称	規　　格	単位	数量	単　価	金　額	単価根拠	備　考
				1か所当たり	7,030 円		
ドアクローザ	アルミ合金製ストッパー付	個	1	4,680.00	4,680.00		
建　具　工		人	0.09	22,700.00	2,043.00		
そ　の　他		一式			306.45	2,043.00×0.15	（労）×15%
計					7,029.45		

16-2　金属製建具

❶　概　　説

　金属製建具には，アルミニウム製建具，鋼製建具，鋼製軽量建具，ステンレス製建具およびシャッター等に区分される。

　金属製建具は，意匠性（建具の形状，表面仕上げ等）が高く，また，性能（耐風圧性，気密性，水密性，遮音性，断熱性等）も建物の規模や用途により建具の仕様が異なる。

　金属製建具は，上記の意匠性，性能により既製品（レディメード），半既製品（ハーフオーダー），注文製品（オーダー）に区分される。

　単価については，既製品を除いては価格情報，歩掛がないため専門工事業者からの製品代，取付費，運搬費，諸経費を含んだ見積価格を参考に決定するのが一般的な方法である。

　図 16-1，16-2 にアルミニウム製建具，鋼製建具の分類を示す。

図 16-1　アルミニウム製建具の分類

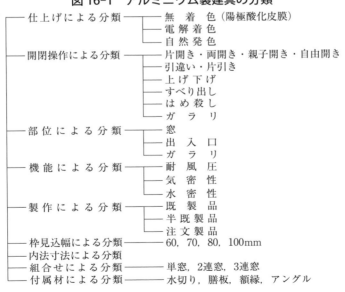

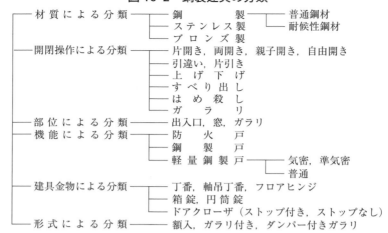

図 16-2　鋼製建具の分類

❷ 数　　量

金属製建具の材質ごとに設計図書の建具符号ごとによる箇所数を数量とする。

❸ 製 品 価 格

製品には，既製品，半既製品，注文製品があり，標準的な大きさ・枠見込みの既製品の価格情報については，専門工事業者の公表価格または『積算資料』に掲載されている。これ以外の製品価格については，工事ごとに専門工事業者からの見積り徴収を行い，これを参考に価格を算定する。

以下にアルミニウム製建具について考え方を示す。

（1）　アルミニウム製既製建具

呼称をレディメード製品といい，断面寸法が製作所（メーカー）のカタログ等で指定されている出来合品が，枠見込，内法寸法，風圧力，気密性，水密性等により，JIS A 4706（サッシ）で規定されている。

なお，製品価格については，各メーカーごとに公表価格を出しているので参考にする。

（2）　アルミニウム製半既製建具

セミレディメード製品ともいい，アルミニウム製既製建具の仕様と同じで，寸法を詰めたり部材の補強等のため，レディメード製品に比べ約 15～20％ の割高となっている。

価格表には取引数量が 200～600m^2 の場合の単価が掲載されており，建物面積に換算すると 1,500～4,000m^2 となる。従って小規模の建物においては割増しが必要である。

（3）　アルミニウム製注文建具

建具の形状（開閉方式，連窓）大きさ，性能が上記以外のもので，工事ごとに個別に見積りを行い，見積価格を参考に算定する。通常，製作図承認後，建具の製作から納入するまでの期間が 1 か月以上かかる。

❹ 歩　　掛

（1）建具取付け

標準的な大きさの建具の場合には，仕様ごとに方立て，水切り，額縁等を考慮して1m²当たりの取付費を計算する。これに建具の面積を乗じて，建具の取付費とすることができる。

アルミニウム製建具の取付歩掛は，枠見込70mmを標準としている。枠見込が100mm以上の場合は，割高となるので割増しを考慮する。

なお，見積価格による場合は，これによる。

（2）付属金物等

建具金物のうち，丁番・握り玉・クレセントなど，建具と一体的に扱われる金物の取付けは，建具の取付けに含まれるものとし，ドアクローザ等の特殊建具金物を対象としている。

❺ 取付け，運搬

通常取付費には，建具周囲のモルタルやシーリングの充てん，特殊建具金物の取付けなどは含まれていない。なお，二重水切りと建具とのシーリング詰の費用は，見積りに含まれている。

また，『積算資料』では，建具価格が「現場持込み」となっており，運搬費を計上する必要はないが，見積り等を徴集した場合には，別計上されているので，その場合には別計上とする。

❻ 算　出　例

〔算出例16-8〕　アルミニウム製出入口戸取付け

片開き戸　900×2,100mm							1m²当たり	6,410円
名　　称	規　　格	単位	数量	単　価	金　額	単価根拠	備　考	
サ ッ シ 工		人	0.20	23,900.00	4,780.00			
普通作業員		〃	0.04	19,800.00	792.00			
そ　の　他		一式			835.80	5,572.00×0.15	（労）×15%	
計					6,407.80			

（注）1．養生，クリーニングは含まない。
　　　2．ドアクローザー，フロアヒンジ，押板の取付けは，別途加算する。

〔算出例16-9〕　鋼製出入口戸取付け

片開き戸　900×2,100mm							1m²当たり	7,780円
名　　称	規　　格	単位	数量	単　価	金　額	単価根拠	備　考	
サ ッ シ 工		人	0.25	23,900.00	5,975.00			
普通作業員		〃	0.04	19,800.00	792.00			
そ　の　他		一式			1,015.05	6,767.00×0.15	（労）×15%	
計					7,782.05			

（注）1．養生，クリーニングは含まない。
　　　2．ドアクローザ，フロアヒンジ，押板の取付けは，別途加算する。

〔算出例16-10〕　鋼製出入口戸（ランマ付）取付け

名　　称	規　　格	単位	数量	単　価	金　額	単価根拠	備　　考
ランマ付片開き戸　900×2,700mm						1m²当たり	8,650 円
サッシ工		人	0.28	23,900.00	6,692.00		
普通作業員		〃	0.042	19,800.00	831.60		
そ の 他		一式			1,128.54	7,523.60×0.15	（労）×15%
計					8,652.14		

（注）1. 養生，クリーニングは含まない。
　　　2. ドアクローザ，フロアヒンジ，押板の取付けは，別途加算する。

16-3　ガ　ラ　ス

❶　概　　説

　ガラスは，主に木製建具，金属性建具に使用される以外に既製間仕切りなどに使用されるが，本節では，建具に使用されるガラスについて適用するものとし，既製間仕切りなどのガラスは本体に含み仕上ユニットで扱う。また，ガラスにははめ込みに必要なガラス留め材を含める。
　なお，公共建築工事の積算では，ガラスの単価については，市場単価（『建築施工単価』等に掲載）を採用している。

❷　内訳書の書式

「ガラス」の主な細目は，次のようになる。
　　　○○○ガラス　　　○○ m² 以下　シーリング共　　○ m²
　　　映像調整費　　　熱線反射ガラス　　　　　　　　　〃
　　　ガラス清掃　　　　　　　　　　　　　　　　　　　〃
　　　　計
ガラス清掃の面積は，ガラスの両面を1m²とする。

❸　数量の算出

　ガラスの数量は，図16-3に示すように仕上げ，板厚，材質（フロート板，すり板，型板，網入板，熱線吸収板，熱線反射板，強化板，複層板，倍強度等）およびガラス1枚当たりの大きさによって区別する。

図 16-3 板ガラスの主な種類

- 一次製品
  - 一般板ガラス
    - フロート板ガラス（FL）（厚さ 2, 2.5, 3, 4, 5, 6, 6.5, 8, 10, 12, 15, 19, 22, 25mm）
      採光性，透視性に優れ，表面が平滑であるため像がゆがまず，大板ガラスの製造も可能である
    - すり板ガラス（G）（厚さ 2, 3, 5mm）
      板ガラスの片面を金剛砂などで不透明に加工し，透視を遮りながら柔らかい光を均一に取り入れる
    - 型板ガラス（F）（厚さ 2, 3, 4, 6mm）
      表面に美しい装飾性をもった型模様を彫り込み，光を散乱し，視覚を適度に遮る効果をもっている
    - 網入，線入板ガラス
      - 型板（FW）（厚さ 6.8mm）
      - みがき板（PW）（厚さ 6.8, 10mm）

      フロート板等の中央層に金属製の網または金属線等を入れたもので，火災時の延焼防止や破損時の破片の飛散防止性が優れている
  - 特殊板ガラス
    - 熱線吸収板ガラス（厚さ 3, 5, 6, 8, 10, 12, 15mm）
      板ガラスの組成の中に鉄等の金属を添加し，太陽のエネルギーを吸収し冷房負荷を軽減する
      ブルー（HFL），グレー（GFL），ブロンズ（BFL）がある
    - 熱線反射ガラス（厚さ 6, 8, 10, 12mm）
      板ガラスの表面に反射率の高い薄膜を焼き付け，30％前後の可視光線・太陽エネルギーを反射させる
- 二次製品
  - 合わせガラス
    2 枚以上の材料板ガラスを中間膜（合成樹脂の層）を挟み全面接着したもので飛散防止性，耐貫通性とも優れ，安全性が高い
  - 強化ガラス（厚さ 4, 5, 6, 6.5, 8, 10, 12, 15, 19mm）
    板ガラスを熱処理してガラス表面に強い圧力応力層をつくり破壊強さを増加させかつ破損したときに細片となるようにしたもの。板ガラスに比べて 3～5 倍の強度を得る
  - 倍強度ガラス（厚さ 6, 8, 10, 12mm）
    板ガラスを熱処理したもので，熱割れしにくく，同じ厚さの板ガラスに比べて約 2 倍の強度を得る
  - 複層ガラス
    2 種の板ガラスの周囲を装着し中間に乾燥空気を密封したもので断熱性，日射熱遮蔽性が優れている

また，数量の算出は下記の基準による。
① 全面がガラスである建具類のガラスは，原則として建具類の内法寸法による面積を数量とする。ただし，かまち，方立，桟等の見付け幅が 0.1m を超えるものがあるときは，その見付け幅を差し引いた面積を数量とする。
② 額入建具等のガラスの計測は，設計寸法による。
③ ガラスの清掃の数量はガラスの面積による。
④ ガラス留め材の長さは計測せずに，**表 16-8** に示すガラスの大きさごとの m² 当たりの平均周長によることができる。

表 16-8 ガラスの大きさとm² 当たりの周長

ガラスの大きさ（m² 以下）	0.74	2.18	4.45	6.81	9.09	11.36
平 均 周 長 （m/m²）	4.65	3.38	2.23	1.71	1.43	1.25

（注） 平均周長は，ガラス片面の長さ。

❹ 材 料

　ガラスの歩掛は，一般的なビルなどのガラスを対象としており，定寸の材料ロス 18% は，1枚のガラスの大きさを 900×1,600mm 程度と想定し，施工中の破損を含んだものである。
　また，特寸の材料ロス 3% は，施工中の破損を想定している。

(1) 定寸と特寸

　板ガラスには，定寸と特寸がある。
　定寸とはメーカー段階の規格寸法による在庫品である。従って定寸製品価格のガラスで積算する場合は，歩留（カットロス）を十分考慮して運用する必要がある。
　特寸とは現場単位で発注する寸法に応じてカッティングしたものであり，1枚のガラスの大きさにより材料費および施工費も異なっている。
　ガラスとめ材は，ガラスのはめ込み方法により下記の2種類がある。
　① 押縁止めでガスケットを使用する。（JIS A 5756）
　　・グレイジングチャンネル
　　・グレイジングビード
　　なお，グレイジングビードは，建具価格に含むものとする。
　② シーリング材を使用する。（JIS A 5758）
　　・シリコーンシーリング材

❺ 労 務

　ガラス 1m² 当たりのはめ込み労務（ガラス工）は，ガラスの厚さおよび大きさにより異なっている。また，定寸のガラスの場合は，はめ込み労務のほかに現場におけるカッティングの労務が含まれる。
　なお，現場内小運搬およびガラスの養生は労務歩掛に含まれているが，副資材の取付け労務およびガラス清掃労務は別途計上する。

❻ 施 工 単 価

　ガラスの単価は，材料およびはめ込み労務，留め材の労務を含めた合成単価による。
　ガラス清掃は，ガラス単価に含めず別途計上する。

❼ 歩 掛

(1) 一般事項

　① ガラスの切断ロス（定寸のみ）および施工中の破損についての歩掛上のガラス数量の割増率は，定寸の場合 18%，特寸の場合 3% とする。ただし，定寸を採用する場合の切断ロスについては，個別に検討する必要がある。
　　　なお，複層ガラスおよび倍強度ガラスの割増しは行わない。
　② ガラス 1m² 当たりのはめ込み労務（ガラス工）は，ガラスの厚さおよび大きさにより異なるが，ガラス 1 枚の大きさが 6.81m² を超える場合は，吊込み用の機械器具が別途必

16 建具

要となる。定寸の場合は，はめ込み労務のほかに，現場において切断する労務が含まれている。

③　ガラスの現場内小運搬および養生は労務歩掛に含まれているが，副資材の取付けやガラス清掃については別途計上することにした。

　また，現場までの運搬費がガラス価格に含まれていない場合は，ガラス価格の2～3%の運搬費を別途計上する。

④　取合い材料として構造ガスケット（ジッパーガスケット）を使用する場合はガラス加工が必要となるので，ガラス面積が4.45m^{2}以下の場合ガラス工労務歩掛を30%程度割増しをする。4.45m^{2}を超える場合は別途計上する。

⑤　「その他」は一般の場合「材＋労」×10～15%として算出する。

(2)　各種ガラス

表 16-9　ガラス工事歩掛　　　　　　　　　　　　　　　　　　　　（1m^{2}当たり）　■は市場単価

名　称	規　格		ガラス (m^2)	ガラス工 (人)	その他	摘　要
フロート板ガラス	厚さ2, 3mm	定寸	1.18	0.08	一式	
〃	〃 5	〃	1.18	0.14	〃	
〃	〃 3	特寸 2.18m^2 以下	1.03	0.05	〃	
〃	〃 5, 6	〃 2.18m^2 以下	1.03	0.09	〃	
〃	〃 5, 6	〃 4.45m^2 以下	1.03	0.14	〃	
〃	〃 5, 6	〃 6.81m^2 以下	1.03	0.17	〃	
〃	〃 8	〃 2.18m^2 以下	1.03	0.13	〃	
〃	〃 8	〃 4.45m^2 以下	1.03	0.19	〃	
〃	〃 8	〃 6.81m^2 以下	1.03	0.23	〃	
〃	〃 10	〃 2.18m^2 以下	1.03	0.16	〃	
〃	〃 10	〃 4.45m^2 以下	1.03	0.24	〃	
〃	〃 10	〃 6.81m^2 以下	1.03	0.29	〃	
〃	〃 10	〃 9.09m^2 以下	1.03	0.32	〃	
〃	〃 12	〃 6.81m^2 以下	1.03	0.34	〃	
〃	〃 15	〃 6.81m^2 以下	1.03	0.42	〃	
型板ガラス	厚さ 2mm	定寸	1.18	0.08	一式	
〃	〃 4	〃	1.18	0.1	〃	
〃	〃 4	特寸 2.18m^2 以下	1.03	0.06	〃	
〃	〃 4	〃 4.45m^2 以下	1.03	0.09	〃	
〃	〃 6	〃 2.18m^2 以下	1.03	0.09	〃	
〃	〃 6	〃 4.45m^2 以下	1.03	0.14	〃	
網入型板ガラス	厚さ 6.8mm	特寸 2.18m^2 以下	1.03	0.13	一式	
〃	〃 6.8	〃 4.45m^2 以下	1.03	0.19	〃	
網入磨き板ガラス	厚さ 6.8mm	特寸 2.18m^2 以下	1.03	0.13	一式	
〃	〃 6.8	〃 4.45m^2 以下	1.03	0.19	〃	
〃	〃 10	〃 2.18m^2 以下	1.03	0.16	〃	
〃	〃 10	〃 4.45m^2 以下	1.03	0.24	〃	
〃	〃 10	〃 6.81m^2 以下	1.03	0.29	〃	
熱線吸収板ガラス	厚さ 3mm	定寸	1.18	0.08	一式	
〃	〃 3	特寸 2.18m^2 以下	1.03	0.05	〃	
〃	〃 5	定寸	1.18	0.14	〃	

名　　称	規　　格		ガラス(m²)	ガラス工(人)	その他	摘　要
熱線吸収板ガラス	厚さ5, 6mm	特寸 2.18m² 以下	1.03	0.09	一式	
〃	〃 5, 6	〃 4.45m² 以下	1.03	0.14	〃	
〃	〃 5, 6	〃 6.81m² 以下	1.03	0.17	〃	
〃	〃 8	〃 2.18m² 以下	1.03	0.13	〃	
〃	〃 8	〃 4.45m² 以下	1.03	0.19	〃	
〃	〃 8	〃 6.81m² 以下	1.03	0.23	〃	
〃	〃 10	〃 2.18m² 以下	1.03	0.16	〃	
〃	〃 10	〃 4.45m² 以下	1.03	0.24	〃	
〃	〃 10	〃 6.81m² 以下	1.03	0.29	〃	
〃	〃 12	〃 4.45m² 以下	1.03	0.28	〃	
〃	〃 12	〃 6.81m² 以下	1.03	0.34	〃	
熱線反射ガラス	厚さ6mm	特寸 2.18m² 以下	1.03	0.09	一式	
〃	〃 6	〃 4.45m² 以下	1.03	0.14	〃	
〃	〃 8	〃 2.18m² 以下	1.03	0.13	〃	
〃	〃 8	〃 4.45m² 以下	1.03	0.19	〃	
強化ガラス	厚さ5, 6mm	特寸 2.00m² 以下	1.0	0.09	一式	
〃	〃 5, 6	〃 4.00m² 以下	1.0	0.14	〃	
〃	〃 8	〃 2.00m² 以下	1.0	0.13	〃	
〃	〃 8	〃 4.00m² 以下	1.0	0.19	〃	
〃	〃 10	〃 2.00m² 以下	1.0	0.16	〃	
〃	〃 10	〃 4.00m² 以下	1.0	0.24	〃	
〃	〃 12	〃 2.00m² 以下	1.0	0.19	〃	
〃	〃 12	〃 4.00m² 以下	1.0	0.28	〃	
倍強度ガラス	厚さ6mm	特寸 2.00m² 以下	1.0	0.09	一式	
〃	〃 6	〃 4.00m² 以下	1.0	0.14	〃	
〃	〃 8	〃 2.00m² 以下	1.0	0.13	〃	
〃	〃 8	〃 4.00m² 以下	1.0	0.19	〃	
〃	〃 8	〃 6.00m² 以下	1.0	0.23	〃	
複層ガラス	FL3＋A6＋FL3	特寸 2.00m² 以下	1.0	0.27	一式	
〃	FL3＋A6＋HGBFL3	〃 2.00m² 以下	1.0	0.27	〃	
〃	〃	〃 4.00m² 以下	1.0	0.41	〃	
〃	FL5＋A6＋FL5	〃 2.00m² 以下	1.0	0.39	〃	
〃	FL5＋A6＋HGBFL5	〃 2.00m² 以下	1.0	0.39	〃	
〃	〃	〃 4.00m² 以下	1.0	0.57	〃	
〃	FL6＋A6＋FL6	〃 2.00m² 以下	1.0	0.47	〃	
〃	FL6＋A6＋HGBFL6	〃 2.00m² 以下	1.0	0.47	〃	
〃	〃	〃 4.00m² 以下	1.0	0.69	〃	
〃	FL5＋A6＋PW6.8	〃 2.00m² 以下	1.0	0.52	〃	
〃	〃	〃 4.00m² 以下	1.0	0.78	〃	
〃	FL6＋A6＋PW6.8	〃 2.00m² 以下	1.0	0.57	〃	
〃	〃	〃 4.00m² 以下	1.0	0.86	〃	

（注）　熱線反射ガラスの映像調整費は別途計上する。

(3) ガラス清掃

表16-10 ガラス清掃　　　　　　　　　　　　　　　　　　　　　　　　　（1m² 当たり）

名　　　称	規　　　格	普通作業員（人）	その他	摘　要
ガラス清掃	ガラス両面	0.017	一式	

(4) ガラスとめ材

表16-11 ガラスとめ材　　　　　　　　　　　　　　　　　　　　（1m 当たり）　■は市場単価

名　称	規　格	シーリング（ℓ）	バックアップ材	ガラス工（人）	その他	摘　要
ガスケット		―	―	0.011	一式	
シーリング	SR-1	0.038	一式	0.044	〃	

（注）1. ガスケットは，建具本体に含む。
　　　2. シーリングの断面寸法は 4×4mm 程度とする。
　　　3. シーリングのバックアップ材一式は，シーリング材価格の 30% とする。
　　　4. シーリングは，ガラス両面分である。
　　　5. シーリング材は，シリコーン系1成分形（高モジュラス）とする。
　　　6. シーリングは足場作業とし，片側 m 当たりとする。

❽ 算　出　例

〔算出例 16-11〕　フロート板ガラス（1）　　　　　　　　　　　　　　　　　■は市場単価

厚さ5mm 特寸2.18m²以下						1m² 当たり		3,790 円
名　称	規　格	単位	数量	単価	金額	単価根拠	備　考	
フロート板ガラス	厚さ5mm 特寸2.18m²以下	m²	1.03	1,170.00	1,205.10			
ガラス工		人	0.09	23,200.00	2,088.00			
その他		一式			493.97	3,293.10×0.15	（材＋労）×15%	
計					3,787.07			

〔算出例 16-12〕　フロート板ガラス（2）

厚さ8mm 特寸2.18m²以下						1m² 当たり		6,300 円
名　称	規　格	単位	数量	単価	金額	単価根拠	備　考	
フロート板ガラス	厚さ8mm 特寸2.18m²以下	m²	1.03	2,390.00	2,461.70			
ガラス工		人	0.13	23,200.00	3,016.00			
その他		一式			821.66	5,477.70×0.15	（材＋労）×15%	
計					6,299.36			

〔算出例 16-13〕 フロート板ガラス（3）

厚さ10mm，特寸2.18m²以下						1m²当たり		7,790 円
名　　称	規　　格	単位	数量	単価	金額	単価根拠	備　考	
フロート板ガラス	厚さ10mm 特寸2.18m²以下	m²	1.03	2,970.00	3,059.10			
ガラス工		人	0.16	23,200.00	3,712.00			
その他		一式			1,015.67	6,771.10×0.15	（材＋労）×15%	
計					7,786.77			

〔算出例 16-14〕 フロート板ガラス（4）

厚さ12mm，特寸6.81m²以下						1m²当たり		15,300 円
名　　称	規　　格	単位	数量	単価	金額	単価根拠	備　考	
フロート板ガラス	厚さ12mm 特寸6.81m²以下	m²	1.03	5,220.00	5,376.60			
ガラス工		人	0.34	23,200.00	7,888.00			
その他		一式			1,989.69	13,264.60×0.15	（材＋労）×15%	
計					15,254.29			

〔算出例 16-15〕 型板ガラス（1）　　　　　　　　　　　　　　　　　　　　　■は市場単価

厚さ4mm，特寸2.18m²以下						1m²当たり		2,630 円
名　　称	規　　格	単位	数量	単価	金額	単価根拠	備　考	
型板ガラス	厚さ4mm 特寸2.18m²以下	m²	1.03	870.00	896.10			
ガラス工		人	0.06	23,200.00	1,392.00			
その他		一式			343.22	2,288.1×0.15	（材＋労）×15%	
計					2,631.32			

〔算出例 16-16〕 型板ガラス（2）

厚さ6mm　特寸2.18m²以下						1m²当たり		2,690 円
名　　称	規　　格	単位	数量	単価	金額	単価根拠	備　考	
型板ガラス	厚さ6mm 特寸2.18m²以下	m²	1.03	920.00	947.60			
ガラス工		人	0.06	23,200.00	1,392.00			
その他		一式			350.94	2,339.60×0.15	（材＋労）×15%	
計					2,690.54			

16 建 具

〔算出例 16-17〕 網入型板ガラス

■は市場単価

厚さ6.8mm，特寸2.18m² 以下							1m² 当たり	5,340 円
名 称	規 格	単位	数量	単 価	金 額	単価根拠	備 考
網入型板ガラス	厚さ6.8mm 特寸2.18m² 以下	m²	1.03	1,580.00	1,627.40		
ガラス工		人	0.13	23,200.00	3,016.00		
その他		一式			696.51	4,643.40×0.15	(材＋労)×15%
計					5,339.91		

〔算出例 16-18〕 網入磨き板ガラス

■は市場単価

厚さ6.8mm 特寸2.18m² 以下							1m² 当たり	8,350 円
名 称	規 格	単位	数量	単 価	金 額	単価根拠	備 考
網入磨き板ガラス	厚さ6.8mm 特寸2.18m² 以下	m²	1.03	4,120.00	4,243.60		
ガラス工		人	0.13	23,200.00	3,016.00		
その他		一式			1,088.94	7,259.60×0.15	(材＋労)×15%
計					8,348.54		

〔算出例 16-19〕 強化ガラス（1）

■は市場単価

厚さ8mm 特寸2.00m² 以下							1m² 当たり	10,800 円
名 称	規 格	単位	数量	単 価	金 額	単価根拠	備 考
強化ガラス	厚さ8mm 特寸2.00m² 以下	m²	1.0	6,350.00	6,350.00		
ガラス工		人	0.13	23,200.00	3,016.00		
その他		一式			1,404.90	9,366.00×0.15	(材＋労)×15%
計					10,770.90		

〔算出例 16-20〕 強化ガラス（2）

厚さ10mm 特寸2.00m² 以下							1m² 当たり	11,600 円
名 称	規 格	単位	数量	単 価	金 額	単価根拠	備 考
強化ガラス	厚さ10mm 特寸2.00m² 以下	m²	1.0	6,350.00	6,350.00		
ガラス工		人	0.16	23,200.00	3,712.00		
その他		一式			1,509.30	10,062.00×0.15	(材＋労)×15%
計					11,571.30		

〔算出例 16-21〕 倍強度ガラス (1)

厚さ 6mm　特寸 2.00m² 以下						1m² 当たり		8,240 円
名　　称	規　　格	単位	数量	単　価	金　額	単 価 根 拠	備　　考
倍強度ガラス	厚さ 6mm 特寸 2.0m² 以下	m²	1.0	5,080.00	5,080.00		
ガ ラ ス 工		人	0.09	23,200.00	2,088.00		
そ　の　他		一式			1,075.20	7,168.00×0.15	(材＋労)×15%
計					8,243.20		

〔算出例 16-22〕 倍強度ガラス (2)

厚さ 8mm　特寸 4.00m² 以下						1m² 当たり		12,400 円
名　　称	規　　格	単位	数量	単　価	金　額	単 価 根 拠	備　　考
倍強度ガラス	厚さ 8mm 特寸 4.00m² 以下	m²	1.0	6,350.00	6,350.00		
ガ ラ ス 工		人	0.19	23,200.00	4,408.00		
そ　の　他		一式			1,613.70	10,758.00×0.15	(材＋労)×15%
計					12,371.70		

〔算出例 16-23〕 複層ガラス (1)

FL3＋A6＋FL3　特寸 2.00m² 以下						1m² 当たり		11,000 円
名　　称	規　　格	単位	数量	単　価	金　額	単 価 根 拠	備　　考
複層ガラス	FL3＋A6＋FL3 特寸 2.00m² 以下	m²	1.0	3,340.00	3,340.00		
ガ ラ ス 工		人	0.27	23,200.00	6,264.00		
そ　の　他		一式			1,440.60	9,604.00×0.15	(材＋労)×15%
計					11,044.60		

〔算出例 16-24〕 複層ガラス (2)

■は市場単価

FL5＋A6＋FL5　特寸 2.00m² 以下						1m² 当たり		15,500 円
名　　称	規　　格	単位	数量	単　価	金　額	単 価 根 拠	備　　考
複層ガラス	FL5＋A6＋FL5 特寸 2.00m² 以下	m²	1.0	4,440.00	4,440.00		
ガ ラ ス 工		人	0.39	23,200.00	9,048.00		
そ　の　他		一式			2,023.20	13,488.00×0.15	(材＋労)×15%
計					15,511.20		

16 建具

〔算出例 16-25〕 複層ガラス（3）

■は市場単価

FL5＋A6＋PW6.8　特寸 2.00m² 以下						1m² 当たり		24,600 円
名　称	規　格	単位	数量	単価	金額	単価根拠	備　考
複層ガラス	FL5＋A6＋PW6.8 特寸 2.00m² 以下	m²	1.0	9,370.00	9,370.00		
ガラス工		人	0.52	23,200.00	12,064.00		
その他		一式			3,215.10	21,434.00×0.15	（材＋労）×15％
計					24,649.10		

〔算出例 16-26〕 複層ガラス（4）

FL6＋A6＋PW6.8　特寸 2.00m² 以下						1m² 当たり		25,000 円
名　称	規　格	単位	数量	単価	金額	単価根拠	備　考
複層ガラス	FL6＋A6＋PW6.8 特寸 2.00m² 以下	m²	1.0	9,700.00	9,700.00		
ガラス工		人	0.52	23,200.00	12,064.00		
その他		一式			3,264.60	21,764.00×0.15	（材＋労）×15％
計					25,028.60		

〔算出例 16-27〕 ガラス清掃

両面						1m² 当たり		390 円
名　称	規　格	単位	数量	単価	金額	単価根拠	備　考
普通作業員		人	0.017	19,800.00	336.60		
その他		一式			50.49	336.60×0.15	（労）×15％
計					387.09		

〔算出例 16-28〕 ガラスとめ材（1）

ガスケット						1m 当たり		290 円
名　称	規　格	単位	数量	単価	金額	単価根拠	備　考
ガスケット		m	―	―	―		建具本体に含む
ガラス工		人	0.011	23,200.00	255.20		
その他		一式			38.28	255.20×0.15	（労）×15％
計					293.48		

（注）ガスケットは建具本体に含む。

〔算出例 16-29〕 ガラスとめ材（2）

シーリング						1m 当たり		1,230 円
名　称	規　格	単位	数量	単価	金額	単価根拠	備　考
シーリング	（SR-1）シリコーン系	ℓ	0.038	950.00	36.10		
バックアップ材		一式			10.83	36.10×0.3	（材）×30％
ガラス工		人	0.044	23,200.00	1,020.80		
その他		一式			160.16	1,067.73×0.15	（材＋労）×15％
計					1,227.89		

（注）シーリングの断面寸法は，4×4mm 程度とし，ガラス両面分とする。

17 塗　　装

17-1　概　　説

　建築物の塗装は，内外部に施され，仕上げとしての美装のためだけでなく，飛散物質，炭酸ガス，雨水，経年劣化等から被塗物を保護することによって建築物の耐久性を向上させることを目的としている。従って，塗装に使用する塗料その他の材料は，定められた品質および性能を有するものを使用する。

　塗装の仕上り面の出来栄えとしての要求は，最終の上塗りだけではなく，各塗り工程ごとでの施工性に求められている。本解説では，標準的な仕様に基づく歩掛から単価の算出例を示しているが，塗装面の状態，数量の多寡，主仕上げの形状によっても労務工数を適宜補正する必要がある。また，特殊な塗装や特殊な仕様のものについては，専門工事業者の見積り等を参考にする。

　公共建築工事の積算では，一部塗装については，市場単価（『建築施工単価』等に掲載）を採用している。なお，特に定めのない細幅物（糸幅 300mm 以下）の単価を作成する際は，m^2 単価に 0.4（係数）を乗じて算定する。

17-2 算　出　例

〔算出例 17-1〕　素地ごしらえ（1）　　　　　　　　　　　　■は市場単価

木部　A種						1m² 当たり		330 円
名　　称	規　格	単位	数量	単　価	金　額	単価根拠	備　考	
木部下塗り用調合ペイント	JASS18M-304	kg	0.01	210.00	2.10			
合成樹脂エマルションパテ	JIS K 5669（耐水形）	〃	0.05	180.00	9.00			
研　磨　紙	P120～220	枚	0.13	32.00	4.16			
塗　装　工		人	0.01	26,300.00	263.00			
そ　の　他		一式			50.09	278.26×0.18	（材＋労）×18%	
計					328.35			

〔仕　様〕

		1	2	3	4	5	6
	工　程	汚れ, 付着物除去	やに処理	研磨紙ずり	節止め	穴埋め	研磨紙ずり
木部素地ごしらえA種	塗料その他			研磨紙 P120～220	木部下塗り用調合ペイント（合成樹脂）	合成樹脂エマルションパテ（耐水形）	研磨紙 P120～220
	面の処理	木部を傷付けないように除去し, 油類は, 溶剤等でふき取る	やには, 削り取りまたは電気ごて焼きの上, 溶剤等でふき取る	かんな目, さか目, けば等を研磨する		われ, 穴, すきま, くぼみ等に充てんする	穴埋め乾燥後, 全面を平らに研磨する

〔算出例 17-2〕　素地ごしらえ（2）

モルタル，プラスタ面　A種						1m² 当たり		1,370 円
名　　称	規　格	単位	数量	単　価	金　額	単価根拠	備　考	
合成樹脂エマルションシーラー	JIS K 5663	kg	0.1	380.00	38.00			
合成樹脂エマルションパテ	JIS K 5669（耐水形）	〃	0.23	180.00	41.40			
研　磨　紙	P120～220	枚	0.13	32.00	4.16			
塗　装　工		人	0.041	26,300.00	1,078.30			
そ　の　他		一式			209.13	1,161.86×0.18	（材＋労）×18%	
計					1,370.99			

〔仕　様〕

モルタル，プラスタ面素地ごしらえA種	工　程	1	2	3	4	5	6	7
		乾　燥	汚れ，付着物除去	吸込止め	穴埋め，パテかい	研磨紙ずり	パテしごき	研磨紙ずり
	塗　料その他			合成樹脂エマルションシーラー	建築用下地調整塗材，合成樹脂エマルションパテ	研磨紙P120～220	建築用下地調整塗材，合成樹脂エマルションパテ	研磨紙P120～220
	面の処理	素地を十分に乾燥させる	素地を傷付けないよう除去する	全面に塗り付ける	ひびわれ，穴等を埋めて，不陸を調整する	パテ乾燥後，表面を平らに研磨する	全面にパテをしごき取り平滑にする	パテ乾燥後，全面を平らに研磨する

〔算出例 17-3〕　素地ごしらえ（3）　　　　　　　　　　　　　　　　■は市場単価

モルタル，プラスタ面　B種							1m² 当たり	650 円
名　称	規　格	単位	数量	単　価	金　額	単価根拠	備　考	
合成樹脂エマルションシーラー	JIS K 5663	kg	0.1	380.00	38.00			
合成樹脂エマルションパテ	JIS K 5669（耐水形）	〃	0.08	180.00	14.40			
研　磨　紙	P120～220	枚	0.07	32.00	2.24			
塗　装　工		人	0.019	26,300.00	499.70			
そ　の　他		一式			99.78	554.34×0.18	（材＋労）×18%	
計					654.12			

〔仕　様〕

モルタル，プラスタ面素地ごしらえB種	工　程	1	2	3	4	5
		乾燥	汚れ，付着物除去	吸込止め	穴埋め，パテかい	研磨紙ずり
	塗料その他			合成樹脂エマルションシーラー	建築用下地調整塗材，合成樹脂エマルションパテ	研磨紙P120～220
	面の処理	素地を十分に乾燥させる	素地を傷付けないように除去する	全面に塗り付ける	ひび割れ，穴等を埋めて，不陸を調整する	パテ乾燥後，表面を平らに研磨する

〔算出例 17-4〕 素地ごしらえ（4）　　　　　　　　　　　　　　　　　　　　　　■は市場単価

名　称	規　格	単位	数量	単価	金額	単価根拠	備　考
せっこうボード　B種						1m² 当たり	200 円
合成樹脂エマルションパテ	JIS K 5669（一般形）	kg	0.05	180.00	9.00		
研磨紙	P120〜220	枚	0.07	32.00	2.24		
塗装工		人	0.006	26,300.00	157.80		
その他		一式			30.43	169.04×0.18	（材＋労）×18%
計					199.47		

〔仕　様〕

	工　程	1	2	3	4
ボード面素地ごしらえB種		乾燥	汚れ，付着物除去	穴埋め，パテかい	研磨紙ずり
	塗料その他			合成樹脂エマルションパテ，せっこうボード用目地処理材	研磨紙P120〜220
	面の処理	継目処理部分を十分に乾燥させる	素地を傷付けないように除去する	くぎ頭，たたき跡，傷等を埋め，不陸を調整する	パテ乾燥後，表面を平らに研磨する

〔算出例 17-5〕 素地ごしらえ（5）

名　称	規　格	単位	数量	単価	金額	単価根拠	備　考
鉄鋼面　C種						1m² 当たり	470 円
研磨紙	P120〜220	枚	0.25	32.00	8.00		
塗装工		人	0.015	26,300.00	394.50		
その他		一式			72.45	402.50×0.18	（材＋労）×18%
計					474.95		

〔仕　様〕

	工　程	1	2	3
鉄鋼面素地ごしらえC種		汚れ，付着物除去	油類除去	研磨紙ずり
	種類			研磨紙 P120〜220
	面の処理	スクレーパ，ワイヤーブラシ等で除去	溶剤ぶき	ディスクサンダーまたはスクレーパ，ワイヤブラシ，研磨紙で除去

〔算出例 17-6〕 鉄鋼面錆止め塗料塗り

■は市場単価

鉄鋼面　B種　現場1回塗り　　　　　　　　　　　　　　　1m² 当たり　　590 円

名　称	規　格	単位	数量	単価	金額	単価根拠	備　考
鉛・クロムフリー錆止めペイント	JIS K 5674 2種	kg	0.1	500.00	50.00		
塗　装　工		人	0.017	26,300.00	447.10		
そ　の　他		一式			89.48	497.10×0.18	(材＋労)×18%
計					586.58		

〔算出例 17-7〕 合成樹脂調合ペイント塗り（SOP）（1）

■は市場単価

木部　B種（屋内）　　　　　　　　　　　　　　　　　　　1m² 当たり　　1,960 円

名　称	規　格	単位	数量	単価	金額	単価根拠	備　考
木部下塗り用調合ペイント		kg	0.09	210.00	18.90		
合成樹脂エマルションパテ	JIS K 5669（耐水形）	〃	0.03	180.00	5.40		
合成樹脂調合ペイント	JIS K 5516	〃	0.17	470.00	79.90		
研　磨　紙	P120～220	枚	0.07	32.00	2.24		
塗　装　工		人	0.059	26,300.00	1,551.70		
そ　の　他		一式			298.47	1,658.14×0.18	(材＋労)×18%
計					1,956.61		

〔仕　様〕

	工　程	1	2	3	4	5
木部合成樹脂調合ペイント塗り		下塗り	パテかい	研磨紙ずり	中塗り	上塗り
	塗料その他	木部下塗り用調合ペイント	合成樹脂エマルションパテ	研磨紙 P120～220	合成樹脂調合ペイント	合成樹脂調合ペイント
	塗付け量（kg/m²）	0.09			0.09	0.08

（注）ラワン材の場合は，下塗りの後に合成樹脂エマルションパテによる目止めを行う。

〔算出例 17-8〕 合成樹脂調合ペイント塗り（SOP）(2)

鉄鋼面　A種　3回塗り						1m² 当たり		1,880 円
名　　称	規　　格	単位	数量	単　価	金　額	単価根拠	備　考	
合成樹脂調合ペイント	JIS K 5516	kg	0.26	470.00	122.20			
研 磨 紙	P120～220	枚	0.07	32.00	2.24			
塗 装 工		人	0.056	26,300.00	1,472.80			
そ の 他		一式			287.50	1,597.24×0.18	（材＋労）×18%	
計					1,884.74			

〔仕　様〕

鉄鋼面 合成樹脂調合ペイント塗り A種	工　　程	1	2	3	4
		中塗り1回目	研磨紙ずり	中塗り2回目	上塗り
	塗料その他	合成樹脂調合ペイント	研磨紙 P220～240	中塗り1回目に同じ	中塗り1回目に同じ
	塗付け量（kg/m²）	0.09		0.09	0.08

〔算出例 17-9〕 合成樹脂調合ペイント塗り（SOP）(3)　　　　　■は市場単価

鉄鋼面　B種　2回塗り						1m² 当たり		1,270 円
名　　称	規　　格	単位	数量	単　価	金　額	単価根拠	備　考	
合成樹脂調合ペイント	JIS K 5516	kg	0.17	470.00	79.90			
塗 装 工		人	0.038	26,300.00	999.40			
そ の 他		一式			194.27	1,079.30×0.18	（材＋労）×18%	
計					1,273.57			

〔仕　様〕

鉄鋼面 合成樹脂調合ペイント塗り B種	工　　程	1	2	3
		中塗り	研磨紙ずり	上塗り
	塗料その他	合成樹脂調合ペイント	研磨紙 P220～240	合成樹脂調合ペイント
	塗付け量（kg/m²）	0.09		0.08

17 塗　装

〔算出例 17-10〕　合成樹脂エマルションペイント塗り（EP）　　　　■は市場単価

B種　見上げ面　　　　　　　　　　　　　　　　　　　　　　1m² 当たり　　1,540 円

名　称	規　格	単位	数量	単価	金額	単価根拠	備　考
合成樹脂エマルションシーラー	JIS K 5663	kg	0.07	380.00	26.60		
合成樹脂エマルションペイント 1種	JIS K 5563	〃	0.2	340.00	68.00		
塗　装　工		人	0.046	26,300.00	1,209.80		
そ　の　他		一式			234.79	1,304.40×0.18	（材＋労）×18%
計					1,539.19		

〔仕　様〕

	工　程	1	2	3
合成樹脂エマルションペイント塗り B種		下塗り	中塗り	上塗り
	塗料その他	合成樹脂エマルションシーラー	合成樹脂エマルションペイント	合成樹脂エマルションペイント
	塗付け量(kg/m²)	0.07	0.10	0.10

〔算出例 17-11〕　クリヤラッカー塗り（CL）　　　　　　　　　　　■は市場単価

B種　　　　　　　　　　　　　　　　　　　　　　　　　　　1m² 当たり　　2,250 円

名　称	規　格	単位	数量	単価	金額	単価根拠	備　考
ラッカー系シーラー	JIS K 5533	kg	0.1	560.00	56.00		
ニトロセルロースラッカー	JIS K 5531（木材用）	〃	0.19	430.00	81.70		
研　磨　紙	P220〜240	枚	0.13	32.00	4.16		
塗　装　工		人	0.067	26,300.00	1,762.10		
そ　の　他		一式			342.71	1,903.96×0.18	（材＋労）×18%
計					2,246.67		

〔仕　様〕

	工　程	1	2	3	4
クリヤラッカー塗り		下塗り	研磨紙ずり	上塗り	仕上げ塗り
	塗料その他	ラッカー系シーラー	研磨紙 P220〜240	ニトロセルロースラッカー	ニトロセルロースラッカー
	塗付け量(kg/m²)	0.10	—	0.10	0.09

〔算出例 17-12〕 オイルステイン塗り（OS）　　　　　　　　　　　■は市場単価

素地ごしらえ共							1m² 当たり		1,640 円
名　　称	規　　格	単位	数量	単　価	金　額	単価根拠	備　考		
オイルステイン		kg	0.06	341.18	20.47	290/0.85	比重 0.85		
塗　装　工		人	0.052	26,300.00	1,367.60				
そ　の　他		一式			249.85	1,388.07×0.18	（材＋労）×18%		
計					1,637.92				

〔仕　様〕

オイルステイン塗り	工　　程	素地ごしらえ	1 1回目塗り	2 ふき取り	3 2回目塗り	4 ふき取り
	塗料その他	汚れ，付着物を除去する	オイルステイン	全面木綿布片でふき取る	オイルステイン	全面木綿布片でふき取る
	塗付け量（kg/m²）		0.03		0.03	

18　内　外　装

18-1　概　説

　内外装材は，メーカー各社から多種多様の製品が開発され販売されており，これらの製品の中から，建物の用途，特性等を考慮して選択採用されている。従って歩掛は，個々の仕様，施工箇所ごとに作成するのが原則であり特殊な内外装材や，数量のまとまったものの施工費は，一般に専門工事業者の見積書等を参考として決定する例が多い。ここでは代表的なものを掲載しており，その他の内外装材は，その材質，施工方法を考慮して準用することとする。

　なお，公共建築工事の積算では，ビニル床シート張り，ビニル床タイル張り，床タイルカーペット張り，ビニル幅木張り，壁せっこうボード張り，天井せっこうボード張り，けい酸カルシウム板張りおよび天井ロックウール吸音板張りについては，市場単価（『建築施工単価』等に掲載）を採用している。

18-2　内訳書の書式

「内外装」の主な細目は，以下のようになる。

　床　　畳敷き　　　　　　　　　　　　　○枚，畳
　〃　　フローリングブロック敷き　　　　　〃
　〃　　ビニルシート張り　　　　　　　　　〃
　〃　　じゅうたん敷き　　　　　　　　　　〃
　〃　　特殊塗床　　　　　　　　　　　　　〃
　段床　ビニルタイル張り　　　　　　　　　〃
　幅木　ビニルタイル張り　　　　　　　　　○m
　内壁　布張り　　　　　　　　　　　　　　○m^2
　〃　　ビニルクロス張り　　　　　　　　　〃
　〃　　せっこうボード張り　　　　　　　　〃
　〃　　特殊合板張り　　　　　　　　　　　〃
　〃　　グラスウール張り　　　　　　　　　〃
　天井　ロックウール吸音板張り　　　　　　〃
　〃　　せっこうボード張り　　　　　　　　〃
　〃　　化粧せっこうボード張り　　　　　　〃
　〃　　木毛セメント板張り　　　　　　　　〃
　〃　　ホームポリスチレンボード張り　　　〃
　〃　　布張り　　　　　　　　　　　　　　〃
　　　　計

❶　外　装　材
　各種の資材がある。種別，寸法，工法等ごとに分類して計上する。なお，吹付タイルは左官で

処理する。

❷ 床 仕 上 げ
縁甲板，フローリング等の木質系，ビニルタイル等の合成樹脂系，さらに畳，じゅうたんと多種にわたっている。材種，寸法，工法等ごとに分類して計上する。

❸ 幅 木
ビニル幅木が中心となる。木幅木は木工で処理する。

❹ 内壁，天井仕上げ
ボード，化粧合板，クロス，布および各種断熱材，吹付け材等材種，寸法，工法等ごとに分類して計上する。

18-3 数量の算出

① 内外装の数量は，原則として躯体または準躯体の表面の設計寸法により計測・計算した面積とする。
② 天井高は主仕上げの設計寸法による。
③ 仕上げ代が 0.05m を超えるときは，原則としてその主仕上げの表面の寸法を設計寸法とする。
④ 開口部の面積が1か所当たり 0.5m² 以下のときは，開口部による主仕上げの欠除は原則としてないものとする。
⑤ 取合部分等でその面積が1か所当たり 0.5m² 以下のときは，その部分の仕上げの欠除はないものとする。
⑥ 器具類による各部分の仕上げの欠除が1か所当たり 0.5m² 以下のときは，その欠除は原則としてないものとする。
⑦ 面積が1か所当たり 0.5m² 以下の附合物または高さあるいは幅が 0.05m 以下の幅木，回り縁，ボーダ等による各部分の仕上げの欠除は原則としてないものとする。
⑧ 各部分の仕上げの凹凸が 0.05m 以下のものは，原則として凹凸のない仕上げとする。ただし折板等凹凸材による成型材については，その凹凸が 0.05m を超える場合においても設計寸法による見付け面積を数量とする。
⑨ 幅木，回り縁，ボーダ等の開口部による欠除が1か所当たり 0.5m 以下のときは，その欠除は原則としてないものとする。

18-4 単価の算出

表 18-1 畳敷き　　　　　　　　　　　　　　　　　　　　　　（1枚当たり）

名　　称	規　　格	畳（枚）	特殊作業員（人）	その他	摘　要
畳　敷　き	1畳	1.0	0.05	一式	
〃	半畳	1.0	0.04	〃	

18 内 外 装

表18-2 床材張物

(1m² 当たり) ■は市場単価

名　称	規　格	ビニル床タイル (m²)	ビニル床シート (m²)	接着剤 (kg)	内装工 (人)	その他	摘要
ビニル床タイル	厚 2.0×303×303mm	1.05	—	0.3	0.03	一式	
〃	〃　　　　　階段	1.3	—	0.3	0.07	〃	
ビニル床シート	厚 2.5×303×303mm	—	1.05	0.3	0.04	〃	
〃	〃　　　　　階段	—	1.08	0.3	0.07	〃	

（注）　接着剤は，ビニル系床材用とする。

表18-3 床材敷物

(1m² 当たり)

名　称	規　格	フローリングブロック (m²)	セメント (kg)	モルタル (m³)	内装工 (人)	その他	摘要
フローリングブロック敷き	ナラ1等 300角	1.05	2.5	0.045	0.15	一式	

表18-4 カーペット，じゅうたん敷き

(1m² 当たり)

名　称	規　格	フェルト (m²)	敷物 (m²)	接着剤 (kg)	内装工 (人)	その他	摘要
下地フェルト敷き		1.05	—	0.1	0.03	一式	
ウィルトンカーペット敷き		—	1.05	0.1	0.07	〃	
タフテッドカーペット敷き		—	1.05	0.1	0.06	〃	
ニードルパンチカーペット敷き		—	1.05	0.3	0.05	〃	

表18-5 ビニル幅木張り

(1m 当たり) ■は市場単価

名　称	規　格	ビニル幅木 (m)	ささら用 (m)	接着剤 (kg)	内装工 (人)	その他	摘要
ビニル幅木	一般	1.05	—	0.02	0.015	一式	
〃	階段ささら	—	0.54	0.04	0.06	〃	

（注）　接着剤はビニル系床材用とする。

表18-6 せっこうボード張り

(1m² 当たり) ■は市場単価

名　称	規　格	せっこうボード (m²)	接着剤 (kg)	ジョイントテープ (m)	ジョイントコンパウンド (kg)	ボードくぎ (kg)	内装工 (人)	その他	摘要
壁せっこうボード張り	下地張り	1.05	—	—	—	0.025	0.04	一式	
〃	継目処理	1.05	—	0.87	0.3	0.025	0.07	〃	
〃	目すかし張り	1.05	—	—	—	0.025	0.055	〃	
〃	突付け張り	1.05	—	—	—	0.025	0.05	〃	
〃	直張り（継目処理）	1.05	3.2	0.87	0.3	—	0.09	〃	
〃	直張り突付け	1.05	3.2	—	—	—	0.07	〃	
〃	直張り下地張り	1.05	3.2	—	—	—	0.06	〃	
〃	V目地	1.05	—	—	—	0.025	0.05	〃	
壁せっこうラスボード張り		1.05	—	—	—	0.025	0.04	〃	
天井せっこうボード張り	下地張り	1.05	—	—	—	0.025	0.04	〃	
〃	突付け張り	1.05	—	—	—	0.025	0.05	〃	
〃	目すかし張り	1.05	—	—	—	0.025	0.055	〃	
〃	継目処理	1.05	—	0.87	0.3	0.025	0.072	〃	
天井化粧せっこうボード張り		1.05	—	—	—	0.04	0.055	〃	

（注）直張りは，コンクリート等の下地に適用し，その他は，軽量鉄骨下地，木造下地および下地張りボード面等に適用する。

表18-7 けい酸カルシウム板張り

(1m² 当たり) ■は市場単価

名　称	規　格	張面積 (m²)	ボードくぎ (kg)	小ねじ (kg)	ジョイナ (本)	内装工 (人)	その他	摘要
壁けい酸カルシウム板張り	突付け張り	1.05	0.025	—	—	0.06	一式	
〃	目すかし張り	1.05	0.025	—	—	0.07	〃	
〃	下地張り	1.05	0.025	—	—	0.055	〃	
天井けい酸カルシウム板張り	突付け張り	1.05	—	0.03	—	0.06	〃	
〃	目すかし張り	1.05	—	0.03	—	0.07	〃	
〃	下地張り	1.05	—	0.03	—	0.055	〃	

（注）1. 軽量鉄骨下地，木造下地および下地張りボード面等に適用する。
　　　2. 照明器具が天井に埋め込まれる場合のボード切込みは，別途計上する。

表 18-8 天井ロックウール吸音板張り

(1m² 当たり)　■は市場単価

名　称	規　格	ロックウール吸音板(フラット)(m²)	ロックウール吸音板凹凸模様(m²)	せっこうボード(m²)	くぎ(特殊)(kg)	ステープル(kg)	接着剤(ボード用)(kg)	内装工(人)	その他	摘要
天井ロックウール吸音板張り	軽鉄直張り	1.05	—	—	0.07	—	—	0.06	一式	
〃	下地張り共	1.05	—	1.05	—	0.02	0.22	0.075	〃	
〃(凹凸模様)	〃	0.07	0.98	1.05	—	0.02	0.22	0.12	〃	

(注) 1. 軽量鉄骨下地，木造下地等に適用する。
　　 2. 照明器具が天井に埋め込まれる場合のボード切込みは，別途計上する。
　　 3. ロックウール吸音板のボード寸法は，軽鉄直張りは 455×910mm，その他は 300×600mm 程度に適用する。

表18-9 天井ボード切込み

(1か所当たり)

名　称	規　格	単位	150角150φ以下	300角300φ以下	450角450φ以下	650角650φ以下	900角900φ以下	1300角1300φ以下	300×1300以下	300×2500以下	300×3700以下
内装工		人	0.013	0.015	0.019	0.023	0.028	0.036	0.026	0.038	0.05
その他		式	1	1	1	1	1	1	1	1	1

表18-10 化粧板張り

(1m² 当たり)

名　称	規　格	合成樹脂板(m²)	接着剤(kg)	内装工(人)	その他	摘要
メラミン化粧板張り		1.05	0.3	0.12	一式	
木質化粧板張り		1.05	0.1	0.2	〃	

(注) 所要数量は割付けにより入れ替える。

表 18-11 壁紙張り

(1m² 当たり)

名　称	規　格	壁装材(m²)	接着剤(kg)	内装工(人)	その他	摘要
壁紙張り	織物，紙程度	1.05	0.18	0.05	一式	
〃	プラスチック程度	1.05	0.18	0.025	〃	
天井　壁紙張り	織物，紙程度	1.05	0.18	0.055	〃	
〃	プラスチック程度	1.05	0.18	0.028	〃	

(注) 1. 素地ごしらえを別途加算する。
　　 2. 湿気の多い場所，外壁用のせっこうボード直張り下地等の場合は，防かび剤入り接着剤とする。

表 18-12 壁紙素地ごしらえ（モルタル面・せっこうボード面） （1m² 当たり）

名　称	規　格	合成樹脂エマルションシーラー (kg)	合成樹脂エマルションパテ (kg)	反応形合成樹脂ワニス (kg)	研磨紙 P120〜220 (枚)	内装工 (人)	その他	摘　要
壁紙素地ごしらえ	モルタル面	0.1	0.04	—	0.03	0.012	一式	B 種
〃	せっこうボード面	0.1	0.02	—	0.03	0.01	〃	〃
〃	けい酸カルシウム板面	—	0.02	0.1	0.03	0.01	〃	〃

表 18-13 壁紙素地ごしらえ（コンクリート面） （1m² 当たり）

名　称	規　格	建築用下地調整塗材 JIS A 6916 (kg)	研磨紙 P120〜220 (枚)	シーラー 壁紙用 (kg)	左官 (人)	内装工 (人)	その他	摘　要
壁紙素地ごしらえ	コンクリート面	1.1	0.03	0.07	0.015	0.004	一式	

（注） 湿気の多い場所の場合は，防かび剤入りシーラーとする。

表 18-14 断熱板打込み，断熱板張り （1m² 当たり）

名　称	規　格	断熱板 (m²)	くぎ (kg)	セメント (kg)	接着剤 (断熱材用) (kg)	型わく工 (人)	内装工 (人)	普通作業員 (人)	その他	摘　要
壁　打込み	合成樹脂発泡材	1.05	0.01	—	—	0.027	—	0.013	一式	
壁　張　り	〃	1.05	—	7.0	0.5	—	0.033	0.017	〃	
天井打込み	〃	1.05	0.01	—	—	0.02	—	0.01	〃	
天井打込み	木毛セメント板	1.05	0.05	—	—	0.033	—	0.017	〃	

18-5 算出例

〔算出例 18-1〕 ビニル床シート張り　　　　■は市場単価

						1m² 当たり	2,860 円	
名　称	規　格	単位	数量	単　価	金　額	単価根拠	備　考	
ビニル床シート	厚さ 2.5mm	m²	1.05	1,330.00	1,396.50			
接　着　剤	ゴム系ラテックス形	kg	0.3	193.00	57.90			
内　装　工		人	0.04	25,800.00	1,032.00			
そ　の　他		一式			372.96	2,486.40×0.15	(材＋労)×15%	
計					2,859.36			

〔算出例 18-2〕 ビニル幅木張り　　　　　　　　　　　　　　　　　　　　　　　　　■は市場単価

名　称	規　格	単位	数量	単　価	金　額	単価根拠	備　考
				1m² 当たり	610 円		
ビニル幅木	ソフト幅木 高さ 75mm	m	1.05	130.00	136.50		
接着剤	エポキシ樹脂系	kg	0.02	563.00	11.26		
内装工		人	0.015	25,800.00	387.00		
その他		一式			80.21	534.76×0.15	(材＋労)×15%
計					614.97		

〔算出例 18-3〕 壁せっこうボード張り (1)

下地張り				1m² 当たり	1,410 円		
名　称	規　格	単位	数量	単　価	金　額	単価根拠	備　考
せっこうボード	厚さ 9.5mm	m²	1.05	181.14	190.20	300 円/(0.91×1.82)	
ボードくぎ		kg	0.025	305.00	7.63		
内装工		人	0.04	25,800.00	1,032.00		
その他		一式			184.47	1,229.83×0.15	(材＋労)×15%
計					1,414.30		

〔算出例 18-4〕 壁せっこうボード張り (2)　　　　　　　　　　　　　　　　　　　　■は市場単価

継目処理				1m² 当たり	2,350 円		
名　称	規　格	単位	数量	単　価	金　額	単価根拠	備　考
せっこうボード	厚さ 9.5mm	m²	1.05	181.14	190.20	300 円/(0.91×1.82)	
ジョイントテープ		m	0.87	9.00	7.83		
ジョイントコンパウンド		kg	0.3	110.00	33.00		
ボードくぎ		〃	0.025	305.00	7.63		
内装工		人	0.07	25,800.00	1,806.00		
その他		一式			306.70	2,044.66×0.15	(材＋労)×15%
計					2,351.36		

〔算出例 18-5〕 壁せっこうボード張り (3)

目すかし張り				1m² 当たり	1,860 円		
名　称	規　格	単位	数量	単　価	金　額	単価根拠	備　考
せっこうボード	厚さ 9.5mm	m²	1.05	181.14	190.20	300 円/(0.91×1.82)	
ボードくぎ		kg	0.025	305.00	7.63		
内装工		人	0.055	25,800.00	1,419.00		
その他		一式			242.52	1,616.83×0.15	(材＋労)×15%
計					1,859.35		

〔算出例 18-6〕 天井せっこうボード張り（1）　　　　　　　　　　　　　■は市場単価

突付け張り						1m² 当たり		1,710 円
名　　称	規　　格	単位	数量	単　価	金　額	単 価 根 拠	備　　考	
せっこうボード	厚さ 9.5mm	m²	1.05	181.14	190.20	300 円/(0.91×1.82)		
ボードくぎ		kg	0.025	305.00	7.63			
内　装　工		人	0.05	25,800.00	1,290.00			
そ の 他			一式		223.17	1,487.83×0.15	（材＋労）×15%	
計					1,711.00			

〔算出例 18-7〕 天井せっこうボード張り（2）　　　　　　　　　　　　　■は市場単価

化粧せっこうボード						1m² 当たり		2,020 円
名　　称	規　　格	単位	数量	単　価	金　額	単 価 根 拠	備　　考	
化粧せっこうボード	厚さ 9.5mm 準不燃	m²	1.05	310.00	325.50		（ジプトーン）	
ボードくぎ		kg	0.04	305.00	12.20			
内　装　工		人	0.055	25,800.00	1,419.00			
そ の 他			一式		263.51	1,756.70×0.15	（材＋労）×15%	
計					2,020.21			

〔算出例 18-8〕 壁けい酸カルシウム板張り　　　　　　　　　　　　　　■は市場単価

目すかし張り						1m² 当たり		2,980 円
名　　称	規　　格	単位	数量	単　価	金　額	単 価 根 拠	備　　考	
けい酸カルシウム板	厚さ 8mm	m²	1.05	742.66	779.79	1,230 円/(0.91×1.82)		
ボードくぎ		kg	0.025	305.00	7.63			
内　装　工		人	0.07	25,800.00	1,806.00			
そ の 他			一式		389.01	2,593.42×0.15	（材＋労）×15%	
計					2,982.43			

〔算出例 18-9〕 天井けい酸カルシウム板張り　　　　　　　　　　　　　■は市場単価

目すかし張り						1m² 当たり		2,700 円
名　　称	規　　格	単位	数量	単　価	金　額	単 価 根 拠	備　　考	
けい酸カルシウム板	厚さ 6mm	m²	1.05	507.19	532.55	840 円/(0.91×1.82)		
小　ね　じ		kg	0.03	385.00	11.55			
内　装　工		人	0.07	25,800.00	1,806.00			
そ の 他			一式		352.52	2,350.10×0.15	（材＋労）×15%	
計					2,702.62			

〔算出例18-10〕 天井ロックウール吸音板張り　　　　　　　　　　　　　　■は市場単価

下地張り共						1m² 当たり		3,250 円
名称	規格	単位	数量	単価	金額	単価根拠	備考	
ロックウール吸音板	厚さ 12mm	m²	1.05	610.00	640.50			
せっこうボード	厚さ 9.5mm	〃	1.05	181.14	190.20	300円/(0.91×0.82)	不燃積層	
ステープル	4.19×50mm	kg	0.02	390.00	7.80			
接着剤	ボード用	〃	0.22	228.00	50.16			
内装工		人	0.075	25,800.00	1,935.00			
その他		一式			423.55	2,823.66×0.15	(材+労)×15%	
計					3,247.21			

〔算出例18-11〕 天井ボード切込み（1）

450角　φ450以下						1か所当たり		560 円
名称	規格	単位	数量	単価	金額	単価根拠	備考	
内装工		人	0.019	25,800.00	490.20			
その他		一式			73.53	490.20×0.15	(労)×15%	
計					563.73			

〔算出例18-12〕 天井ボード切込み（2）

W300×L1,300mm 以下						1か所当たり		770 円
名称	規格	単位	数量	単価	金額	単価根拠	備考	
内装工		人	0.026	25,800.00	670.80			
その他		一式			100.62	670.80×0.15	(労)×15%	
計					771.42			

〔算出例18-13〕 壁紙張り

織物, 紙程度						1m² 当たり		1,650 円
名称	規格	単位	数量	単価	金額	単価根拠	備考	
壁紙		m²	1.05	120.00	126.00			
接着剤		kg	0.18	123.00	22.14			
内装工		人	0.05	25,800.00	1,290.00			
その他		一式			215.72	1,438.14×0.15	(材+労)×15%	
計					1,653.86			

（注）素地ごしらえは別途。壁紙の種類により金額が変わる。

〔算出例 18-14〕 壁紙張り（天井）

織物，紙程度						1m² 当たり	1,800 円
名　　称	規　格	単位	数量	単　価	金　額	単 価 根 拠	備　考
壁　　　　紙		m²	1.05	120.00	126.00		
接　着　剤		kg	0.18	123.00	22.14		
内　装　工		人	0.055	25,800.00	1,419.00		
そ　の　他			一式		235.07	1,567.14×0.15	（材＋労）×15％
計					1,802.21		

（注）　素地ごしらえは別途。壁紙の種類により金額が変わる。

〔算出例 18-15〕 壁紙素地ごしらえ（1）

モルタル面						1m² 当たり	410 円
名　　称	規　格	単位	数量	単　価	金　額	単 価 根 拠	備　考
合成樹脂エマルションシーラー		kg	0.1	380.00	38.00		
合成樹脂エマルションパテ		〃	0.04	180.00	7.20		
研　磨　紙	P120〜220	枚	0.03	32.00	0.96		
内　装　工		人	0.012	25,800.00	309.60		
そ　の　他			一式		53.36	355.76×0.15	（材＋労）×15％
計					409.12		

〔算出例 18-16〕 壁紙素地ごしらえ（2）

せっこうボード面						1m² 当たり	350 円
名　　称	規　格	単位	数量	単　価	金　額	単 価 根 拠	備　考
合成樹脂エマルションシーラー		kg	0.1	380.00	38.00		
合成樹脂エマルションパテ		〃	0.02	180.00	3.60		
研　磨　紙	P120〜220	枚	0.03	32.00	0.96		
内　装　工		人	0.01	25,800.00	258.00		
そ　の　他			一式		45.08	300.56×0.15	（材＋労）×15％
計					345.64		

〔算出例 18-17〕 壁紙素地ごしらえ（3）

コンクリート面						1m² 当たり	660 円
名　　称	規　格	単位	数量	単　価	金　額	単 価 根 拠	備　考
建築用下地調整塗材	JIS A 6916	kg	1.1	48.00	52.80	1,200 円/25	
研　磨　紙	P120〜220	枚	0.03	32.00	0.96		
シ　ー　ラ　ー	壁紙用	kg	0.07	480.00	33.60		
左　　　官		人	0.015	25,800.00	387.00		
内　装　工		〃	0.004	25,800.00	103.20		
そ　の　他			一式		86.63	577.56×0.15	（材＋労）×15％
計					664.19		

〔算出例18-18〕 断熱板打込み

壁打込み　合成樹脂発泡材						1m² 当たり		1,550 円
名　　称	規　　格	単位	数量	単価	金額	単価根拠	備　考	
断　熱　板	厚さ20mm	m²	1.05	410.58	431.11	680円/(0.91×1.82)		
く　　ぎ		kg	0.01	305.00	3.05			
型 わ く 工		人	0.027	24,300.00	656.10			
普 通 作 業 員		〃	0.013	19,800.00	257.40			
そ　の　他		一式			202.15	1,347.66×0.15	（材＋労）×15%	
計					1,549.81			

〔算出例18-19〕 断熱板張り

壁張り　合成樹脂発泡材						1m² 当たり		2,300 円
名　　称	規　　格	単位	数量	単価	金額	単価根拠	備　考	
断　熱　板	厚さ20mm	m²	1.05	410.58	431.11	680円/(0.91×1.82)		
セ メ ン ト		kg	7.0	21.60	151.20			
接　着　剤	断熱材用	〃	0.5	460.00	230.00			
内 装 工		人	0.033	25,800.00	851.40			
普 通 作 業 員		〃	0.017	19,800.00	336.60			
そ　の　他		一式			300.05	2,000.31×0.15	（材＋労）×15%	
計					2,300.36			

19 仕上ユニットほか

19-1 概　　説

　仕上ユニットの大半は，一般に工場生産され市販されている製品をそのまま，またはイージーオーダーして現場へ持ち込み，取り付けるものを対象としている。
　仕上ユニットで重要なことは設計図書で指定されている製品の価格決定である。価格情報誌等に掲載されていないものは見積書等を参考に判断しなければならないので，ほかの製品の実勢価格等を把握して適正な根拠に基づき価格決定をしなければならない。

19-2 内訳書の書式

　「仕上ユニットほか」の主な細目は，次のようになる。

各種ユニット	○m² またはか所
アコーディオンドア	〃
ブラインド	〃
カーテン	〃
カウンター	○か所
浴　槽	〃
造付け家具	〃
流し台	〃
吊戸棚	〃
掲示板	〃
黒　板	〃
鏡	〃
室名札	〃
案内板	〃
フェンス	○m
スリーブ	○か所
計	

❶ 各種ユニット
　各種ユニットには床ユニット，壁ユニット，間仕切ユニット（ついたてを含む），天井ユニット，浴室ユニット，便所ユニット，厨房ユニット等がある。おのおの種別，形状，寸法，その他により分類して計上する。

❷ アコーディオンドア
　アコーディオンドア，スライディングウォール等がある。

❸ ブラインド
　たて型スリット，横型スリット等を種類，形状，寸法等に分類して計上する。

❹ カーテン
　レースカーテンから暗幕まで種類が多い。劇場，ホール等の緞帳，一文字幕，映写幕等は別に舞台装置の科目または種目として計上するほうが整理しやすい。種別，形状，寸法ごとに分類し計上する。なお，カーテンボックス，レール，ブラインドボックス等もユニットの科目で整理する（金属製品の場合は金属で処理する）。

❺ 家具，備品
　浴槽，家具（造付けも含む），流し台，吊戸棚，コンロ台等がある。

❻ 各種サイン類
　掲示板，案内板，黒板，室名札，文字書き等がある。

❼ フェンス
　屋上フェンスまたは屋内のフェンスはここで処理する。屋外のフェンスは別に外構の種目で処理する。

❽ スリーブその他
　スリーブは，設備配管に必要な梁，壁の穴あけで鋼管，亜鉛鉄板，紙製の円筒ボイド等がある。
　スリーブは，径，梁幅または壁厚により数多くの価格が必要となる。
　〔算出例 19-7〕は，鋼管スリーブ 1m 当たりの単価を計算したものである。価格 7,940 円のうち材料費（雑材料とその他を含む）は 2,380 円（その他を含む）となり，これにより「14 金属」14-7 板金物と同様に $2,380L+5,560$（円）の式で算出できる。$L=$スリーブ長さを示し，スリーブの長さ（L）に応じた価格の計算ができるようにしたものが〔算出例 19-10〕である。
　鏡，旗竿等もここで処理する。

19-3　数量の算出

① 間仕切ユニット等は，材種，規格等に区別し，設計寸法による面積または箇所数を数量とする。
② 浴室，便所等のユニットは，図示の性能，形状等ごとに組数または個数を数量とする。
③ 家具，備品，スクリーン等は，設計寸法による組数または個数を数量とする。
④ 造付け家具，カウンター，浴槽，シンク，換気塔等も複合した仕上ユニットと見なし，個数または箇所数を数量とする。
⑤ カーテン，ブラインド等の数量は，建具類等開口部の内法寸法による面積または箇所数による。

19-4　単価の決定

　工場製品になる既製品またはオーダー製品共，価格情報誌および専門メーカーからの参考見積

書によって決定する。現場における取付費は見積りまたは複合単価によって作成する。

❶ 室名札，ピクトグラフ等サイン類

設計によりオーダー，セミオーダー，既製品と各種あり，さらに文字書込み，文字彫込み等がある。専門業者等による見積りを参考にして決定する。掲示板，黒板等も同じであるが，学校等で使用するものは数量も多いのでよく調査して決定する。

表19-1　室名札取付け　　　　　　　　　　　　　　　　　　　　　　　　　　（1か所当たり）

名　　称	規　　格	室名札正面用（個）	内装工（人）	その他
室　名　札		1	0.06	一式

表19-2　黒板取付け　　　　　　　　　　　　　　　　　　　　　　　　　　　（1枚当たり）

名　　称	規　　格	黒板（枚）	内装工（人）	その他
黒　　板	幅 1,800〜3,600mm 高さ 900〜1,200mm	1	0.26	一式

（注）黒板には本体，枠，粉受，チョーク箱を含む。

表19-3　掲示板取付け　　　　　　　　　　　　　　　　　　　　　　　　　　（1枚当たり）

名　　称	規　　格	掲示板（枚）	内装工（人）	その他
掲示板（アルミ製）	幅 1,800〜3,600mm 高さ 900〜1,200mm	1	0.35	一式

表19-4　文字書き（文字書き入れ）　　　　　　　　　　　　　　　　　　　　（1字当たり）

名　　称	規　　格	塗装工（人）	その他
文字書き入れ	30mm 角程度	0.02	一式
〃	60mm 角程度	0.025	〃
〃	100mm 角程度	0.03	〃

表19-5　スチール棚取付け（棚・作業台）　　　　　　　　　　　　　　　　　（1組当たり）

名　　称	規　　格	スチール棚（組）	スチール作業台（組）	内装工（人）	その他
スチール棚	スチール製	1.0	―	0.34	一式
スチール作業台	〃	―	1.0	0.3	〃

表19-6　厨房器具取付け　　　　　　　　　　　　　　　　　　　　　　　　　（1台当たり）

名　　称	規　　格	厨房器具（個）	大工（人）	特殊作業員（人）	その他
流　し　台	長さ 1,800mm 程度	1	―	0.3	一式
コンロ台	長さ 600mm 程度	1	―	0.15	〃
水切棚	長さ 1,200mm 程度	1	0.1	―	〃
吊戸棚	長さ 1,200mm 程度	1	0.3	―	〃

表 19-7　風呂場器具取付け（浴槽・風呂釜）　　　　　　　　　　　　　　　　（1 組当たり）

名　　称	規　　格	浴　槽（組）	風呂釜（組）	配管工（人）	その他
浴　　槽	ステンレス・FRP 製（1～2 人用）	1.0	—	0.15	一式
風　呂　釜	循環外釜式	—	1.0	0.54	〃

表 19-8　ネットフェンス取付け　　　　　　　　　　　　　　　　　　　　　（10m 当たり）

名　　称	規　　格	金網柵（m）	普通作業員（人）	その他
ネットフェンス	高さ　900mm	10.0	0.52	一式
〃	高さ 1,200mm	10.0	0.54	〃
〃	高さ 1,500mm	10.0	0.62	〃
〃	高さ 1,800mm	10.0	0.68	〃

（注）　1．軽量鉄骨製金網張りフェンスの標準形式（控柱付も含む）の歩掛である。
　　　　2．基礎工事，土工事等は別途加算する。
　　　　3．傾斜地および忍返し付は，次により労務歩掛を補正する。
　　　　　①傾斜地 30°以上，10％増しとする。
　　　　　②忍返し付は，普通作業員 0.02 人/m 加算する。
　　　　4．忍返し材料および扉材料は，別途加算する。

表 19-9　用地境界標取付け　　　　　　　　　　　　　　　　　　　　　　（1 本当たり）

名　　称	規　　格	用地境界標（本）	特殊作業員（人）	その他	摘　　要
用地境界標	コンクリート製	1.0	0.25	一式	立会い費を含む

表 19-10　紙管スリーブ　　　　　　　　　　　　　　　　　　　　　　　（1 か所当たり）

呼び径（mm）	紙管（m）	雑材料（一式）	型わく工（人）	その他	摘　　要
φ50	1.05 l	紙管の 10％	0.12	一式	
75	〃	〃	0.12	〃	
100	〃	〃	0.13	〃	
125	〃	〃	0.14	〃	
150	〃	〃	0.14	〃	
175	〃	〃	0.16	〃	
200	〃	〃	0.16	〃	
250	〃	〃	0.19	〃	
300	〃	〃	0.2	〃	
350	〃	〃	0.21	〃	
400	〃	〃	0.22	〃	
450	〃	〃	0.24	〃	
500	〃	〃	0.25	〃	

（注）　1．紙管の l はスリーブ長さを示す。
　　　　2．雑材料には変形防止の力骨および力板を含む。
　　　　3．型わく工には芯出しの手間を含む。

表 19-11 塩ビ管スリーブ

(1か所当たり)

呼び径 (mm)	塩ビ管 (m)	雑材料 (一式)	型わく工 (人)	その他	摘要
φ40	1.05*l*	塩ビ管の5%	0.12	一式	
50	〃	〃	0.13	〃	
65	〃	〃	0.14	〃	
75	〃	〃	0.15	〃	
100	〃	〃	0.16	〃	
125	〃	〃	0.16	〃	
150	〃	〃	0.17	〃	
200	〃	〃	0.18	〃	
250	〃	〃	0.18	〃	
300	〃	〃	0.22	〃	
350	〃	〃	0.23	〃	
400	〃	〃	0.24	〃	

(注) 1. 塩ビ管の*l*はスリーブ長さを示す。
　　 2. 型わく工には芯出しの手間を含む。

19-5 算出例

〔算出例 19-1〕 文字書き

60mm 角程度							1台当たり	790 円
名　称	規　格	単位	数量	単　価	金　額	単価根拠	備　考	
塗　装　工		台	0.025	26,300.00	657.50			
そ の 他		一式			131.50	657.50×0.2	(労)×20%	
計					789.00			

〔算出例 19-2〕 厨房器具取付け (1)

流し台 (*L* = 1,800mm 程度)							1台当たり	60,400 円
名　称	規　格	単位	数量	単　価	金　額	単価根拠	備　考	
流　し　台	ステンレス製	台	1	52,200.00	52,200.00			
特殊作業員		人	0.3	22,700.00	6,810.00			
そ の 他		一式			1,362.00	6,810.00×0.2	(労)×20%	
計					60,372.00			

〔算出例 19-3〕 厨房器具取付け (2)

コンロ台 (*L* = 長さ 600mm 程度)							1台当たり	25,200 円
名　称	規　格	単位	数量	単　価	金　額	単価根拠	備　考	
コ ン ロ 台	ステンレス製	台	1	21,100.00	21,100.00			
特殊作業員		人	0.15	22,700.00	3,405.00			
そ の 他		一式			681.00	3,405.00×0.2	(労)×20%	
計					25,186.00			

〔算出例 19-4〕 床目地棒

					1台当たり		5,230 円
名 称	規 格	単位	数量	単 価	金 額	単 価 根 拠	備 考
床 目 地 棒		m	1.0	590.00	590.00		
左 官		人	0.15	25,800.00	3,870.00		
そ の 他		一式			774.00	3,870.00×0.2	(労)×20%
計					5,234.00		

〔算出例 19-5〕 階段滑り止め

					1台当たり		2,610 円
名 称	規 格	単位	数量	単 価	金 額	単 価 根 拠	備 考
階段滑り止め		m	1.0	1,050.00	1,050.00		
接 着 剤		kg	0.015	600.00	9.00		
左 官		人	0.05	25,800.00	1,290.00		
そ の 他		一式			258.00	1,290.00×0.2	(労)×20%
計					2,607.00		

〔算出例 19-6〕 ネットフェンス（高さ1,500mm）

					1m当たり		6,100 円
名 称	規 格	単位	数量	単 価	金 額	単 価 根 拠	備 考
ネットフェンス	高さ 1,500mm	m	1.0	4,630.00	4,630.00		
普 通 作 業 員		人	0.062	19,800.00	1,227.60		
そ の 他		一式			245.52	1,227.60×0.2	(労)×20%
計					6,103.12		

（注） ネットフェンスは，アングル型 亜鉛メッキ線径 3.2×網目 40mm とする。

〔算出例 19-7〕 鋼管スリーブ

φ100mm L=1,000mm					1か所当たり		7,940 円
名 称	規 格	単位	数量	単 価	金 額	単 価 根 拠	備 考
鋼 管	φ100 黒ガス管	m	1.05	1,801.82	1,891.91	9,910.00 円/5.5	
雑 材 料		一式			94.60	1,891.91×0.05	鋼管の5%
配 管 工		人	0.06	20,500.00	1,230.00		
型 わ く 工		〃	0.14	24,300.00	3,402.00		
そ の 他		一式			1,323.70	6,618.51×0.2	(材+労)×20%
計					7,942.21		

付記：$y=2,380$（材料）・$L+5,560$　$L=$スリーブ長さ（m）

　　（例）　$L=0.4$m のスリーブの価格　$L=0.4$m より　$y≒6,510$ 円/か所となる。

19 仕上ユニットほか

〔算出例 19-8〕 紙管スリーブ

φ150　L=500mm							1か所当たり	3,960 円
名　　称	規　　格	単位	数量	単　価	金　額	単 価 根 拠	備　　考	
紙管スリーブ		m	0.53	237.50	125.88	950 円/4m		
雑　材　料		一式			12.59	125.88×0.1	紙管の 10%	
型　わ　く　工		人	0.13	24,300.00	3,159.00			
そ　の　他		一式			659.46	3,297.47×0.2	(材+労)×20%	
計					3,956.96			

〔算出例 19-9〕 塩ビ管スリーブ

φ150　L=500mm　VU管							1か所当たり	4,870 円
名　　称	規　　格	単位	数量	単　価	金　額	単 価 根 拠	備　　考	
塩　ビ　管	φ100	m	0.53	302.50	160.33	1,210 円/4m		
雑　材　料		一式			8.02	160.33×0.05	塩ビ管の 5%	
型　わ　く　工		人	0.16	24,300.00	3,888.00			
そ　の　他		一式			811.27	4,056.35×0.2	(材+労)×20%	
計					4,867.62			

[算出例19-10] 鋼管スリーブ

呼び径 (mm)	鋼管（ガス管）(円/m)	鋼管(円/1.05m)	雑材料 (鋼管の5%)	配管工 (20,500円) (人)		型わく工 (24,300円) (人)		その他 (20%) 材に対し	労に対し	計 (単価算出式) (材)	(労)
32	500.00	525.00	26.25	0.04 ·	820.00	0.13 ·	3,159.00	110.25	795.80	y ≒ 660.00 · L +	4,770.00
40	574.55	603.28	30.16	0.04 ·	820.00	0.13 ·	3,159.00	126.69	795.80	y ≒ 760.00 · L +	4,770.00
50	783.64	822.82	41.14	0.04 ·	820.00	0.13 ·	3,159.00	172.79	795.80	y ≒ 1,040.00 · L +	4,770.00
65	1,103.64	1,158.82	57.94	0.05 ·	1,025.00	0.13 ·	3,159.00	243.35	836.80	y ≒ 1,460.00 · L +	5,020.00
80	1,296.36	1,361.18	68.06	0.05 ·	1,025.00	0.13 ·	3,159.00	285.85	836.80	y ≒ 1,720.00 · L +	5,020.00
100	1,801.82	1,891.91	94.60	0.06 ·	1,230.00	0.14 ·	3,402.00	397.30	926.40	y ≒ 2,380.00 · L +	5,560.00
125	2,345.45	2,462.72	123.14	0.06 ·	1,230.00	0.14 ·	3,402.00	517.17	926.40	y ≒ 3,100.00 · L +	5,560.00
150	3,327.27	3,493.63	174.68	0.07 ·	1,435.00	0.15 ·	3,645.00	733.66	1,016.00	y ≒ 4,400.00 · L +	6,100.00
200	5,072.73	5,326.37	266.32	0.09 ·	1,845.00	0.15 ·	3,645.00	1,118.54	1,098.00	y ≒ 6,710.00 · L +	6,590.00
250	7,127.27	7,483.63	374.18	0.09 ·	1,845.00	0.16 ·	3,888.00	1,571.56	1,146.60	y ≒ 9,430.00 · L +	6,880.00

20 構内舗装

20-1 概　　説

　構内舗装は，土木工事における一般道路の舗装とは異なり，建築工事に付帯する小規模な舗装工事，すなわち建物周囲の構内通路やアプローチ，自転車や車椅子等の通路，歩道，駐車場等を対象としている。従って，舗装延長が短い，幅員が一定していない，重量のある大型車両の通行を想定した設計になっていないといった特色がある。

　建築工事に関する舗装としては，
　　① 　アスファルト舗装
　　② 　コンクリート舗装
　　③ 　特殊舗装（カラー舗装，透水性舗装，排水性舗装，コンクリート平板舗装，インターロッキングブロック舗装，舗石）

があるが，標準歩掛となっているのは①のアスファルト舗装である。

　本歩掛は，構内舗装の標準的と思われる工事の内容を調査し，統計的処理を行って求めた数値であるので，一般の道路工事より作業効率が低くなっており，適用規模としても 2,500m² 程度までを想定している。規模・状況によっては，全て人力で施工した方が舗装機械の搬入等の費用を考慮すると経済的に施工できることがあるので，現場の施工条件を十分に検討の上，施工計画を作成する。

20-2　内訳書の書式

「舗装」の主な細目は，次のようになる。

直接仮設		一式
アスファルト舗装	A-○○-○○-○○○	○ m²
〃	A-○○-○○○	〃
コンクリート舗装	C-○○○-○○○	〃
コンクリート平板舗装		〃
インターロッキングブロック舗装		〃
機械運搬		一式
計		

20-3　数量の算出

　舗装の数量は，舗装の仕様（種類，厚さ）ごとに区分して面積を算出し，数量とする。

20-4　単価の算出

　舗装の単価は，仕様ごとに 1m² 当たりの単価を算出するが，まず舗装機械の運転費，次に各

層の材料費と施工費の複合単価を算出し，最後にこれらの合成単価を1m²当たりの単価とする。

❶ 舗装の構成と作業内容

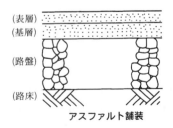

アスファルト舗装

表層　アスファルト混合物締固め
　　　アスファルト混合物敷均し
タックコート　タックコート散布
基層　アスファルト混合物締固め
　　　アスファルト混合物敷均し
プライムコート　プライムコート散布
路盤　路盤材締固め
　　　路盤材敷均し
路床　路床整正

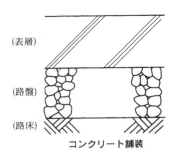

コンクリート舗装

表層　コンクリート打設
プライムコート　プライムコート散布
路盤　路盤材締固め
　　　路盤材敷均し
路床　路床整正

❷ 材料

アスファルト舗装およびコンクリート舗装には路盤材，アスファルト混合物，プライムコート，タックコート，コンクリート等が使用されるがそれぞれ転圧等による材料の割増しを含んだ材料の使用量が定められている。

(1) 路盤材

路盤材料には，切込砂利，再生クラッシャラン，再生粒調砕石等が使用され，最大粒径40mm以下のものが使用される。材料の使用量は，一般部（車路）と歩道部で使用量が異なる。

表 20-1　路盤材　　　　　　　　　　　　　　　　　　　　　　　　　　　（100m²当たり）

名　　称	規　格	単位	車道部			歩道部	摘　要
			厚さ10cm	厚さ15cm	厚さ20cm	厚さ10cm	
切 込 砂 利		m³	12.50	18.75	25.00	11.90	
再生クラッシャラン	RC-40	〃	12.90	19.35	25.80	12.20	
クラッシャラン	C-40	〃	12.90	19.35	25.80	12.20	
再 生 粒 調 砕 石		〃	13.20	19.80	26.40	12.50	
粒 調 砕 石		〃	13.20	19.80	26.40	12.50	

(2) 加熱アスファルト混合物等

基層および表層に使用される加熱アスファルト混合物等には，次の5種類がある。なお，特記がなければ，再生材を使用する。

20 構内舗装

表 20-2　加熱アスファルト混合物等の種類

種　　　　　　類	区　　分	地　域　別
粗粒度アスファルト混合物（20）	基　層	一般および寒冷地域
密粒度アスファルト混合物（13）	表　層	一般地域
細粒度アスファルト混合物（13）		
密粒度アスファルト混合物（13F）		寒冷地域
細粒度ギャップアスファルト混合物（13F）		

路盤材料と同じように，一般部車路と歩道部によって使用量が異なる。

表 20-3　加熱アスファルト混合物　　　　　　　　　　　　　　（100m² 当たり）

名　　　称	規　格	単位	車道部 厚さ3cm	車道部 厚さ5cm	歩道部 厚さ3cm	摘　要
再生粗粒度アスファルト		t	―	12.07	―	
粗粒度アスファルト		〃	―	12.07	―	
再生密粒度アスファルト		〃	7.24	12.07	6.93	
密粒度アスファルト		〃	7.24	12.07	6.93	
再生細粒度アスファルト		〃	6.93	11.55	6.77	
細粒度アスファルト		〃	6.93	11.55	6.77	

(3) プライムコート，タックコート

プライムコートは，路盤の耐久性および表層との接着を図るために行うもので，石油アスファルト乳剤 PK-3 が使用され，使用量は 1.5ℓ/m²（割増率2%）で算出されている。

タックコートは基層と表層との接着を図るために行うもので，石油アスファルト乳剤 PK-4 が使用され，使用量は 0.4ℓ/m²（割増率2%）で算出されている。

表 20-4　プライムコート，タックコート　　　　　　　　　　　（100m² 当たり）

名　　　称	規　　格	単　位	部位 車道部	部位 歩道部	摘　要
プライムコート	PK-3	ℓ	153.0	153.0	
タックコート	PK-4	〃	40.8	―	

(4) コンクリート

コンクリートには，レディーミクストコンクリートが使用され，一般的には発注強度 24N/mm²（歩道部は 16N/mm²），所要スランプ 8cm 以下が使用される。

表 20-5　コンクリートの使用量　　　　　　　　　　　　　　　（m³/100m²）

名　　　称	規　格	一般部および歩道部 7cm	一般部および歩道部 10cm	一般部および歩道部 15cm	摘　要
コンクリート		7.21	10.3	15.45	

表20-6　コンクリート舗装　路盤材共

名称	摘要	単位	歩道 C-7-10 特に狭い場所人力		歩道 C-10-10（溶接金網共）特に狭い場所人力		車道 C-15-15（溶接金網共）特に狭い場所人力		車道 C-20-20（溶接金網共）特に狭い場所人力		備考
			クラッシャラン	再生クラッシャラン	クラッシャラン	再生クラッシャラン	クラッシャラン	再生クラッシャラン	クラッシャラン	再生クラッシャラン	
路床整正		m²	1	1	1	1	1	1	1	1	
路盤材敷均し	厚さ 10cm	m²	1	1	1	1	—	—	—	—	
〃	15cm	〃	—	—	—	—	1	1	—	—	
〃	20cm	〃	—	—	—	—	—	—	1	1	
路盤材締固め	厚さ 10cm	m²	1	1	1	1	—	—	—	—	
〃	15cm	〃	—	—	—	—	1	1	—	—	
〃	20cm	〃	—	—	—	—	—	—	1	1	
プライムコート散布	手間のみ	m²	1	1	1	1	1	1	1	1	
コンクリート打込み		m²	1	1	1	1	1	1	1	1	
コンクリート	厚さ 7cm 歩道用 18N/mm² スランプ 8cm	m²	1	1	—	—	—	—	—	—	
〃	厚さ 10cm 歩道用（溶接金網共）18N/mm² スランプ 8cm	〃	—	—	1	1	—	—	—	—	
〃	厚さ 15cm 車道用（溶接金網共）24N/mm² スランプ 8cm	〃	—	—	—	—	1	1	—	—	
〃	厚さ 20cm 車道用（溶接金網共）24N/mm² スランプ 8cm	〃	—	—	—	—	—	—	1	1	
クラッシャラン	厚さ 10cm 歩道用 新材	m²	1	—	1	—	—	—	—	—	
〃	厚さ 10cm 歩道用 再生材	〃	—	1	—	1	—	—	—	—	
〃	厚さ 15cm 車道用 新材	〃	—	—	—	—	1	—	—	—	
〃	厚さ 15cm 車道用 再生材	〃	—	—	—	—	—	1	—	—	
〃	厚さ 20cm 車道用 新材	〃	—	—	—	—	—	—	1	—	
〃	厚さ 20cm 車道用 再生材	〃	—	—	—	—	—	—	—	1	
プライムコート	アスファルト乳剤 PK-3	ℓ	153	153	153	153	153	153	153	153	×0.01
その他			一式	一式	一式	一式	一式	一式	一式	一式	

20 構内舗装

表 20-7 コンクリート

(100m² 当たり)

名称	摘要	単位	厚さ 7cm 歩道用 18N/mm² スランプ 8cm	厚さ 10cm 歩道用（溶接金網共） 18N/mm² スランプ 8cm	厚さ 15cm 車道用（溶接金網共） 24N/mm² スランプ 8cm	厚さ 20cm 車道用（溶接金網共） 24N/mm² スランプ 8cm	備考
普通コンクリート	JIS A 5308 S8 粗骨材 20	m³	7.21	10.3	15.45	20.6	
溶接金網		m²	—	108.0	108.0	108.0	
鉄筋工		人	—	2.5	2.5	2.5	
その他			一式	一式	一式	一式	

表 20-8 舗装コンクリート手間

(1m² 当たり)

名称	摘要	単位	こて押え	備考
左官		人	0.035	
その他			一式	

❸ 舗装機械

構内舗装に使用される舗装機械の運転歩掛は**表 20-9** のとおりである。

表 20-9 舗装機械運転

(1 日当たり)

名称	規格	特殊作業員（人）	運転手（特殊）（人）	燃料（軽油）（ℓ）	燃料（ガソリン）（ℓ）	機械損料（供用日）	摘要
モータグレーダ	油圧式 3.1m級	—	1.0	50.0	—	1.57	
タイヤローラ	8～20t	—	1.0	38.6	—	1.86	
ロードローラ	マカダム 10t	—	1.0	30.8	—	1.57	
アスファルトフィニッシャ	2.4～4.5m	—	1.0	29.5	—	1.75	
エンジンスプレーヤ	25ℓ/min	—	—	—	3.4	1.57	ホイール型手押し式
タンパ	60～80kg	1.0	—	—	5.0	1.38	
振動ローラ	2.4～2.8t	1.0	—	12.4	—	1.57	

(注) 1. エンジンスプレーヤの運転は，舗設労務により行うものとする。
   2. アスファルトフィニッシャは，加熱用燃料として軽油を 1 日当たり 12 ℓ 加算する。

エンジンスプレーヤの運転は舗設工が行うので運転手等は計上しない。

❹ 歩掛

舗装の歩掛は施工規模ごとに人力施工と機械施工の割合を考慮して 4 段階に区分する。
① 特に狭い場所（ほとんど人力施工）
② 500m² 未満（人力施工　約 40%，機械施工　約 60%）
③ 500m² 以上 1,000m² 未満（人力施工　約 30%，機械施工　約 70%）
④ 1,000m² 以上 2,500m² 未満（人力施工　約 20%，機械施工　約 80%）

適用に当たっては，施工規模に応じた数値を採用するものとするが，舗装部分が建物や小構造物によって分割される等の場合には，歩掛の中の機械で実際の施工と連続作業が可能かどうかを

十分検討し，場合によっては，適宜歩掛を変更する。
ただし，コンクリート舗装のコンクリート打設については，小規模工事が多いため特に狭い場所（ほとんど人力施工）のみの歩掛である。

表 20-10　舗装機械運搬　　　　　　　　　　　　　　　　　　　　（1往復当たり）

名　　称	規　　格	質量（t）	トラック（日数）		摘　要
モータグレーダ	油圧式 3.1m 級	10.0	トラック 11t 積	1.3	
振動ローラ	2.4～2.8t	2.5	トラック 11t 積	0.8	
タイヤローラ	8～20t	14.8	トレーラ 11t 積	1.7	
ロードローラ	マカダム 10～12t	9.3	トラック 11t 積	1.3	
アスファルトフィニッシャ	2.0～4.5m	8.6	トラック 11t 積	1.1	

（注）運搬機械の日数は，トラック 11t 積による換算値である。

表 20-11　トラック運転　　　　　　　　　　　　　　　　　　　　　（1日当たり）

名　　称	規　格	単位	11t 積	摘　要
運転手（一般）		人	1.0	
燃　料	軽油	ℓ	61.5	
機械損料		供用日	1.13	
そ の 他			一式	

表 20-12　路床整正　　　　　　　　　　　　　　　　　　　　　　（100m² 当たり）

名　　称	規　　格	単位	施工規模（m²） 特に狭い場所	500 未満	500 以上 1,000 未満	1,000 以上 2,500 未満	摘　要
モータグレーダ運転	油圧式 3.1m 級	日	—	0.078	0.066	0.052	
普通作業員		人	1.00	0.46	0.37	0.28	
そ の 他			一式	一式	一式	一式	

（注）かき起こし，敷均し合成作業，補足材なしの場合。

表 20-13　路盤材敷均し　　　　　　　　　　　　　　　　　　　　（100m² 当たり）

名　　称	規　　格	単位	施工規模（m²） 特に狭い場所	500 未満	500 以上 1,000 未満	1,000 以上 2,500 未満	摘　要
（厚さ 10cm）							
モータグレーダ運転	油圧式 3.1m 級	日	—	0.085	0.070	0.056	
普通作業員		人	4.20	1.76	1.35	0.94	
そ の 他			一式	一式	一式	一式	
（厚さ 15cm）							
モータグレーダ運転	油圧式 3.1m 級	日	—	0.085	0.070	0.056	
普通作業員		人	5.70	2.36	1.80	1.24	
そ の 他			一式	一式	一式	一式	
（厚さ 20cm）							
モータグレーダ運転	油圧式 3.1m 級	日	—	0.085	0.070	0.056	
普通作業員		人	7.80	3.20	2.43	1.66	
そ の 他			一式	一式	一式	一式	

20 構内舗装

表 20-14 路盤材の締固め

(100m² 当たり)

名称	規格	単位	施工規模（m²）				摘要
			特に狭い場所	500 未満	500 以上 1,000 未満	1,000 以上 2,500 未満	
（厚さ10cm）							
タンパ運転	60～80kg	日	0.63	0.50	—	—	
振動ローラ運転	2.4～2.8t	〃	0.29	0.35	0.17	0.12	
タイヤローラ運転	8～20t	〃	—	—	0.069	0.056	
ロードローラ運転	マカダム 10t	〃	—	—	0.071	0.058	
その他			一式	一式	一式	一式	
（厚さ15cm）							
タンパ運転	60～80kg	日	0.68	0.55	—	—	
振動ローラ運転	2.4～2.8t	〃	0.40	0.48	0.24	0.16	
タイヤローラ運転	8～20t	〃	—	—	0.069	0.056	
ロードローラ運転	マカダム 10t	〃	—	—	0.071	0.058	
その他			一式	一式	一式	一式	
（厚さ20cm）							
タンパ運転	60～80kg	日	0.81	0.65	—	—	
振動ローラ運転	2.4～2.8t	〃	0.58	0.70	0.35	0.23	
タイヤローラ運転	8～20t	〃	—	—	0.082	0.067	
ロードローラ運転	マカダム 10t	〃	—	—	0.085	0.069	
その他			一式	一式	一式	一式	

表 20-15 プライムコートおよびタックコート散布

(100m² 当たり)

名称	規格	単位	プライムコート	タックコート	摘要
エンジンスプレーヤ運転	25ℓ/min	日	0.04	0.01	
特殊作業員		人	0.07	0.02	
普通作業員		〃	0.04	0.01	
その他			一式	一式	

表 20-16 アスファルト混合物の敷均し (100m² 当たり)

名　　称	規　格	単位	施工規模 (m²)				摘　要
			特に狭い場所	500 未満	500 以上 1,000 未満	1,000 以上 2,500 未満	
（厚さ 3cm）							
アスファルトフィニッシャ運転	2.4～4.5m 級	日	—	0.087	0.076	0.066	
世　話　役		人	0.30	0.20	0.16	0.12	
特　殊　作　業　員		〃	0.90	0.94	0.78	0.59	
普　通　作　業　員		〃	1.70	0.85	0.66	0.46	
そ　の　他			一式	一式	一式	一式	
（厚さ 5cm）							
アスファルトフィニッシャ運転	2.4～4.5m 級	日	—	0.087	0.076	0.066	
世　話　役		人	0.30	0.20	0.16	0.12	
特　殊　作　業　員		〃	0.90	0.94	0.78	0.59	
普　通　作　業　員		〃	2.30	1.09	0.84	0.58	
そ　の　他			一式	一式	一式	一式	

表 20-17 アスファルト混合物締固め (100m² 当たり)

名　　称	規　格	単位	施工規模 (m²)				摘　要
			特に狭い場所	500 未満	500 以上 1,000 未満	1,000 以上 2,500 未満	
タ　ン　パ　運　転	60～80kg	日	0.63	0.50	—	—	
振　動　ロ　ー　ラ　運　転	2.4～2.8t	〃	0.23	0.28	0.14	0.09	
タ　イ　ヤ　ロ　ー　ラ　運　転	8～20t	〃	—	—	0.082	0.056	
ロ　ー　ド　ロ　ー　ラ　運　転	マカダム 10t	〃	—	—	0.085	0.068	

表 20-18 舗装普通コンクリート (1m³ 当たり)

名　　称	規　格	単位	数量	摘　要
普通コンクリート		m³	1.0	
特　殊　作　業　員		人	0.39	
普　通　作　業　員		〃	0.39	
そ　の　他			一式	

20-5　算　出　例

(1)　舗装機械の運転経費

〔算出例 20-1〕　舗装機械運転 (1)

モータグレーダ　油圧式3.1m級					1 日当たり		61,500 円	
名　　称	規　格	単位	数量	単　価	金　額	単価根拠	備　考	
運転手（特殊）		人	1.0	22,300.00	22,300.00			
燃　料	軽油	ℓ	50.0	100.00	5,000.00			
モータグレーダ	油圧式3.1m級	供用日	1.57	18,300.00	28,731.00			
そ　の　他		一式			5,460.00	27,300.00×0.2	（労＋雑）×20%	
計					61,491.00			

〔算出例 20-2〕 舗装機械運転（2）

タイヤローラ 8～20t						1日当たり		56,300 円
名　称	規　格	単位	数量	単価	金額	単価根拠	備考
運転手（特殊）		人	1.0	22,300.00	22,300.00		
燃　料	軽油	ℓ	38.6	100.00	3,860.00		
タイヤローラ	8～20t	供用日	1.86	13,400.00	24,924.00		
そ の 他		一式			5,232.00	26,160.00×0.2	（労＋雑）×20％
計					56,316.00		

〔算出例 20-3〕 舗装機械運転（3）

ロードローラ マカダム 10t						1日当たり		51,800 円
名　称	規　格	単位	数量	単価	金額	単価根拠	備考
運転手（特殊）		人	1.0	22,300.00	22,300.00		
燃　料	軽油	ℓ	30.8	100.00	3,080.00		
ロードローラ	マカダム 10t	供用日	1.57	13,600.00	21,352.00		
そ の 他		一式			5,076.00	25,380.00×0.2	（労＋雑）×20％
計					51,808.00		

〔算出例 20-4〕 舗装機械運転（4）

アスファルトフィニッシャ 2.4～4.5m						1日当たり		82,000 円
名　称	規　格	単位	数量	単価	金額	単価根拠	備考
運転手（特殊）		人	1.0	22,300.00	22,300.00		
燃　料	軽油	ℓ	29.5	100.00	2,950.00		
燃　料	軽油 加熱用	〃	12.0	100.00	1,200.00		
アスファルトフィニッシャ	2.0～4.5m	供用日	1.75	28,700.00	50,225.00		
そ の 他		一式			5,290.00	26,450.00×0.2	（労＋雑）×20％
計					81,965.00		

〔算出例 20-5〕 舗装機械運転（5）

エンジンスプレーヤ 25 ℓ/min						1日当たり		1,280 円
名　称	規　格	単位	数量	単価	金額	単価根拠	備考
燃　料	ガソリン	ℓ	3.4	107.50	365.50		
エンジンスプレーヤ	25 ℓ/min	供用日	1.57	535.00	839.95		手押し式
そ の 他		一式			73.10	365.50×0.2	（雑）×20％
計					1,278.55		

〔算出例 20-6〕 舗装機械運転（6）

名　　称	規　　格	単位	数量	単　価	金　額	単価根拠	備　　考
タンパ60〜80kg						1日当たり	28,600 円
特 殊 作 業 員		人	1.0	22,700.00	22,700.00		
燃　　　料	ガソリン	ℓ	5.0	107.50	537.50		
タ　ン　パ	60〜80kg	供用日	1.38	515.00	710.70		
そ　の　他		一式			4,647.50	23,237.50×0.2	（労＋雑）×20%
計					28,595.70		

〔算出例 20-7〕 舗装機械運転（7）

名　　称	規　　格	単位	数量	単　価	金　額	単価根拠	備　　考
振動ローラ 2.4〜2.8t						1日当たり	40,600 円
特 殊 作 業 員		人	1.0	22,700.00	22,700.00		
燃　　　料	軽油	ℓ	12.4	100.00	1,240.00		
振 動 ロ ー ラ	2.4〜2.8t	供用日	1.57	7,570.00	11,884.90		
そ　の　他		一式			4,788.00	23,940.00×0.2	（労＋雑）×20%
計					40,612.90		

(2) アスファルト舗装

ここでは施工規模 500m² 以上〜1,000m² 未満の場合を算出する。

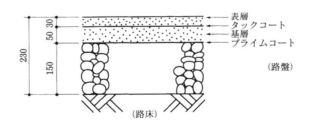

アスファルト混合物
　表　層　細粒度アスファルト混合物（13）
　基　層　粗粒度アスファルト混合物（20）
　路盤材　再生粒調砕石（40〜0mm）

最初に 1m² 当たり単価（合成単価）を，次に各層の複合単価の内容を示す。

20 構内舗装

表 20-19 アスファルト舗装合成単価

（1m² 当たり）

名　　　称	規　　　格	単　価	摘　　要
（A-30-50-150）			
路　床　整　正		128	〔算出例 20-8〕より
路　　　　　盤	再生粒調砕石　厚さ 15cm	1,020	〔算出例 20-9〕より
プライムコート		187	〔算出例 20-10〕より
基　　　　　層	粗粒度アスファルト　厚さ 5cm	2,140	〔算出例 20-11〕より
タックコート		50	〔算出例 20-12〕より
表　　　　　層	細粒度アスファルト　厚さ 3cm	1,500	〔算出例 20-13〕より
計		5,025	5,030 円/m²

〔算出例 20-8〕 路床整正

施工規模 500 以上 1,000m² 未満						100m² 当たり		12,800 円
名　称	規　格	単位	数量	単　価	金　額	単価根拠	備　考	
モータグレーダ運転	油圧式 3.1m 級	日	0.066	61,491.00	4,058.41		〔算出例 20-1〕より	
普通作業員		人	0.37	19,800.00	7,326.00			
その他		一式			1,465.20	7,326.00×0.2	（労）×20%	
計					12,849.61			

〔算出例 20-9〕 路盤

施工規模 500 以上 1,000m² 未満　車道部　厚さ 15cm						100m² 当たり	102,000 円
名　称	規　格	単位	数量	単　価	金　額	単価根拠	備　考
（材料）							
路盤材	再生粒調砕石 厚さ 15cm	m³	19.80	1,600.00	31,680.00		
その他		一式			6,336.00	31,680.00×0.2	（材）×20%
小　計					38,016.00		
（敷均し）							
モータグレーダ運転	油圧式 3.1m 級	日	0.070	61,491.0	4,304.37		〔算出例 20-1〕より
普通作業員		人	1.80	19,800.00	35,640.00		
その他		一式			7,128.00	35,640.00×0.2	（労）×20%
小　計					47,072.37		
（締固め）							
振動ローラ運転	2.4～2.8t	日	0.24	40,612.90	9,747.10		〔算出例 20-7〕より
タイヤローラ運転	8～20t	〃	0.069	56,316.00	3,885.80		〔算出例 20-2〕より
ロードローラ運転	マカダム 10t	〃	0.071	51,808.00	3,678.37		〔算出例 20-3〕より
小　計					17,311.27		
計					102,399.64		

〔算出例 20-10〕 プライムコート

100m² 当たり　　　18,700 円

名　称	規　格	単位	数量	単価	金額	単価根拠	備　考
（材料） プライムコート そ　の　他	PK-3	ℓ 一式	153.0	86.00	13,158.00 2,631.60	 13,158.00×0.2	 （材）×20%
小　　　計					15,789.60		
（散布） エンジンスプレーヤ運転 特殊作業員 普通作業員 そ　の　他	25ℓ/min	日 人 〃 一式	0.04 0.07 0.04	1,278.55 22,700.00 19,800.00	51.14 1,589.00 792.00 476.20	 2,381.00×0.2	〔算出例 20-5〕 より （労）×20%
小　　　計					2,908.34		
計					18,697.94		

〔算出例 20-11〕 基層

施工規模 500 以上 1,000m² 未満　車道部　厚さ 5cm　　　　100m² 当たり　　214,000 円

名　称	規　格	単位	数量	単価	金額	単価根拠	備　考
（材料） アスファルト混合物 そ　の　他	粗粒度アスファルト （20）厚さ 5cm	t 一式	12.07	10,200.00	123,114.00 24,622.80	 123,114.00 ×0.2	 （材）×20%
小　　　計					147,736.80		
（敷均し） アスファルトフィニッシャ運転 世　話　役 特殊作業員 普通作業員 そ　の　他	2.4～4.5m	日 人 〃 〃 一式	0.076 0.16 0.78 0.84	81,965.00 23,000.00 22,700.00 19,800.00	6,229.34 3,680.0 17,706.0 16,632.0 7,603.60	 38,018.00×0.2	〔算出例 20-4〕 より （労）×20%
小　　　計					51,850.94		
（締固め） 振動ローラ運転 タイヤローラ運転 ロードローラ運転	2.4～2.8t 8～20t マカダム 10t	日 〃 〃	0.14 0.082 0.085	40,612.90 56,316.00 51,808.00	5,685.81 4,617.91 4,403.68		〔算出例 20-7〕 より 〔算出例 20-2〕 より 〔算出例 20-3〕 より
小　　　計					14,707.40		
計					214,295.14		

20 構内舗装

〔算出例 20-12〕 タックコート

							100m² 当たり	5,010 円
名 称	規 格	単位	数量	単 価	金 額	単価根拠	備 考	
（材料） タックコート そ の 他	PK-4	ℓ 一式	40.8	86.00	3,508.80 701.76	3,508.80×0.2	（材）×20%	
小 計					4,210.56			
（散布） エンジンスプ レーヤ運転 特殊作業員 普通作業員 そ の 他	25ℓ/min	日 人 〃 一式	0.01 0.02 0.01	1,278.55 22,700.00 19,800.00	12.79 454.00 198.00 130.40	652.00×0.2	〔算出例 20-5〕 より （労）×20%	
小 計					795.19			
計					5,005.75			

〔算出例 20-13〕 表層

施工規模 500 以上 1,000m² 未満 車道部 厚さ 3cm							100m² 当たり	150,000 円
名 称	規 格	単位	数量	単 価	金 額	単価根拠	備 考	
（材料） アスファルト 混 合 物 そ の 他	細粒度アスファルト (13) 厚さ 3cm	t 一式	6.93	10,600.00	73,458.00 14,691.60	73,458.00×0.2	（材）×20%	
小 計					88,149.60			
（敷均し） アスファルトフィ ニッシャ運転 世 話 役 特殊作業員 普通作業員 そ の 他	2.4～4.5m	日 人 〃 〃 一式	0.076 0.16 0.78 0.66	81,965.00 23,000.00 22,700.00 19,800.00	6,229.34 3,680.0 17,706.00 13,068.0 6,890.80	34,454.00×0.2	〔算出例 20-4〕 より （労）×20%	
小 計					47,574.14			
（締固め） 振動ローラ 運 転 タイヤローラ 運 転 ロードローラ 運 転	2.4～2.8t 8～20t マカダム 10t	日 〃 〃	0.14 0.082 0.085	40,612.90 56,316.00 51,808.00	5,685.81 4,617.91 4,403.68		〔算出例 20-7〕 より 〔算出例 20-2〕 より 〔算出例 20-3〕 より	
小 計					14,707.40			
計					150,431.14			

(3) コンクリート舗装

　ここでは特に狭い場所の場合を算出する。

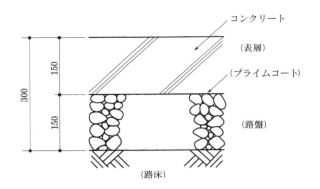

表　層　レディーミクストコンクリート
　　　　（粗骨材最大寸法 40mm 以下）
　　　　（圧縮強度 24N/mm², スランプ 8cm 以下）
路盤材　再生粒調砕石（40〜0mm）

表 20-17　コンクリート舗装合成単価

（1m² 当たり）

名　称	規　格	単　価	摘　要
（C 150-150）			
路　床　整　正		238	〔算出例 20-14〕より
路　　　　盤	再生粒調砕石　厚さ 15cm	2,090	〔算出例 20-15〕より
プライムコート		187	〔算出例 20-10〕より
表　　　　層	コンクリート　厚さ 5cm	6,650	〔算出例 20-16〕より
計		9,165	9,170 円/m²

〔算出例 20-14〕　路床整正

特に狭い場所						100m² 当たり		23,800 円
名　称	規　格	単位	数量	単　価	金　額	単価根拠	備　考	
普 通 作 業 員		人	1.00	19,800.00	19,800.00			
そ　の　他		一式			3,960.00	19,800.00×0.2	(労)×20%	
計					23,760.00			

20 構内舗装

〔算出例 20-15〕 路盤

特に狭い場所，車道部						100m² 当たり		209,000 円
名　　称	規　　格	単位	数量	単　価	金　額	単価根拠	備　考	
（材料）路盤材	再生粒調砕石 厚さ 15cm	m³	19.80	1,600.00	31,680.00			
そ の 他			一式		6,336.00	31,680.00×0.2	（材）×20%	
小　　　計					38,016.00			
（敷均し）普通作業員		人	5.70	19,800.00	112,860.00			
そ の 他			一式		22,572.00	112,860.00 ×0.2	（労）×20%	
小　　　計					135,432.00			
（締固め）タンパ運転	60～80kg	日	0.68	28,595.70	19,445.08		〔算出例 20-6〕より	
振動ローラ運転	2.4～2.8t	〃	0.40	40,612.90	16,245.16		〔算出例 20-7〕より	
小　　　計					35,690.24			
計					209,138.24			

〔算出例 20-16〕 表層（コンクリート）

厚さ15cm　車道用　溶接金鋼共						100m² 当たり		665,000 円
名　　称	規　　格	単位	数量	単　価	金　額	単価根拠	備　考	
（コンクリート）コンクリート	24N/mm²	m³	15.45	13,050.00	201,622.50			
そ の 他			一式		40,324.50	201,622.50×0.2	（材）×20%	
小　　　計					241,947.00			
（打設手間）特殊作業員		人	3.9	22,700.00	88,530.00			
普通作業員		〃	3.9	19,800.00	77,220.00			
左　　官		〃	3.5	25,800.00	90,300.00			
そ の 他			一式		51,210.00	256,050.00×0.2	（労）×20%	
小　　　計					307,260.00			
（溶接金網）溶接金網	D6 150×150mm	m²	108.0	295.00	31,860.00			
鉄筋工		人	2.5	25,700.00	64,250.00			
そ の 他			一式		19,222.00	96,110.00×0.2	（材+労）×20%	
小　　　計					115,332.00			
計					664,539.00			

(4) 機械運搬

舗装機械の運搬については，小型機材の場合，ほかの資材とともに運搬されるので特に計上はしない。

ここでは 20-5 算出例の (2) アスファルト舗装で使用した機械の運搬費を「建設機械等損

料表」をもとに算出する。〔算出例 20-17〕は運搬距離 20m としている。

〔算出例 20-17〕 トラック運転

						1日当たり		45,600 円
名　　称	規　格	単位	数量	単価	金額	単価根拠	備　考	
運転手（一般）		人	1.0	18,500.00	18,500.00			
燃　料　費	軽油	ℓ	61.5	100.00	6,150.00			
機　械　損　料	トラック 11t 積	供用日	1.13	14,200.00	16,046.00			
そ　の　他		一式			4,930.00	24,650.00×0.2	（労＋雑）×20%	
計					45,626.00			

〔算出例 20-18〕 舗装機械の運搬費

						1往復当たり	283,000 円
名　　称	規　格	運搬車種	数量	単位	単価	金額	備　考
モータグレーダ	油圧式 3.1m 級	11t 積	1.3	台	45,626.00	59,313.80	
振動ローラ	2.4〜2.8t	〃	0.8	〃	45,626.00	36,500.80	
タイヤローラ	8〜20t	〃	1.7	〃	45,626.00	77,564.20	
ロードローラ	マカダム 10t	〃	1.3	〃	45,626.00	59,313.80	
アスファルトフィニッシャ	2.0〜4.5m	〃	1.1	〃	45,626.00	50,188.60	
計						282,881.20	

（注）　運搬機械の台数は，トラック 11t 積による換算値である。

21 植　　栽

21-1 概　　説

　植栽工事は，工業製品を用いる工事とは異なり，生き物である植物を取り扱うため，植栽時期の配慮，適地植栽の配慮，地下埋設物による制約等現場の状況が植物の成育に適しているかを検討しておく必要がある。ここでは一般的な緑化樹木を中心とした植物材料の植付けおよび植栽基盤整備と移植，それの維持育成を対象としている。大規模な植栽や特殊な植栽については専門工事業者の見積り等を参考にされたい。

(1) 一 般 事 項
① 植栽基盤整備，新植および移植に適用する。
② 植栽工事に用いる材料は，所定のものであること。
③ 樹木，支柱等は，所定の形状および寸法を有すること。
④ 新植の樹木等は，活着するよう生育していること。
⑤ 幹周は，樹木の幹の周長をいい，根鉢の上端より1.2m上がりの位置を測定する。また根元周と特記された場合は，幹の根元の周長をいう。
⑥ バックホウの標準バケット容量は，山積み容量を示す。
⑦ トラッククレーン，バックホウ類は，施工業者・建設機械賃貸業者間の取引市場において形成されている市場価格により決定する。

(2) 植　栽　基　盤

表21-1　樹木等に応じた有効土層の厚さ

	芝，地被類	樹木（m）			
		低木	高木		
		3未満	3以上7未満	7以上12未満	12以上
有効土層（cm）	20	50	60	80	100

表21-2　植栽基盤整備工法

種別	整　備　工　法
A　種	現状地盤を粗起しの後，耕うんする
B　種	現状地盤を耕うんする
C　種	現状の土壌を植込み用土により置き換える
D　種	現状地盤の上に植込み用土を盛土する

21-2 歩　　掛

表 21-3　植栽基盤整備（A 種）　　　　　　　　　　　　　　　　　　　（1m² 当たり）

名称	規格	単位	有効土層（cm）				摘要
			50	60	80	100	
バックホウ運転	排出ガス対策型 0.28m³	日	0.006	0.007	0.01	0.012	
ホイールローダ運転	排出ガス対策型 0.4m³	〃	0.006	0.006	0.006	0.006	
普通作業員		人	0.008	0.009	0.012	0.014	
その他			一式	一式	一式	一式	

表 21-4　植栽基盤整備（B 種）　　　　　　　　　　　　　　　　　　　（1m² 当たり）

名称	規格	単位	有効土層 20cm	摘要
ホイールローダ運転	排出ガス対策型 0.4m³	日	0.006	
普通作業員		人	0.002	
その他			一式	

表 21-5　植栽基盤整備（C 種）　　　　　　　　　　　　　　　　　　　（1m² 当たり）

名称	規格	単位	有効土層（cm）					摘要
			20	50	60	80	100	
植込み用土		m³	0.22	0.55	0.66	0.88	1.1	
バックホウ運転	排出ガス対策型 0.28m³	日	0.006	0.015	0.018	0.024	0.03	
普通作業員		人	0.006	0.015	0.018	0.024	0.03	
その他			一式	一式	一式	一式	一式	

（注）　1.　植込み用土は，客土または現場発生の良質土とする。
　　　　2.　植込み用土は，ほぐれた状態の土とする。

表 21-6　植栽基盤整備（D 種）　　　　　　　　　　　　　　　　　　　（1m² 当たり）

名称	規格	単位	有効土層（cm）					摘要
			20	50	60	80	100	
植込み用土		m³	0.22	0.55	0.66	0.88	1.1	
バックホウ運転	排出ガス対策型 0.28m³	日	0.003	0.007	0.008	0.01	0.013	
普通作業員		人	0.003	0.007	0.008	0.01	0.013	
その他			一式	一式	一式	一式	一式	

（注）　1.　植込み用土は，客土または現場発生の良質土とする。
　　　　2.　植込み用土は，ほぐれた状態の土とする。

表 21-7　植付け（高木）　　　　　　　　　　　　　　　　　　　　　（1 本当たり）

名　　称	規　　格	単位	幹　周（cm）					摘　要
			15 未満	15〜25 未満	25〜40 未満	40〜60 未満	60〜90 未満	
世　話　役		人	0.032	0.054	0.05	0.10	0.16	
造　園　工		〃	0.161	0.274	0.23	0.44	0.74	
普通作業員		〃	0.096	0.163	0.14	0.26	0.45	
トラック運転	クレーン装置付 4t 積 2.9t 吊	日	—	—	0.087	0.108	—	
バックホウ運転	排出ガス対策型 0.13m³	〃	—	—	0.021	0.048	0.105	
トラッククレーン	油圧伸縮ジブ型 4.9t 吊	〃	—	—	—	—	0.09	賃料による
そ　の　他			一式	一式	一式	一式	一式	

（注）　高木は，継年後 3m 以上に成長し，はっきりした主幹を持つものをいう。

表 21-8　植付け（中低木）　　　　　　　　　　　　　　　　　　　　（1 本当たり）

名　　称	規　　格	単位	樹　高（cm）				摘　要
			50 未満	50 以上 100 未満	100 以上 200 未満	200 以上 300 未満	
世　話　役		人	0.001	0.002	0.005	0.02	
造　園　工		〃	0.008	0.012	0.037	0.15	
普通作業員		〃	0.006	0.01	0.03	0.122	
そ　の　他			一式	一式	一式	一式	

表 21-9　植付け（地被類）　　　　　　　　　　　　　　　　　　　　（1m² 当たり）

名　　称	規　　格	単位	りゅうのひげ類	笹　類	摘　要
世　話　役		人	0.007	0.008	
造　園　工		〃	0.028	0.032	
普通作業員		〃	0.03	0.034	
そ　の　他			一式	一式	

（注）　植付け本数は，44 株/m² 程度とする。

表 21-10　掘取り（中低木，根巻きあり）　　　　　　　　　　　　　（1 本当たり）

名　　称	規　　格	単位	樹　高（cm）				摘　要
			50 未満	50 以上 100 未満	100 以上 200 未満	200 以上 300 未満	
世　話　役		人	0.003	0.004	0.007	0.017	
造　園　工		〃	0.02	0.029	0.054	0.13	
普通作業員		〃	0.016	0.023	0.045	0.114	
そ　の　他			一式	一式	一式	一式	

表 21-11　掘取り（中低木，根巻きなし）　　　　　　　　　　　　　　（1本当たり）

名　称	規　格	単位	樹　高（cm）				摘要
			50 未満	50 以上 100 未満	100 以上 200 未満	200 以上 300 未満	
世　話　役		人	0.002	0.003	0.006	0.014	
造　園　工		〃	0.016	0.024	0.045	0.10	
普通作業員		〃	0.016	0.023	0.045	0.114	
そ　の　他			一式	一式	一式	一式	

表 21-12　掘取り（高木，根巻きあり）　　　　　　　　　　　　　　（1本当たり）

名　称	規　格	単位	幹　周（cm）					摘要
			15 未満	15 以上 25 未満	25 以上 40 未満	40 以上 60 未満	60 以上 90 未満	
世　話　役		人	0.02	0.044	0.07	0.10	0.17	
造　園　工		〃	0.103	0.221	0.36	0.55	0.88	
普通作業員		〃	0.061	0.132	0.13	0.21	0.34	
トラック運転	クレーン装置付 4t積 2.9t 吊	日	─	─	0.017	0.024	─	
バックホウ運転	排出ガス対策型 0.13m³	〃	─	─	0.064	0.091	0.148	
トラッククレーン	油圧伸縮ジブ型 4.9t 吊	〃	─	─	─	─	0.03	賃料による
雑　費			一式 ((労)×4%)	一式 ((労)×5%)	一式 ((労)×6%)	一式 ((労)×5%)	一式 ((労)×5%)	
そ　の　他			一式	一式	一式	一式	一式	

表 21-13　掘取り（高木，根巻きなし）　　　　　　　　　　　　　　（1本当たり）

名　称	規　格	単位	幹　周（cm）					摘要
			15 未満	15～25 未満	25～40 未満	40～60 未満	60～90 未満	
世　話　役		人	0.017	0.036	0.06	0.09	0.14	
造　園　工		〃	0.085	0.183	0.31	0.49	0.78	
普通作業員		〃	0.061	0.132	0.13	0.21	0.34	
トラック運転	クレーン装置付 4t積 2.9t 吊	日	─	─	0.017	0.024	─	
バックホウ運転	排出ガス対策型 0.13m³	〃	─	─	0.064	0.091	0.148	
トラッククレーン	油圧伸縮ジブ型 4.9t 吊	〃	─	─	─	─	0.03	賃料による
そ　の　他			一式	一式	一式	一式	一式	

21 植栽

表21-14 幹巻き（高木） (1本当たり)

名　　称	規　　格	単位	幹　周（cm） 25以上 40未満	幹　周（cm） 40以上 60未満	幹　周（cm） 60以上 90未満	摘　要
世　話　役		人	0.011	0.02	0.032	
造　園　工		〃	0.049	0.087	0.142	
普通作業員		〃	0.019	0.034	0.055	
雑　　費			一式 ((労)×15%)	一式 ((労)×17%)	一式 ((労)×20%)	
そ　の　他			一式	一式	一式	

表21-15 支柱（1） (1本当たり)

名　　称	規　　格	単位	添え柱型 一本	竹布掛け	二脚鳥居 (添木付)	二脚鳥居 (添木なし)	三脚鳥居	摘　要
世　話　役		人	0.003	0.023	0.018	0.013	0.018	
造　園　工		〃	0.015	0.049	0.102	0.077	0.102	
普通作業員		〃	0.011	0.063	0.059	0.044	0.059	
杉　丸　太	長さ0.6m　末口6.0cm	本	—	—	1	1	—	
〃	長さ0.6m　末口7.5cm	〃	—	—	—	—	1	
〃	長さ1.8m　末口6.0cm	〃	—	—	2	2	—	
〃	長さ1.8m　末口7.5cm	〃	—	—	—	—	3	
こずえ丸太	長さ4.0m　末口3.0cm	〃	—	—	1	—	—	
唐　　竹	長さ1.5m　12本束	〃	1	—	—	—	—	
〃	長さ6.0m　12本束	〃	—	0.5	—	—	—	
雑　　費			一式 ((労＋材)×7%)	一式 ((労＋材)×2%)	一式 ((労＋材)×3%)	一式 ((労＋材)×3%)	一式 ((労＋材)×3%)	
そ　の　他			一式	一式	一式	一式	一式	

表21-16 支柱（2） (1本当たり)

名　　称	規　　格	単位	十字鳥居	二脚鳥居 組合せ	八ツ掛 竹三本	八ツ掛 丸太 L=4m	八ツ掛 丸太 L=6～7m	摘　要
世　話　役		人	0.027	0.036	0.013	0.02	0.031	
造　園　工		〃	0.153	0.204	0.074	0.111	0.176	
普通作業員		〃	0.089	0.118	0.043	0.064	0.102	
杉　丸　太	長さ0.6m　末口6.0cm	本	—	—	—	3	3	
〃	長さ0.75m　末口7.5cm	〃	2	4	—	—	—	
〃	長さ1.8m　末口7.5cm	〃	2	—	—	—	—	
〃	長さ2.1m　末口7.5cm	〃	2	4	—	—	—	
〃	長さ4.0m　末口6.0cm	〃	—	—	—	3	—	
〃	長さ6.3m　中径6.0cm	〃	—	—	—	—	3	
唐　　竹	長さ2.5m　12本束	〃	—	—	3	—	—	
雑　　費			一式 ((労＋材)×3%)	一式 ((労＋材)×2%)	一式 ((労＋材)×4%)	一式 ((労＋材)×3%)	一式 ((労＋材)×3%)	
そ　の　他			一式	一式	一式	一式	一式	

表21-17 芝張り (1m²当たり)

名 称	規 格	単 位	工 種 目地張り	工 種 ベタ張り	摘 要
世 話 役		人	0.002	0.002	
普 通 作 業 員		〃	0.023	0.023	
造 園 工		〃	0.011	0.011	
芝		m²	0.7	1.0	
目 土		m³	0.027	0.027	
雑 費			—	一式	竹串を必要とする場合に労務費の5%を計上
そ の 他			一式	一式	

（注）芝の種類はコウライシバ，ノシバに適用する。

表21-18 植栽土工機械運転 (1日当たり)

名 称	規 格	適用単価表	運転労務（人）	燃料消費量（ℓ）	機械損料（供用日）	摘 要
バックホウ	排出ガス対策型 油圧式クローラ型 0.13m³	表21-19	1.0	27.4	1.78	
	〃 0.28 〃		1.0	45.1	1.64	
トラック	クレーン装置付 4t積 2.9t吊	〃	1.0	38.6	1.23	
ホイールローダ	排出ガス対策型 ホイール型 0.4m³	〃	1.0	15.1	1.55	

表21-19 運転1日当たり単価表 (1日当たり)

名 称	規 格	単 位	数 量	摘 要
運転手（特殊）		人		表21-18による
燃 料	軽油	ℓ		〃
機 械 損 料		供用日		〃
そ の 他			一式	

表21-20 植栽機械運搬 (1往復当たり)

名 称	規 格	質 量 (t)	運搬機械 規格	運搬機械 日数（往復）	摘 要
バックホウ	排出ガス対策型 油圧式クローラ型 0.13m³	4.2	トラック 11t積	0.9	
	〃 0.28 〃	7.0	〃	1.1	

（注）運搬機械の日数は，トラック11t積による換算値である。

表21-21 トラック運転　　　　　　　　　　　　　　　　　　　　　　（1日当たり）

名　称	規　格	単位	11t積	摘　要
運転手（一般）		人	1	
燃料費	軽油	ℓ	61.5	
機械損料		供用日	1.13	
その他		一式		

21-3　算　出　例

〔算出例21-1〕　植栽基盤整備（A種）

有効土層50cm　　　　　　　　　　　　　　　　　1本当たり　　690円

名　称	規　格	単位	数量	単価	金額	単価根拠	備　考
バックホウ運転	排出ガス対策型 0.28m²	人	0.006	45,242.80	271.46		〔算出例21-9〕より
ホイールローダ運転	排出ガス対策型 0.4m²	〃	0.006	37,453.50	224.72		〔算出例21-11〕より
普通作業員		〃	0.008	19,800.00	158.40		
その他		一式			31.68	158.40×0.2	（労）×20%
計					686.26		

〔算出例21-2〕　植付け（高木）

幹周25cm以上40cm未満　　　　　　　　　　　1本当たり　　14,800円

名　称	規　格	単位	数量	単価	金額	単価根拠	備　考
世話役		人	0.05	23,000.00	1,150.00		
造園工		〃	0.23	19,900.00	4,577.00		
普通作業員		〃	0.14	19,800.00	2,772.00		
トラック運転	クレーン装置付 4t積 2.9t吊	日	0.087	42,966.30	3,738.07		〔算出例21-10〕より
バックホウ運転	排出ガス対策型 0.13m³	〃	0.021	41,226.40	865.75		〔算出例21-8〕より
その他		一式			1,699.80	8,499.00×0.2	（労）×20%
計					14,802.62		

〔算出例21-3〕　植付け（中低木）

樹高50cm以上100cm未満　　　　　　　　　　　1本当たり　　580円

名　称	規　格	単位	数量	単価	金額	単価根拠	備　考
世話役		人	0.002	23,000.00	46.00		
造園工		〃	0.012	19,900.00	238.80		
普通作業員		〃	0.01	19,800.00	198.00		
その他		一式			96.56	482.80×0.2	（労）×20%
計					579.36		

〔算出例 21-4〕 植付け（地被類）

笹類						1m² 当たり		1,790 円
名　　称	規　格	単位	数量	単　価	金　額	単価根拠	備　考
世　話　役		人	0.008	23,000.00	184.00		
造　園　工		〃	0.032	19,900.00	636.80		
普 通 作 業 員		〃	0.034	19,800.00	673.20		
そ の 他		一式			298.80	1,494.00×0.2	（労）×20%
計					1,792.80		

〔算出例 21-5〕 掘取り（高木，根巻きあり）

幹周 25cm 以上 40cm 未満						1本当たり		17,800 円
名　　称	規　格	単位	数量	単　価	金　額	単価根拠	備　考
世　話　役		人	0.07	23,000.00	1,610.00		
造　園　工		〃	0.36	19,900.00	7,164.00		
普 通 作 業 員		〃	0.13	19,800.00	2,574.00		
トラック運転	クレーン装置付 4t積 2.9t吊	日	0.017	42,966.30	730.43		〔算出例 21-10〕より
バックホウ運転	排出ガス対策型 0.13m³	〃	0.064	41,226.40	2,638.49		〔算出例 21-8〕より
雑　　費		一式			680.88	11,348.00×0.06	（労）×6%
そ の 他		〃			2,405.78	12,028.88×0.2	（労＋雑）×20%
計					17,803.58		

〔算出例 21-6〕 幹巻き（高木）

幹周 25cm 以上 40cm 未満						1本当たり		2,210 円
名　　称	規　格	単位	数量	単　価	金　額	単価根拠	備　考
世　話　役		人	0.011	23,000.00	253.00		
造　園　工		〃	0.049	19,900.00	975.10		
普 通 作 業 員		〃	0.019	19,800.00	376.20		
雑　　費		一式			240.65	1,604.30×0.15	（労）×15%
そ の 他		〃			368.99	1,844.95×0.2	（労＋雑）×20%
計					2,213.94		

21 植栽

〔算出例 21-7〕 支柱

二脚鳥居（添木なし）						1本当たり		4,800 円
名 称	規 格	単位	数量	単 価	金 額	単価根拠	備 考	
世 話 役		人	0.013	23,000.00	299.00			
造 園 工		〃	0.077	19,900.00	1,532.30			
普 通 作 業 員		〃	0.044	19,800.00	871.20			
杉 丸 太	長さ 0.6m 末口 6.0cm	本	1	180.00	180.00			
〃	長さ 1.8m 末口 6.0cm	〃	2	500.00	1,000.00			
雑 費		一式			116.48	3,882.50×0.03	（材＋労）×3%	
そ の 他		〃			799.80	3,998.98×0.2	（材＋労＋雑）×20%	
計					4,798.78			

〔算出例 21-8〕 植栽土工機械運転（1）

バックホウ 0.13m³						1日当たり		41,200 円
名 称	規 格	単位	数量	単 価	金 額	単価根拠	備 考	
運 転 手(特 殊)		人	1.0	22,300.00	22,300.00			
燃 料	軽油	ℓ	27.4	100.00	2,740.00			
バ ッ ク ホ ウ	排出ガス対策型 油圧式クローラ型 0.13m³	供用日	1.78	6,280.00	11,178.40			
そ の 他		一式			5,008.00	25,040.00×0.2	（労＋雑）×20%	
計					41,226.40			

〔算出例 21-9〕 植栽土工機械運転（2）

バックホウ 0.28m³						1日当たり		45,200 円
名 称	規 格	単位	数量	単 価	金 額	単価根拠	備 考	
運 転 手(特 殊)		人	1.0	22,300.00	22,300.00			
燃 料	軽油	ℓ	45.1	100.00	4,510.00			
バ ッ ク ホ ウ	排出ガス対策型 油圧式クローラ型 0.28m³	供用日	1.64	7,970.00	13,070.80			
そ の 他		一式			5,362.00	26,810.00×0.2	（労＋雑）×20%	
計					45,242.80			

〔算出例 21-10〕 植栽土工機械運転 (3)

トラック，クレーン装置付 4t 積　2.9t 吊						1日当たり	43,000 円
名　　称	規　　格	単位	数量	単　価	金　額	単価根拠	備　考
運転手(特殊)		人	1	22,300.00	22,300.00		
燃　　料	軽油	ℓ	38.6	100.00	3,860.00		
トラック	クレーン装置付 4t積 2.9t吊	供用日	1.23	9,410.00	11,574.30		
その他		一式			5,232.00	26,160.00×0.2	(労＋雑)×20%
計					42,966.30		

〔算出例 21-11〕 植栽土工機械運転 (4)

ホイールローダ						1日当たり	37,500 円
名　　称	規　　格	単位	数量	単　価	金　額	単価根拠	備　考
運転手(特殊)		人	1.0	22,300.00	22,300.00		
燃　　料	軽油	ℓ	15.1	100.00	1,510.00		
ホイールローダ	排出ガス対策型 ホイール型 0.4m^3	供用日	1.55	5,730.00	8,881.50		
その他		一式			4,762.00	23,810.00×0.2	(労＋雑)×20%
計					37,453.50		

〔算出例 21-12〕 植栽機械運搬

トラック 11t 積						1往復当たり	41,100 円
名　　称	規　　格	単位	数量	単　価	金　額	単価根拠	備　考
トラック運転	11t積	日	0.9	45,626.00	41,063.40		〔算出例 21-13〕より
計					41,063.40		

〔算出例 21-13〕 トラック運転

						1日当たり	45,600 円
名　　称	規　　格	単位	数量	単　価	金　額	単価根拠	備　考
運転手(一般)		人	1	18,500.00	18,500.00		
燃　　料	軽油	ℓ	61.5	100.00	6,150.00		
トラック	11t積	供用日	1.13	14,200.00	16,046.00		
その他		一式			4,930.00	24,650.00×0.2	(労＋雑)×20%
計					45,626.00		

22 とりこわし

22-1 概　　説

　建物および構造物のとりこわしには，さまざまな工法があるが，ここでは圧砕機，または一部大型ブレーカとの併用による鉄筋コンクリート（RC）造および鉄骨鉄筋コンクリート（SRC）造建物等のとりこわしに適用する。コンクリート類と内装材類は，原則として分別解体によるとりこわし方法とする。

　とりこわし工事の積算に当たっては，周囲の条件により仮設としての騒音対策，震動対策および粉じん対策等を十分に考慮する。また機械を建物の屋上に設置して屋上からとりこわす際には，支保工等による床の補強が必要な場合があるので注意する必要がある。

　積算に当たっては，工事の安全や公害を考慮するとともに，必要に応じて専門工事業者等の見積りを参考にして工事費の算出を行う。

　仮設計画は，敷地の状況を検討の上，「1 直接仮設」に準じて，外部足場や外部養生等を設ける。

22-2 数量の算出

　数量は，設計数量とし「建築数量積算基準」に準じて算出する。SRC造（柱，梁等）における鉄骨数量は，控除の対象としない。ただし，集積積込みおよび処分量に対しての数量は，鉄骨数量の控除として躯体断面の95%とする。

　また図22-1に示すように，地上部分，地下部分および基礎部に区分する。

図22-1　地上部分，地下部分，基礎部の区分

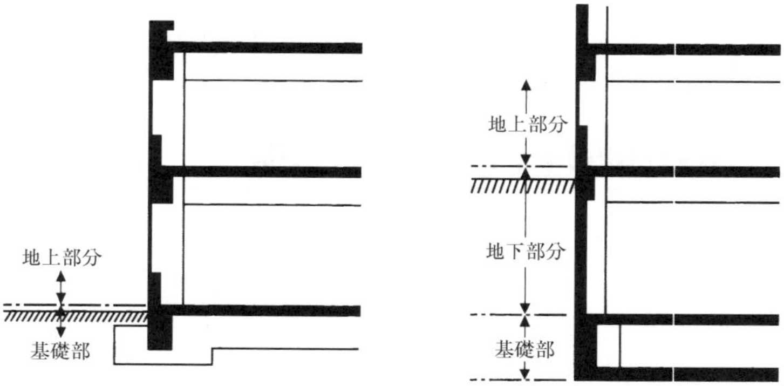

　その他，表22-1および表22-2による分類がある。

表22-1　構造別作業難易度

名　　　称	難易度	適　用　範　囲
ＲＣ造	1.0	
ＳＲＣ造	1.3	鉄骨鉄筋コンクリートの部位に適用する

表22-2　部位別作業難易度

名　　　称	難易度	適　用　範　囲
地　上　部　分	1.0	
地　下　部　分	1.2	山留め，切梁のない場合に適用し，根切りは考慮しない
土間コンクリート	0.7	

22-3　単価の決定

❶　地上部分および地下部分のとりこわし

　とりこわし機械は，バックホウ 0.8m³（ベースマシン）を標準とするが，建物高さが25mを超える場合，または敷地の狭い場合等はバックホウ 0.5m³（ベースマシン）を屋上に設置して上からのとりこわしを標準（**表22-3, 22-4**）とし，構造別，部位別作業難易度（**表22-1, 22-2**）により補正する。

❷　基礎部のとりこわし

　基礎部のとりこわし機械は，圧砕機のみで施工する部分と圧砕機および大型ブレーカ併用により施工する部分とがある。施工数量の比率はおのおの50％を標準として算出する。

❸　モルタル類のとりこわし

　タイルおよびモルタル類の仕上材については，とりこわし費用を計上しない。ただし，運搬費および処分費は，別途算出する。

❹　鉄筋切断

　コンクリート1m³当たりの鉄筋切断費を鉄筋コンクリートとりこわしの費用に含めるSRC造の鉄筋および鉄骨切断は，RC造の4倍程度とする。

表22-3　地上部および地下部コンクリート類とりこわし　　　　　　　　　（1m³当たり）

名　　称	規　格	単位	コンクリート圧砕機 大型ブレーカ併用	コンクリート圧砕機	摘　要
ベースマシン	バックホウ 0.8m³	日	0.054	―	
〃	〃　　0.5m³	〃	―	0.059	
コンクリート圧砕機	破砕力 549～981kN	〃	0.054	0.059	運転日当たり
普　通　作　業　員		人	0.054	0.059	
そ　　の　　他			一式	一式	

　（注）とりこわし機械の屋上吊上用トラッククレーンは，別途計上する。

表22-4 基礎部コンクリート類とりこわし

(1m³ 当たり)

名称	規格	単位	コンクリート圧砕機 大型ブレーカ併用	コンクリート圧砕機	摘要
ベースマシン運転	バックホウ 0.8m³	日	0.088	0.081	
コンクリート圧砕機	破砕力 549～981kN	〃	0.053	0.081	
大型ブレーカ	油圧式 600～800kg	〃	0.035	—	
普通作業員		人	0.088	0.081	
その他			一式	一式	

（注）根切りは考慮しない。

表22-5 コンクリート類集積積込み

(1m³ 当たり)

名称	規格	単位	数量	摘要
バックホウ	0.8m³	日	0.028	

表22-6 鉄筋切断

(1m³ 当たり)

名称	規格	単位	数量	摘要
普通作業員		人	0.03	
その他			一式	

（注）SRC 造の鉄筋および鉄骨切断は別途計上する。

表22-7 内装材とりこわし (1)

(1m² 当たり)

名称	規格	単位	木造床組	床ビニルタイル	開口部	摘要
普通作業員		人	0.05	0.02	0.02	
その他			一式	一式	一式	

（注）
1. 開口部は，窓および扉とする。
2. 開口部のとりこわしには，ガラスは含まない。
3. 集積までを含み，積込みは別途計上する。

表22-8 内装材とりこわし (2)

(1m² 当たり)

名称	規格	単位	間仕切壁 下地	間仕切壁 仕上げ(片面)	天井 下地	天井 仕上げ	摘要
普通作業員		人	0.02	0.02	0.02	0.03	
その他			一式	一式	一式	一式	

（注）
1. 壁および天井の下地は，木造または金属系とする。
2. 間仕切壁および天井の仕上材と下地材は，原則として分別解体とする。
3. 設備機器類および従物類の撤去費および処分費は，別途計上する。
4. 集積までを含み，積込みは別途計上する。

表 22-9 とりこわし機械運転

(1日当たり)

機械名	規格	適用単価表	運転労務 (人)	燃料消費量 (ℓ)	機械損料 (供用日)	摘要
バックホウ	排出ガス対策型 油圧式クローラ型 0.13m^3	表22-10	1.0	31.1	1.73	
バックホウ	排出ガス対策型 油圧式クローラ型 0.5m^3	〃	1.0	69.0	1.64	
バックホウ	排出ガス対策型 油圧式クローラ型 0.8m^3	〃	1.0	113.0	1.64	
ダンプトラック	10t積級	表22-11	1.0	71.2	1.29	
ダンプトラック	4t積級	〃	1.0	40.3	1.29	
ダンプトラック	2t積級	〃	1.0	26.4	1.29	

表 22-10　単価表1

(運転1日当たり)

名称	規格	単位	数量	摘要
運転手（特殊）		人		表22-9より
燃料		ℓ		〃
機械損料		供用日		〃
その他			一式	

表 22-11　単価表2

(運転1日当たり)

名称	規格	単位	数量	摘要
運転手（一般）		人		表22-9より
燃料		ℓ		〃
機械損料		供用日		〃
タイヤ損耗費		〃		数量は機械損料による
その他			一式	

22-4　内訳書作成例

表22-12　○○庁舎解体工事予定価格積算内訳書・工事種目

名　　称	規　　格	単位	数　量	単　価	金　額	摘　　要
工　事　種　目						
直　接　工　事　費						
1.　旧　　庁　　舎	解体		一式			表22-13
計						
共　　通　　費						
共　通　仮　設　費			一式			
現　場　管　理　費			一式			
一　般　管　理　費　等			一式			
計						
合　　　　　計						
消　費　税　等　相　当　額			一式			
総　　合　　計						

表22-13　○○庁舎解体工事予定価格積算内訳書・工事科目

名　　称	規　　格	単位	数　量	単　価	金　額	摘　　要
工　事　種　目						
（1）直　接　仮　設			一式			
（2）解　　　　　体	建物 RC-2　582m^2		一式			
（3）解　　　　　体	電気設備		一式			
（4）解　　　　　体	機械設備		一式			
計						

表22-14　○○庁舎解体工事予定価格積算内訳書・工事細目

名　　称	規　　格	単位	数　量	単　価	金　額	摘　要
工　事　細　目						
(1) 直　接　仮　設						
外　部　足　場			一式			
内　部　足　場			一式			
仮　設　材　運　搬			一式			
計						
(2) 解　　体						
既　存　杭　引　抜　き	RC杭φ300 L＝6,000×46本		一式			
Ｒ　Ｃ　杭　解　体	鉄筋切断共	m³	19.4			
地　業　解　体		m³	36.5			
土間コンクリート解体		m³	34.0			
捨コンクリート解体		m³	6.2			
鉄筋コンクリート解体	基礎部鉄筋切断共	m³	81.5			
鉄筋コンクリート解体	地上部鉄筋切断共	m³	266.0			
ブ　ロ　ッ　ク　類　解　体		m³	17.4			
レ　ン　ガ　類　解　体		m³	0.8			
外　装　材　解　体			一式			
外　部　建　具　類　解　体			一式			
内　装　材　解　体			一式			
内　部　建　具　類　解　体			一式			
発　生　材　積　込　み			一式			
発　生　材　運　搬			一式			
発　生　材　処　分			一式			
解　体　機　械　運　搬	トラック	台	4			
計						

22-5 算　出　例

❶ 算　出　例

〔算出例 22-1〕　とりこわし機械運転（1）

バックホウ 0.8m³						1日当たり		70,700 円
名　　称	規　　格	単位	数量	単価	金額	単価根拠	備　　考	
運転手（特殊）		人	1.0	22,300.00	22,300.00			
燃　　　料	軽油	ℓ	113.0	100.00	11,300.00			
機 械 損 料	バックホウ 0.8m³	供用日	1.64	18,500.00	30,340.00			
そ の 他		一式			6,720.00	33,600.00×0.2	（労＋雑）×20%	
計					70,660.00			

〔算出例 22-2〕　とりこわし機械運転（2）

バックホウ 0.5m³						1日当たり		55,400 円
名　　称	規　　格	単位	数量	単価	金額	単価根拠	備　　考	
運転手（特殊）		人	1	22,300.00	22,300.00			
燃　　　料	軽油	ℓ	69.0	100.00	6,900.00			
機 械 損 料	バックホウ 0.5m³	供用日	1.64	12,400.00	20,336.00			
そ の 他		一式			5,840.00	29,200.00×0.2	（労＋雑）×20%	
計					55,376.00			

〔算出例 22-3〕　RC造・地上部（屋上よりとりこわす）

						1m³当たり		6,510 円
名　　称	規　　格	単位	数量	単価	金額	単価根拠	備　　考	
ベースマシン運転	バックホウ 0.5m³	日	0.059	55,376.00	3,267.18		〔算出例 22-2〕より	
コンクリート圧砕機	破砕力 549〜981kN	〃	0.059	31,200.00	1,840.80			
普 通 作 業 員		人	0.059	19,800.00	1,168.20			
そ の 他		一式			233.64	1,168.20×0.2	（労）×20%	
計					6,509.82			

〔算出例 22-4〕　RC 造・地上部および地下部コンクリート類とりこわし

コンクリート圧砕機大型ブレーカ併用					1m³ 当たり		6,780 円
名　称	規　格	単位	数量	単　価	金　額	単価根拠	備　考
ベースマシン運転	バックホウ 0.8m³	日	0.054	70,660.00	3,815.64		〔算出例 22-1〕より
コンクリート圧砕機	破砕力 549〜981kN	〃	0.054	31,200.00	1,684.80		運転日当たり
普通作業員		人	0.054	19,800.00	1,069.20		
その他		一式			213.84	1,069.20×0.2	（労）×20%
計					6,783.48		

〔算出例 22-5〕　RC 造・基礎部コンクリート類とりこわし（1）

コンクリート圧砕機					1m³ 当たり		10,200 円
名　称	規　格	単位	数量	単　価	金　額	単価根拠	備　考
ベースマシン運転	バックホウ 0.8m³	日	0.081	70,660.00	5,723.46		〔算出例 22-1〕より
コンクリート圧砕機	破砕力 549〜981kN	〃	0.081	31,200.00	2,527.20		運転日当たり
普通作業員		人	0.081	19,800.00	1,603.80		
その他		一式			320.76	1,603.80×0.2	（労）×20%
計					10,175.22		

〔算出例 22-6〕　RC 造・基礎部コンクリート類とりこわし（2）

コンクリート圧砕機大型ブレーカ併用					1m³ 当たり		10,400 円
名　称	規　格	単位	数量	単　価	金　額	単価根拠	備　考
ベースマシン運転	バックホウ 0.8m³	日	0.088	70,660.00	6,218.08		〔算出例 22-1〕より
コンクリート圧砕機	破砕力 549〜981kN	〃	0.053	31,200.00	1,653.60		運転日当たり
大型ブレーカ	油圧式 600〜800kg	〃	0.035	12,200.00	427.00		〃
普通作業員		人	0.088	19,800.00	1,742.40		
その他		一式			348.48	1,742.40×0.2	（労）×20%
計					10,389.56		

〔算出例 22-7〕　基礎部コンクリート類とりこわし

コンクリート圧砕機およびコンクリート圧砕機大型ブレーカ併用					1m³ 当たり		10,300 円
名　称	規　格	単位	数量	単　価	金　額	単価根拠	備　考
コンクリート類とりこわし	コンクリート圧砕機	m³	0.5	10,175.22	5,087.61		〔算出例 22-5〕より 比率 50%
コンクリート類とりこわし	圧砕機ブレーカ併用	〃	0.5	10,389.56	5,194.78		〔算出例 22-6〕より 比率 50%
計					10,282.39		

22 とりこわし

〔算出例 22-8〕 コンクリート類集積積込み

						1m³ 当たり		1,980 円
名 称	規 格	単位	数量	単 価	金 額	単価根拠	備 考	
バックホウ運転	0.8m³	日	0.028	70,660.00	1,978.48		〔算出例 22-1〕より	
計					1,978.48			

〔算出例 22-9〕 鉄筋切断

						1m³ 当たり		710 円
名 称	規 格	単位	数量	単 価	金 額	単価根拠	備 考	
普通作業員		人	0.03	19,800.00	594.00			
そ の 他		一式			118.80	594.00×0.2	(労)×20%	
計					712.80			

〔算出例 22-10〕 木造床組とりこわし

						1m² 当たり		1,190 円
名 称	規 格	単位	数量	単 価	金 額	単価根拠	備 考	
普通作業員		人	0.05	19,800.00	990.00		集積まで含む	
そ の 他		一式			198.00	990.00×0.2	(労)×20%	
計					1,188.00			

〔算出例 22-11〕 間仕切壁とりこわし（下地および片面仕上げ共）

						1m² 当たり		950 円
名 称	規 格	単位	数量	単 価	金 額	単価根拠	備 考	
普通作業員		人	0.04	19,800.00	792.00		集積まで含む	
そ の 他		一式			158.40	792.00×0.2	(労)×20%	
計					950.40			

（注） 下地 0.02 人，仕上げ 0.02 人

〔算出例 22-12〕 天井材とりこわし（下地および仕上げ共）

						1m² 当たり		1,190 円
名 称	規 格	単位	数量	単 価	金 額	単価根拠	備 考	
普通作業員		人	0.05	19,800.00	990.00		集積まで含む	
そ の 他		一式			198.00	990.00×0.2	(労)×20%	
計					1,188.00			

（注） 下地 0.02 人，仕上げ 0.03 人

❷ 合　成　単　価

表22-1，22-2のとりこわし作業難易度により単価補正を次のように行う。
また表22-15にとりこわし合成単価を示す。

(1)　鉄筋コンクリート（地下部分）

　　6,780（円/m³）×1.2≒8,130（円/m³）
　　　↑　　　　　　↑
　　〔算出例22-4〕表22-2

(2)　鉄筋コンクリート（基礎部）

　　10,200（円/m³）×0.5＋10,400（円/m³）×0.5＝10,300（円/m³）
　　　↑　　　　　　↑　　　　↑　　　　　　↑
　　〔算出例22-5〕22-3 ❷〔算出例22-6〕22-3 ❷

(3)　鉄骨鉄筋コンクリート（地上部分）

　　6,780（円/m³）×1.3≒8,810（円/m³）
　　　↑　　　　　　↑
　　〔算出例22-4〕表22-1

(4)　鉄骨鉄筋コンクリート（地下部分）

　　6,780（円/m³）×1.3×1.2≒10,600（円/m³）
　　　↑　　　　　　↑　　↑
　　〔算出例22-4〕表22-1 表22-2

(5)　土間コンクリート

　　6,780（円/m³）×0.7≒4,750（円/m³）
　　　↑　　　　　　↑
　　〔算出例22-4〕表22-2

(6)　鉄骨鉄筋コンクリート造の鉄筋切断

　　710（円/m³）× 4＝2,840（円/m³）
　　　↑　　　　　　↑
　　〔算出例22-9〕22-3 ❹

表22-15　コンクリート合成単価　　　　　　　　　　　　　　　　　　　　　　　　　　（円/m³）

名　　称	規　格	コンクリートとりこわし	鉄筋切断	鉄骨鉄筋切断	計	摘　要
鉄筋コンクリート	地上部分	6,780	710	—	7,490	
	地下部分	8,130	710	—	8,840	
	基礎部	10,300	710	—	11,010	
鉄骨鉄筋コンクリート	地上部分	8,810	—	2,840	11,650	
	地下部分	10,600	—	2,840	13,440	
土間コンクリート		4,750	710	—	5,460	

23 建築改修

23-1 概　　　説

　建築改修工事における歩掛の考え方・適用については，『工事歩掛要覧〈建築・設備編〉』「建築工事の積算について」と基本的には同一である。歩掛に影響する大きな要素の一つとして，対象建物が無人の状態であるか，執務者がいる状態であるか，といった作業効率に影響する作業環境の違いがある。無人状態での工事の場合は，執務者による影響がないため細かい点での多少の差があるものの，おおむね標準歩掛を適用することができる。執務者がいる状態の工事については，騒音や振動の発生する作業の時間制限，改修場所が点在することによる工事用資材の搬入と撤去物の搬出のための経路や時間制限等，さまざまな制約が発生することから，作業効率が低下する。このような執務並行改修工事の積算に歩掛を適用する場合は，標準的な歩掛に対して作業効率の低下となる施工条件等を考慮し，単価の補正を行う。

23-2　改修工事の種類

　改修工事は，経年による劣化の原状回復，建物の用途変更に伴う模様替え，機能改善，環境対策等を目的として行うもので一般的に下記による。
　① 経年劣化による原状回復工事
　　・屋根防水改修，外壁改修，内部仕上改修等
　② 使用目的の変更に伴う模様替え工事
　　・間仕切りおよび仕上げの内装改修等
　③ 機能の改善工事
　　・耐震改修工事による構造体，仕上材の改修
　　・バリアフリー化工事による改修
　④ 環境対策工事
　　・吹付アスベストの除去，グリーン改修等

23-3　執務状態による積算上の分類

① 改修工事は，執務状態，改修部位，改修方法等により下記のように分類できる。

② 改修工事は，工事期間における建物内の執務状況により，全館無人改修，執務並行改修に積算上区分することができる。
・全館無人改修
　　仮設庁舎等が準備されている等，改修する建物全館が無人（執務者がいない）の状態で行う改修工事をいう。
・執務並行改修
　　施工する部分にかかわらず建物に執務者がいる状態で改修を行う工事をいう。1フロアごとに無人状態で施工可能な改修工事の場合も，上下階の施工に影響があるため執務並行と同様とする。また，増築工事においても既存建物と取り合う部分については，既存建物の執務者の有無で分類する。

③ 改修工事は執務状態による上記二つの区分を部位・方法により，さらに区分することができる。
・外部全面改修
　　建物の屋根，外壁の全面を改修するような場合をいう。
・外部部分改修
　　建物の屋根，外壁の小規模で部分的な改修およびそれらが点在するような場合をいう。
・内部全面改修
　　建物の内部全体にわたる改修をいう。
・内部部分改修
　　部屋単位の床，壁，天井の個別または複合改修およびそれらが点在するような場合。
　　間仕切りの撤去，新設，または設備改修による取合い周辺部分の改修。

23-4　歩掛の適用

建築改修では，改修工事特有の歩掛を定めている。
改修工事の積算に用いる単価の種類，執務並行改修の補正計算例については，「参考資料」を参照。

(1) 屋根防水改修
　　墨出しは，水勾配の調整を必要とする改修に適用し，設備基礎および排気・配管取出し口等の新設については，別途考慮する。

(2) 外壁改修
　　養生および整理清掃後片付けは，外部足場の足下周辺を対象としており，外壁面から2mの範囲の面積としている。

(3) 内部改修

　墨出しは，改修内容により個別改修および複合改修に区分する。個別改修は，1室において床，壁，天井のうち一つの部位のみを改修する場合で複合改修は，1室において床，壁，天井のうち複数の部位を改修する場合を想定している。
　養生および整理清掃後片付けは，個別改修および複合改修に区分する。

23-5　数量の算出

　墨出し，養生，整理清掃後片付けおよび内部足場の数量は，施工場所が点在していることおよび数量計算の煩雑さを考慮し改修対象床面積等を数量として取り扱うこととしている。

(1) 墨出し

① 屋根防水改修
　水勾配の調整を必要とする改修に適用し，その数量は，水勾配の調整を必要とする面積とする。

② 外壁改修
　モルタル塗り，タイル張り等を撤去し，新たに仕上げをする場合に適用し，その数量は，外壁改修面積とする。

③ 内部改修
　床，壁および天井仕上げを下地から撤去し，新設仕上げをする場合に適用し，その数量は，床または天井の改修面積とする。また壁のみを新設および改修する場合は，新設壁の前面から1mの範囲の床面積とする。

(2) 養生および整理，清掃後片付け

① 屋根防水改修
　数量は，改修防水層の平場面積とする。なお，部分改修で図示がない場合は隣接する既存部分（1.0m幅を標準とする）を改修防水層の平場の面積に加算する。

② 外壁改修
　数量は，改修する外壁面の水平長さに2mを乗じた面積とする。

③ 内部改修
　床，壁および天井を改修する場合の数量は，床または天井の改修面積とする。また，壁のみを新設および改修する場合は，新設壁の前面から1mの範囲の床面積とする。

④ 資材搬出入通路
　廊下，階段室，ホール等を対象とし，その数量は，通路幅を2mとした床面積とする。ただし，廊下等の幅が2m未満の場合は，その幅とする。ただし，③の数量とは重複させない。

(3) 内部足場

　内部仕上足場は，天井の高さに応じて区分し，その数量は，天井の改修面積とする。また，壁のみを新設および改修する場合は，改修する壁の水平長さに1mを乗じた面積とする。

(4) 仮設間仕切り

　仮設間仕切りは，種別ごとに区分し，その数量は，設計図書による明示数量および設計寸法による面積，長さまたは箇所数とする。

23-6 算 出 例

〔算出例 23-1〕 墨出し（内部改修）（1）

個別改修						床面積1m² 当たり		80 円
名　　称	規　格	単位	数量	単価	金額	単価根拠	備　考	
特殊作業員		人	0.002	22,700.00	45.40			
普通作業員		〃	0.001	19,800.00	19.80			
そ の 他		一式			13.04	65.20×0.2	（労）×20%	
計					78.24			

〔算出例 23-2〕 墨出し（内部改修）（2）

複合改修						床面積1m² 当たり		130 円
名　　称	規　格	単位	数量	単価	金額	単価根拠	備　考	
特殊作業員		人	0.003	22,700.00	68.10			
普通作業員		〃	0.002	19,800.00	39.60			
そ の 他		一式			21.54	107.70×0.2	（労）×20%	
計					129.24			

〔算出例 23-3〕 養生（内部改修）（1）

個別改修						床面積1m² 当たり		170 円
名　　称	規　格	単位	数量	単価	金額	単価根拠	備　考	
普通作業員		人	0.007	19,800.00	138.60			
そ の 他		一式			27.72	138.60×0.2	（労）×20%	
計					166.32			

〔算出例 23-4〕 養生（内部改修）（2）

複合改修						床面積1m² 当たり		260 円
名　　称	規　格	単位	数量	単価	金額	単価根拠	備　考	
普通作業員		人	0.011	19,800.00	217.80			
そ の 他		一式			43.56	217.80×0.2	（労）×20%	
計					261.36			

〔算出例 23-5〕 養生（内部改修）（3）

塗装塗替え程度						床面積1m² 当たり		100 円
名　　称	規　格	単位	数量	単価	金額	単価根拠	備　考	
普通作業員		人	0.004	19,800.00	79.20			
そ の 他		一式			15.84	79.20×0.2	（労）×20%	
計					95.04			

23 建築改修

〔算出例 23-6〕 養生（内部改修）(4)

搬出入路部分							床面積1m²当たり	100 円
名　　称	規　格	単位	数量	単　価	金　額	単 価 根 拠	備　考
普 通 作 業 員		人	0.004	19,800.00	79.20		
そ　の　他		一式			15.84	79.20×0.2	（労）×20%
計					95.04		

〔算出例 23-7〕 整理清掃後片付け（内部改修）(1)

個別改修							床面積1m²当たり	610 円
名　　称	規　格	単位	数量	単　価	金　額	単 価 根 拠	備　考
軽 作 業 員		人	0.036	14,200.00	511.20		
そ　の　他		一式			102.24	511.20×0.2	（労）×20%
計					613.44		

〔算出例 23-8〕 整理清掃後片付け（内部改修）(2)

複合改修							床面積1m²当たり	920 円
名　　称	規　格	単位	数量	単　価	金　額	単 価 根 拠	備　考
軽 作 業 員		人	0.054	14,200.00	766.80		
そ　の　他		一式			153.36	766.80×0.2	（労）×20%
計					920.16		

〔算出例 23-9〕 整理清掃後片付け（内部改修）(3)

塗装塗替え程度							床面積1m²当たり	310 円
名　　称	規　格	単位	数量	単　価	金　額	単 価 根 拠	備　考
軽 作 業 員		人	0.018	14,200.00	255.60		
そ　の　他		一式			51.12	255.60×0.2	（労）×20%
計					306.72		

〔算出例 23-10〕 整理清掃後片付け（内部改修）(4)

搬出入路部分							床面積1m²当たり	310 円
名　　称	規　格	単位	数量	単　価	金　額	単 価 根 拠	備　考
軽 作 業 員		人	0.018	14,200.00	255.60		
そ　の　他		一式			51.12	255.60×0.2	（労）×20%
計					306.72		

〔算出例 23-11〕 仮設間仕切下地

A, B種　軽鉄下地						1m² 当たり		1,410 円
名　称	規　格	単位	数量	単　価	金　額	単価根拠	備　考	
スタッド	65形	m	2.3	100.50	231.15	201×0.5	損料率50%	
ランナ		〃	0.6	72.50	43.50	145×0.5	〃　50%	
スペーサー		個	3.5	13.00	45.50			
打込みピン		〃	0.7	39.00	27.30			
振止め		m	0.8	32.50	26.00	65×0.5	損料率50%	
特殊作業員		人	0.038	22,700.00	862.60			
その他		一式			172.52	862.60×0.2	（労）×20%	
計					1,408.57			

〔算出例 23-12〕 コンクリートブロック撤去

人力						1m³ 当たり		36,300 円
名　称	規　格	単位	数量	単　価	金　額	単価根拠	備　考	
特殊作業員		人	1.08	22,700.00	24,516.00			
普通作業員		〃	0.272	19,800.00	5,385.60			
溶接工		〃	0.012	28,200.00	338.40			
酸素		m³	0.032	245.00	7.84			
アセチレン		kg	0.008	1,150.00	9.20			
その他		一式			6,048.00	30,240.00×0.2	（労）×20%	
計					36,305.04			

〔算出例 23-13〕 コンクリートはつり

床厚さ 30mm						1m² 当たり		4,550 円
名　称	規　格	単位	数量	単　価	金　額	単価根拠	備　考	
普通作業員		人	0.03	19,800.00	594.00			
はつり工		〃	0.125	23,400.00	2,925.00			
ピックハンマ		日	0.125	141.00	17.63		運転日当たり	
空気圧縮機運転	可搬式スクリューエンジン掛 5.0m³	〃	0.03	10,372.50	311.18		〔算出例 23-27〕より	
その他		一式			703.80	3,519.00×0.2	（労）×20%	
計					4,551.61			

〔算出例 23-14〕 目あらし

						1m² 当たり		1,470 円
名　称	規　格	単位	数量	単　価	金　額	単価根拠	備　考	
普通作業員		人	0.01	19,800.00	198.00			
はつり工		〃	0.04	23,400.00	936.00			
ピックハンマ		日	0.04	141.00	5.64		運転日当たり	
空気圧縮機運転	可搬式スクリューエンジン掛 5.0m³	〃	0.01	10,372.50	103.73		〔算出例 23-27〕より	
その他		一式			226.80	1,134.00×0.2	（労）×20%	
計					1,470.17			

〔算出例 23-15〕 仮設間仕切り仕上材

A種 両面 せっこうボード						1m² 当たり		5,540 円
名　　称	規　　格	単位	数量	単　価	金　額	単 価 根 拠	備　　考	
せっこうボード	厚さ 9.5mm　準不燃	m²	2.1	90.57	190.19	300.00/(0.91×1.82)×0.5	損料率 50%	
く　　　ぎ		kg	0.04	305.00	12.20		〃　　100%	
グラスウール	32K　厚さ 50mm	m²	1.05	378.00	396.90	756×0.5	〃　　50%	
大　　　工		人	0.14	23,900.00	3,346.00			
内　装　工		〃	0.03	25,800.00	774.00			
そ　の　他		一式			824.00	4,120.00×0.2	(労)×20%	
計					5,543.29			

〔算出例 23-16〕 コンクリート撤去 (1)

無筋						1m² 当たり		53,800 円
名　　称	規　　格	単位	数量	単　価	金　額	単 価 根 拠	備　　考	
特殊作業員		人	1.62	22,700.00	36,774.00			
普通作業員		〃	0.408	19,800.00	8,078.40			
そ　の　他		一式			8,970.48	44,852.40×0.2	(労)×20%	
計					53,822.88			

〔算出例 23-17〕 コンクリート撤去 (2)

鉄筋切断共　コンクリートブレーカ						1m² 当たり		41,300 円
名　　称	規　　格	単位	数量	単　価	金　額	単 価 根 拠	備　　考	
特殊作業員		人	1.0	22,700.00	22,700.00			
普通作業員		〃	0.33	19,800.00	6,534.00			
溶　接　工		〃	0.03	28,200.00	846.00			
酸　　　素		m³	0.08	245.00	19.60			
アセチレン		kg	0.02	1,150.00	23.00			
コンクリートブレーカ	30kg	日	1.0	311.00	311.00		運転日当たり	
空気圧縮機運転	可搬式スクリューエンジン掛 7.5〜7.8m³	〃	0.33	14,755.00	4,869.15		〔算出例 23-28〕より	
そ　の　他		一式			6,016.00	30,080.00×0.2	(労)×20%	
計					41,318.75			

〔算出例 23-18〕 カッター入れ

コンクリート面　厚さ 20〜30mm						1m 当たり		1,430 円
名　　称	規　　格	単位	数量	単　価	金　額	単 価 根 拠	備　　考	
はつり工		人	0.05	23,400.00	1,170.00			
コンクリートカッター運転	手動式ブレード径 20cm	日	0.05	570.86	28.54		〔算出例 23-29〕より	
そ　の　他		一式			234.00	1,170.00×0.2	(労)×20%	
計					1,432.54			

〔算出例 23-19〕 床タイル撤去

下地モルタル共						1m² 当たり		3,680 円
名　　称	規　　格	単位	数量	単価	金額	単価根拠	備　考	
普 通 作 業 員		人	0.025	19,800.00	495.00			
は つ り 工		〃	0.1	23,400.00	2,340.00			
ピックハンマ		日	0.1	141.00	14.10		運転日当たり	
空気圧縮機	可搬式スクリュー	〃	0.025	10,372.50	259.31		〔算出例 23-27〕	
運　　　転	エンジン掛 5.0m³						より	
そ　の　他		一式			567.00	2,835.00×0.2	(労)×20%	
計					3,675.41			

〔算出例 23-20〕 壁合板・ボード撤去

二重張り　一般						1m² 当たり		1,140 円
名　　称	規　　格	単位	数量	単価	金額	単価根拠	備　考	
普 通 作 業 員		人	0.048	19,800.00	950.40		下地撤去は別途	
そ　の　他		一式			190.08	950.40×0.2	(労)×20%	
計					1,140.48			

〔算出例 23-21〕 壁クロス撤去

						1m² 当たり		710 円
名　　称	規　　格	単位	数量	単価	金額	単価根拠	備　考	
普 通 作 業 員		人	0.03	19,800.00	594.00		下地撤去は別途	
そ　の　他		一式			118.80	594.00×0.2	(労)×20%	
計					712.80			

〔算出例 23-22〕 天井合板・ボード撤去

二重張り　一般						1m² 当たり		1,430 円
名　　称	規　　格	単位	数量	単価	金額	単価根拠	備　考	
普 通 作 業 員		人	0.06	19,800.00	1,188.00		下地撤去は別途	
そ　の　他		一式			237.60	1,188.00×0.2	(労)×20%	
計					1,425.60			

〔算出例 23-23〕 建具周囲はつり

RC 20cm						1m 当たり		5,320 円
名　　称	規　　格	単位	数量	単価	金額	単価根拠	備　考	
普 通 作 業 員		人	0.035	19,800.00	693.00			
は つ り 工		〃	0.14	23,400.00	3,276.00			
コンクリート	30kg	日	0.14	311.00	43.54		運転日当たり	
ブ レ ー カ							〔算出例 23-28〕	
空気圧縮機	可搬式スクリュー	〃	0.035	14,755.00	516.43		より	
運　　　転	エンジン掛 7.5～7.8m³							
そ　の　他		一式			793.80	3,969.00×0.2	(労)×20%	
計					5,322.77			

23 建築改修

〔算出例 23-24〕 発生材積込み

コンクリート類　人力						1m³ 当たり	6,140 円
名　称	規　格	単位	数量	単価	金額	単価根拠	備考
普通作業員		人日	0.24	19,800.00	4,752.00		〔算出例 23-30〕より
ベルトコンベア運転	エンジン駆動機長7m　ベルト幅350mm	日	0.24	1,806.00	433.44		
その他		一式			950.40	4,752.00×0.2	（労）×20%
計					6,135.84		

〔算出例 23-25〕 既存塗膜撤去 (1)

鉄鋼面・亜鉛メッキ鋼面　工程 RA 種						1m² 当たり	3,180 円
名　称	規　格	単位	数量	単価	金額	単価根拠	備考
研磨紙	P120〜320	枚	0.85	32.00	27.20		
塗装工		人	0.1	26,300.00	2,630.00		
その他		一式			526.00	2,630.00×0.2	（労）×20%
計					3,183.20		

〔算出例 23-26〕 既存塗膜撤去 (2)

木部・ボード面　工程 RA 種						1m² 当たり	1,730 円
名　称	規　格	単位	数量	単価	金額	単価根拠	備考
研磨紙	P120〜320	枚	0.85	32.00	27.20		
塗装工		人	0.054	26,300.00	1,420.20		
その他		一式			284.04	1,420.20×0.2	（労）×20%
計					1,731.44		

〔算出例 23-27〕 撤去機械運転 (1)

空気圧縮機　可搬式スクリューエンジン掛 5.0m³						1日当たり	10,400 円
名　称	規　格	単位	数量	単価	金額	単価根拠	備考
空気圧縮機	可搬式スクリューエンジン掛 5.0m³	供用日	1.75	3,390.00	5,932.50		
燃料	軽油	ℓ	44.4	100.00	4,440.00		
計					10,372.50		

〔算出例 23-28〕 撤去機械運転 (2)

空気圧縮機　可搬式スクリューエンジン掛 7.5〜7.8m³						1日当たり	14,800 円
名　称	規　格	単位	数量	単価	金額	単価根拠	備考
空気圧縮機	可搬式スクリューエンジン掛 7.5〜7.8m³	供用日	1.75	4,660.00	8,155.00		
燃料	軽油	ℓ	66.0	100.00	6,600.00		
計					14,755.00		

〔算出例 23-29〕 撤去機械運転（3）

コンクリートカッター						1日当たり		570円
名　　称	規　　格	単位	数量	単価	金額	単価根拠	備　考	
コンクリートカッター	手動式ブレード径20cm	供用日	1.67	253.00	422.51			
ガソリン		ℓ	1.38	107.50	148.35			
計					570.86			

〔算出例 23-30〕 撤去機械運転（4）

ベルトコンベア						1日当たり		1,810円
名　　称	規　　格	単位	数量	単価	金額	単価根拠	備　考	
ベルトコンベア	エンジン駆動機長7mベルト幅350mm	供用日	1.5	645.00	967.50			
ガソリン		ℓ	7.8	107.50	838.50			
計					1,806.00			

〔算出例 23-31〕 施工数量調査（外壁改修）（1）

タイル・モルタル塗替え改修						$1m^2$ 当たり		330円
名　　称	規　　格	単位	数量	単価	金額	単価根拠	備　考	
特殊作業員		人	0.012	22,700.00	272.40			
その他		一式			54.48	272.40×0.2	（労）×20%	
計					326.88			

（注）1. 壁面積等（実調査面積）に対して使用する。
　　　2. 目視・打診調査および報告資料の作成を含む。

〔算出例 23-32〕 施工数量調査（外壁改修）（2）

打放し面・仕上塗材改修						$1m^2$ 当たり		270円
名　　称	規　　格	単位	数量	単価	金額	単価根拠	備　考	
特殊作業員		人	0.010	22,700.00	227.00			
その他		一式			45.40	227.00×0.2	（労）×20%	
計					272.40			

（注）1. 壁面積等（実調査面積）に対して使用する。
　　　2. 目視・打診調査および報告資料の作成を含む。

参考資料
公共建築工事積算における単価の補正について

参-1 補正市場単価

　市場単価は材料費，労務費，機械経費等によって構成されるが，その掲載条件が一部異なる場合の単価については，類似の市場単価を適切に補正して算定することができる（以下，「補正市場単価」という）。

　　補正市場単価A′＝市場単価A×算定式
　　算定式＝a′÷a
　　　a′＝補正市場単価A′の細目工種に対応する歩掛による複合単価
　　　a＝市場単価Aの細目工種に対応する歩掛による複合単価
　（注）算定式の値は，小数点以下第3位を四捨五入して第2位止めとする。
　※（補正市場単価の細目工種，補正に用いる歩掛，算定式については公共建築工事積算基準等資料を参照）

参-2 市場単価等の補正

　本来事業者が負担すべき法定福利費相当額を適切に反映するため，市場単価の補正を新営の場合，改修の場合ともに行う。なお市場単価の補正方法は以下による。
　また，**表 参-1** の改修補正率には基準補正単価における，市場単価および補正市場単価の補正率が含まれているので下式により算定する。
　建築施工単価の掲載価格（市場単価以外の材工単価）を採用する場合も表 参-1，各細目の補正率により算定する。
　［新営の場合］
　　基準単価×新営補正率＝新営市場単価
　［改修（執務並行改修）の場合］
　　基準単価×改修補正率＝改修（執務並行改修）市場単価
　なお，全館無人改修の場合は［新営の場合］と同様に算定する。

表 参-1 建築工事 市場単価等の補正

細目	摘要	新営補正率	改修補正率
仮設工事		1.01	1.01
土工事		1.01	1.01
地業工事		1.01	1.01
鉄筋工事		1.01	1.01
コンクリート工事		1.01	1.01
型枠工事		1.01	1.01
鉄骨工事		1.01	1.01
既製コンクリート		1.01	1.09
防水工事		1.01	1.08
防水工事（シーリング）		1.01	1.12
石工事		1.01	1.10
タイル工事		1.01	1.11
木工事		1.01	1.08
屋根およびとい		1.01	1.09
金属工事		1.01	1.10
左官工事		1.01	1.14
建具（ガラス）		1.01	1.08
建具（シーリング）		1.01	1.15
塗装工事		1.01	1.14
内外装工事		1.01	1.14
内外装工事（ビニル系床材）		1.01	1.06
ユニットその他		1.01	1.04
排水工事		1.01	1.01
舗装工事		1.01	1.01
植栽および屋上緑化		1.01	1.01

（注） 補正率は年度ごとに見直されるため，適用においては，最新の「公共建築工事積算基準等資料」を参照のこと。

参-3 改修工事での単価の補正

❶ 改修工事の積算に用いる単価の種類

改修工事の積算に用いる単価の種類は次による。

(1) 基準単価

標準歩掛による複合単価並びに市場単価および補正市場単価のほか，参考歩掛等による複合単価を示す。

(2) 基準補正単価

① 建築工事については，標準歩掛による複合単価は労務の所要量の15％増しを標準とする。また，市場単価および補正市場単価においては**表 参-1**による補正率を標準として算定する。

② 著しく作業効率が悪い場合においては，実状を考慮し労務費等を補正する。

❷ 改修工事の積算における単価の適用

単価の適用の標準は，全館無人改修の場合は基準単価を適用し，執務並行改修の場合においては表 参-2 による。

表 参-2　執務並行改修の場合の単価適用区分

工　種	執務並行改修※	備　考
仮　設	—	
土　工	—	躯体関連工種
地　業	—	〃
鉄　筋	—	〃
コンクリート	—	〃
型　枠	—	〃
鉄　骨	—	〃
既製コンクリート	○	仕上関連工種
防　水	○	〃
石	○	〃
タ　イ　ル	○	〃
木　工	○	〃
屋根およびとい	○	〃
金　属	○	〃
左官（仕上塗材仕上）	—	〃
左官（仕上塗材仕上以外）	○	〃
建　具	○	〃
塗装（改修標仕仕様）	○	〃
内　外　装	○	〃
仕上ユニット	○	〃
構　内　舗　装	—	外構関連工種
植　栽	—	〃
仮　設（改修）	—	改修関連工種
撤　去	—	〃
外　壁　改　修	—	〃
とりこわし	—	

※　—：基準単価，○：基準補正単価

参-4　計算例

（1）補正市場単価

計算例①

> 補正市場単価，新営工事
> 「EP塗り　せっこうボード面　一般面　素地ごしらえ別途　A種」

求める補正市場単価は，表 参-6 より

細　目	摘　要		塗装種別	作業工程	単位	市場単価	算定式
	下地種類等						
EP塗り（合成樹脂エマルションペイント塗り）	せっこうボード面　一般面　素地ごしらえ別途			A種	m²	F－P	12÷122

市場単価

まず，市場単価「F－P」を求める。

表 参-3 より，

細　目	摘　要		塗装種別	作業工程	単位	単価記号	市場単価
	下地種類等						
EP　塗　り	（素地ごしらえB種共）せっこうボード面			B種	m²	F	820
素地ごしらえ	せっこうボード面			B種	m²	P	190

（注）　市場単価は『建築施工単価』2016 夏号より。

上記より

$F－P＝820－190＝630$ ……………………………………………………………………… (1)

算定式

次に，算定式「12÷122」を求める。

・EP塗り（合成樹脂エマルションペイント塗り）　一般面　素地ごしらえ別途　A種（標準仕様書仕様）

表 参-4，参-8（A種　一般）より，歩掛にて算出する。

(1m² 当たり)

名　称	摘　要	単位	数量	単価	金額	備　考
合成樹脂エマルションペイント	JIS K 5663 1種	kg	0.3	300.00	90.00	
合成樹脂エマルションシーラー	JIS K 5663	〃	0.07	380.00	26.60	
研　磨　紙	P220～240	枚	0.07	32.00	2.24	
塗　装　工		人	0.054	26,300.00	1,420.20	
そ　の　他		一式			277.03	（材＋労）×18%
計					1,816.07	

・EP塗り（合成樹脂エマルションペイント塗り）一般面　素地ごしらえ別途　B種（標準仕様書仕様）
　表 参-4，参-8（B種 一般）より，歩掛にて算出する。

(1m² 当たり)

名　　称	摘　　要	単位	数量	単価	金額	備　　考
合成樹脂エマルションペイント	JIS K 5663 1種	kg	0.2	300.00	60.00	
合成樹脂エマルションシーラー	JIS K 5663	〃	0.07	380.00	26.60	
塗　装　工		人	0.04	26,300.00	1,052.00	
そ　の　他		一式			204.95	(材＋労)×18%
計					1,343.55	

上記より

$12 \div 122 = 1,816.07 \div 1343.55 ≒ 1.35$ ……………………………………………… (2)

補正市場単価＝市場単価×算定式より，

$(F-P) \times (12 \div 122) = (1) \times (2) = 630 \times 1.35 = 850.50$ ……………………………… (3)

新営市場単価＝基準単価×塗装工事の新営補正率「1.01」（表 参-1）より，

(3)×1.01＝<u>859.00</u>

計算例②

補正市場単価，**執務並行改修**
「EP塗り　せっこうボード面　一般面　素地ごしらえ別途　A種」

求める補正市場単価は，表 参-7 より

細　目	摘　要		塗装種別	作業工程	単位	市場単価	算定式
	下地種類等						
EP塗り（合成樹脂エマルションペイント塗り）	ボード面（継目）一般面 下地調整別途			A種	m²	F－P	110'÷122

<u>市場単価</u>

まず，市場単価「F－P」を求める。
　表 参-3 より，

細　目	摘　要		塗装種別	作業工程	単位	単価記号	市場単価
	下地種類等						
EP塗り	（素地ごしらえB種共）せっこうボード面			B種	m²	F	820
素地ごしらえ	せっこうボード面			B種	m²	P	190

（注）　市場単価は『建築施工単価』2016 夏号より。

上記より

$F-P=820-190=630$ ……………………………………………………………………… (1)

算定式

次に，算定式「$110'÷122$」を求める。

・EP塗り（合成樹脂エマルションペイント塗り）一般面　下地調整別途　A種（改修工事標準仕様書仕様）

表 参-5，参-9（A種 一般）より，歩掛にて算出する。

(1m² 当たり)

名　　　称	摘　　要	単位	数量	単価	金額	備　考
合成樹脂エマルションシーラー	JIS K 5663	kg	0.07	380.00	26.60	
合成樹脂エマルションペイント	JIS K 5663 1 種	〃	0.3	300.00	90.00	
研　磨　紙	P220～240	枚	0.07	32.00	2.24	
塗　装　工		人	0.054	26,300.00	1,420.20	
そ　の　他		一式			277.03	（材＋労）×18%
計					1,816.07	

・EP塗り（合成樹脂エマルションペイント塗り）一般面　素地ごしらえ別途　B種（建築工事標準仕様書仕様）

表 参-4，参-8（B種 一般）より，歩掛にて算出する。

(1m² 当たり)

名　　　称	摘　　要	単位	数量	単価	金額	備　考
合成樹脂エマルションペイント	JIS K 5663 1 種	kg	0.2	300.00	60.00	
合成樹脂エマルションシーラー	JIS K 5663	〃	0.07	380.00	26.60	
塗　装　工		人	0.04	26,300.00	1,052.00	
そ　の　他		一式			204.95	（材＋労）×18%
計					1,343.55	

上記より

$110'÷122=1,816.07÷1,343.55≒1.35$ ……………………………………………… (2)

補正市場単価＝市場単価×算定式より，

$(F-P)×(110'÷122)=(1)×(2)=630×1.35=850.50$ ……………………………… (3)

改修（執務並行改修）市場単価＝基準単価×塗装工事の改修補正率「1.14」（表 参-1）より，

(3)×1.14＝<u>969.57</u>

(2) 基準補正単価

計算例③

> 参考歩掛による複合単価，**執務並行改修**
> 「合成樹脂調合エマルションペイント塗り（EP）A 種 一般」

　該当する塗装工事の執務並行改修の場合の単価摘要区分は，**表 参-2** より，基準補正単価となる。なお，全館無人改修の場合は基準単価を用い，新営補正率を適用する。

　労務の所要量は，15% 増し，
　　$0.054 \times 1.15 = 0.0621$
となる。

(1m² 当たり)

名　称	摘　要	単位	数量	単価	金額	備　考
合成樹脂エマルションシーラー	JIS K 5663	kg	0.07	380.00	26.60	
合成樹脂エマルションペイント	JIS K 5663 1 種	〃	0.3	300.00	90.00	
研磨紙	P220～240	枚	0.07	32.00	2.24	
塗装工		人	0.0621	26,300.00	1,633.23	0.054×115%
その他		一式			315.37	（材＋労）×18%
計					2,067.44	

計算例④

> 市場単価，**執務並行改修**
> 「EP 塗り せっこうボード面 一般面 B 種」

　改修補正率は，**表 参-1** より

細　目	摘　要	改修補正率
塗装工事		1.14

細　目	摘　要			単位	市場単価	改修補正率	補正後の市場単価（市場単価×改修補正率）
	下地種類等	塗装種別	作業工程				
EP 塗り（合成樹脂エマルションペイント塗り）	せっこうボード面 一般面　素地ごしらえ		B 種	m²	820	1.14	934.80

　（注）　市場単価は『建築施工単価』2016 夏号より。

表 参-3　塗装工事　市場単価

細目	摘要 下地種類等	塗装種別	作業工程	単位	単価記号	備考
錆止め塗り	現場1回　鉄鋼面（屋内外）	A種	A種	m²	**A**	
錆止め塗り	現場1回　鉄鋼面（屋内）	B種	A種	m²	**B**	
錆止め塗り	現場1回　亜鉛めっき鋼・鋼製建具面（屋内外）	A種	A種	m²	**C**	
SOP塗り	鉄鋼・亜鉛めっき鋼・鋼製建具面（屋内外）	1種	B種	m²	**D**	
SOP塗り	（素地ごしらえA種共）木部（屋内）	1種	B種	m²	**E**	
EP塗り	（素地ごしらえB種共）せっこうボード面		B種	m²	**F**	
EP塗り	（素地ごしらえB種共）けい酸カルシウム板・モルタル面		B種	m²	**R**	
DP塗り	鉄鋼・亜鉛めっき鋼・鋼製建具面	1級		m²	**G**	
CL塗り	（素地ごしらえB種共）木部		B種	m²	**I**	
OS塗り	（汚れ除去の上）木部			m²	**J**	
SOP塗り	細幅物　糸幅300mm以下（素地ごしらえA種共）木部（屋内）	1種	B種	m	**K**	
SOP塗り	細幅物　糸幅300mm以下（錆止め現場1回共）鉄鋼面（屋内）		B種	m	**L**	
CL塗り	細幅物　糸幅300mm以下（素地ごしらえB種共）木部		B種	m	**M**	
OS塗り	細幅物　糸幅300mm以下（汚れ除去の上）木部			m	**N**	
素地ごしらえ	木部（屋内）		A種	m²	**O**	
素地ごしらえ	せっこうボード面		B種	m²	**P**	
素地ごしらえ	けい酸カルシウム板・モルタル面		B種	m²	**S**	
素地ごしらえ	押出成形セメント板面		B種	m²	**Q**	

表 参-4　塗装工事　参考歩掛（建築工事標準仕様書仕様）一部抜粋・改変

細目	摘要 下地種類等	塗装種別	作業工程	単位	歩掛記号	備考
SOP塗り（合成樹脂調合ペイント塗り）	木部　素地ごしらえ別途	1種	A種	m²	**120**	
SOP塗り（合成樹脂調合ペイント塗り）	木部　素地ごしらえ別途	1種	B種	m²	**121**	
SOP塗り（合成樹脂調合ペイント塗り）	鉄鋼面（屋内外）	1種	A種	m²	**9**	
SOP塗り（合成樹脂調合ペイント塗り）	鉄鋼面（屋内外）	1種	B種	m²	**d1**	
EP塗り（合成樹脂エマルションペイント塗り）	一般面　素地ごしらえ別途		A種	m²	**12**	表 参-8
EP塗り（合成樹脂エマルションペイント塗り）	見上げ面　素地ごしらえ別途		A種	m²	**13**	
EP塗り（合成樹脂エマルションペイント塗り）	一般面　素地ごしらえ別途		B種	m²	**122**	表 参-8
EP塗り（合成樹脂エマルションペイント塗り）	見上げ面　素地ごしらえ別途		B種	m²	**123**	
EP-G塗り（つや有合成樹脂エマルションペイント塗り）	一般面　素地ごしらえ別途		A種	m²	**44**	
EP-G塗り（つや有合成樹脂エマルションペイント塗り）	見上げ面　素地ごしらえ別途		A種	m²	**45**	

表 参-5　塗装工事　参考歩掛（改修工事標準仕様書仕様）一部抜粋・改変

細　目	摘　要			単位	歩掛記号	備考
	下地種類等	塗装種別	作業工程			
LE 塗り（ラッカーエナメル塗り）	木部　下地調整別途		A 種	m²	132'	
LE 塗り（ラッカーエナメル塗り）	木部　下地調整別途		B 種	m²	133'	
EP 塗り（合成樹脂エマルションペイント塗り）	一般面　下地調整別途		A 種	m²	110'	表 参-9
EP 塗り（合成樹脂エマルションペイント塗り）	見上げ面　下地調整別途		A 種	m²	111'	
EP 塗り（合成樹脂エマルションペイント塗り）	一般面　下地調整別途		B 種	m²	112'	
EP 塗り（合成樹脂エマルションペイント塗り）	見上げ面　下地調整別途		B 種	m²	113'	
EP 塗り（合成樹脂エマルションペイント塗り）	一般面　下地調整別途		C 種	m²	118'	
EP 塗り（合成樹脂エマルションペイント塗り）	見上げ面　下地調整別途		C 種	m²	120'	

表 参-6　塗装工事　補正市場単価　一部抜粋

細　目	摘　要			単位	市場単価	算定式
	下地種類等	塗装種別	作業工程			
SOP 塗り（合成樹脂調合ペイント塗り）	木部　素地ごしらえ別途	1 種	A 種	m²	E－O	120÷121
SOP 塗り（合成樹脂調合ペイント塗り）	木部　素地ごしらえ別途	1 種	B 種	m²	E－O	―
SOP 塗り（合成樹脂調合ペイント塗り）	鉄鋼面　錆止め別途	1 種	A 種	m²	D	9÷d1
EP 塗り（合成樹脂エマルションペイント塗り）	せっこうボード面　一般面　素地ごしらえ別途		A 種	m²	F－P	12÷122
EP 塗り（合成樹脂エマルションペイント塗り）	せっこうボード面　見上げ面　素地ごしらえ別途		A 種	m²	F－P	12÷122
EP 塗り（合成樹脂エマルションペイント塗り）	せっこうボード面　一般面　素地ごしらえ別途		B 種	m²	F－P	―
EP 塗り（合成樹脂エマルションペイント塗り）	せっこうボード面　見上げ面　素地ごしらえ別途		B 種	m²	F－P	―

表 参-7　塗装改修工事　補正市場単価　一部抜粋

細目	摘要 下地種類等	塗装種別	作業工程	単位	市場単価	算定式
CL塗り（クリヤラッカー塗り）	木部　下地調整別途		A種	m²	I－T	105'÷i
CL塗り（クリヤラッカー塗り）	木部　下地調整別途		B種	m²	I－T	－
LE塗り（ラッカーエナメル塗り）	木部　下地調整別途		A種	m²	I－T	132'÷i
LE塗り（ラッカーエナメル塗り）	木部　下地調整別途		B種	m²	I－T	133'÷i
OS塗り	木部　付着物除去共（塗替え面）			m²	J	－
EP塗り（合成樹脂エマルションペイント塗り）	ボード面（継目）一般面　下地調整別途		A種	m²	F－P	110'÷122
EP塗り（合成樹脂エマルションペイント塗り）	ボード面（継目）見上げ面　下地調整別途		A種	m²	F－P	110'÷122
EP塗り（合成樹脂エマルションペイント塗り）	ボード面（継目）一般面　下地調整別途		B種	m²	F－P	112'÷122
EP塗り（合成樹脂エマルションペイント塗り）	ボード面（継目）見上げ面　下地調整別途		B種	m²	F－P	112'÷122

表 参-8　合成樹脂エマルションペイント塗り（EP）（建築工事標準仕様書仕様）　　（1m² 当たり）

名称	摘要	単位	A種 一般	A種 見上げ面	B種 一般	B種 見上げ面	備考
合成樹脂エマルションペイント	JIS K 5663 1種	kg	0.3	0.3	0.2	0.2	
合成樹脂エマルションシーラー	JIS K 5663	〃	0.07	0.07	0.07	0.07	
研磨紙	P220～240	枚	0.07	－	－	－	
塗装工		人	0.054	0.06	0.04	0.046	
その他		式	1	1	1	1	

表 参-9　合成樹脂エマルションペイント塗り（EP）（改修工事標準仕様書仕様）　　（1m² 当たり）

名称	摘要	単位	A種 一般	A種 見上げ面	B種 一般	B種 見上げ面	C種 一般	C種 見上げ面	備考
合成樹脂エマルションシーラー	JIS K 5663	kg	0.07	0.07	0.07	0.07	0.07	0.07	
合成樹脂エマルションペイント	JIS K 5663 1種	〃	0.3	0.3	0.2	0.2	0.2	0.2	
研磨紙	P220～240	枚	0.07	－	－	－	－	－	
塗装工		人	0.054	0.06	0.04	0.046	0.04	0.046	
その他		式	1	1	1	1	1	1	

本書の内容について

　掲載内容に関する質問に関しては，基準や歩掛の背景，解釈や表記以外の規格・条件の歩掛など，ご質問内容によってはお答えできない場合もあります。

　編集に当たっては，平成28年7月1日現在での最新データを用いていますが，年度で改正されることもありますので公表の動きに留意して下さい。

　本書の内容に変更があった場合は当会のホームページのBookけんせつPlaza内「発行済み図書の改定等情報」で更新します。
（http://book-kensetsu-plaza.com/）

（問い合わせ先）
出版事業部　書籍編集室　「改訂11版 建築工事の積算」宛
電　話　（03）5777-8221
ＦＡＸ　（03）5777-8236
E-mail　book@zai-keicho.or.jp

改訂11版
建築工事の積算

昭和60年12月1日　初版発行
平成28年11月1日　改訂11版発行

編　集　経済調査会積算研究会
発行所　一般財団法人　経済調査会
　　　　〒105-0004　東京都港区新橋6-17-15
　　　　電話　（03）5777-8221（編集）
　　　　　　　（03）5777-8222（販売）
　　　　FAX　（03）5777-8237（販売）
　　　　E-mail　book@zai-keicho.or.jp
　　　　http://www.zai-keicho.or.jp/

Bookけんせつkensetsuplaza
http://book-kensetsu-plaza.com/

複製を禁ずる

印刷・製本　三美印刷株式会社

Ⓒ経済調査会積算研究会　2016　　ISBN978-4-86374-205-5
乱丁・落丁はお取り替えいたします。